Dorothy von Moltke
Ein Leben in Deutschland

Dorothy von Moltke
Ein Leben in Deutschland
Briefe aus Kreisau und Berlin
1907–1934

Eingeleitet,
übersetzt und herausgegeben von
Beate Ruhm von Oppen

L. Prause, 99

Verlag C. H. Beck München

Mit 11 Abbildungen und 1 Faksimile

Die Deutsche Bibliothek – CIP-Einheitsaufnahme

Moltke, Dorothy von:
Ein Leben in Deutschland : Briefe aus Kreisau und Berlin ; 1907–1934 /
Dorothy von Moltke. Eingel., übers. und hrsg. von Beate Ruhm von Oppen. –
München : Beck, 1999
ISBN 3 406 45475 5

ISBN 3 406 45475 5

Satz: Fotosatz Janß, Pfungstadt
Druck und Bindung: Spiegel Buch, Ulm
Gedruckt auf säurefreiem, alterungsbeständigem Papier
(hergestellt aus chlorfrei gebleichtem Zellstoff)
Printed in Germany

Inhalt

Einleitung

„Meine Mami ist Afrikanerin“, sagte sich der siebenjährige Helmuth James von Moltke in einem frühen Stadium des Weltkriegs, in dem die Heimat seiner Mutter auf der Seite der Gegner Deutschlands stand. Die Mutter berichtet den Ausspruch ihres Ältesten als seine Selbsthilfe „aus allen Schwierigkeiten“. Sie meint wohl die Zwiespältigkeit seiner Herkunft.[1] In Friedenszeiten bezeichnete sie sich selbst wiederholt, wenn auch vielleicht manchmal scherzhaft, als Afrikanerin, vor allem wohl, jedoch nicht nur, um ihre Anhänglichkeit an ihre Eltern zu bekunden. Schon ihre Sprache verriet sie natürlich als Nichtdeutsche. Ihr Deutsch war minimal, als sie zuerst nach Creisau kam, und wurde dann immer besser, aber nie fehlerfrei.

Sie kam aus Südafrika, wo sich ihre schottischen Vorfahren im 19. Jahrhundert niedergelassen hatten. Ihr Vater, Sir James Rose Innes (1855–1942), war ein eminenter, noch jetzt gerühmter Jurist, zuletzt, von 1914 bis 1927, der Oberste Richter (Chief Justice) der Südafrikanischen Union mit der längsten Amtszeit und großem Einfluß auf das Rechtswesen des Landes. Er war bekannt für seine ausgewogenen und liberalen Ansichten, seine persönliche Integrität und die Unbestechlichkeit seines Urteils. Im Ruhestand widmete er sich noch mehr als zuvor der Überwindung der Rassendiskriminierung und der Öffnung des Wahlrechts für Eingeborene.[2] Er und seine Frau Jessie, geborene Pringle, eine engagierte Frauenrechtlerin, hatten ein einziges Kind, Dorothy. 1902 unternahm die Mutter mit der achtzehnjährigen Tochter eine Bildungsreise nach Europa. Das junge Mädchen nahm alles eifrig und dankbar auf – in Italien und Frankreich waren es vornehmlich kulturelle Genüsse, die sie begeisterten, in Deutschland waren es das Land und die Leute, die sie traf und die sie freundlich, ja herzlich fand.

In Dresden las ihre Mutter in einer Annonce, daß ein schlesischer Landhaushalt zahlende Gäste aufnehmen würde, wenn sie Bridge spielten. Das taten die Damen und kamen nach Creisau. (Aus dem anfänglichen „C“ in Creisau wurde erst 1930 ein „K“.) Die junge Dame trug eine blaue Halskette. Der Herrin des Hauses, Gräfin Ella von Moltke, geborene Bethusy-Huc, war einmal prophezeit worden, daß ein Mädchen mit blauer Halskette dem Hause großes Glück bringen würde. Und so war es. Als Graf Wilhelm von Moltke 1905 starb, eilte sein ältester Sohn, Helmuth, der Erbe Creisaus und neue Majoratsherr, nach London, um seinem Werben um Dorothy Rose Innes bei ihren Eltern Nachdruck zu verleihen, ehe es zu spät war und sie nach Südafrika entschwanden. Den Eltern wurde die Einwilligung schwer. Das Verhältnis besonders des Vaters zu der Tochter war ein sehr inniges. Aber die Eltern wollten dem Glück ihres einzigen Kindes nicht im Wege stehen und gaben nach. Das junge Paar heiratete 1905 in Pretoria und ließ sich dann in Creisau nieder. Die Trennung über den halben Erdball wurde, so weit es ging, durch eine rege Korrespondenz überbrückt. Jede Woche gingen Briefe hin und her und brauchten auf dem Seeweg mehrere Wochen. Alle paar Jahre konnten die Eltern und ihr Kind zusammenkommen.

Kinder kamen in etwa zweijährigen Abständen: Helmuth James 1907, Joachim Wolfgang (Jowo) 1909, Wilhelm Viggo (Willo) 1911, Carl Bernd 1913 und die langersehnte Tochter, Asta Maria, 1915.

Die junge Gräfin Moltke stellte mehrmals Betrachtungen über ihr Leben in ihrer südafrikanischen Heimat und dann in Deutschland an. Eine dieser Betrachtungen schließt mit dem Hinweis auf göttliche Fügung, auf den „Vater". Am 17. Juli 1910 schreibt sie: „Nach fast 5 Jahren in diesem neuen Kreis empfinde ich immer noch, daß dies mein Platz ist, daß ich eine Arbeit zu tun habe, die kein anderer tun kann ...; ist es dann ein Wunder, daß ich glücklich bin? Aber es ist schon merkwürdig, daß der Vater mich für diesen Platz gewählt hat."

Projiziert sie ihren liebenden und geliebten irdischen Vater auf den himmlischen? An vergleichbarer Stelle spricht ihr Sohn nach seinem Erlebnis der Gottesgegenwart während seines Volksgerichtshofsprozesses von dem „Herrn" oder von „Gott", einem allwissenden und fürsorgenden Gott,[3] aber eben nicht einem Vater. Verbot sich für den Sohn eines unbefriedigenden Vaters das Wort „Vater" für Gott?

Das Gefühl der ihnen aufgegebenen Arbeit, der Aufgabe, hatten beide, Mutter und Sohn. Für den Sohn war es ganz klar im Rückblick: Es war das Christentum, das Christsein – nach der Bezeugung durch Roland Freisler als Grund der Verurteilung; das und „menschheitliche" Interessen, nicht nationale oder konfessionelle oder Standesinteressen.[4]

Schon am 12. 12. 09 hatte die Mutter von damals zwei Kindern Ähnliches erst an ihren Vater, dann an beide Eltern geschrieben: „Manchmal befürchte ich, daß Du vielleicht mein jetziges Glück und meine Zufriedenheit als ein Zeichen auslegst, daß ich die Vergangenheit vergessen und das Interesse an den Dingen verloren habe, die mich damals interessierten; aber dem ist nicht so. Ich liebe sie und denke genau so lange darüber nach und sehne mich danach, mein Land wiederzusehen; aber ich habe so sehr das Gefühl, daß ich am richtigen Ort bin und die Arbeit tue, die richtig für mich ist – und das ist das Gefühl, das mich mit dieser höchsten Zufriedenheit erfüllt. Versteht Ihr das, Ihr Lieben? Natürlich bin ich auch abgesehen davon sehr glücklich, aber es ist dieses Gefühl, am richtigen Ort zu sein und die Arbeit zu tun, die mir zugedacht ist, die verhütet, daß ich je Bedauern empfinde oder auch nur einen Augenblick von Depression oder Heimweh – das und meine Religion."

Was war die „Arbeit" der Mutter? Angesichts ihrer Hingabe an die Christian Science, die Religion ihres Mannes, mag man denken, daß es diese war: sie zu vertreten, zu leben und zu verbreiten, um die Mitmenschen glücklich und gesund zu machen. Das war sicher *eine* Aufgabe, aber wohl nicht *die* Aufgabe. Die war, wenn man so will, irdischer und politischer.

Ihr Leiden an der deutschen Politik begann schon in der Kaiserzeit, deren Rückständigkeit sie beklagte. Es war aber noch recht erträglich und entrinnbar. Doch schon damals schrieb sie von ihren kleinen Söhnen als möglichen und erhofften Wegbereitern eines besseren, liberaleren Deutschland und als Förderern des Friedens in der Welt.

All die politische Rückständigkeit und soziale Ungerechtigkeit war wie vergessen, als der Krieg ausbrach. Für sie muß es ein schrecklicher Konflikt gewesen sein, ihre Heimat auf der anderen Seite zu wissen, unter den Gegnern Deutschlands. Aber in den ersten Wochen des Krieges war auch sie von der allgemeinen Euphorie ergriffen und empfand die Zeit als „Wiedergeburt" Deutschlands. Noch im Oktober 1914 schrieb sie in diesem Sinne an Colonel House, einen Amerikaner. Als dieser später seine Memoiren veröffentlichte, schwante ihr nichts Gutes. Sie schämte sich inzwischen des früheren Überschwangs.[5]

Sie war mittlerweile gewachsen und im Krieg, da sie die Hauptverantwortliche in Creisau war, wie sie selbst feststellte, energischer und unabhängiger geworden. Politisch sympathisierte sie nun mit den Sozialdemokraten, deren Verantwortungsgefühl sie als wohltuenden Kontrast zu der Unverantwortlichkeit der Reaktionäre empfand. Wählen tat sie wohl zumeist die Deutsche Demokratische und spätere Staatspartei – ihr Mann die Deutsche Volkspartei, jedenfalls in ihren Anfängen. Auch er war politischer geworden und nahm regen Anteil am Ergehen der Republik.

Wie auch ihr Vater war sie entsetzt über den Versailler Vertrag. Aber sie erging sich nicht in langen Weheklagen oder Schmähungen. Die Folgen waren zunächst unübersehbar. Aber man erhoffte Änderungen vom Völkerbund. Sie traten nicht ein. Stresemann und Briand vollbrachten dann endlich den deutsch-französischen Brükkenbau. Aber erst mußten Ruhrbesetzung und Inflation überstanden werden. Als Deutschland dem Völkerbund beitrat, knüpften sich daran große Hoffnungen. Sie erfüllten sich nicht. Trotzdem empfand sie später Hitlers Austritt als den schweren Schlag, der er auch war, und mutmaßte, daß er innenpolitisch motiviert war. Die „Wahl" des November 1933 gab ihr Recht. Sie versuchte, der niedrigen, einstelligen Prozentzahl der Gegenstimmen Trost zu entlocken. Parteien gab es ja keine mehr außer der NSDAP. Nicht nur das Volk hatte sich, wenn auch unter Druck, zu Hitlers Politik bekannt, sondern auch Koryphäen des Geisteslebens wie der Philosoph Martin Heidegger und der Theologe Emanuel Hirsch. Sie erwähnt sie nicht; vielleicht weil sie kaum mehr Widerstand oder Würde von Professoren erwartete.

Nun fühlte sie sich entwurzelt. Sie hatte in Deutschland Wurzeln geschlagen, hatte fünf deutsche Kinder, hatte der Weimarer Republik große Hoffnungen entgegengebracht, hatte Stresemann und Brüning bewundert und ihre konservativen und nationalsozialistischen Gegner verabscheut. Zwar meinte sie – oder schrieb es jedenfalls einmal –, daß Hitler ohne die verfehlte Politik der Alliierten nie zur Macht gekommen wäre, aber die Hauptschuld daran gab sie den Konservativen oder Reaktionären – was für sie anscheinend fast synonym war. Ihr englisches „Conservatives" mag jedoch einfach ihre Übersetzung von „Deutschnationalen" sein.

Am 28. 2. 33 hatte sie geschrieben: „Keine Politik in diesem Brief. Das ist ein trauriges Thema, und wir sind etwa in dem Zustand wie Italien, als Mussolini an die Macht kam." Aber dann brach es doch aus ihr hervor: „Ich fürchte, uns stehen stürmische Zeiten bevor mit viel Blutvergießen. Welche Blindheit. Es ist ein gräßlicher Alptraum." Und dann die Beschwichtigung: „Um uns brauchst Du Dich nicht zu sorgen. Wir sind ganz abseits vom Rampenlicht." Und dann wieder: „Welcher Wahnsinn." Es war ein Wahn. Er währte 12 Jahre und kostete viele Menschenleben.

Kreisau lag in der Tat außerhalb des Rampenlichts. Aber die Christian Science, deren Sprecher der Ehemann in Berlin war, zog bald die

Aufmerksamkeit der Nazis auf sich. Schon ihre internationale Verbindung, ihre Basis in Amerika, war suspekt.

Die Christian Science, oder Christliche Wissenschaft, ist eine von der Amerikanerin Mary Baker Eddy (1821–1910) geschaffene Religionsgemeinschaft. Die 1879 gegründete „Church of Christ, Scientist" hat ihr Hauptquartier und ihre riesige Mutterkirche in Boston. Schon 1875 hatte Mrs. Eddy ihr Hauptwerk, *Science and Health*, veröffentlicht. 1895 erschien es in erweiterter Form, mit *Key to the Scriptures*. Das Ehepaar Moltke war 1911–12 an der Übersetzung ins Deutsche beteiligt, die die Autorin zunächst nicht gewollt, dann aber kurz vor ihrem Tode erlaubt hatte. Sie erschien 1912 als *Wissenschaft und Gesundheit, mit Schlüssel zur Heiligen Schrift*. Die Christian Science war und ist vor allem in englischsprachigen Ländern und Deutschland verbreitet. Die Leitung liegt bei fünf Direktoren in Boston. Unter den periodischen Publikationen ist die wichtigste, auch von Außenstehenden geschätzte, die Tageszeitung *The Christian Science Monitor*, ein Blatt, das sich frei von Sensationen hält und seriösen Journalismus betreibt. Gottesdienste finden zweimal wöchentlich statt, sonntags und in der Mitte der Woche.

Die Lehre der christlich-wissenschaftlichen Kirche streitet die Wirklichkeit des Bösen und der Krankheit ab und konzentriert sich auf die Überwindung letzterer durch Glauben und Gebet. Die „Unwirklichkeit" des Bösen könnte mit der katholischen Lehre über das Böse als *privatio boni* verwechselt werden. Das wäre jedoch irrig. Im Gegenteil besteht ein krasser Gegensatz zwischen dem Katholizismus und der Christian Science.

In seinem Prozeßbericht und Abschiedsbrief an seine Frau schrieb später Helmuth James von Moltke: „Aber daß ich als Märtyrer für den heiligen Ignatius von Loyola sterbe – und darauf kommt es letztlich hinaus, denn alles andere ist daneben nebensächlich –, ist wahrlich ein Witz, und ich zittre schon vor dem väterlichen Zorn von Papi, der doch so antikatholisch war. Das andere wird er billigen, aber das? Auch Mami wird wohl nicht ganz einverstanden sein."[6]

Den Witz, daß er „als Märtyrer für den heiligen Ignatius von Loyola" sterben sollte, drückte er in dem nächsten Brief zurückhaltender und zutreffender aus, als er seine Verurteilung der Tatsache zuschrieb, daß er als Protestant Freundschaft mit Katholiken gepflegt und sie, das erwähnt er an dieser Stelle nicht ausdrücklich, in die Arbeit des Kreisauer Kreises einbezogen hatte. Unter ihnen waren nicht nur katholische Laien, sondern auch drei Jesuiten. Diese haßte sein Richter,

Roland Freisler, ganz besonders. Das Christentum des Sohnes war umfassender oder ökumenischer als das der Eltern.

Das wurde es in seiner Opposition zum Nationalsozialismus. Am Tage des Kriegsausbruchs las er päpstliche Sozialenzykliken. Schon vorher hatte er festgestellt, daß diejenigen, die nicht verfolgt wurden, um die die Nazis noch werben mußten, d. h. die nicht gleichgeschaltet oder eingeschwenkt waren, in folgende Kategorien gehörten: „Die hohe katholische Geistlichkeit und die niedere katholische Geistlichkeit in Süd- und Westdeutschland, die evangelischen Geistlichen des Pfarrernotbundes, die Großgrundbesitzer, katholische Professoren jeder Fakultät, einzelne Privatbankiers und große Industrielle, diese letzten aber nur sehr vereinzelt, und schließlich einige unabhängige Leute, die einen ererbten oder erworbenen Namen haben."[7] Das schrieb er 1934, auf einer Schiffsreise nach Südafrika, als er auf keinen Zensor und keine Gestapo Rücksicht zu nehmen brauchte. Seine Mutter lebte noch; und es ist interessant, seine Einschätzung der Lage mit ihrer zu vergleichen. Sie war auf dem ökumenischen Auge so gut wie blind, überschätzte das Widerstandspotential des deutschen Protestantismus und unterschätzte das der Katholiken; und das lag vor allem an der Christlichen Wissenschaft.

Ihr Erstgeborener hielt sich als Viereinhalbjähriger noch für einen „Wissenschaftler",[8] beschloß zehn Jahre später, vor allem aus Gründen der Familientradition, sich evangelisch konfirmieren zu lassen, und starb als Lutheraner.

Seine Mutter, aus anglikanischem Hause, scheint die Christliche Wissenschaft mit ihrem „jungen Teutonen"[9] – wie ihr Vater ihn nannte – geheiratet zu haben. Er war als junger Mensch sehr krank gewesen und schrieb seine Heilung der Christian Science zu. Später wurde sie ihm zum Beruf. Seine junge Frau beschrieb sie in einem rührenden Brief[10] an ihren skeptischen Vater als „keine neue Sekte oder Religion ... sondern einfach die Lehre Jesu Christi", das eigentliche oder Urchristentum, das später deformiert worden war. Daß im Laufe der Jahrhunderte Deformationen eingetreten waren – wenn auch andere als die von Mrs. Eddy festgestellten –, wird der Vater gewußt haben. Jedoch daß alles „Elend und Leid und die Sündhaftigkeit eine schreckliche Täuschung der materiellen Sinne" ist und daß diese Entdeckung zur Beseitigung der Täuschung führt, wird er bezweifelt haben. Seine Antwort liegt nicht vor.

Seine Tochter jedoch glaubte daran und war bereit, für diesen Glauben Opfer zu bringen. Die Übersetzungsarbeit an Mrs. Eddys Hauptwerk hielt sie für so wichtig, daß sie ihre drei kleinen Kinder monatelang, allerdings wohlbehütet, in Creisau zurückließ – obgleich ihr die Trennung schwer wurde, wie auch der Aufschub der geplanten Reise zu den Eltern. Es war ihr das Opfer wert, denn sie war überzeugt, daß es Tausende von Menschen glücklich machen würde. Schon vorher hatte sie einfachen Leuten Englisch beigebracht, damit sie das Werk lesen konnten, wenn auch nur bruchstückweise. Ihr selbst war ihre Religion noch Hilfe und Trost in den ersten Jahren des Dritten Reichs. Und bei ihr war es nicht eine christlich-wissenschaftliche „Harmoniesauce", wie sie ihr Sohn bei Verwandten feststellte. Ihr war der Konflikt des Christentums mit der nationalsozialistischen Weltanschauung und Praxis von Anfang an klar.

Sie beklagte die Abschaffung der politischen Freiheiten, die Korruption der Sprache, die Verblödung des Volkes, die Verfolgung Unschuldiger und die Möglichkeit, ja Wahrscheinlichkeit eines neuen Krieges und hätte am liebsten ihre vier Söhne irgendwohin verpflanzt, wo sie sicher vor ihm waren. Den Eltern war sie überschwenglich dankbar für ihre Einladung an den ältesten Sohn und seine junge Frau, Freya, nach Südafrika. Er war es, der unter dem neuen Regime am meisten litt und dem es unmöglich war, ihm als Richter zu dienen und ihrem Vater beruflich nachzustreben, dem er charakterlich so ähnlich war. Dankbar war sie schon für die dem Sohn gewährte Möglichkeit, für einige Monate die Luft der Freiheit zu atmen, ihre Eltern und ihre Heimat näher kennenzulernen und, fern von dem Druck des neuen Deutschland, Entscheidungen über seine Zukunft zu treffen. Er hatte gerade sein „Referendarlager" absolviert, das übrigens erträglicher war, als sie es sich vorgestellt hatte, da es selbst dort „anständige" Nazis gab, wenn auch der Zweck des Ganzen die Nazifizierung des Rechtswesens und Abschaffung des Rechts war. Sie bangte davor, wie er bei seiner Rückkehr die weitere Verschlimmerung der Lage in Deutschland empfinden würde. Man kann sich ihre eigene Gemütsverfassung nach ihrer Rückkehr von ihrem letzten Besuch bei den Eltern vorstellen. Ihre Briefe geben keine Auskunft darüber. Sie hatte wochenlang Kopfschmerzen und starb am 11. Juni 1935 auf einem Besuch bei ihrer jüngsten Schwägerin und deren Mann. Das waren Konservative, mit denen sie sich, trotz ganz verschiedenen Ausgangsstellungen, politisch in der Ablehnung des neuen Regimes erstaunlich nahe gekommen war. Sie starb mit 51 Jahren. In der Familie vermutet man, daß ein Gehirntumor zu ihrem frühen Tod geführt haben könnte. Der Leichnam wurde von Pommern nach Kreisau überführt und dort beigesetzt.

Der Verlust war für ihre Familie ein gänzlich unerwarteter und unersetzlicher. Was sie für ihre Nächsten, aber auch für ganz Kreisau und alle, die dorthin kamen, bedeutet hatte, beschrieb ihr ältester Sohn in einem langen Brief über seine Kindheit und Jugend nach seiner Verhaftung im Jahre 1944 an seine eigenen Söhnchen. Ganz jung aus Afrika nach Schlesien verpflanzt, von einem ganz kleinen Haushalt in einen sehr großen, mit der Sprache kaum vertraut, hatte sie in kurzer Zeit durch ihre offene Art, Aufgeschlossenheit und Herzensgüte die Herzen aller gewonnen und durch ihre Wärme ihren Kindern einen Schatz für das Leben mitgegeben, der sie gegen jede Kälte im späteren Leben feite.[11]

Der Vater war – in der Beschreibung des Sohnes – ganz anders und ein schwieriger Ehemann, dessen Schwächen seine Frau jedoch ausglich und verdeckte oder überbrückte. Ihre Briefe an ihre Eltern lassen das nicht klar erkennen. Sie wollte sowohl ihren Mann als auch ihre Eltern schonen. Sie lobte ihren Helmuth, Muthy oder Y.T., wo sie konnte, und hielt treu zu ihm, selbst unter weitgehender Aufgabe des geliebten Kreisau, das in der schwer erträglichen Atmosphäre von Hitlers Reich ein Zufluchtsort und eine Insel des Friedens geworden war. Sie zog nach Berlin, wo ihr Mann die Christliche Wissenschaft als Lehrer und Heilpraktiker ausübte. Seiner Funktion als zentralem Public-Relations-Mann der Christian Science wurde er auf Betreiben von zwei Hamburger „Scientisten“ enthoben, die Nazis waren. Sie lobte, wie immer, seine Standhaftigkeit und Freiheit von kleinlichen Erwägungen oder Nervosität. Von ihrer engeren Familie beschrieb sie ihren Mann und zwei ihrer Söhne als von der Umwälzung am meisten betroffen. Einer wanderte aus, der Älteste blieb und beendete sein Leben in Plötzensee. Davor hatte er vielen Opfern des Regimes geholfen, auch ausländischen, besonders russischen Kriegsgefangenen, und er hatte mit dem Kreisauer Kreis Pläne für eine bessere Zukunft für Deutschland und Europa beraten und ausgearbeitet. Das alles hat sie nicht mehr erlebt, aber in gewisser Weise geholfen, vorzubereiten.

Nach ihrem Tod war der Witwer einsam und heiratete Ende 1937 noch einmal. Er starb dann im März 1939, seine Witwe erst nach dem 2. Weltkrieg.

Als Graf Moltke seinen kleinen Sohn einmal fragte, wer denn sein bester Freund sei, sagte der: „Mami ist mein bester Freund.“[12] Die Freundschaft dieser Mutter mit ihrem Vater, manifestiert unter anderem in der Beibehaltung des kindlichen „Flen“ für „Friend“ im schriftlichen Zwiegespräch, mag sogar einen politischen Aspekt gehabt haben. Sie kommentiert einmal das schlechte oder falsche Verhältnis so vieler Väter zu ihren Töchtern. Ihres zu ihrem Vater hielt sie für ideal, und diese Konstellation wiederholte oder spiegelte sich in ihrem Verhältnis zu ihrem Erstgeborenen. Auch physiognomisch war er es – außer der kleinen Tochter Asta –, der ihr, trotz seiner immensen, moltkeschen Körperlänge, am ähnlichsten sah. War der große Moltke, der blauäugige Feldmarschall, überwunden? Der Sieger über Dänemark, Österreich und Frankreich, der Feldherr, der die Gründung des neuen deutschen Kaiserreichs ermöglichte, war gewiß ein bedeutender Mann, und sein Name wurde auch noch in der Republik und im Dritten Reich in Ehren gehalten. Aber den Frieden liebte er nicht.

Creisau hatte er mit dem Geld erworben, das ihm sein dankbarer König für den Sieg von Königgrätz gab. Es gab später Menschen, die Hitler die Rache für Sadowa nannten. Das war der tschechische Name für Königgrätz. Bismarcks großer Mit- und Gegenspieler, der Feldmarschall, starb kinderlos. Creisau ging auf die Nachfahren eines Bruders über.

Nach dem Weltkrieg mit seinen Entbehrungen und Knappheiten kehrten die üppigen Vorkriegszeiten nicht zurück. Nur bei dem Wiedersehen mit den Großeltern in Holland konnten sich die Kinder satt essen. Die Ernährung wurde jedoch auch in Kreisau besser, und Pakete aus Südafrika oder London sorgten für Abwechslung. Die anhaltenden wirtschaftlichen Schwierigkeiten führten 1928 zum Umzug der Familie vom Schloß in das nahegelegene und viel billiger zu bewirtschaftende Berghaus. Kreisau als Ganzes blieb erhalten. Wirklich gefährdet war es erst, als der Inspektor, ein Agronom, im Herbst 1929 plötzlich starb und die Wirtschaft völlig durcheinander und tief verschuldet hinterließ. Er war vorher monatelang geistig umnachtet gewesen, und keiner hatte es gemerkt. Der Vater machte den zweiundzwanzigjährigen Helmuth James zu seinem Generalbevollmächtigten. Der steckte mitten in seiner juristischen Ausbildung, nahm aber den Kampf um Kreisau mit Energie, eiserner Arbeitsdisziplin, ständigen Überstunden und viel wirtschaftlichem und diplomatischen Geschick auf. Es gelang ihm, die Gläubiger davon zu überzeugen, daß die beste Lösung die Gründung einer Betriebsgesellschaft war, deren Angestellter er mit minimalem Gehalt wurde. Ein tüchtiger neuer Inspektor, Adolf Zeumer, war eine große Hilfe. Naturalien konnten weiter bezogen werden.

Als die Mutter im Dezember von einem sechsmonatigen Besuch bei ihren Eltern zurückkehrte, fand sie eine viel kritischere Lage vor, als ihr in den Briefen klar geworden war. Sie half, eine sehr strenge Sparsamkeit durchzuführen. Sie war es, die die „Schuldenwirtschaft" vielleicht am meisten haßte. Aber Umschuldungen und alle möglichen finanziellen Manöver waren unumgänglich. Ihre Eltern halfen, wo sie konnten, und die Tochter schwankte manchmal zwischen Dankbarkeit und schlechtem Gewissen den „Pelikanen" gegenüber. Als dann die „Osthilfe" der ostdeutschen Landwirtschaft zugute kam, war ihre Erleichterung ebenfalls eingeschränkt durch ihr Rechtsempfinden, das diese Lösung ziemlich zweifelhaft fand.

Aber die Sorge um die politische Entwicklung, die natürlich, mehr noch als mit den Folgen der alliierten Reparationspolitik, mit der Weltwirtschaftskrise von 1929 und ihren wirtschaftlichen Folgen zusammenhing – die häufige Erwähnung von Arbeitslosenziffern zeigt die Verbindung vielleicht am deutlichsten –, überwältigte die rein wirtschaftlichen Sorgen Kreisaus. Möbel und Silber wurden verkauft, zwei berühmte Lenbachs zum Kauf angeboten (einer davon verkauft), und ihr Diadem ließ sie ebenfalls fahren. „Keine Gräfin ohne Diadem", hatte sie einmal in Boston gewitzelt, als sie dortige Bekannte in die Oper einluden. Die „Gräfin" war seit der Revolution und Weimarer Verfassung ein bloßer Bestandteil des Namens geworden; aber sie dachte doch, daß sie den Kopfputz bei der Hochzeit eines ihrer Kinder tragen könnte, ließ ihn aber gelassen fahren. Als Helmuth James noch im selben Jahr, Oktober 1931, Freya Deichmann heiratete, war das kein Anlaß, den Verkauf zu bereuen. Die Hochzeit war denkbar einfach, und nur ein Bruder konnte es sich – außer den Eltern – leisten, nach Köln zu kommen. Die Deichmannbank stand vor der Liquidation, und Freyas Vater war todkrank.

Der Anlaß zur Heirat zu diesem Zeitpunkt war ein praktischer: Dorothy von Moltke hatte wieder eine Reise zu ihren Eltern vor, und Freya konnte ihre Rolle in Kreisau zum Teil übernehmen, vor allem konnte sie sich um die zwei jüngeren Geschwister von Helmuth James kümmern, die noch in die Schule gingen. Das war Dorothys vorletzte Reise nach Südafrika. Die Vorbereitung der letzten beschließt die Briefauswahl.

Zur Edition: In den dreißig Jahren ihrer Ehe schrieb Dorothy von Moltke jede Woche einen mehrseitigen Brief an ihre Eltern. Ausnahmen sind die Kriegsjahre, in denen die Korrespondenz spärlich war und die Zeiten gegenseitiger Besuche. Die Auswahl war schwierig.

Die Übersetzung war relativ leicht. Die Briefe sind frisch von der Leber geschrieben, lebendig und geradeaus. Kopfzerbrechen machten nur familiäre englische Termini wie „Fatherland". Da zeigt sich die nationale Distanz, wenn auch ironisiert. Ich habe mich für „Vaterland" entschieden, in der Hoffnung, daß der Leser die Wellenlänge der Ironie hört. Ich habe auch alle ihre deutschen Wörter und Phrasen beibehalten. Kursivdruck zeigt, daß das originales Dorothy-Moltke-Deutsch oder Mami-Deutsch ist.

Was machte die Auswahl schwer? Daß so viel geopfert werden mußte, das lebendig und bezeichnend war, oft auch lustig, wie die Geschichte von der gefälschten Leonardobüste, die Berlin in Atem hielt, bis der Kaiser entschied, daß sie echt war. „Aber man kann", wie der letzte Brief der Auswahl endet, „nicht alles haben". Wichtig war mir, eine gewisse Kontinuität zu wahren oder mindestens dem aufmerksamen Leser erkennbar zu machen. Die Schreiberin und ihr Leben in drei so dramatischen Dezennien sollten so repräsentativ wie möglich erhalten bleiben. Dazu gehörte die Liebe zu ihren Kindern wie die Liebe zu ihren Eltern, die Anteilnahme am Schicksal Deutschlands, das Bewußtsein, daß Frieden nicht von selbst kommt oder erhalten bleibt, und die Freude an Musik, Kunst, Büchern und vor allem: Menschen, wie z. B. Eugenie Schwarzwald, deren Namen sie erst beim dritten Anlauf richtig hinkriegt, oder Julian Frisby, dem englischen „Paying Guest", der bald ein Freund wurde, oder Freya oder Freyas Bruder, Hans Deichmann. Die Liebe beruhte durchaus auf Gegenseitigkeit.

Aber, wie gesagt, die Auswahl war schwer und oft schmerzhaft. Auslassungen innerhalb von Briefen sind der Lesbarkeit zuliebe durch drei Punkte *ohne* eckige Klammern gekennzeichnet.

Aus Platzgründen sind die meisten Anreden und Briefenden weggelassen. *Nie* unterschrieb sie übrigens einen Brief an ihre Eltern mit ihrem Namen, Dorothy, immer mit Umschreibungen wie „Euer Baby", „Euer Kind", „Dein Nichtsnutz" oder „Störenfried". Da gibt es zahlreiche Varianten. Manche sind beibehalten worden, sozusagen als Kostprobe oder weil sie einen Brief zufriedenstellend abrunden. Ich hoffe, daß das Ganze rund genug geblieben ist und das Leben dieser bemerkenswerten Frau in ihrer Zeit an ihrem Ort so gut wie möglich in ihren eigenen, wenn auch übersetzten Worten wiedergibt. Eine Ausgabe in der Originalsprache wäre natürlich wünschenswert.

Gerne würde ich allen danken, die mir bei der Arbeit an diesem Buch geholfen haben, muß es aber bei wenigen bewenden lassen: K. H. Henssel und seiner inzwischen verstorbenen Frau, Asta, geb. Moltke. Sie haben mir in Berlin mit ihrer Freundschaft und Gastlichkeit die Arbeit an den Originalen leicht und angenehm gemacht, und Asta insbesondere hat viel hilfreiche Aufklärung gegeben und Photographien zur Verfügung gestellt. Auch Freya von Moltke sei hier nochmals Dank gesagt für erneute Hilfe. Bei ihr in Vermont – wo sie damals noch lagen – las ich „Mamis" Briefe, als ich mit der Arbeit an denen ihres Sohnes Helmuth James begann. Ich fand sie schon damals faszinierend und die schönste und lebendigste Schilderung seines Wesens und Werdegangs und der Welt, die ihn prägte.

Sommer 1999 *Beate Ruhm von Oppen*

Anmerkungen

1 *seiner Herkunft:* s. Brief vom 11. 9. 14.
2 *für Eingeborene:* Näheres bei Michael Stolleis, Hg., Juristen. Ein biographisches Lexikon von der Antike bis zum 20. Jahrhundert. München 1995, S. 312f.
3 *fürsorgenden Gott:* s. Helmuth James von Moltke, Briefe an Freya 1939–1945. Herausgegeben von Beate Ruhm von Oppen, München 1988, S. 610, 2., durchgesehene und erweiterte Auflage, München 1991, S. 624.
4 *oder Standesinteressen:* s. Briefe (wie Anm. 3), S. 603, 2. Aufl., S. 617.
5 *früheren Überschwanges:* s. Brief vom 31. 3. 26.
6 *einverstanden sein:* s. Briefe (wie Anm. 3), S. 602, 2. Aufl. S. 616.
7 *Namen haben:* s. Briefe (wie Anm. 3), S. 25.
8 *„Wissenschaftler":* s. Brief vom 11. 11. 11.
9 *„jungen Teutonen":* „Young Teuton" oder Y. T., die häufigste Bezeichnung für ihren Gatten in den Briefen. Er war acht Jahre älter als sie.
10 *rührender Brief:* s. Brief vom 4. 5. 09.
11 *feite:* s. Freya von Moltke/Michael Balfour/Julian Frisby, Helmuth James von Moltke 1907–1945. Anwalt der Zukunft, Stuttgart 1975 und Berlin 1984, S. 9–28.
12 *bester Freund:* s. Brief vom 7. 3. 11.

Kaiserzeit

Mein geliebter Vater, [Creisau] 5. 4. 1907

hätte ich nur die Feder eines geübten Schriftstellers, um Dir alle Ereignisse der Taufe am Mittwoch zu beschreiben! Ich werde jedoch mein Bestes tun, und Mutter wird, wenn Du sie siehst, die Lücken füllen.

Die Zeremonie fand im Zimmer des Feldmarschalls statt. Es war 4 Uhr 30. Das Wetter war hell und sonnig.

Der Altar wurde vom Eßzimmer hereingebracht und gegenüber vom Stammbaum aufgestellt, der Teppich aus dem Wohnzimmer wurde davorgelegt, und rechts und links saßen die Gäste. Nachdem alle versammelt waren, kamen Schwester[1] mit dem Baby, dann Helmuth und ich herein. Es war eine bewegende Szene – der einfache, historische Raum, die alten Moltkes sehr gerührt bei den Erinnerungen, die auf sie eindrangen, und dieser jüngste aller Moltkes, der sich keiner Vergangenheit oder Zukunft bewußt war, jedoch starken Anteil an der Gegenwart nahm und jeden der Paten, in deren Arme er nacheinander gelegt wurde, mit großen, fragenden Augen ansah. Er trug das Häubchen und Kleid, die Helmuth und dessen Vater vor ihm getragen hatten, und obwohl es ziemlich seekrank war, benahm sich das Söhnchen während der ganzen Zeremonie, die etwa 35 Minuten dauerte, musterhaft.

Erst sangen wir ein Lied, dann kam der Taufakt und eine kurze Predigt. Wir hatten diesen Text gewählt: „Denn ich bin gewiß, daß weder Tod noch Leben, weder Fürstentümer noch Gewalten, weder Gegenwärtiges noch Zukünftiges, noch keine andere Kreatur mag uns scheiden von der Liebe Gottes, die in Christo Jesus ist.“[2] Das ist einer meiner Lieblingstexte – deshalb die Wahl. Nach der Predigt wurde das Kind jedem der Paten der Reihe nach in den Arm gegeben, und zum Schluß hielt ihn Monika,[3] die jüngste Patin, während das Zeichen des Kreuzes gemacht und ihm der Name Helmuth James Ludwig Wilhelm Eugen Heinrich gegeben wurde. (Nimmt Euch die Länge den Atem? Helmuth und ich wollten ihn Louis-James nennen, aber weil die Familie so entsetzt darüber war, daß er kein „Helmuth“ sein sollte, mußten wir der Tradition folgen.) Dann wurde der Kleine auf meinen Schoß gesetzt, noch ein Lied wurde gesungen, und der Pastor gab uns seinen Segen. So wurde mein Sohn getauft.

Wir haben so viel an Dich gedacht und von Dir gesprochen, lieber Flen, und wünschten, daß Du dabei gewesen wärest.

10. 4. 1907. Ich will mit meiner Erzählung fortfahren: Nach der Taufe folgten Gratulationen und Gespräch, und dann gingen alle – im ganzen 20 Gäste – hinein zum Essen, während Dein kleines Baby mit ihrem Baby in die Kindergemächer zurückkehrte, und nachdem ich mich eine Weile an meinem Söhnchen erfreut hatte, ging ich ins Bett, da es fast Zeit war, ihn zu stillen. Davor bekam ich jedoch überraschenden Besuch von der ganzen Gesellschaft, die, mit Champagner in der Hand, in mein Zimmer marschierte und auf mein Wohl trank; ich antwortete, so gut ich konnte, vom Bett aus! Die Reden waren, glaube ich, charmant. Die von Onkel Helmuth[4] werde ich abschreiben und diese oder nächste Woche schicken. Er war so gütig, sie für mich aufzuschreiben, da ich sie nicht hören konnte.

Der kleine Helmuth James dankt seinem Großpapa für die schöne Schale, die er ihm geschenkt hat, und hofft, sie bald benutzen zu können.

Diese Woche hat der wunderbare Sohn fast ein Pfund zugenommen und wiegt jetzt 9 Pfund minus 20 Gramm. Er ist herrlich kräftig und entwickelt schon Muskeln! Wir haben ihn nicht für Dich photographieren können, da das Wetter nicht sonnig genug war. Mir geht es gut, und ich blühe, mein Liebling, und freue mich meines Sohnes ganz ungemein. ...

1 *Schwester:* Ida Hübner, Diakonisse und Gemeindeschwester. 2 *„Denn ich bin gewiß ...“* Römerbrief 8, 38–39. 3 *Monika:* Monika von Moltke, die jüngste Schwägerin. 4 *Onkel Helmuth:* Helmuth Ludwig Johannes von Moltke (1848–1916), seit 1906 Chef des Generalstabs, Neffe des „großen“ Moltke.

Creisau, 28. 4. 1907

Mittwoch [1. 5. 07]. ... Es war gestern so rührend, den kleinen Sohn zu sehen. Er wußte sehr wohl, daß eine neue Person gekommen war, um für ihn zu sorgen, und empfand es sehr stark. Er blickte minutenlang auf die Kinderfrau, und dann sah er mit einem kleinen Schluchzer Schwester an. Es machte uns alle ganz traurig. Er hat eine so zarte Natur, und Schwester sagt, er ist ein *sehr* braves Kind. Er kennt meine Stimme ganz gut, und wenn ich mit ihm spreche, lacht er und antwor-

Das junge Paar: Dorothy und Helmuth in Südafrika 1905

tet meistens auch – solche kleinen Laute wie „re“, „ge“, „ah“ sind sein jetziges Vokabular. …

Ich habe vergessen, Euch zu erzählen, daß Helmuth jedem seiner Arbeiter ein kleines Stück Land zu eigen gegeben hat, was ich für sehr gut und richtig halte. Einer jedoch – sowieso ein zweitklassiger – lehnte sein Teil ab; „zu viel Arbeit“, erklärte er! …

[Creisau] Montag, 17. 6. 07

… Dietrich[1] ist ein paar Tage hier gewesen, und wir hatten mehrere Diskussionen über die jüdische Frage. Er ist ein heftiger Antisemit und glaubt im Innersten, scheint mir, daß jedes Laster im Vaterland von jüdischem oder englischem Einfluß herrühre! Persönlich ist er sehr nett, aber ach, seine politischen und sozialen Meinungen! Onkel Ludwig[2] erscheint fast im Licht eines Sozialdemokraten, wenn man ihn mit meinem geehrten Schwager vergleicht. Mir nimmt es einfach den Atem, wenn er seine Ansichten zum besten gibt. Aber Muttel[3] ist da anders; sie liebt den Kampf und hat ihn gestern ungemein schokkiert (zu ihrer großen Belustigung), als sie sagte, daß, wenn Herr Ballin (der Direktor der Hamburg-Amerika-Linie, ein Jude, distinguiert, und Freund des Kaisers) sie einlüde, ihn auf seinem Schloß in Kiel zu besuchen, sie das *mit Wonne* annähme! Es ist sehr seltsam, einen Mann zu treffen, der nichts von den Träumen und Idealen und Bestrebungen der Welt, wie sie heute ist, weiß. ...

1 *Dietrich:* Dietrich von Trotha, Mann der Schwägerin Margarete (Ete). 2 *Onkel Ludwig:* Ludwig von Moltke, Wernersdorf, unverheirateter Bruder des Schwiegervaters. 3 *Muttel:* Schwiegermutter, geb. Ella Gräfin Bethusy-Huc.

Creisau, Sonntag, 2. 8. 08

... Helmuth denkt daran, gegen Ende des Jahres für ein oder zwei Monate nach England zu gehen, um wirklich gründlich Englisch zu lernen und auch, um etwas von der dortigen Christian-Science-Arbeit zu sehen. Es steht aber noch nichts fest. Es würde mich für ihn freuen, wenn er gut Englisch lernte, und es würde sich sehr gut mit der Zeit treffen, die ich mit Mutter in Paris verbringen will; auch mit dem Oktober, wenn die Jagdsaison beginnt; denn er hat diesen Sport aufgegeben, und es wird etwas schwierig für ihn, dann in diesem schießwütigen Land zu sein, denn es gibt hier Gerede und Erstaunen, wenn ein Junker nicht so lebt wie alle anderen.

Ohne Zweifel ist Helmuth äußerst originell und individuell, er ist ein *Sonderling*, ein gänzlich gesunder und guter, aber Du kannst Dir vorstellen, was für Verwunderung er unter seinen Standesgenossen auslöst, wo man Individualität nicht sehr oft antrifft.

Was Deine Frage angeht, ob wir, wenn wir zu Dir nach London kommen, ein Hotel oder Zimmer vorziehen, *c'est tout à fait égal*, aber ich meine, Zimmer wären sehr nett, oder?

Wir und das Vaterland sind momentan sehr aufgeregt über Graf Zeppelins Luftschiff. Was für einen Unterschied es machen wird, wenn die Luft erst einmal befahrbar wird.

Letzte Woche lasen wir Lessings „Nathan der Weise" mit verteilten Rollen. Es war sehr nett, und wir haben es ungeheuer genossen. Wir hoffen, diese Woche ein anderes Stück ebenso zu lesen, Goethe oder Schiller nehme ich an, weil Helmuth von nichts hören will, was nicht klassisch ist!

Über den süßen Jungen habe ich kein Wort gesagt! Er blüht weiter. ...

Die Schwiegereltern mit den Töchtern und Söhnen

Berlin, 1. 11. 08

... Ach, Du wirst eine solche Freude an dem kleinen Helmuth haben, wenn Du ihn siehst. Er ist so süß und läuft überall alleine herum. Er genoß die Reise von Creisau sehr und war über die vielen Züge und *Puff-Puffs* (Autos) sehr aufgeregt. Er findet das Stadtleben ganz angenehm, nur fehlen ihm seine Schweine sehr – Schweine sind besser, wie Onkel Joachim[1] zu sagen pflegte –, und er verlangt ständig, zu den *Nuckeles* (Schweinen) gebracht zu werden. Man kann auch vernünftig mit ihm reden, was alles so sehr erleichtert. Gestern schnitt ich seine Nägel, und er fing an zu weinen; da sagte ich ihm, daß der *Mutz* (Schmutz, der ihn immer sehr beunruhigt) weggehen würde, wenn ich die Nägel schneide, und das sah er ein, hörte auf zu weinen und sagte bei jedem Finger *so, Mutz weg.*

Dienstag [3. 11. 08]. ... Vielen Dank für den „Spectator", den ich mit viel Interesse lesen werde. Was meinst Du zu dem Bericht über des Kaisers Gespräch[2] mit einem „einflußreichen Engländer"? Was ich nicht verstehe, ist, warum er das Telegramm an Krüger[3] geschickt hat, wenn er wirklich so freundlich gegenüber England ist. ...

1 *Onkel Joachim:* Joachim-Peter von Moltke, Bruder des Schwiegervaters.

2 *Kaisers Gespräch:* Ein außenpolitisch brisantes Interview des Kaisers war am 28. 10. 1908 im Londoner *Daily Telegraph* veröffentlicht worden. Es machte böses Blut in England und führte zu einer kritischen Debatte im Reichstag. 3 *Telegramm an Krüger:* Wohl ein Hinweis auf eine Depesche des Kaisers an den Präsidenten der südafrikanischen Republik Transvaal, in dem er diesen zur Abwehr englischer Übergriffe beglückwünschte. Der Zwischenfall hatte sich 1896, vor dem Burenkrieg, ereignet.

Paris, 19. 11. 08

... Ich bin über die jüngsten Ereignisse in Deutschland sehr erregt. Ist das wohl der Anfang einer nationalen Bewegung, eine konstitutionellere Regierungsform zu erlangen? Das hoffe ich aufrichtig, denn ein Land mit der Bildung und Modernität Deutschlands kann nicht ewig mit einer Regierungsform weitermachen, die nicht einmal vorgibt, repräsentativ zu sein. ...

Mein vielgeliebter Vater, Berlin, 4. 2. 09

dies ist der letzte Brief, den ich Dir schreibe, den Du in Europa lesen wirst, und das ist ein sehr trauriger Gedanke. Wie ich wünsche, daß es anders wäre! Es scheint so befremdlich und traurig, daß ich so weit weg von Dir und Mutter und Afrika leben soll – und doch *bin* ich glücklich und fühle, daß meine Aufgabe und mein Platz hier ist. ...

Berlin, Montag, 8. 2. 09

... Wir fanden Berlin in strömendem Regen vor, der 3 Tage anhielt, aber gestern und heute war herrliches Wetter – sehr kalt und blitzblauer Himmel –, und wir hoffen, daß es für die morgigen Festlichkeiten so bleibt, wenn der König und die Königin ankommen. Wir werden im Ministerium sein und sollten deshalb alles sehr gut sehen können, da der Zug sich Unter den Linden entlang zum Schloß bewegt. Alles ist ganz reizend geschmückt, und morgen soll eine Art Feiertag sein, und so ist die Aufregung groß! Heute früh bin ich mit Fräulein Horn und dem Baby mit der Straßenbahn (zur Freude des Söhnchens) zu Unter den Linden gefahren, und dann flanierten wir herum und sahen uns die Dekorationen an. Es war recht ermüdend mit dem kleinen Jungen, denn er nahm geradezu peinliches Interesse an jedem Ladenfenster und roch an allen Girlanden aus Papierrosen, die man aufgehängt hatte! Aber er war sehr glücklich, was die Hauptsache war, und als er heute nachmittag aufwachte, waren seine ersten Worte *Große Fahne*, mit vielen rollenden Rrrs! ...

Dienstag [9. 2. 09]. Wir sind gerade von der Begrüßung des Königs zurückgekehrt. Wir hatten sehr gute Plätze im Ministerium, und es war alles in allem ganz nett, obgleich ich immer denke, es ist etwas *tant de bruit – pour un moment* bei diesen Gelegenheiten, alles ist so schnell vorbei. König Edward sah nett aus und fröhlich, und jedermann war herzlich und freundlich, obgleich man die Menge nicht als „wild enthusiastisch" bezeichnen konnte, was aber nach all dem kaum zu erwarten war. ...

Donnerstag. ... Heute vormittag gehe ich in meine Vortragsreihe über „Musikalische Romantiker", die sehr interessant sein müßte, und heute abend gebe ich meinen Englischkurs zum ersten Mal allein – eine große Aufgabe, denn Lehren ist nicht leicht, und ich komme nach Schultzchen,[1] die eine wirklich große Gabe dafür hat. Helmuth hat heute nachmittag seine erste Englischstunde. ...

1 *Schultzchen:* Ulla Schultz, später verehelichte Oldenbourg, prominente „Scientistin".

Berlin, 24. 3. 09

... In einer Monatsschrift namens „Der Hammer" (ultrakonservativ und reaktionär, Dietrich Trotha liebt sie sehr) las ich einen – für mich amüsanten, für den Verfasser offensichtlich traurigen – Artikel über die *Frauenbewegung*. Der Autor meint, daß Frauen in Deutschland schon so viel erreicht hätten, daß sie wohl bald das Wahlrecht haben würden (!) und daß das Land sich wegen des aktiven Anteils der Frauen an wirtschaftlichen, sozialen und politischen Fragen in schneller Degeneration befinde. Jeder Posten, den man einer Frau gebe – in Postämtern, Schulen usw. – bedeute die Gründung einer Familie weniger, denn es nimmt Männern das Brot, die es sich dann nicht leisten können, eine Familie zu gründen! ...

Creisau, 4. 5. 09

Mittwoch [5. 5. 09]. Und dieser Teil des Briefes ist jetzt hauptsächlich für Daddy, denn er beantwortet das, was er über Christian Science an mich geschrieben hat. Ob sie uns auf die Dauer befriedigt, kann

Dorothy mit dem Erstgeborenen: Helmuth James

nur die Zeit zeigen. Laß mich sagen, lieber Daddy, wie *sehr* ich Dein Interesse daran schätze, was Dein kleines Mädchen so brennend beschäftigt, und ich finde es lieb von Dir, daß Du Dich überhaupt damit abgibst, wenn es auch um meinetwillen ist. Ich bin ganz Deiner Meinung, daß es viel wichtiger ist, die Seele als den Körper zu heilen, glaube aber keinen Augenblick, daß wir nur letzteres tun. In der C. S. ist das Heilen von Krankheit wirklich von zweitrangiger Bedeutung, denn ihr hauptsächlicher Wert – abgesehen von Hilfe und Trost, die man geben kann – liegt darin, daß sie der Beweis dafür ist, daß wir der Wahrheit etwas näher kommen. „Diese Zeichen folgen ihnen, die glauben“[1] usw. Der Aspekt unserer Arbeit, der im Heilen besteht, wird anscheinend einfach deshalb so in den Vordergrund gestellt, weil unser Glaube nicht ganz lächerlich sein kann, wenn er uns befähigt, offene Tuberkulose oder Krebs zu heilen. Was hätte ich dafür übrig, denkst Du, wenn es nur eine Religion der Heilung wäre? Ich bin immer gesund und kräftig gewesen. Aber in der Christian Science habe ich eine rationale Antwort auf alle meine Fragen gefunden, und ich bin nur eine von vielen Tausenden; ich habe den wundervollsten Frieden gefunden, das Allheilmittel für alle Furcht und den stärksten Beweggrund nicht nur für ein reines und rechtes Leben, sondern auch für reines und rechtes Denken. Und es läßt sich nicht leugnen, daß Jesus ständig herumging und heilte, seinen Anhängern befahl, es auch zu tun, und daß bis zu 300 Jahre nach seinem Tod diese Zeichen denen folgten, die glaubten. Ich bin nicht ganz sicher, was Du meinst, wenn Du sagst, daß das *persönliche* Element die Stärke des Christentums sei. Eine heidnische Religion mit ihren sichtbaren Idolen ist doch viel „persönlicher"? „Gott ist Liebe" und „Gott ist Geist" ist gewiß keine sehr persönliche Lehre, die Idee der Vaterschaft Gottes schon mehr. Aber Christian Science intensiviert erheblich unsere persönliche Beziehung zu Gott, wenn Du das meinst, denn wir glauben – Du wirst wohl darüber lachen –, daß jeder von uns ein Kind Gottes ist, von ihm „nach seinem Ebenbild" geschaffen und von ihm erhalten. Ich weiß, das ist, was die orthodoxen Christen glauben, aber wir *handeln* logisch nach unserem Glauben. Denn, siehst Du, wenn ich wirklich ein Kind Gottes bin und er der liebende Vater ist, von dem Jesus zu uns sprach, dann ist es doch absurd zu denken, daß er sich nicht um uns kümmern kann oder will, besonders, da unser Glaube ein Glaube an seine *all*mächtige Kraft ist. Es ist unvorstellbar, daß das, was er nach seinem Ebenbild geschaffen und „sehr gut" genannt hat, Krebs haben kann, oder so wenig Gewalt über das, was auf der Erde ist – wie er uns versprach –, daß es nicht gehen oder sich bewegen kann oder jedesmal leidet, wenn es Nüsse ißt – entschuldige die persönliche Note! Und so entdecken wir, daß all dies Elend und Leid und die Sündhaftigkeit eine schreckliche Täuschung der materiellen Sinne ist, und wir beweisen unsere Entdeckung, indem wir die Täuschung beseitigen. Du wirst sagen, daß wir immer noch viel Unlogisches tun. Das ist wahr, denn wir sind alle nur Anfänger und haben so viel von dem zu verlernen, was in den letzten 1600 Jahren gelehrt worden ist, aber wir bemühen uns wenigstens und machen auch Fortschritte. Wenn eine Religion etwas taugt, ist sie, ebenso wie ein Ideal, immer denen voraus, die daran glauben, meinst Du nicht?

Ich schäme mich fast dieser Abhandlung, und Du mußt bitte nicht denken, daß sie in einem „bekehrenden" oder dogmatischen Geist geschrieben ist. Wie Du weißt, rede ich nicht viel über diese Dinge, und ich habe nur so geschrieben, weil Du darüber geschrieben hast und ich so froh über Dein Interesse war. Bedenke auch, daß ich selbst nur eine Anfängerin bin und deshalb nicht wirklich imstande, Dir einen richtigen Begriff davon zu vermitteln, was C. S. ist; laß mich nur hinzufügen, daß es *keine* neue Sekte oder Religion ist, sondern einfach die Lehre Jesu Christi. –

Gestern, als Klein Helmuth zu Mittag aß, fragte ich ihn, für wen der nächste Bissen sei, und er antwortete „für Daddy" und fügte dann schnell hinzu „dann für Grannie". Afrika spielt in all seinen Spielen eine große Rolle – die Schiffe segeln alle nach Afrika, und alle Züge fahren dorthin, wenn sie nicht zufällig nach Berlin fahren! Er ist jetzt ein so großer Junge und ißt ein gekochtes Ei zum Frühstück und drei Gänge zu Mittag und eine große Flasche Milch danach.

Hier sind wir alle über die *Finanzreform* sehr aufgeregt; ich glaube, die Konservativen haben ganz unrecht, und bin froh, daß Bülow[2] – für Deutschland – sehr liberale Ansichten hat; aber was dabei herauskommt, weiß keiner. Sie würden auch gerne das Parlament auflösen, fürchten sich aber zu sehr vor den Sozialdemokraten. ...

1 *„Diese Zeichen folgen ihnen ..."* Markus 16, Vers 17. 2 *Bülow:* Bernhard Fürst von Bülow war von 1900 bis 1909 Reichskanzler und preußischer Ministerpräsident. Sein schon vorher beantragter Abschied wurde am 14. 7. 1909 bewilligt.

Creisau, 19. 5. 09

... Warum können sich Lehrer nicht aktiv an der Bewegung für das Frauenwahlrecht beteiligen? Das schmeckt ganz nach dem Vaterland, wenn ich so sagen darf! Es ist erstaunlich, wie sich die öffentliche Meinung über die Stellung der Frauen ändert; und besonders in Deutschland beobachte ich eine große Veränderung zum Besseren.

Vielen Dank für den „Times"-Bericht über die Flottendebatte. Natürlich ist mir klar, daß es für England absolut notwendig ist, „to rule the waves", und *das* war es nicht, was mir hysterisch vorkam; aber all diese Phantome von Luftschiffen, nächtlichen Truppenlandungen an der Ostküste usw. sind einer großen Nation nicht würdig. Die „Westminster" weist heute die Bangemacherei sehr gut nach, indem sie nebeneinander einen Artikel druckt, der im „Pall Mall" im November 1906 erschien, und einen aus „John Bull" vom Mai 1909 – fast Wort für Wort dasselbe! Das Traurige ist, daß diese Artikel von Hunderten von

Leuten gelesen und geglaubt werden. Und dabei besteht kein Zweifel, daß die Lage ernst ist, denn selbst wenn Deutschlands gegenwärtige Absichten durchaus friedlich sind – wovon ich überzeugt bin –, bedeutet seine Flotte doch eine ständige Bedrohung für England, denn kriegerische Ideen könnten hier jederzeit dominierend werden. Obgleich ich wirklich nicht sehen kann, was Deutschland durch Krieg gewinnen würde; der Handel floriert, mit widerstrebenden Kolonien würde es auf keine Rosen gebettet sein, und außerdem ist sein Bevölkerungswachstum nicht mehr so sprunghaft, daß Kolonien nötig wären. Meine eigene bescheidene Meinung ist, daß Deutschland entschlossen ist, eine absolut leistungsfähige, erstrangige Macht zu sein, und zu diesem Zweck seine Flotte baut, ohne konkrete Kriegspläne. Aber wenn man die europäische Situation heute objektiv betrachtet, wäre es zum Lachen, wenn es nicht so ernst wäre, wie trotz menschlicher Weisheit, Kultur und Zivilisation die Nationen sich eifersüchtig gegenüberstehen und alljährlich Millionen für Waffen ausgeben, deren einziger Zweck es ist, andere Menschen zu töten, die nach der Religion, zu der sie sich bekennen, ihre Brüder sind. Man kann wahrhaftig sagen, „die Weisheit des Menschen ist wie Narrheit vor Gott", wenn das dabei herauskommt. Und ich habe das ungute Gefühl, daß Jesus Christus, wenn er auf die Erde hinabblickte, seine Anhänger nicht recht erkennen, und wenn ihm gesagt würde, daß er ihr Oberhaupt sei, es rätselhaft finden würde, *wie* sie seine Gebote halten. Eine merkwürdige Welt. ...

Creisau, 1. 6. 09

... Habe ich Euch erzählt, daß Bill Moltkes Hochzeit am 9. ist? Helmuth geht wahrscheinlich hin, aber ich habe abgesagt.

Hier sind alle so aufgeregt wie eh und je über die Finanzreform, die, wie es scheint, nie „reformiert" werden wird. Die Konservativen wenden gegen die Erbschaftssteuer allen Ernstes ein, daß sie *pietätlos* ist und so unangenehm für die Witwe, wenn sich Beamte in ihre Angelegenheiten mischen, „noch bevor die Leiche aus dem Haus ist", wie sie es meistens formulieren. Als ob das eine adäquate Antwort auf Staatsfragen von solcher Wichtigkeit wäre! Ich nenne es lächerlich und so ziemlich die Art Argument, die traditionsgemäß Frauen zugetraut wird. Andererseits *zahlen „wir"*, d. h. die begüterte Klasse, schon jetzt enorme Steuern. ...

Mittwoch [2. 6. 09]. ... Der Junge hat ein gütiges und liebendes

Herz und ist mit allem freigebig. In Conradswaldau war die kleine Annemarie ungezogen, lag auf dem Boden und weigerte sich aufzustehen. Das bekümmerte den Jungen, der zu ihr ging, ihr gut zuredete: *Helfen Annemie* und seine Arme ausstreckte. Da auch dies nichts nützte, nahm ich ihn weg, da es für ein Kind nicht gut ist, den Kampf eines anderen mit seiner Mutter zu sehen. Als wir im Nebenzimmer waren, sagte er mit ehrfürchtiger Stimme: *Was wird die Mutter da jetzt sagen?* und nach einer Pause: *Jetzt wird das Kind einen Klaps kriegen!* Er ist uns beiden die größte Freude auf der Welt, und das ist er für ganz Creisau. Es ist wirklich ganz rührend zu sehen, wie stolz alle Gutsleute auf ihn sind und wie anhänglich. Er kennt die meisten beim Namen und ruft seinen Bekannten laut zu „Maier" oder „Rüster" oder was immer, wenn er sie sieht.

Gestern machten wir eine *so* schöne Fahrt in die Berge, und ich dachte so viel an Dich und wünschte, daß Du auch da wärst, um sie zu genießen. Aber wie oft wünsche ich das. ...

Creisau, 7. 9. 09

Mittwoch [8. 9. 09]. ... Sonntag war hier ein großer Tag – der 25. Jahrestag des Creisauer Kriegervereins. Helmuth war schon um 8 in Uniform und am Kapellenberg, wo ein Kranz am Grab des Feldmarschalls niedergelegt wurde; dann marschierten sie zur Kirche, dann wieder heim zu unserem Gottesdienst. Mittagessen mit vier oder fünf Gästen, Offizieren aus der Nachbarschaft, und um halb vier marschierten alle Kriegervereine, die zum *Fest* eingeladen worden waren, mit Musik und flatternden Fahnen am Schloß vorbei, im ganzen 4 oder 500. Dann gab es im Park Reden, Fahnen wurden präsentiert usw., und dann gab's *Vergnügen*, ein Kasperltheater und viele Buden mit Kuchen und Spielsachen, ganz zu schweigen von der unvermeidlichen *Bierhalle*. Es war natürlich für alle Leute hier ein Festtag, und das Dorf war üppig geschmückt. Onkel Fritz und Onkel Ludwig waren da, und zum Abendessen waren wir 23. Eine ziemliche Unternehmung für mich, aber ich überließ einfach alles Helmuth, Muttel und Monika, und sie haben die ganze Arbeit gemacht.

Klein Helmuth war natürlich von seinem Tag bezaubert und genoß sogar die Reden! Ich gab ihm eine Mark, und er durfte an die verschiedenen Buden gehen und kaufen, was ihn reizte, und es war eine komische Sammlung: Pfefferkuchen, eine Kanone, ein Auto undsoweiter, auch ein paar Geschenke für seine Freunde. ...

Geliebte Mutter, Creisau, 27. 9. 09

es ist eine so glückliche, überglückliche Tochter, die diese Woche an ihre Eltern schreibt. Der liebe kleine Junge[1] ist da, und alles verlief so leicht und harmonisch, daß ich wirklich die Empfindung habe, *my cup runneth over*[2]. Das Baby ist ein prächtiger kleiner Kerl, wiegt über 7 Pfund (in englischen Gewichtsmaßen wäre es mehr) und sieht *ganz* anders aus als Klein Helmuth: eine große Moltkenase, schwarzes Haar, aber sonst heller als sein Bruder.

Am Donnerstag hatte ich ein Gefühl der Ausdehnung, aber praktisch ohne Schmerz, tatsächlich hatte ich nur zwei Expansionen, die wirklich weh taten, und dann war das Baby da. Muttel wußte es noch nicht einmal 20 Minuten davor. Ich aß mit der Familie um 1 Uhr zu Mittag, und genau um 2 wurde das Kind geboren; ich hatte noch nicht einmal Zeit, mich auszuziehen, so schnell kam es. Schultzchen[3] las mir den 91. Psalm vor und ging dann im Zimmer auf und ab, sprach das „Scientific Statement of Being“[4] und dann, nach zwei Wehen, die zwar wehtaten, aber nicht allzu stark waren, fühlte ich plötzlich den Druck. Es war nicht einmal Zeit, mich ganz auszuziehen, und als ich auf mein Bett zuging, hatte ich meine Schuhe und Strümpfe an, während Rock, Unterröcke, Korsett usw. noch um meine Beine herumhingen und ich mit einer Hand den Kopf des Babys hielt. Kein Schmerz oder Unbehagen irgendwelcher Art – außer, daß ich nicht richtig ausgezogen war! – und kaum war ich im Bett, als auch das Baby da war. Wir waren auf diese plötzliche Ankunft so wenig vorbereitet, weil davor kein Wasser kam, um uns zu warnen. Miss Flower bewährte sich vorzüglich. Die Nachgeburt ließ ziemlich lange auf sich warten, war aber ganz in Ordnung und kam ohne Druck oder Schwierigkeiten, als sie dann kam.

Das Baby ist hübscher, als Helmuth in dem Alter war, und war von Anfang an weiß und ohne Runzeln. Seine Augen sind noch unbestimmt, werden aber wahrscheinlich blau sein. Es schläft und trinkt gut und verbringt seinen ganzen Tag auf der Veranda. Ich bin herrlich kräftig und wohlauf, Schlaf, Appetit, Milch, Stuhlgang waren von Anfang an in bester Ordnung. Während ich dieses schreibe, liege ich auf der Chaiselongue und fühle mich kerngesund. Die Gebärmutter hat sich gut gesenkt und ist in bester Position. Ich erzähle Dir alle diese Details, weil ich weiß, daß Du alles wissen willst.

Ihr werdet dies kurz nach „unserem“ Hochzeitstag[5] bekommen. Wir werden dann besonders an Euch denken, und wünschen, daß Ihr hier sein könntet, um Euch mit uns zu freuen, denn wir sind sehr glücklich.

Für heute nicht mehr, nur viel Liebes und viele Küsse
von der glücklichen Mutter zweier Söhne.

Euer Telegramm war eine *große* Freude. Ich hoffe, Ihr habt Grannie benachrichtigt.

1 *Der liebe kleine Junge:* Joachim Wolfgang, genannt Jowo. 2 *my cup runneth over:* Psalm 23, Vers 5. 3 *Schultzchen:* s. 8. 2. 09. 4 *„Scientific Statement of Being":* ein Kernstück jedes Gottesdienstes der Christian Science. „Frage: Wie lautet die wissenschaftliche Erklärung des Seins? Antwort: Es ist kein Leben, keine Wahrheit, keine Intelligenz und keine Substanz in der Materie. Alles ist unendliches Gemüt und seine unendliche Offenbarwerdung, denn Gott ist Alles-in-allem; Materie ist sterblicher Irrtum. Geist ist das Wirkliche und Ewige; Materie ist das Unwirkliche und Zeitliche. Geist ist Gott, und der Mensch ist sein Bild und Gleichnis. Folglich ist der Mensch nicht materiell; er ist geistig." 5 *„Unserem" Hochzeitstag:* Sowohl sie selbst als auch ihre Eltern hatten am 18. Oktober geheiratet.

Berlin, 1. 12. 09

... Ja, ich stille das Baby selbst, bis auf die eine Flasche pro Tag. Es sieht so prächtig aus und hat eine *so* heitere und zufriedene Natur. Es hat dunkelblaue Augen, lange dunkle Wimpern und sehr markante Augenbrauen; seine Nase und Hände sind groß und sein Mund und seine Füße sehr klein und hübsch. Er sieht viel mehr wie ein Moltke aus als der kleine Helmuth, aber sein Haar ist noch dunkel. Wenn es Zeit für seine Mahlzeit ist, meint der kleine Helmuth, er müsse für alles sorgen, und so kommt er herein, und wenn sein Vater auf dem Stuhl sitzt, auf dem ich immer das Baby stille, sagt er im Befehlston: *Weg, Papi, weg, Mami muß da sitzen, der Bruder kommt trinken*, dann zu mir: *Mami, mach dein Kragen auf!* Und erst wenn all das zu seiner Zufriedenheit arrangiert ist, hat er das Gefühl, daß er seine Arbeit getan hat. Ich bringe ihn heute nachmittag zum *Chocoladenfest* für Kinder ins Ministerium, und morgen gehen wir zum Tee zu einer Mrs. Spencer, einer Amerikanerin, wo auch zwei kleine Kinder sind, mit denen er spielen kann. Ich bin immer froh, wenn er Kinder seines Alters trifft. Ich habe mich nach einem Kindergarten für ihn umgesehen, habe aber bis jetzt nichts Passendes gefunden. Miss Chalmers und ich reden jetzt viel Englisch mit ihm, und er versteht alles, traut sich aber bis jetzt noch nicht, es selbst zu sprechen. Ich lese ein paar Fröbelbücher, um ihm ein bißchen bei den ersten Schritten des Lernens helfen zu können. ...

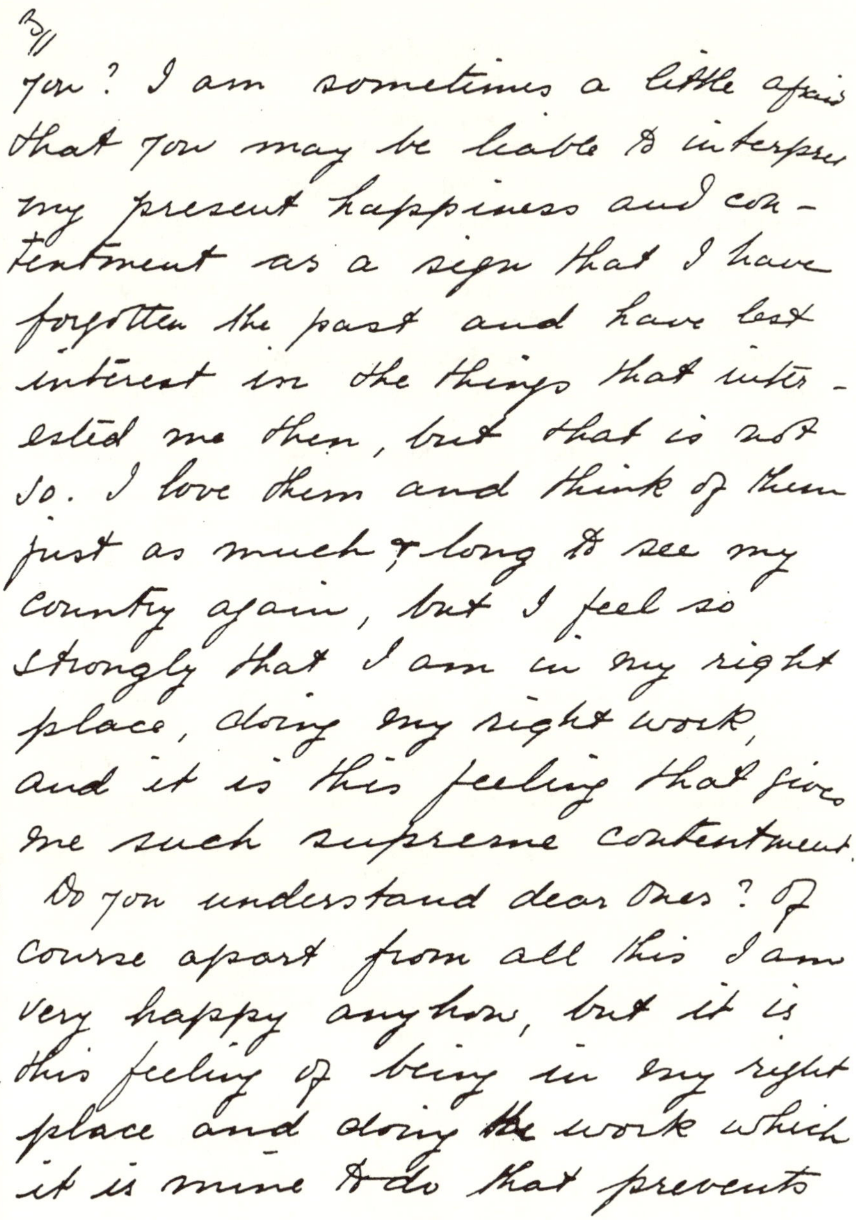
3/11
you? I am sometimes a little afraid
that you may be liable to interpret
my present happiness and con-
tentment as a sign that I have
forgotten the past and have lost
interest in the things that inter-
ested me then, but that is not
so. I love them and think of them
just as much & long to see my
country again, but I feel so
strongly that I am in my right
place, doing my right work,
and it is this feeling that gives
me such supreme contentment.
Do you understand dear Ones? Of
course apart from all this I am
very happy anyhow, but it is
this feeling of being in my right
place and doing the work which
it is mine to do that prevents

Faksimile des Briefes vom 12. 12. 09 (etwas verkleinerter Maßstab)

Berlin, 12. 12. 09

... Alles, was mir Daddy über den großen politischen Kampf in England erzählte, hat mich höchlichst interessiert, nur war ich etwas verletzt, als Du meintest, es könne mich langweilen. Lieber Flen, das denkst Du doch nicht wirklich? Manchmal befürchte ich, daß Du vielleicht mein jetziges Glück und meine Zufriedenheit als ein Zeichen auslegst, daß ich die Vergangenheit vergessen und das Interesse an den Dingen verloren habe, die mich damals interessierten; aber dem ist nicht so. Ich liebe sie und denke genau so viel darüber nach und sehne mich danach, mein Land wiederzusehen; aber ich habe so sehr das Gefühl, daß ich am richtigen Ort bin und die Arbeit tue, die richtig für mich ist –, und das ist das Gefühl, das mich mit dieser höchsten Zufriedenheit erfüllt.

Versteht Ihr das, Ihr Lieben? Natürlich bin ich auch abgesehen davon sehr glücklich, aber es ist dieses Gefühl, an meinem richtigen Ort zu sein und die Arbeit zu tun, die mir zugedacht ist, die verhütet, daß ich je Bedauern empfinde oder auch nur einen Augenblick von Depression oder Heimweh – das und meine Religion. ...

Mittwoch [15. 12. 09]. ... Mein Englischkurs ist wirklich wundervoll. Ihr erinnert Euch, sie fingen vor einem Jahr an und konnten kein Wort Englisch. Jetzt können sie „Science and Health“[1] ganz anständig lesen und brauchen nur die schwierigsten Worte nachzusehen. In dem Kurs sind ein Elektromechaniker und seine Frau, ein Polizist und seine Frau, ein Dienstmädchen, eine Näherin usw., zusammen ungefähr 12.

Unsere Rückreise ist jetzt bis Freitag aufgeschoben, da Helmuth einige Patienten hat, die er morgen sehen muß. Er hat momentan fünf oder sechs Patienten. ...

Donnerstag [16. 12. 09]. ... Wie sind die Aussichten, daß Ihr auf Dauer ans Kap zieht? Ich nehme an, daß Ihr zur Eröffnung des ersten Parlaments der Union[2] da sein werdet.

Helmuth muß vielleicht seinen Militärdienst dieses Jahr (d. h. nächstes Jahr) ableisten, so sehr ihm der Gedanke auch zuwider ist, und wenn ja, würde es im Frühjahr sein. In diesem Falle würde ich mit den Kindern auf Besuch nach Hannover, Düsseldorf und vielleicht Tutzing gehen. Das würde ich sehr genießen. ...

1 *„Science and Health“:* Das grundlegende Buch der Christian Science, von Mary Baker Eddy. 2 *Union:* Die Südafrikanische Union wurde 1910 gegründet. Ihr Parlament war in Kapstadt; die Verwaltungshauptstadt war Pretoria.

Creisau, 1. 1. 10

Neujahrstag. Und ein so vollkommener, drinnen und draußen. Blauer Himmel, Sonne, Schnee und eine Temperatur unter Null. Wir haben den ganzen Vormittag gerodelt, und heute nachmittag sind sieben von den anderen auf eine richtige Rodelbahn in Weistritz gegangen. Ich mußte des Babys wegen zu Hause bleiben, hoffe aber, daß ich morgen früh hin kann. Sogar der kleine Helmuth war heute früh draußen zum Rodeln, ging ganz allein auf den unteren Hang und machte eine so männliche, rote, kleine Figur (seine roten Hosen sind wärmer als seine braunen), und er sagte immer wieder: *Ganz allein Papi will ich fahren ganz allein.*

Ich brauche Euch nicht die Einzelheiten des gestrigen Abends zu erzählen – sicher erinnert Ihr Euch an alles vom letzten Jahr. Die Krapfen, der Punsch, die aufgeregten Kinder undsoweiter. Ich dachte so viel an Euch, und hatte Euch *so* lieb und erinnerte mich auch daran, wie ich auf dem Sofa lag und Daddy uns vorgelesen hat. Wie schön das war! Wann tust Du das wieder, mein Schatz?

Ich hoffe zuversichtlich, daß ich Euch in ungefähr zwei Jahren mit den zwei Jungen besuchen kann, also Anfang 1912. Das wäre herrlich.

Montag [3. 1. 10]. Ich habe gerade die ersten Frachtkisten abgeschickt und will ein Weilchen mit Euch verbringen, bevor ich weiter packe. Leno,[1] Monika und Peter sind heute abgefahren, und wir fahren am Mittwoch. Die ersten ein, zwei Wochen in Berlin werden ziemlich gedrängt sein, bis wir all die nötigen Besuche gemacht haben, unsere Kleider haben und uns mehr oder weniger auf das stürmische Meer der Berliner Saison begeben haben. Die Einführung bei Hofe soll am 20. Januar stattfinden, also denkt dann bitte an mich. Helmuth läßt eine Tiara aus den Steinen in den Orden des Feldmarschalls machen, und nachher können sie entweder wieder eingesetzt oder durch Imitationen ersetzt werden. Monika wird im Mädchenzimmer schlafen, und die drei Mädchen sollen in einem Zimmer unten einquartiert werden. Wenn wir erst einmal die wichtigsten Leute kennengelernt haben, glaube ich, daß es ganz amüsant wird. Ich werde Euch alles über meine Kleider erzählen, wenn sie alle bestellt sind, da ich weiß, daß das die *bonne mère* interessiert; zum Glück brauche ich nicht viel, denn meine Sachen vom letzten Winter sind ganz neu, da ich sie nur ganz kurz getragen habe und die Saison dieses Jahr sehr kurz ist.

Ich wollte wissen, wie man Mitglieder der königlichen Familie auf Englisch anredet, da sie möglicherweise mit mir in der Sprache reden werden (die Erbprinzessin tat es), und sowieso ist die dritte Person, die in Deutschland gebräuchlich ist, so kompliziert, daß ich bestimmt in Schwierigkeiten gerate, wenn ich die versuche! Vielen Dank wegen der Tiara; ich bin froh, daß mein Telegramm rechtzeitig kam, um Dir die Mühe zu sparen.

Habt Ihr Edmund Garretts[2] Biographie gelesen? Wenn nicht, möchte ich sie Euch *so* gerne schicken. Sie hat mich sehr bewegt und den Wunsch, daß der kleine Helmuth später nach Oxford geht, stärker denn je gemacht. Es gibt auf der ganzen Welt keinen so herrlichen Typ wie den, von dem Garrett ein Beispiel war, so sauber, eifrig, gesund, vital. Ich genoß es auch, Teile der südafrikanischen Geschichte vorbeiziehen zu sehen, erhebende Zeiten, obwohl ich leider zu jung war, ihre Bedeutung zu erfassen. ...

1 *Leno:* Leonore von Hülsen, geb. von Moltke, Schwägerin. 2 *Edmund Garrett:* südafrikanischer Publizist und Politiker.

Berlin W. 10
Königin-Augusta-Str. 42
9. 1. 10

Donnerstag [12. 1. 10]. Gestern war es nett, erst in Potsdam, dann bei Schlippenbachs. Prinz Oskar, einer der Söhne des Kaisers, und der junge Kronprinz von Griechenland waren da. Nachdem ich zum Cotillon aufgefordert worden war und ungefähr 10 Minuten getanzt hatte, erfuhr ich, daß mein Partner der letztere war! Ich brachte mit Mühe einen Satz in der dritten Person heraus und bat ihn dann kühn, Englisch zu sprechen, was er natürlich hervorragend beherrscht. Danach ging alles viel besser. Aber es war eine rechte Überraschung, als ich entdeckte, wer er war, denn ich hielt ihn nur für einen sehr jungen Offizier – und strengte mich nicht allzusehr mit der Konversation an. Zum Essen begleitete mich ein junger Attaché, der Rhodes-Stipendiat in Oxford gewesen war und England liebte, was alle zu tun scheinen, die dort gewesen sind.

Heute stellt uns Tante Julie bei Gräfin Brockdorff vor, der Haupthofdame der Kaiserin, und dann gehen wir zu Frau von Bethmann Hollwegs[1] Empfang.

Es *wird* nicht kalt, und wir sehnen uns nach etwas Schnee, der sicher später kommt, wenn wir eigentlich den Frühling erwarten, wenn er nicht jetzt kommt.

Helmuth hat ganz viele Patienten, und das macht es etwas schwierig für ihn, wenn wir so viel ausgehen wie jetzt. Aber es wird nicht lange dauern, und dann haben wir es hinter uns und Seiner Majestät und der Welt im allgemeinen unseren Knicks gemacht.

Dietrich ist es gar nicht gut gegangen, er wird in den Ruhestand treten und irgendwo ein Haus mit Jagdrevier mieten. Wir hoffen, daß es in Schlesien ist, damit die Kinder sich sehen können.

Es wird interessant sein, ob die hiesige Regierung die versprochene Wahlreform durchbringt. Ich fürchte nein. Aber das gegenwärtige System ist eine Schande für ein Kulturvolk, findet Ihr das nicht? ...

1 *Frau v. Bethmann Hollweg:* Frau des Reichskanzlers.

Berlin, 16. 1. 10

Donnerstag [20. 1. 10]. Dies ist der erste Augenblick, den ich seit Sonntag zum Schreiben habe, und jetzt muß ich mich beeilen, um den Brief rechtzeitig für die Post fertigzukriegen. Gestern abend waren wir bei einem reizenden Tanz bei Rheinbabens – er ist Finanzminister –, und heute kommt das große Ereignis: die Vorstellung bei Hofe. Morgen ist Tanzprobe bei Tante Julie, wie schon Dienstag, als beide Eitel Fritzes[1] da waren und die August Wilhelms.[2] Die Prinzessin Eitel Fritz sieht sehr gut aus, hat aber schlechte Manieren, ist arrogant und sehr unpopulär. Die kleine Prinzessin August Wilhelm scheint reizend zu sein und ihr Mann der klügste von allen. ...

1 *Eitel Fritzes:* Eitel Friedrich war ein Sohn des Kaisers. 2 *August Wilhelms:* August Wilhelm, Sohn des Kaisers, der sich später am engsten mit den Nationalsozialisten einließ. Promovierter Jurist, wurde er 1927 Mitglied der NSDAP, 1931 SS-Standartenführer, 1932 SA-Gruppenführer, 1943 Obergruppenführer. NS-Mitglied des Preußischen Landtags 1932, des Reichstags 1933 (Wahlkreis Potsdam), des Preußischen Staatsrats ebenfalls 1933.

Berlin, 30. 1. 10

... Ich nehme an, daß Euch beide der Ball bei Eitel Fritzes gestern abend interessieren wird, und so will ich Euch, so viel ich kann, erzählen, solange es noch frisch in meiner Erinnerung ist. Schloß Bellevue liegt tief im Tiergarten und ist sehr alt. Es ist auch sehr schön eingerichtet, und alles sieht so bewohnt aus, benutzt und individuell. Der ganze Palast wird mit Kerzen erleuchtet, mit einer Öllampe hier und da, und das Licht ist wunderbar mild und schön. Der Ballsaal ist oval und weiß, mit einigen schönen grünblauen Marmorsäulen. 100 bis 150 Leute waren da, darunter der Kaiser und die Kaiserin, die Kronprinzessin von Rumänien – eine berühmte Schönheit –, Prinz und Prinzessin August Wilhelm, zwei der unverheirateten Prinzessinnen und die kleine Prinzessin, die zum ersten Mal „ausgeht". Dann die Prinzessin Friedrich Leopold mit ihrer Tochter, der Kronprinz von Griechenland und eine Anzahl kleinerer königlicher Hoheiten. Die Fürstin Pleß war auch da, aber ich war von ihrem Aussehen enttäuscht. Ich wurde der Kaiserin vorgestellt, die ein paar Worte Englisch mit mir sprach, und schüttelte dem Kaiser die Hand, aber ich glaube nicht, daß er wußte, wer ich war. Beim Abendessen saß ich am Tisch neben seinem und hatte so eine gute Gelegenheit, ihn zu betrachten. Er ist ein gut aussehender Mann mit schwarzem Schnurrbart, stahlgrauem Haar und sehr lebhaften Augen. Die Kaiserin hat schöne weiße Haare und sieht sanft, freundlich und ziemlich dumm aus. Englisch scheint die internationale Sprache zu sein, die Kronprinzessin von Rumänien, der Kronprinz von Griechenland sprechen es fast ständig, und man hörte es von allen Seiten, die Tochter des italienischen Botschafters sprach es auch und noch weitere; es ist offenbar „schick"! Ich schicke Euch das Menu, das natürlich hervorragend war und sehr elegant serviert. Wir aßen von silbernen Tellern, und überhaupt war es ein sehr interessantes Erlebnis. Ich trug mein grünes Boulmier-Taufkleid und hoffe, daß ich meinen Eltern Ehre gemacht habe! …

Donnerstag [3. 2. 10]. Der Hofball gestern abend war ein wundervoller Anblick, aber so ermüdend, da man fast die ganze Zeit stand und so viel zu sehen war. Die Juwelen waren wundervoll. Eine Frau hatte echte Brillanten an ihrem Kleid, an die Seiten ihres Rocks genäht, und manche hatten Mieder, die vorne ganz mit Edelsteinen geschmückt waren. Und dann die Uniformen, chinesische, japanische und türkische wie auch alle europäischen, und die Dutzende von Pagen, die an den Wänden entlang standen in roten Anzügen mit weißen Rüschen vorne und an den Ärmeln. Es war eine geradezu blendende Pracht und Farbe, und oben von der Galerie sah der Saal wie ein kostbarer persischer Teppich aus. …

Berlin, 15. 2. 10

Donnerstag [17. 2. 10]. … Heute früh waren wir damit beschäftigt, Körbe und Bänder für den Cotillon am 25. auszusuchen. Wir laden ungefähr 150 Leute ein, darunter fast alle Prinzen (den Prinzessinnen erlaubt die Etikette nicht, zu Veranstaltungen in Hotels zu gehen), und ich habe große Angst, daß mich einer zu Tisch begleiten muß. Ich habe gar keine Scheu vor königlichen Hoheiten, aber ich hasse es, mit ihnen zu sprechen, denn ich finde die richtigen Formen so schwer – Mangel an Übung natürlich. ...

Es freut mich, daß die Deutschen ein albernes Schreckgespenst haben, das sie ebenso nervös macht wie die Engländer. Wo jedem echten Briten bei dem Wort „deutsche Invasion" ein Schauer den Rücken hinunterläuft, haben die Worte „Sozialdemokraten" und „Revolution" dieselbe Wirkung auf seinen Vetter im Vaterland. Vorigen Sonntag gab es überall große Demonstrationen gegen das neue Reformgesetz, und überall sprachen die Leute so, als ob so etwas wie die Französische Revolution bevorstünde! Dabei war es wirklich ziemlich harmlos; an einem Ort zückte die Polizei ungeladene Revolver, um die Menge zurückzuhalten, aber sonst war alles so ordentlich wie jede Demonstration in London. Ich wollte sehr gerne die Debatte um das neue Gesetz im Abgeordnetenhaus hören, aber es war ganz unmöglich, Karten zu kriegen. ...

Am Sonnabend geht Monika mit den Eitel Fritzes auf einen Ball bei Kiel, zu dem die Kaiserin und fast die ganze königliche Familie geht. Es wird für sie ein sehr nettes und amüsantes Erlebnis sein. Muttel schreibt, sie soll viel Geld mitnehmen, denn *Prinzen bezahlen selten für ihre Gäste*! Da Monika erste Klasse reisen muß, ist das nicht leicht für sie! Jedenfalls hoffen wir das Beste. ...

Berlin, 27. 2. 10

Montag [28. 2. 10]. ... Dann nach Hause zum Tee und am Abend *der* Ball. Er war wirklich ein großer Erfolg, zumal, da es so ziemlich der letzte Ball der Saison war, jedermann mit viel Schwung tanzte. Der Cotillon war reizend, ein Meer von gelben und weißen Tulpen, Narzissen und Osterglocken, gelbe Rosen und weißer Flieder (Gelb und Weiß sind die schlesischen Farben). Das Abendessen war hervorragend: Ochsenschwanzbrühe in Tassen, Steinbutt mit Champignons, Tournedeaux mit Artischocken, grünen Bohnen und Kartoffeln, kalter Truthahn (kalte Braten sind diesen Winter sehr die Mode) und Salate, Pêches à la Melba und Käseplätzchen. Alle Prinzen hatten verschiedene Krankheiten bis auf Prinz Oskar, der natürlich da war. Ich sage „natürlich", weil Monika und er leider viel zu viel Zuneigung zu einander gefaßt haben. Es ist ein Jammer, denn es kann unmöglich etwas daraus werden, aber es macht es ihr sehr schwer, Berlin zu verlassen und wieder mit ihrem alten Leben zu beginnen, wenn all ihre Gedanken hier sind. ...

Creisau, 3. 5. 10

... Lieber Daddy, laß mich Dich nochmals anflehen, das Richteramt im Appellationsgericht anzunehmen, auch wenn das Gehalt geringer ist. *Kein* Preis ist zu hoch, um Dir etwas mehr Muße und Ruhe zu kaufen. Ich weiß, Du denkst, daß eines Tages *la bonne mère* nicht wohlhabend genug sein könnte, aber, Liebling, wenn sie nicht in Afrika leben würde, wären 600 Pfund *reichlich*, nötigenfalls wäre ich jederzeit willig und bereit, auf meine Zuwendung je nach den Umständen teilweise oder ganz zu verzichten. Es ist wirklich *viel* wichtiger, daß Du etwas Annehmlichkeit und Muße hast und Deine Gesundheit und Lebenslust wiedererlangst als daß Du, wenn Du in den Ruhestand trittst, oder Mutter, wenn Du stirbst, ein oder zwei Hundert im Jahr mehr hat. Nach menschlichem Ermessen wirst Du, wenn Du weniger Arbeitsdruck hast, länger leben, länger eine Pension beziehen und so besser für *la bonne mère* sorgen als Du es auf irgendeine andere Art könntest – ohne auf die übrigen Seiten der Frage einzugehen. Darüber hinaus, mein Schatz, verdienst Du einen ruhigen und glücklichen Abend für Deinen heißen und arbeitsreichen Tag auf der Erde, und Du solltest die Chance wirklich wahrnehmen, wenn sie sich Dir bietet. *Tue* es also. Verzeih diese lange Tirade. Es muß Dir recht komisch vorkommen, daß Dein Sprößling Dir einen solchen Vortrag hält, aber ich *mußte* es einfach! ...

Als er letzte Woche im Herrenhaus war, hörte er [Helmuth] bei den Debatten zu, aber enthielt sich der Stimme, da er fand, daß er ehrlicherweise nicht abstimmen konnte. Er hat hier in jeder Hinsicht eine isolierte und schwierige Position, denn er ist in vielen Dingen so anders als seine Standesgenossen, und hierzulande ist keiner an Überraschungen dieser Art gewöhnt. Lord Roseberys Rede über die liberalen Ansichten seines Sohnes wäre in Deutschland unmöglich. Und der Y. T. entwickelt sehr liberale Ansichten, die ihm den Ruf eines ziemlichen Narren und Parias einbringen! Selbstverständlich macht es uns nicht viel aus, denn wir wissen, daß es eine Menge intelligente und gute Leute gibt, denen solche Ansichten das Natürlichste von der Welt sind und die sie nicht, wie hierzulande, als hochverräterisch ansehen. Und jemand muß die Mauer der Traditionen und Vorurteile einreißen und die Luft der Freiheit hereinlassen, so daß sich *Individualitäten* (etwas, was beim „*Adel*" in Deutschland sehr fehlt) entwickeln können. Aber das ist manchmal eine nicht sehr angenehme Aufgabe! Dietrich ist manchmal sehr schockiert und entsetzt. Zum Glück sind wir (wie in vielen anderen Dingen in unserem Leben) wirklich eines Sinnes in all diesen Kämpfen, was vielleicht unsere größte Stütze ist. ...

Creisau, Montag, 30. 5. 10

... Irgendwie setze ich viele Hoffnungen in den neuen König[1] und glaube, daß er viel mehr tun könnte, als wir erwarten. Gott gebe es.

Die Rede von Lionel Curtis[2] hat mich sehr interessiert. Komischerweise bin ich politisch absolut Südafrikanerin. Was heißt, daß ich, was die deutsche Politik angeht, keinen Enthusiasmus oder auch nur Respekt habe: Und das hat sich bei mir nicht im geringsten geändert, seit ich Südafrika vor fast 5 Jahren verließ. ...

Dienstag [31. 5. 10]. ... Gestern ist die Union als vollendete Tatsache in Südafrika verkündet worden! Ich habe so viel an Euch gedacht und meinem Land die wärmsten Wünsche und Grüße geschickt. Was für ein großartiges Land es sein wird! Gott segne es. ...

1 *neuen König:* Georg V. 2 *Lionel Curtis:* Freund der Familie, Mitglied von „Milners Kindergarten", einer Gruppe junger Engländer, die in Südafrika unter der Ägide von Alfred Milner tätig waren. Später Mitbegründer des (Royal) Institute of International Affairs in London. Fellow von All Souls in Oxford.

Creisau, Montag, 7. 6. 10

... Ich war *so* froh und aufgeregt, als Dein Telegramm kam, daß Du das Richteramt im Appellationsgericht angenommen hast! Ich kann Dir gar nicht sagen, wie froh ich bin, daß Du es tatest. Ich bin überzeugt, Du wirst es nie bereuen und Du wirst ein langes und glückliches und nicht zu arbeitsreiches Leben haben und Dir ständig zu diesem Schritt gratulieren.

Wo werdet Ihr wohl am Kap leben? Wann verlaßt Ihr Pretoria? Wirst Du in den Ruhestand treten, wenn Du 60 bist? So viele Fragen. Wenn es am Anfang nicht zu viel Arbeit gibt, könntet Ihr vielleicht im Sommer zu den Ferien nach Europa kommen und *lange* bei uns sein? Ich war so aufgeregt, als ich die Nachricht bekam, daß ich geradezu herumgehüpft bin! ...

Creisau, 4. 7. 10

... Am Sonnabend erzählte ich Dir, daß wir die Abordnung des *Deutschen Kriegervereins* in Amerika hier hatten und zusammen etwa 30 waren. Wir trafen sie am Kapellenberg, und nachdem der „Präsident" eine Rede gehalten hatte und ein Kranz am Grab niedergelegt war, fuhren wir mit ihnen allen zum Mittagessen nach Hause. Es waren alle einfache Leute, die bessere Art Arbeiter, und die meisten waren seit 20 oder 30 Jahren nicht in der *Heimat* gewesen, und die Mischung von deutsch und amerikanisch war merkwürdig zu sehen. Solange sie Deutsche heiraten, bleiben sie Teutonen, aber laß die Frau amerikanisch sein, und sie werden vollständige Yankees. Der Verein hat 14 000 Mitglieder in Amerika, und nur die dürfen es werden, die hier in Heer oder Marine gedient haben. ...

Creisau, 17. 7. 10

Dienstag [19. 7. 10]. ... Gestern abend, als ich im klaren, stillen Mondschein von Conradswaldau nach Hause fuhr (erinnerst Du Dich, was Matthew Arnold[1] über die Sterne geschrieben hat, daß „wir sein müssen wie sie"?), dachte ich, wie verschieden in vieler Hinsicht meine verheirateten und unverheirateten Jahre sind, und konnte nicht umhin, dankbar zu sein, daß ich verschiedene Seiten des Lebens so reich erlebt habe, verschiedene Standpunkte, verschiedene Ideale, denn es hat mich sehr bereichert. Gewöhnlich lebt und stirbt man in einem Kreis, es kann ein großer und schöner sein, aber es ist trotzdem *einer*, während ich zwei kennengelernt, das beste von beiden aufgenommen (jedenfalls versucht) und meinen eigenen gebildet habe. Das Leben ist merkwürdig. Nach fast 5 Jahren in diesem neuen Kreis empfinde ich immer noch, daß dies mein Platz ist, daß ich eine Aufgabe habe, die kein anderer tun kann (das klingt eingebildet, ist es aber nicht, denn ich weiß sehr wohl, daß *jeder* eine Aufgabe hat); ist es dann ein Wunder, daß ich glücklich bin? Aber es ist schon merkwürdig, daß der Vater mich für diesen Platz gewählt hat.

Mittwoch. Vor ein oder zwei Tagen, nachdem der kleine Helmuth gebetet hatte, sagte er plötzlich: *Heute habe ich Gott gesehen, auf ein Stock, er war gestorben*. Ich wußte lange nicht, was er meinte, besonders da er so darauf bestand und mir nicht glauben wollte, als ich ihm sagte, er irre sich. Schließlich fand ich heraus, daß er am Friedhof vorbeigegangen war und dort ein Kruzifix gesehen hatte, das ihn sehr beeindruckt hatte. ...

1 *Matthew Arnold:* Englischer Dichter und Prosaist des 19. Jahrhunderts.

Creisau, 26. 7. 10

Mittwoch [27. 7. 10]. ... Wir haben mit der Ernte begonnen und stecken jetzt in der arbeitsreichsten Zeit des Jahres auf dem Lande. Unsere letzte Ernte war mittelgut, aber dieses Jahr erwarten wir etwas Besseres. Creisau hat letztes Jahr 1750 Pfund eingebracht, aber seit wir verheiratet sind, waren es einmal 3000 Pfund, was zwar außergewöhnlich war, aber zeigt, was gelegentlich möglich ist, wenn das Jahr gut ist und die Preise (dank den Agrariern!) hoch.

Leider muß Helmuth den ganzen August für Christian-Science-Arbeit, die nicht aufgeschoben werden kann, nach Berlin gehen. Das ist sehr schade, gerade jetzt und wo die Stadt auch nicht sehr erstrebenswert ist. Aber es ist nötig, keine Frage, und in vieler Hinsicht bin ich für Helmuth sehr froh, besonders, da es für die Zukunft viel bedeuten kann. Stell Dir vor – um das Thema zu wechseln –, der Y. T. ist jetzt in der Kunst des Übersetzens so geübt, daß er einen englischen Artikel recht schnell auf deutsch diktieren kann und mit so wenig Fehlern, daß es eine Übersetzung ist. ...

Creisau, Dienstag, 29. 12. 10

Mittwoch [30. 12. 10]. ... Daddy fragte nach Mrs. Eddys[1] Tod. Er beeinträchtigt die Christian Scientists in keiner Weise, denn sie hatte sich bewußt von der Welt zurückgezogen, damit keiner abhängig von ihr war, und die Organisation des Verlags der Kirche ist gut. Es gibt 5 „Direktoren" in Boston, die weitermachen werden, und alles wird so weitergehen wie zuvor. Ihr Tod wurde am Sonntag in der Kirche in Boston bekanntgegeben und am folgenden Mittwoch in allen anderen Kirchen, und alle sagen, daß die Versammlungen noch nie so erhebend waren, so voller herrlicher Zeugnisse und so harmonisch – so wie es sein soll. Sie war ein paar Tage krank, aber auf den Beinen, sie arbeitete und fuhr auch aus; sie starb ganz friedlich und war bis zuletzt bei Bewußtsein. Interessant wird sein, welchen Platz ihr die Geschichte gibt in den Annalen großer Frauen, denn sie hat sicherlich viel aufgebaut (ich spreche nur von äußerlichen Dingen) – eine Kirche, die nach 40 Jahren in jedem protestantischen Land und in einigen katholischen Zweige hat, eine Tageszeitung, die sauberen Journalismus betreibt und in zwei Jahren die meistabonnierte Zeitung in Amerika geworden ist, und einen Verlag, in dem drei weitere religiöse Zeitschriften veröffentlicht werden. Und sie war fast 50, als sie anfing!

... Die Jungen sind heute morgen zum ersten Mal im Ponywagen gefahren. Es sah zu niedlich aus, und sie waren begeistert. Ich glaube, es wird eine auf Jahre hin nützliche Freude sein, denn später können die Kinder damit in die Schule fahren. ...

1 *Mrs. Eddy:* Mary Baker Eddy, Gründerin der Christian Science.

Hannover, 23. 1. 11

Düsseldorf, Mittwoch [25. 1. 11]. ... Wie Euch Dietrich Trotha amüsieren würde! So gütig, solch gute Manieren, so ein Gentleman, aber mit Meinungen aus dem Mittelalter. Man kann nicht einmal mit ihm argumentieren. Für mich ist es immer etwas traurig, daß Ete[1] seine Frau ist, denn bei so einem Lebensgefährten muß doch so viel von ihr schlafen. Zum Glück hat sie ihre Kinder und ist die reizendste Mutter, die ich kenne oder mir vorstellen kann. Aber es hat etwas Tragisches, wenn man sieht, wie sie, wie so viele *Adlige*, halbblind in einer Welt herumtappt, mit deren Veränderungen sie nicht fertigzuwerden weiß, halb zornig, halb verwirrt und gänzlich ahnungslos. Und wer soll statt ihrer das Steuer im Staat übernehmen? Momentan gibt es nur die sozialdemokratische Partei, haß- und wuterfüllt, und wie Matthew Arnold sagen würde: „Wo es bitteren Neid und Streit gibt, da ist Aufruhr und jegliches böse Werk."

Über die Kinder ist diese Woche nicht viel zu erzählen. Jowo scheint sehr musikalisch zu sein; sobald er Musik hört, läuft er ins Zimmer und fängt an zu tanzen. Am Sonntag spielte ich ihnen Kinderlieder vor, neben mir saß Jowo auf einem Stuhl, glückselig, schlug ein paar Töne an und sang in der richtigen Tonart, was doch erstaunlich ist; auf einem dritten Stuhl saß der kleine Helmuth und sang auch herzhaft – es war ein köstlicher Anblick. ...

1 *Ete:* Margarete von Trotha, Schwägerin, s. S. 4, Anm. 1.

Hannover, 6. 2. 11

Donnerstag [9. 2. 11]. Mich hat, was Du über Harden[1] sagtest, sehr belustigt, daß er – wie jeder Deutsche – ein Goethezitat anbringt, wo er nur kann, denn es ist so wahr. Wenn man mit jemandem über *irgend*ein Thema diskutiert, wird immer (oder fast immer) Goethe zitiert, so als wollten sie damit sagen „halte den Mund", worauf ein junger Mensch meistens antwortet: „Ich teile aber nicht Goethes Meinung!" ...

1 *Harden:* Maximilian Harden, Publizist – s. 30. 10. 1907.

Berlin, 7. 3. 11

... Neulich sagte ich zu dem kleinen Helmuth: „Du mußt bald eine Karte an Carl Didi[1] schreiben." „Nein", war die Antwort. Ich sagte: „Aber er ist doch dein bester Freund." Die Antwort war wieder Nein. „Wer ist denn dein bester Freund?", fragte der Y. T. „Mami ist mein bester Freund", kam die prompte Antwort. Ich brauche Euch wohl nicht zu sagen, daß ich sehr stolz und dabei demütig und äußerst glücklich war. ...

1 *Carl Didi:* Carl Dietrich von Trotha, gleichaltriger Sohn von Dietrich und Margarete von Trotha, 1907 in Kreisau geboren. Später Volkswirtschaftler. Im 2. Weltkrieg, den er überlebte, Mitglied des Kreisauer Kreises.

Creisau, 21. 3. 11

... Dieses Leben eines Junkers ist nichts für Leute, die so jung sind wie wir, und besonders für Helmuth bietet es nicht annähernd genug Betätigungsfeld für seine Energie – eine Frau kann sich im allgemeinen besser beschäftigen als ein Mann, und das macht vieles leichter für sie. Es sollte mich nicht wundern, wenn Helmuth eines Tages eine Arbeit in einer Stadt aufnehmen und Creisau nur noch als Sommerhaus benutzen würde. Seine Onkel und Verwandten würden schrecklich schockiert sein, aber die Ideale der einen Generation sind anders als die der anderen – obgleich ich das bei Dir nie empfinde, lieber Flen –, jedenfalls ist in Deutschland die gegenwärtige Generation sicherlich energischer, wenn auch vielleicht nicht so charakterstark wie die ältere. Momentan hat Helmuth die Arbeit für die C. S.-Direktoren in Boston und ist deshalb voll beschäftigt, aber ich schaudere bei dem Gedanken, was ich mit ihm anfangen würde, wenn er das nicht hätte! Und auch wenn das Haus voller Gäste ist, ist das Problem nicht gelöst, denn es ist nicht das richtige Leben für Leute unseres Alters, unsere Zeit einfach mit Reiten, Spazierenfahren, Spielen und Unterhaltung zu verbringen. Das ist schön zur Entspannung, aber nicht als tägliche Arbeit; herrlich für die Sommerferien, aber nicht als Beschäftigung für das ganze Jahr. Denke aber nicht, daß ich unzufrieden bin, denn ich bin im Gegenteil sehr glücklich; nur denke ich, daß wir nicht unser ganzes Leben so zubringen können. Manche Leute, nicht viele, gestalten ihr Landleben wirklich aktiv und interessant, aber man kann einem Mann kein Interesse an der Politik einflößen, wenn er es einfach nicht hat, und man kann ihn nicht dazu veranlassen, andere Dinge zu tun, die ihm nicht zusagen. Andererseits muß man viele Gesichtspunkte wie etwa den sozialen Einfluß – im weiten Sinne des Wortes –, den man auf die Bauern hat, und das Übel der abwesenden Grundbesitzer berücksichtigen, und es ist nicht leicht zu entscheiden, was richtig ist. Sei dankbar, lieber Flen, daß Du nie ein Gut geerbt hast, es kompliziert das Leben ungemein! Helmuth sagt oft ganz wehmütig: „Wenn ich nur Mayer hieße!" …

Creisau, 16. 4. 11

Mittwoch [19. 4. 11]. Der kleine Helmuth sitzt neben mir und mustert die letzten Photos von Agricol Smith, die Du mir geschickt hast, und macht philosophische Kommentare. Einer ist, daß Leute, die in Afrika geboren werden, *schwarz* geboren werden. Neulich hat er nachts, zum ersten Mal seit über einem Jahr, bei geschlossener Tür und ganz im Dunkeln geschlafen, und als ich etwas später kam, um ihm zu sagen, wie froh ich war, daß er den Mut hatte, im Dunkeln zu schlafen, sagte er: *Ja Mami, ich habe jetzt gelernt, daß Gott überall ist.* …

Creisau, 16. 5. 11

… Diese Woche schreibt Dir eine sehr glückliche, gesunde und muntere junge Frau, und ich weiß kaum, wo ich mit meiner Geschichte anfangen soll. Wie Du gehört hast, wurde das Baby[1] um halb acht Uhr Montag früh geboren. Die Entbindung war gut, aber weder so schnell noch so schmerzlos wie die von Jowo. Aber sie war bald vorüber, und wir waren alle sehr fröhlich, obgleich „es" ein Junge war. Der Y. T. sah uns fünf gleich im Geiste zusammen reiten, und wir trösteten uns bald, sogar Muttel! Die Tatsache, daß er mit einem „Glückshäubchen" zur Welt kam, hat vieles wettgemacht, denn es heißt, daß Kinder, die so zur Welt kommen, immer berühmt und glücklich sind. Das Kind fing am gleichen Tage an zu trinken, und der Nachschub ist reichlich, so daß es mit seiner Mama sehr zufrieden ist. Er schläft fast die ganze Zeit und ist wunderbar brav, auch in der Nacht; es fällt fast gar nicht auf, daß überhaupt ein Baby hier ist. Ich verbrachte die ersten vier Tage im Bett, schlief, ruhte mich aus und genoß es – jedenfalls eine kleine Weile. ...

Das Kind ist sehr dick und hat einen Haufen schwarze Haare, dunkle Augen und sieht mehr wie der kleine Helmuth aus als Jowo. Die zwei älteren Jungen nehmen ein ungeheures Interesse an ihm, besonders wenn er trinkt, und der *allerkleinste Bruder* ist ein Thema, über das der kleine Helmuth gerne spricht. ...

1 *das Baby:* Wilhelm Viggo von Moltke, genannt Willo.

Creisau, Dienstag, 30. 5. 11

... Miss Flower ist heute früh abgefahren, und wir sind jetzt ganz für das Baby verantwortlich. Es schläft bei mir, aber im übrigen kümmert sich Miss Chalmers um ihn. Er hat ein außerordentlich energisches Gesicht und scheint eine Menge zu wissen und zu denken, und sieht gar nicht so unschuldig aus wie die üblichen Babies. Meine drei kleinen Söhne – ich träume davon, daß sie sich eines Tages als Segen für die Welt erweisen. ...

Creisau, Dienstag, 11. 7. 11

... Das dritte Söhnchen ist getauft worden und heißt „Wilhelm Viggo, Friedrich Eduard" – der erste Name nach Vatel, der zweite, weil ich ihn so gerne habe, und die anderen beiden nach zweien seiner Paten; wir werden ihn wohl „Willo" rufen, eine Kombination der ersten beiden Namen. Er hat sich sehr gut benommen, war ganz wach und gurrte hin und wieder sehr niedlich. Die anderen zwei Jungen saßen auf kleinen weißen Stühlen rechts und links von mir und waren ganz still, bis Jowo am Schluß der Ansprache begann, etwas herumzuspazieren, und der kleine Helmuth, nachdem er das Baby gemustert hatte, ihn ernsthaft bei der Hand nahm und wieder zurückbrachte. Jowo trug ein weiß-seidenes Kleidchen, der kleine Helmuth einen

Dorothy mit Mann und drei Kindern

weißen Kittel mit rosa und ich ein weißes Paillettenkleid mit einer hell-lila Tunika. Als Text für die Predigt hatten wir gewählt: „Sehet, welch eine Liebe hat uns der Vater erzeigt, daß wir Gottes Kinder sollen heißen." Unser netter kleiner Pastor predigte vorzüglich. Ich schicke Dir ein Exemplar der Lieder. Ihr wurdet in der Ansprache erwähnt und wart in unseren Herzen nicht vergessen, Ihr Lieben. ...

Mittwoch. ...

Der kleine Helmuth teilte mir gestern mit, daß er 24 Brüder aus Afrika zurückbringen wird. Als ich ihn fragte, wie er sie transportieren wolle, antwortete er prompt: in 24 Hängematten! So seht Ihr, was von Euch erwartet wird. Ich glaube nicht, daß er den Unterschied zwischen Brüdern und Schwestern weiß, wenn sie so klein sind, daher seine Gleichgültigkeit angesichts der Tatsache, daß das versprochene „Schwesterchen" nie kommt. ...

Letzte Woche hat es eine gewisse Aufregung über Marokko gegeben, aber ich glaube, es waren nur die „Nerven". Onkel Fritz ist Kandidat für die nächste Reichstagswahl, aber ich finde ihn sehr enttäuschend. Tante Julie war charmant, als sie letzte Woche hier war, so kultiviert, voller Interessen und ganz unabhängig. Die deutsche Frau ist dem Mann geistig weit voraus, jedenfalls in der Junkerklasse, und hat einen viel weiteren Horizont. ...

Creisau, Dienstag, 25. 7. 11

... Heute bekommst Du das Telegramm, daß unser Besuch bis November aufgeschoben ist, und ich fürchte, Ihr werdet erst einmal sehr enttäuscht sein. Als sich die Zeit für unsere Abfahrt näherte, belastete uns der Gedanke an die lange Trennung schrecklich, und ich hatte das Gefühl, daß mich Helmuth sehr brauchte. Wir besprachen dann die Möglichkeit, daß ich ihn begleite, und unser einziger Gedanke war, daß nichts meinem Besuch bei Euch im Wege stehen dürfe. Da ich aber wußte, daß Du im Oktober abwesend sein mußt und daß der Sommer wirklich die schönste Zeit war, dachte ich, Ihr würdet nichts dagegen haben, daß wir unseren Plan ändern. Außerdem habe ich wirklich das Gefühl, daß es richtig ist, Helmuth zu begleiten, und daß ich, wenn ich darauf bestünde, jetzt zu Euch zu fahren, befürchten müßte, daß ich die ganze Zeit unglücklich sein würde. ...

Boston, Montag, 4. 9. 11

... Der heutige Tag, der sogenannte „Labour Day", ist hierzulande ein allgemeiner Feiertag, aber wir haben fleißig gearbeitet. Im Moment machen wir keine sehr schnellen Fortschritte, aber doch schon bessere als in der ersten Woche; so ist zu hoffen, daß wir in einem Monat viel schneller vorankommen als jetzt. Es ist eben eine Arbeit, die nicht in Eile erledigt werden kann, und die gut erwogen und bedacht werden will. Aber sie ist hochinteressant, und man lernt dabei, gründlich zu sein und die Bedeutung jedes Wortes zu erwägen, das man benutzt. Der deutsche Stil und Satzbau sind jedoch schrecklich schwierig und verwickelt – so gründlich, speziell und persönlich wie die Nation selbst. ...

Boston, Sonntag, 10. 9. 11

... Ich war erstaunt, daß Du mich fragtest, was unsere Arbeit hier ist. Ich dachte, Du wüßtest es, verzeih. Nun, wir übersetzen „Science and Health" ins Deutsche.[1] Es ist äußerst schwierig und muß sehr gründlich gemacht werden, weil etwa 5000 Menschen es täglich studieren werden, mehr als irgendein anderes Buch außer der Bibel, und die Zahl wächst rapide. Es ist aber eine sehr interessante Arbeit, denn wir müssen den Wörtern auf den Grund gehen und ständig den Webster, philosophische Lexika und Grimms Wörterbuch (das grundlegende Werke über die deutsche Sprache, in 47 Bänden!) konsultieren und in weiteren Büchern der hiesigen Bibliothek recherchieren. Wir sind eine Arbeitsgruppe, da keiner von uns allein sicher genug in Englisch, Deutsch und Metaphysik ist. Bitte sprecht nicht darüber – nicht, daß Ihr das wahrscheinlich tätet –, da es besser ist, daß möglichst wenig darüber bekannt wird, bis das Buch erscheint. …

1 *„Science and Health" ins Deutsche:* Mary Baker Eddys „Grundbuch" der Christlichen Wissenschaft: „Science and Health, with Key to the Scriptures" erschien 1912 auf deutsch als „Wissenschaft und Gesundheit mit Schlüssel zur Heiligen Schrift".

Boston, Sonnabend, 30. 9. 11

… Gestern abend hörte Helmuth in der Straßenbahn Leute über „Krieg" und „Deutschland" reden, und einen Moment lang war uns sehr bange, denn wir müßten natürlich versuchen, nach Hause zu kommen, wenn so etwas Fürchterliches eintritt, und die einzige Route wäre über Sibirien, eine sehr lange und teure Reise. Glücklicherweise besteht aber kein Grund, daß die Marokkofrage nicht bald friedlich beigelegt werden sollte, es wäre doch Wahnsinn, in den Sandhügeln Nordafrikas Krieg zu führen. Wie ich sehe, ist das arme Italien in Mitleidenschaft gezogen, und in ganz Europa scheint große Unruhe zu herrschen. Ich habe die italienische Querele nicht genau verfolgt, aber es scheint nicht viel daran zu sein. Unter den Sozialisten scheint überall die Neigung zu bestehen, nicht zu kämpfen, selbst wenn ihre Heimatländer beteiligt sind, und das ist sicher eine große Komplikation und wird sich vielleicht als gutes Hindernis erweisen.

Ich möchte Euch unsere Einstellung zu unserer Arbeit hier erklären, denn vielleicht fragt Ihr Euch, warum wir dabei bleiben, wenn sie uns so lange fern von unseren Kindern und von Euch hält. Wir sehen die Übersetzung des Buches als eine sehr wichtige und große Arbeit an, weil Hunderttausende dadurch besser und gesünder geworden sind und weil wir hoffen, daß durch die Übersetzung weitere Tausende das Glück finden, das wir besitzen. So seht Ihr, daß wir es als ein großes Privileg ansehen, an dieser Arbeit teilzunehmen, die hochinteressant ist, und wir betrachten die Übersetzung als eine Angelegenheit von großer Wichtigkeit. Außerdem hat es immer geheißen, daß „Science and Health" unübersetzbar ist, und es ist auch wirklich extrem schwierig, denn es ist voller neuer metaphysischer Ideen, für die Mrs. Eddy fast Worte prägen mußte, und wir müssen dasselbe tun. Dazu ist eine große Unterscheidungsgabe nötig, und wir müssen jedem Wort, das wir benutzen, auf den Grund gehen. Wir wissen, daß sehr viele Menschen in Rußland, Deutschland, der Schweiz nach dem Buch hungern, und so haben wir das Gefühl, daß unsere persönlichen Wünsche und Pläne gegenüber der Notwendigkeit, die Arbeit gründlich und gut zu machen, gar nichts bedeuten. Sicher versteht Ihr unseren Standpunkt. Wir haben oft das Leben hier satt und sehnen uns danach, die Kinder abzuholen und schnell zu Euch zu kommen, und doch finden wir, daß wir hier bleiben müssen, bis das Buch fertig ist, und daß wir erst dann unsere Ferien wirklich genießen können. ...

Boston, 11. 11. 11

Dienstag [14. 11. 11]. Bevor wir herkamen, sagte man uns, daß die Arbeit wahrscheinlich zwei Monate brauchen würde, und da keiner von uns je eine solche Arbeit gemacht hatte, waren wir in einer totalen Täuschung befangen über die Zeit, die eine solche Arbeit benötigt. Wir fühlen uns etwa so wie die Übersetzer der *Authorized Version*[1] der Bibel, und ich habe ihr Vorwort mit besonderem Interesse gelesen! Ich habe auch die deutschen Übersetzungen von Darwin studiert, um zu sehen, wie technische und physiologische Termini dort übersetzt werden. ...

1 *Authorized Version:* Die von König Jakob I. autorisierte, 1611 erschienene englische Bibelübersetzung, die noch jetzt in Gebrauch ist. In Amerika heißt sie „King James Version".

Boston, Sonntag nachmittag, 26. 11. 11

... Und jetzt muß ich Dir ein paar wirklich komische Geschichtchen über Klein Helmuth und Gert, den russischen Jungen, erzählen. Er ist ein Jahr älter und war zu Gast im Berghaus. Gert sagte etwas Absurdes, und Helmuth antwortete: *Ich glaube es aber nicht.* G: *Wenn Du nicht glaubst, kannst Du nicht in den Himmel kommen.* H:

Ja aber doch. G: *Nein gewiß nicht.* H: *Ja aber im Himmel macht der lieber Gott alle Menschen wieder gut.* G: *Woher weißt Du es dann.* H: *Das ist die Wissenschaft* (C. S.)!! Bei einer anderen Gelegenheit behauptete Gert, Gott habe Arme, Hände und Füße, und Helmuth wußte, daß dem nicht so ist, so wandten sie sich beide an Schönchen und fragten sie. Sie erklärte, so gut sie konnte, daß Gott die Liebe ist, worauf Gert prompt erwiderte: *Liebe ist ja der Gott Amor*![1]

Dann wurden sie in Schwesters Sonntagsschule geschickt mit der Auflage, brav zu sein und nicht zu reden. Das haben sie so gehorsam befolgt, daß man sie nicht einmal zum Beten bekam. Als sie später gefragt wurden, worüber Schwester gesprochen hatte, sagten sie, der Heimweg sei so lang gewesen, daß sie das vergessen hätten! ...

1 *Amor:* Das kursiv gedruckte Kindergespräch ist die deutsche Wiedergabe der Briefschreiberin. Ihre sprachlichen Eigenheiten und Fehler sind absichtlich nicht korrigiert. Sie zeigen, wie sie damals deutsch sprach. Später wurde es besser, aber fehlerfrei war es nie.

Boston, 1. 12. 11

Sonntag [3. 12. 11]. ... Die Kinder scheinen alle sehr glücklich zu sein, und Jowo kann schon eine ganze Anzahl Wörter sagen. Muttel ist bezaubert von ihm und nennt ihn ein *seltenes Vögelchen.* Sie schreiben, daß er mit Willo ganz reizend ist, und alle sind ihm zugetan. Ich darf gar nicht an den Tag denken, an dem ich sie alle wiedersehe – es ist zu überwältigend. Es ist sehr schwer, so lange von den Kindern getrennt zu sein; aber wenn es vorüber ist, wird alles schnell vergessen sein, und das Gute an der Reise – nicht nur für uns, sondern auch für viele Tausende in Deutschland – wird das Einzige sein, was übrigbleibt. Jedenfalls fühle ich, daß es für mich richtig ist, hier zu sein, und diese Überzeugung macht einen, glaube ich, glücklicher als irgendetwas sonst. Wir haben auch eine nette Zeit, und die Leute sind sehr freundlich zu uns, aber natürlich zieht Ihr und die Kinder mich schrecklich nach der anderen Seite. ...

Boston, 4. 1. 12

Sonnabend [6. 12. 12]. ... Wir bekamen aus Deutschland die schönsten Briefe über Weihnachten und einen reizenden, den der Junge diktiert hatte. Die Saarauer[1] haben ihn ins Herz geschlossen, und er bringt *sweetness and light*, wohin er geht. Jowo tanzte vor Freude, und Muttel beschreibt ihn als *Lichtelfen*; über eine Puppe hat er sich am meisten gefreut, und Leno sagt, er habe sie herumgefahren mit der Miene einer *schwergeprüften Kinderpflegerin*. Er hat Glöckchen für sie gespielt, sie gefüttert und zum Schluß mit ihr geschlafen! Es ist gut, so schöne Nachrichten über die Kinder zu haben – natürlich hat sich Willo an allem nicht so aktiv beteiligt –, und wir sind sehr dankbar dafür. ...

1 *Saarauer:* entfernte Verwandte

Boston, Samstag abend, 17. 2. 12

... Seit heute abend haben wir endlich unsere Fahrkarten! Wir hoffen, am 13. März mit der „Mauretania" zu fahren, und Ihr könnt Euch gar nicht vorstellen, wie mein Herz bei dem Gedanken hüpft. Am 18. kommen wir in England an und segeln am 23. gen Süden, leider sehr spät, aber besser spät als nie. So schreibe ich Euch nur noch zwei Briefe! Es ist wunderbar, und ich muß mich immer wieder daran erinnern, daß es jetzt wirklich so weit ist. Wie glücklich wir sein werden! ...

Berlin, 22. 10. 12[1]

Donnerstag [24. 10. 12]. Der Ertrag der Jagd am letzten Donnerstag war schlecht, weil das schlechte Wetter wahrscheinlich viele junge Fasane und Hasen ertränkt hat. In anderer Hinsicht war sie ein Erfolg, und ich glaube, daß sich alle gut amüsiert haben. Tante Liza[2] war so nett, ganz wie sie früher war, und ich hatte meinen ersten richtigen Kontakt mit Onkel Helmuth. Der Balkankrieg hätte ihn beinahe am Kommen gehindert, denn obwohl ich nicht glaube, daß man einen Krieg erwartet, jedenfalls nicht bald, muß er vollständig vorbereitet sein. Onkel Helmuth meint, daß es vielleicht Krieg gibt aus dem einfachen Grund, daß alle sich seit langem darauf vorbereitet haben, und solch ungeheure Waffenarsenale sind immer eine Gefahr. Aber er glaubt auch, daß absolut kein Grund zu einem Krieg besteht, und er sagte: „Wenn nur England und Deutschland sich zusammentäten, hätten sie die Führung in der Welt. An dieser ganzen *Spannung* ist König Edward schuld." Er ist der Ansicht, daß die ganze antideutsche Stimmung in England von Politikern, der Presse und Diplomaten fabriziert ist, aber diese Meinung teile ich nicht ganz. Er hat natürlich eine

Dorothy mit Mann und drei Kindern in Südafrika bei den Eltern und Verwandten

sehr große Verantwortung und sagte: „Wenn Krieg kommt, kommt er hoffentlich bald, bevor ich zu alt bin, die Dinge richtig zu meistern." Tatsächlich fürchten alle den Krieg so sehr, daß es sie, wie ich glaube, davon abhalten wird, den Frieden zu brechen. Jedenfalls tröste ich mich mit diesem Gedanken. ...

1 *22. 10. 12:* Die Reise nach Südafrika mit den drei Kindern war ein großer Erfolg.
2 *Tante Liza:* Eliza von Moltke, geb. Gräfin v. Moltke-Hvitfeldt, Frau des Generalstabschefs Helmuth von Moltke.

Creisau, 23. 12. 12

Weihnachten [25. 12. 12]. Das große Gesprächsthema hier ist Krieg. Alles ist bereit, was natürlich nicht bedeutet, daß er mit Sicherheit kommt, aber doch, daß er möglich ist. Alle Offiziere haben ihre Befehle, und Prinz Oskar, der zu Monikas Hochzeit[1] kommen wollte, hat geschrieben, daß er „wegen einer wichtigen Aufgabe, die ihm übertragen worden ist, aber über die er nicht sprechen kann", nicht dabei sein kann, was natürlich bedeutet, daß er im Kriegsfalle eine Position einnehmen wird, die Vorbereitung erfordert. Jeder Offizier hat seine Kiste und hat zur Probe gepackt. Tatsächlich ist alles hervorragend vorbereitet, aber es wäre ein Verbrechen, wegen so geringfügiger Provokationen in den Krieg zu ziehen. Österreichs Mobilisierung kostet täglich eine halbe Million Mark. Die Gefahr besteht, daß es den Krieg vom Zaun bricht und Deutschland mit hineinzieht, um das Geld wieder einzubringen. Das deutsche Volk als Ganzes will keinen Krieg, nur die Soldaten, besonders da sie alle – ich meine die Offiziere – in ihre Ausrüstungen investiert haben, die ungefähr 25 Pfund gekostet haben, und sie wollen nicht, daß das umsonst war. Meiner Meinung liegt eine große Gefahr darin, daß die Konservativen den Krieg als das einzige Mittel sehen, die Sozialdemokraten in Schach zu halten – genau wie es Napoleon III. tat –, und ihn deshalb wollen. Außerdem halten sie ihn für unvermeidlich – wie kindisch! Onkel Ludwig erwägt schon, ob er dieses Jahr lieber keine Zuckerrüben anbauen soll, da es, sollte der Krieg erklärt werden, keine Männer geben wird, um die Felder zu bestellen. Die Sozialdemokraten haben gesagt, daß sie, wenn es Krieg gibt, „Herrn von Moltke zeigen werden, wer Herr ist", was bedeutet, daß er keine sehr erfreuliche Zeit in Wernersdorf haben wird, wenn er dort ohne Kutscher oder Diener ist. Ich schreibe alle diese Einzelheiten, weil ich weiß, daß Euch alle Stimmungen hier interessieren. Gott sei Dank gibt es in Deutschland außer den Konservativen und den Soldaten auch noch andere Leute! ...

1 *Monikas Hochzeit:* Monika von Moltke heiratete Friedrich Wilhelm Graf Rittberg. Das Ehepaar lebte in Balfanz, Pommern.

Creisau, 7. 4. 13

Dienstag [9. 4. 13]. ... Der Junge beginnt morgen seinen ersten Unterricht. Der *Lehrer* kommt jeden Mittwoch und Sonnabend von 11 bis 12 und sagt, das ist genug für ihn; also ist er nicht überarbeitet!

Mittwoch früh. ... Es war ganz rührend, Helmuth bei seiner ersten Unterrichtsstunde zu sehen. Er saß da mit gefalteten Händen und einer Art religiösem Ausdruck, entschlossen, sich kein Wort entgehen zu lassen, wie ein schüchterner Jüngling, der in seine ersten heiligen und wichtigen Übungen eingeweiht wird. Möge dieses Gefühl nicht allzubald verschwinden!

Ich habe gerade ein hochinteressantes Buch von Mary Antin gelesen, „Das gelobte Land"[1]. Es ist die Geschichte eines russischen Juden, zuerst in Rußland und dann als Emigrant in Amerika. Es ist besonders interessant als wahrheitsgetreue Schilderung der „Amerikanisierung" von Ausländern, aber was ich fast noch mehr genoß, war die Schilderung des Lebens der Juden in Rußland – unglaublich! …

1 *„Das gelobte Land":* Mary Antin: The Promised Land, Boston/New York 1912.

Creisau, 30. 4. 13

… Ich lege ein Flugblatt bei, das die Landtagswahl nächsten Monat ankündigt. Es ist zu traurig, daß wir, Ihr und ich, dem *schaumschlägerischen Liberalismus* angehören! Ein elendes Produkt, das ganze Flugblatt – und der Y. T. soll unter seinen Arbeitern Dutzende davon verteilen. Ich bin neugierig, was er tun wird – wahrscheinlich wird er sie zweckmäßigerweise vergessen! …

Creisau, 7. 5. 13

… Ich wünschte, Deutschland wäre nicht so eng mit Österreich liiert, denn für Deutschland ist der Vorteil gering, und wir scheinen durch Österreich ständig „fast" in einen Krieg verwickelt zu werden. …

Heute muß ich mit dem Y. T. nach Breslau zum C. S. Meeting gehen und die liebe Mutter allein lassen, was traurig ist.

Heute morgen wurde ein kleines Fohlen geboren, und wir warten darauf, daß Diana auch jeden Moment einen „kleinen Fremdling" zur Welt bringt. Helmuth J. ist gerade mit „Grannie" rausgegangen, um seine erste Kresse zu schneiden, die wir dann hoffentlich beim Tee genießen. Die beiden sind dicke Freunde, und Mutter liest ihm „Alice in Wonderland" vor, was ein Geschenk von „Great Grannie" war.

Wir werden vom 7. bis 10. September wahrscheinlich das kaiserliche Manöver in dieser Gegend haben, und der Y. T. freut sich sehr darauf, Dir alles zu zeigen, denn wir sind sicher, daß es Dich interessiert. So wollen wir hoffen, daß *Fräulein Tochter* bis dahin erschienen ist! …

Creisau, 22. 12. 13

Dienstag [23. 12. 12]. Nur ein paar Worte, ehe ich zu Bett gehe, denn wer weiß, wieviel ich morgen schreiben kann. Der liebe kleine

Carl Bernhard[1] hat seine Mahlzeit gehabt und schläft, der Y. T. bereitet verschiedene Geldbeträge für die Dienerschaft morgen vor, und ich denke an meine lieben Eltern und ihr warmes, sternglänzendes und schönes Land. *Was* für ein Land! Ich werde ganz enthusiastisch, wenn ich an das Huhn und die Küken, den Tafelberg und hundert andere Herrlichkeiten denke. ...

Wir haben für die Kinder ein kleines Pony gekauft, *genau* wie das, was sie schon haben; es ist ein Weihnachtsgeschenk und eine Überraschung. Im April schicken wir Frl. Knappe weg und den Jungen nach Schweidnitz in die Schule – wahrscheinlich –, und die zwei Ponies werden dann sehr nützlich sein. Das Wetter ist leider ganz warm, kein Zeichen von Schnee, und die Jungen sind ganz melancholisch darüber ...

Mittwoch. ... Es ist ein merkwürdiger Gedanke, daß Ihr – durch die Söhne – eine große Rolle bei der Entstehung eines liberaleren Deutschlands haben könntet, das wiederum ein großer Faktor in der Geschichte der immer größer werdenden friedlichen Verständigung unter den Nationen sein wird, einer neuen Definition des Wortes „Patriotismus". Und so greifen die Räder ineinander – wie klein der Mensch ist und wie unendlich groß! ...

1 *Carl Bernhard:* Später Carl Bernd oder C. B. genannt. Er fiel 1941.

Creisau, 1. 1. 14

... Bevor der erste Tag des neuen Jahres zu Ende geht, Ihr Lieben, muß ich Euch ein Wort der Liebe schreiben, nur um zu zeigen, daß ich viel an Euch denke und Euch sehr lieb habe. Der erste Tag von 1914 ist besonders schön für mich gewesen, und wenn die anderen 364 nur halb so schön sind, werde ich ein äußerst glücklicher Mensch sein. ...

Heute abend kam das Baby zum Stillen, Willo blieb und spielte, und ich konnte nicht umhin zu denken, wie reich mein Leben ist. Hier sah mich Carl Bernhard mit wunderbar ausdrucksvollen Augen an und 3 andere kleine Leben, die neben mir Gestalt annahmen. Ich dachte an Euch beide und wie Ihr mein Leben bereichert, an meine C. S. Arbeit und meine Interessen, die mich mit Problemen und Menschen in Berührung bringen, die sonst fern meiner Lebenssphäre wären. Neben mir lag ein schönes neues Buch über Goethe und wartet darauf, gelesen zu werden, ich dachte an meinen Mann, an die Arbeit, die mich in Haus und Garten, im Dorf und rundherum erwartet, und ich fühlte, daß ich eine reich gesegnete Frau bin, die lebt und arbeitet und mit wirklichen Dingen zu tun hat, und ich war für das alles sehr dankbar. …

Creisau, 12. 1. 14

… Ich habe die Berichte über das Denkmal in Bloemfontein mit großem Interesse gelesen; es muß eine rührende und würdige Feier gewesen sein. Aber welch ein Triumph für Briten *und* Buren, daß, nach allem was geschehen ist, so tolerante Reden und harmonische Gefühle möglich wurden! Wirklich, ich stamme aus einem großen Volk! Hier ist die Politik ekelerregend. Beiden Seiten mangelt jeglicher Sinn für das rechte Maß und Humor, beide ergehen sich in Strömen von Schmähungen für die andere Seite, bis ins Lächerliche. Der Zabern-Zwischenfall[1] bewegt immer noch die Gemüter, und es besteht kein Zweifel daran, daß die Zivilbehörden an vielem Schuld hatten. Helmuth hat einige sehr interessante Stunden im Herrenhaus miterlebt. Am Sonnabend griff Graf Yorck den Kanzler an wegen dessen angeblicher Gleichgültigkeit gegenüber Preußens Stellung im Reich. Bethmann antwortete sehr gelangweilt, aber der ganze Vorfall erweckte *großes* Interesse, da er einem „Mißtrauensvotum" des Herrenhauses näher kommt als je zuvor. Es ist das zweite Mißtrauensvotum des Kanzlers innerhalb von 8 Wochen, aber in diesem politisch merkwürdigen Land bedeutet das nichts. …

1 *Zabern-Zwischenfall:* Bei einer Protestaktion in Zabern (Elsaß-Lothringen) ließ der dortige deutsche Infanterieregimentskommandeur 28 Demonstranten verhaften. Es war ein Rechtsbruch – Verhaftungen standen nur den Zivilbehörden zu –, der aber nicht bestraft wurde und der das Verhältnis des Reiches zu den Elsässern und Lothringern belastete.

Creisau, 27. 1. 14

… Alle hier sind natürlich sehr besorgt wegen ihres *Wehrbeitrags*, aber man hört keine Klagen. Der Y. T. muß etwa 600 Pfund bezahlen, was für uns eine ziemlich große Summe ist, und viele müssen Tausende bezahlen. Das ist der Nachteil davon, zu der Nation mit dem größten Heer zu gehören! …

Ich habe den Ausschnitt über englische und deutsche Erziehung mit großem Interesse gelesen und finde ihn sehr wahr. Ich muß eine persönliche Individualität bei den Jungen wecken; die geistige Individualität wird ihnen ihre Erziehung geben. Carl Viggo[1] interessiert mich enorm. Er ist ein natürlicher, einfacher Junge, liest Montesquieu im Original, Oscar Wilde (der im Vaterland so beliebt ist), beschäftigt sich mit modernen Büchern und Dramen, tollt mit den Kindern – eine merkwürdige Mischung, aber ein sehr gutes Exemplar. Er hat meines Wissens nur einen Fehler und der ist, daß er sich gerne von den weiblichen Familienmitgliedern mütterlich verwöhnen und umsorgen läßt – eine charakteristische teutonische Schwäche. Wenn ich mich weigere, seine Kartoffeln zu schälen und seine *Schnittchen* zu machen, schüttelt er traurig seinen Kopf, aber wir sind trotz meiner Brutalität die besten Freunde. …

1 *Carl Viggo:* Carl Viggo von Moltke, der jüngste Schwager, nur zehn Jahre älter als ihr Sohn Helmuth James („Klein Helmuth“).

Krieg

Meine Lieben, Creisau, 31. 7. 14

das Kriegsrecht ist in Kraft gesetzt und das Heer in Ostpreußen mobilisiert worden. Es sieht sehr nach Krieg aus, und schon jetzt dürfen keine Briefe oder Telegramme ins Ausland geschickt werden. Miss Chalmers verläßt uns heute abend und nimmt diesen Brief und ein Telegramm mit, denn ich weiß nicht, wie lange es dauern wird, bis Ihr wieder von mir hört. Jedenfalls sorgt Euch nicht um uns, wir kommen sicher gut durch. Onkel Helmuth telegraphierte heute, daß wir ruhig in Creisau bleiben sollen, und so bleiben Trothas, das Berghaus und ich hier, Muttel, die Jungen (die 2 großen, meine ich) und Leno gehen nach Hannover, und der Y. T. ist fürs erste in Schweidnitz. Alle Pferde und Autos werden eingezogen, und Hermann und unser Diener müssen gleich fort. Wenn die Situation sich bis morgen nicht aufgehellt hat, werden wir das Silber und, was zum Fideikommiß gehört und wertvoll ist, wegpacken und der kommenden Dinge harren. Es wird für uns alle reichlich Arbeit geben, und ich fühle mich so sicher unter Gottes Schutz, daß ich überhaupt nicht ängstlich bin, nur sehr nüchtern. Wir haben viel Vorräte gekauft, und am Montag machen wir Wurst und *Pökelfleisch*.

Ihr Armen, Ihr werdet in großer Sorge um uns sein, zumal es wahrscheinlich auf einige Zeit keine Möglichkeit geben wird, Briefe an Euch zu schicken. Der hiesige Telephondienst ist unterbrochen, und nichts Privates geht durch.

Sollte es zum Krieg kommen und bis nach Weihnachten dauern (was Gott verhüten möge), könntet Ihr es vielleicht so arrangieren, daß mir meine Wechsel, sobald die Übermittlung möglich ist, direkt von der Standard Bank in London geschickt werden? Macht Euch jedoch keine Sorge darum. Wir werden aber alle wahrscheinlich knapp an Bargeld sein, Banken sowohl als auch Privatpersonen.

Und nun Ihr Geliebten, lebt wohl. Macht Euch keine Sorgen. Uns geht es allen gut, und mit Gottes Hilfe wird es so bleiben.

Denkt daran, daß ich Euch, auch wenn ich nicht schreibe, sehr lieb habe und jede Möglichkeit wahrnehmen werde, Euch Nachricht zukommen zu lassen.

Mit der Liebe meines Herzens und vielen Küssen, Euer treues *Baby.*

Geliebte Eltern, Creisau, 25. 8. 14[1]

Ich schreibe Deutsch, da man eigentlich keine fremde Sprache jetzt in Briefen schreiben soll. Miss Halma, die nach Amerika zurück fährt, wird den Brief von dort an Euch schicken. Uns geht es sehr gut. Von Helmuth höre ich fast täglich. Er ist sehr vergnügt und, wie alle, zuversichtlich trotz der riesige Übermacht gegen uns. Natürlich bringt jede Verlust Liste viel Trauer und Sorge, aber die Zeit ist so gross dass man stolz ist daran teil zu haben, trotz allem Kummer und Schmerz. Das ganze Volk ist Eins, jeder persönliche Vorteil oder Streit ist vergessen, alle leben nur für das eine – Deutschlands Sieg was gleichbedeutend ist mit D.'s Existenz. Alles ist fabelhaft geordnet, die Preise sind kaum gestiegen, und man merkt nichts vom Krieg. Briefe, Züge, alles geht wie sonst, nur etwas länger. Geld Schwierigkeiten haben wir auch nicht. Die tram Schaffner sind jetzt meist alle Frauen, die überhaupt sehr viele von den Männer Arbeit übernommen haben. *Wie* gern wüsste ich etwas von Euch. Man ist vollständig vom Auslande ausgeschlossen. Ob Ihr was vom Kriege merkt? Ich schreibe absichtlich nichts Intimes über den Krieg und unsere Stellung zu ihm. Das kommt nachher. Wenn es blos nicht zu langer dauert. Aber die schöne junge Leben die geopfert werden. Es ist entsetzlich. Ich arbeite viel im Garten und muss mich um alles kümmern, dass kein Not im Dorf ist etc. Die Kinder sind mein grösster Trost – alle so liebevoll und süss. Die fragen viel nach Euch und wollten alle an Grannie und Daddy schreiben. Die ganze Leute sind so nachsichtig und lieb zu mir. Also kümmert Euch nicht um uns. Gott gäbe dass die Russen nicht bis hier kommen, denn dann ist für uns alles verloren, aber ich glaube nicht dass es möglich ist. Sei nicht besorgt um uns, wir werden schon durch kommen. Lass es Euch gut gehen, und bitte schreibt alles nieder, dass ich es nachher lesen kann. Gott mit Euch. Grüsse die Tanten. Es umarmt dich in Liebe D.

1 *[Original deutsch]:* Der Brief gedruckt, wie sie ihn geschrieben hat. Vgl. 26. 11. 11. Dasselbe gilt für die zwei folgenden Briefe.

Lieben Eltern, Creisau, 27. 8. 14*

Es ist mir eingefallen, dass Ihr wahrscheinlich die grausamste Geschichten hört über die Deutsche Behandlung der Feinde etc. Das Disziplin ist grossartig, aber es wurde so *entsetzlich* von der Civil Bevölkerung geschossen, und solche Grausamkeiten würden an die Verwundeten geübt dass, als Selbsterhaltung, sehr scharf vorgegangen wurde, aber *nur* wo Francs Tireurs sich befinden, oder Grausamkeiten vorkamen. Zuerst glaubte ich das alles einfach nicht, aber jetzt hat man Briefe von Verwandten etc. erhalten die Augenzeugen waren, und die es bestätigen. Man versteht jetzt wie das möglich war dass so viel Grausiges vom Belgischen Kongo erzählt wurde. Ich schicke Euch ein Artikel über den Generalstab was Euch gewiss interessiert. Es stimmt alles. Die Ordnung und moralische Erhebung des Volkes ist das Fabelhafste. Mobilmachung *gänzlichst* ohne Alkohol. Und alles ohne Chauvinismus. Nur über die Grausamkeiten hört man empört sprechen und (leider) darüber das England nicht neutral geblieben ist. Sonst hört man nur „die arme Kerle die können nichts dafür" u. s. w. Es ist alles so würdig. Nie bin ich so begeistert für Deutschland wie jetzt. Es bedeutet die Wiedergeburt Deutschlands. Ich wünschte ich wüsste wie es in England aussieht. Und meine gute Freunde die dort kämpfen werden. Es ist scheusslich! Hoffentlich erreicht Euch diesen Brief mal.

Im Gedanken bin ich viel bei Euch, dass wisst Ihr.
1000 Gedanken der Treue und Liebe von
Deiner Tochter

* *[Original deutsch]*

Creisau, 11. 9. 14*

Am 18. Oktober werde ich noch mehr (wenn das möglich wäre) an Euch denken. ***** [Küsse]

Meine Geliebten,

Ich bin ganz „weg" vor Freude, denn eben habe ich Euere lieben lieben Briefe bekommen. Ich habe schrecklich geweint dabei, aber es tat sowohl. Euere Telegram habe ich nicht bekommen, Ihr meine, durch Miss Chalmers gesandte, scheinbar auch nicht. Die Zeit ist unendlich schwer und es lastet Tag und Nacht auf einem. Aber es ist trotzdem sehr gross und erhaben. Die Einigkeit ist überwältigend, und der beste Seite von jedermann kommt zum Vorschein. Von Helmuth habe ich Gottlob gute Nachricht und öfters, trotzdem er nicht in Deutschland ist. Er schrieb neulich „die Opfer die der Krieg verlangt sind entsetzlich. Doch ist das Schöne dabei, dass man um die Gefallenen nicht trauert. Sie haben ihrer Pflicht genügt. Das ist alles was in unser Bewusstsein eindringt." Alle Lieben und Bekannten sind fort, und jeden Tag hört man von einem oder dem andern der tod ist. Es ist eine furchtbare Zeit. Bitte glaube nicht dass die Deutsche unnötig grausam sind. Wo ihnen nichts getan wird von der civil Bevölkerung, tun sie auch nichts. In Friedel Ploetz's[1] Kavallerie Division sind in 2 Wochen 24 Offiziere durch Mord oder Frankstireurs getötet worden, – viele Bekannter dabei. Da könnt Ihr denken dass strenge Schritte getan werden *müsste* um so was zu stoppen.

Hier leben wir äusserlich recht friedlich. Der Inspektor bleibt bis 19ten, dann übernehme ich der financielle Teil und ein alter Onkel von Jungnitsch hilft in der Wirtschaft. Nur alte Männer und alte Pferde sind geblieben, aber wir werden ganz gut fertig werden. Georg ist unsere haupt Stütze im Hause! Vorläufig ist alles hier ganz ruhig. Kommen die Russen herein in diesen Teil müssen die Kinder sofort nach Schleinitz, und alle Leute nach den Bergen. Aber Gott schütze uns davor! Die Kinder sind sehr vergnügt. Helmuth James hilft sich aus alle Schwierigkeiten dadurch dass er sich sagt „meine Mami ist Afrikanerin". Und neulich sagte er zu Tante Louise[2] „nicht wahr die Engländer sind besser als die Russen und Franzosen!" Helmuth und Carl Didi haben viele Stunden zusammen und spielen herrlich miteinander. Baby hat eben sein Geburtstag gefeiert. Ich habe *so* viel an Euch gedacht und denke immerzu an Euch.

Was für einen Unterschied seit vorige Jahre! Arme Monika hat Wochen lang keine Nachricht von Friedhelm, es geht die Meisten so. Seid nicht besorgt um uns. Die Regierung ist so ordentlich und so bedacht für alles das, was möglich ist, geschieht. Ich bekomme *so* viel Liebe von allen Seiten auch. Hermann mit Tränen in Augen sagte mir er konnte so nachfühlen wie schwer es für mich sein muss und die gnädigen Herrschaften in Afrika. Wie ich Euere Briefe bekam telephonierte ich sofort nach dem Berghaus das war 7.30 p. m. Um 8.30 kamen Ete und Schönchen[3] herunter um mir zu sagen *wie* sehr sie sich freuten. Jeder sendet Euch die wärmste Grüsse. Von Eulig bekam ich neulich gepresste Reseda aus Russland. Alle so rührend. Jeder besteht diese harte Probe glänzend. Aber wie lange wird es dauern? Ich fürchte sehr langer. Das ist das Schlimmste. Ob Ihr viel davon spürt? Ich habe schon einen Brief durch Dr. Aletta Jacobs[4] u. einen durch Miss

Schloß Kreisau

Halma, die nach Amerika reisen soll, an Euch geschickt. Müssen wir fort oder passiert etwas, so telegraphiere ich. Schreib mal wieder Geliebten es hilft das Schmerz so, etwas von Euch zu hören. Ich habe viel zu tun und die Kinder sind ein grosser Trost. Ich schlafe oben im Herrnzimmer, habe einen scharfen Hund und 2 Gewehre, und wir haben schiessen gelernt. Aber alles ist vollständig ruhig und man merkt eigentlich nichts vom Krieg. Gott schütze Euch meine lieben Zwei in fernem Nest. *Immer* Dein *Baby*.

* *[Original deutsch]* 1 *„Friedel Ploetz's":* entfernter Verwandter. 2 *Tante Louise:* Luise von Moltke, Schwester des Schwiegervaters. 3 *Schönchen:* Manon Schönberg, Gesellschafterin von Tante Luise. 4 *Dr. Aletta Jacobs:* Aletta H. Jacobs, führende Frauenrechtlerin in Holland.

Meine Lieben, Creisau, 3. 3. 15[1]

ich bekam liebe Briefe von Euch, beide datiert 24. Jan., und einen von Mutter, geschrieben am 4. Feb. Die Briefe kommen jetzt unregelmäßiger, aber sie kommen, was die Hauptsache ist.

Vom Y. T. habe ich weiter gute Nachrichten. Er ist sehr beschäftigt, und es geht ihm sehr gut, obgleich seine Arbeit meistenteils äußerst friedlich ist; u. a. organisiert er mehrstimmigen Gesang unter seinen Männern, um die Zeit zu vertreiben und sie zu beschäftigen. Er reitet über die Felder ganz wie zu Hause, inspiziert die Arbeit, und doch welch ein Unterschied. ...

Helmuth James liest mir manchmal englisch vor, natürlich nicht perfekt, aber er macht Fortschritte. Bitte schickt uns bald ein nettes englisches Buch für ihn, etwas nicht zu Schwieriges.

Donnerstag. Denkt Euch, Helmuth ist in Berlin und wird morgen hier sein! Ihr könnt Euch denken, wie [die nächsten Wörter unleserlich gemacht – wahrscheinlich vom Zensor] ich bin. Ich nehme an, er ist für eine *Herrenhaus-Sitzung* da, da sich in seinem Teil der Welt nichts tut. Jedenfalls ist es eine sehr schöne Aussicht, ihn wiederzusehen, wenn auch nur für einen oder zwei Tage. ...

1 *3. 3. 15:* Die Briefe gingen jetzt über das neutrale Ausland und sind im Original wieder englisch, hier also übersetzt.

Meine Lieben, Creisau, 8. 9. 15

es ist Carl Bernhards Geburtstag, und ich war mit meinen Gedanken viel in der Vergangenheit. Heute vor zwei Jahren, erinnert Ihr Euch, war Eure Expedition zum Manöver[1] und die Rückfahrt – an den betrübten Fahrgästen des Berghauswagens vorbei! –, und dann saßet Ihr neben meinem Bett. Und da das kleine rote bißchen Mensch, der jetzt so ein sonniger Knirps mit eigenem Willen ist. Und die Flugzeuge und anderes Kriegszubehör. Damals war es nur Spiel, jetzt ist es todernst. ...

Die Kinder sind so lustig wie immer. Jowo wird sehr ehrgeizig bei seinem Unterricht und sagte ein paar kleine Gedichte sehr süß auf. Heute konnten sie alle kein Frühstück essen, weil sie über C. Bernhards Geburtstag so aufgeregt waren! Sie amüsieren uns ständig. 1 2 3 4 5 6 7 8 9 10 Jowo hat diese Zahlen ausdrücklich für Euch geschrieben, damit Ihr seht, wieviel er schon gelernt hat!

Und nun, Ihr Lieben, muß ich aufhören. Es ist Zeit für's Abendbrot, und dann muß dieser Brief in Schweidnitz aufgegeben werden. Wie gerne wüßte ich, ob Ihr die Telegramme über Asta[2] bekommen habt. Ich fürchte, Ihr werdet Euch Sorgen machen, wenn Ihr keine Nachrichten habt. Sie hat letzte Woche 1/2 Pfund zugenommen, was sehr gut ist.

[In Kinderschrift: Love from Helmuth]

1 *Manöver:* Die Herbstmanöver 1913 fanden während des Besuchs der Eltern statt. Der Vater hielt einiges davon in seinen Memoiren fest, besonders seine Begegnung mit Conrad von Hötzendorf, mit dem er, als er ihn traf, so gut er konnte, Deutsch sprach, bis sich der österreichische Generalstabschef in fließendem Englisch zu erkennen gab. 2 *Asta:* Die langersehnte Tochter, Asta Maria, war im August geboren. Sie starb 1993.

Meine Liebsten, Creisau, 15. 9. 15

Eure letzten Briefe, datiert am 6. August, waren eine so große Freude wie immer. Mutter scheint mehr als je zu tun zu haben, sie ist wirklich wunderbar. Ich konnte nicht umhin zu denken, wie anders mein Leben ist, und doch ist es auch sehr erfüllt. Natürlich erfordern die fünf Kleinen viel Zeit und noch mehr Überlegung, und ich muß im Dorf viel leiten und arrangieren, sowie in *Hof und Haus*, besonders jetzt, wo so viele Männer weg sind. Dann die Arbeit in Schweidnitz, ich meine C. S. Arbeit; und Stricken und Liebesgaben für die Hospitäler und Truppen spielen auch eine wichtige Rolle im jetzigen Leben. ...

Heute sagte Lydia[1] zu den Jungen: „Ihr wolltet immer ein *Schwesterchen* und jetzt, wo es da ist, seht Ihr es kaum je an." Worauf Jowo antwortete: *Das stimmt, aber die Hauptsache ist, daß sie da ist!* Er entwickelt sich jetzt schnell und ist sehr eifrig bei seinem Unterricht. Er ist sehr selbstlos und besonders lieb zu den Kleinen. Willo dagegen findet niemanden so interessant und wichtig wie *ich*, aber er ist in seiner ausgesprochenen Individualität *so* komisch und wird meistens „Professor"[2] genannt. Der Junge ist für seine 8 Jahre wunderbar reif und trotzdem noch ein Baby. Er wird als Ältester notwendigerweise etwas verwöhnt und hat etwas Gebieterisches, aber ein solch liebevolles kleines Herz. Neulich tat Jowo etwas, was nicht ganz recht war, und als er gefragt wurde, ob er der Schuldige sei, sagte er sofort *ja*. So hat ihn Lydia nicht gescholten und sagte ihm nur, er solle es nicht wieder tun. Daraufhin nahm Helmuth Lydia beiseite und sagte: „Ich sehe, wieviel besser es ist, die Wahrheit *gleich* zu sagen und nicht um den heißen Brei herumzureden, und ich werde es das nächste Mal auch tun." Das ist doch lieb, nicht wahr? Denn der Junge versucht immer, Ausreden zu finden, *warum* er etwas getan hat.

Und nun lebt wohl, Ihr Lieben. Ich muß mit meiner Feder schließen, aber niemals mit meinem liebenden Herzen.

Stets Euer treues kleines Mädchen.

1 *Lydia:* Kindermädchen. 2 *Professor:* Er wurde in der Tat Professor für Städteplanung in Harvard, nachdem er in den dreißiger Jahren nach Schweden und später nach Amerika ausgewandert war. Er starb dort 1978.

Meine Lieben, Creisau, 14. 12. 15

die kleine Tochter bringt mich Euch jeden Tag näher. Wenn ich sie in meinen Armen halte und ihr Gesichtchen liebkose – natürlich hat sie braune Augen und braunes Haar! –, denke ich, was Ihr wohl gefühlt haben müßt, als ich ein winziges Baby in Euren Armen war. Und dann überwältigen mich Liebe und Sehnsucht. Asta ist bezaubernd und so brav. Sie bekommt nur eine Flasche am Tag und lebt ganz bei mir, da die vier Brüder für so etwas Süßes und Junges zu laut sind. Ich habe gerade das Zimmer, in dem Hel. James schlief, tapezieren und anstreichen lassen – rosa und weiß, und im Frühjahr kommt sie dahin, wenn ich sie nicht mehr stille.

So liebe Briefe von Euch beiden vom 25. und 29. Okt. Dank Euch für Eure Liebe. Wenn dieser Alptraum einmal vorüber ist, wie er ja eines Tages sein muß, müßt Ihr nach Europa kommen, und ich werde entweder zu Euch nach Holland kommen oder, wenn Ihr das vorzieht, nach Kopenhagen, so daß wir wie in alten Zeiten beisammen sein können. Dann können wir, nach einer Woche oder zwei, zusammen nach Creisau und zum Y. T. und den Kindern fahren. Es ist zu schön, auch nur daran zu denken. Wir haben alle viel mit Weihnachtspaketen für die Truppe zu tun und mit vielen ähnlichen Dingen. Dann laden wir oft Verwundete vom Hospital in Schweidnitz hierher zum Tee oder Abendbrot ein, was sie natürlich liebend gerne annehmen. Wir spielen mit ihnen, singen und reden, und es ist hochinteressant, von ihren Erlebnissen zu hören. Helmuth James sucht sich immer den traurigsten von allen aus und kümmert sich um ihn wie die Henne um ihr Küken. Der Y. T. ist wohlauf und sehr beschäftigt. Möglicherweise kommt Carl Viggo gegen Ende Januar auf Urlaub, und die Familie Trotha, Kinder, Dienerschaft und Pferde kommen Ende Februar für etwa einen Monat, bis ihr Haus in Ordnung ist. So seht Ihr, daß der Winter weder lang noch langweilig sein wird. …

Meine Lieben, Creisau, Weihnachten, 25. 12. 15

denkt nur, was für eine freudige Überraschung wir gestern hatten – der Y. T. kam ganz unerwartet! Sah sehr gut aus und in bester Laune. Wir hatten eine sehr nette *Einbescherung*, die Kinder waren vor Aufregung ganz toll – Jowo hatte zwei Nächte lang aus lauter Vorfreude nicht geschlafen! –, und wir waren so glücklich und zufrieden, wie man jetzt nur sein kann. Meine Gedanken wanderten ständig zu Euch. ... Wir hatten eine hervorragende Pute (Ihr auch?), aber keinen Plumpudding, stattdessen ein Schokoladensoufflé. Carl Bernd, der lebt, um zu essen (nicht umgekehrt), verbrachte den größten Teil des Tages damit, Stückchen vom *Pfefferkuchenhäuschen* abzubrechen und dabei triumphierend auszurufen *Dach put* (kaputt). Ihr Lieben, Gott möge geben, daß wir bald wieder einmal ein Weihnachtsfest zusammen verbringen können. Die ganze „Familie" ist in Balfanz, und Helmuth wird wahrscheinlich ein oder zwei Tage auf dem Wege zur Front hingehen. Ich kann natürlich nicht von Asta weg und mache mir außerdem während des Krieges nichts aus Reisen. Carl Viggo hat das Eiserne Kreuz bekommen, und Muttel hofft, ihn Anfang des Jahres für einige Monate zurückzukriegen, so daß er mit seiner Schulausbildung fertig werden kann. Man stelle sich vor, ein junger Leutnant mit über einem Jahr Erfahrung in den Schützengräben wieder auf der Schulbank! Sehr schwer, und doch muß es sein. ...

Meine Lieben, Creisau, 1. 3. 16

Ihr müßtet mich als stolze Mutter von 9 Kindern sehen! Die Trothas kamen am 27. an, und Ihr könnt Euch die Spiele vorstellen, die im Gange sind. Es macht mir Spaß, sie alle hier zu haben, und es ist so nett für die Kinder, viel junges Leben um sich zu haben, und da die Trothas genau so erzogen werden wie meine Kinder, gibt es keine Reibungen. ...

Nachmittags führten Hel. James und Jowo einen kleinen Dialog auf, der Junge als *Feldmarschall*, Jowo köstlich als Petrus mit langem weißem Bart, weißem Haar und einem großen Schlüssel. Der Feldmarschall möchte die Erlaubnis, zur Erde zurückzukehren, um fürs *Vaterland* zu kämpfen, aber Petrus erlaubt es nicht, und der alte Soldat tröstet sich mit dem Gedanken an all die kleinen Moltkes in Creisau! ...

Creisau, 8. 3. 16

... Das Haushalten ist jetzt wirklich eine Kunst, und der Krieg hat einem beigebracht, alles zu verwenden. Wir alle finden, daß wir jetzt einen viel größeren Appetit haben als in den alten Tagen, wo 42cm-Kanonen und dergleichen unbekannt waren. Aber Ihr braucht Euch keine Sorgen um uns zu machen. Wir sind alle wohlauf und blühen. Die Kinder sind rundlich, rosig und werden *so* groß – Ihr werdet sie kaum wiedererkennen, wenn Ihr sie seht. ...

Creisau, 8. 10. 16

... Helmuth geht es glänzend, er ist braun wie eine Nuß und sehr wohlgemut. Er ist Kommandant in einer kleinen Stadt und hat außerdem viel Landwirtschaft und viel mit den Einwohnern zu tun. Er reitet viel und ist in bester Form. Er hat einen Hund mitgenommen, da er immer sein eigenes Abendessen „schießt". Er hat reichlich Zeit zum Lesen und spielt abends Skat – wie Ihr seht, ein sehr friedliches Leben. ...

Creisau, 17. 10. 16

... Asta kriecht überall herum und ist sehr schlau, merkt alles und versucht alles zu imitieren, was wir tun. Sie trägt zwei Schleifen im Haar, eine auf jeder Seite, und sieht sehr lustig aus. Sie ist voller Charme, mehr charmant als hübsch. Der Y. T. hat jetzt eine Munitionskolonne und ist nicht weit von Carl Viggo; sie haben sich aber noch nicht getroffen. Er freut sich sehr über seine neue Arbeit. Daß er *Rittmeister* ist, wißt Ihr doch?

Zwei von unseren russischen Kriegsgefangenen mußten vor einigen Wochen fort, um in einer Zuckerfabrik zu arbeiten, und als sie hörten, daß sie Creisau verlassen müssen, weinten sie! Sie werden natürlich sehr gut versorgt und sind nette, fleißige Leute. Jede Woche werden sie gewogen, um zu sehen, daß sie ordentlich ernährt werden – das ist Befehl –, und Frau Jungnitsch und die Stellmacherin kochen für sie. Was sie besonders gerne essen, wie Salate, erbitten sie häufig. ...

Creisau, 28. 10. 16

... Gestern war ich auf einem sehr netten musikalischen Tee in Schweidnitz, viele nette Leute und gute Musik, aber was für eine Tragödie das Leben heutzutage ist. Fast alle hatten einen Sohn oder Mann, der bei Verdun oder an der Somme kämpft. ...

Astamaria krabbelt überall herum und ist jetzt ungefähr so weit wie Willo, als wir das Kap verließen. Sie trägt zwei kleine Schleifen im Haar, auf beiden Seiten, und ist sehr putzig, aber auch sehr energisch und hat einen eigenen Willen. Carl Bernd ist momentan der verwöhnte Liebling der ganzen Familie – die Mutter nicht ausgenommen – und eignet sich für diese Rolle bestens. Jowo hat jetzt Musikunterricht und kommt sich natürlich sehr wichtig vor. Ich bringe ihn zu seinen Stunden und übe mit ihm und habe so eine neue kleine Pflicht. Der Y. T. schreibt munter und ist wohlauf und gesund – was mehr kann man heute wollen? Euer Telegramm am Abend des 17. war *so* lieb, ich habe mich so darüber gefreut, und meine Gedanken waren am 18. ganz nah bei Euch. Ich habe Euch *so* lieb.

Der Junge macht ganz gute Fortschritte in der Schule und geht auch ganz gern, aber ich glaube, lieber hätte er Unterricht zu Hause. Er fährt mit dem 7.15-Zug nach Schweidnitz und kommt um 1.15 zurück. Das Treibhaus sieht prächtig aus – Gurken, *Kohlrabi* und Bohnen werden in einer Woche oder zwei reif sein. Dieses Geschenk war eine segensreiche Idee! ...

Monika hat jetzt englische und französische Kriegsgefangene, die bei ihr arbeiten. Die Russen gaben immer sonntags ein Konzert im *Hof*, und sie gab ihnen Zigaretten dafür. Ich nehme an, die Engländer organisieren Wettrennen und Sport statt dessen. ...

Creisau, 15. 2. 17

... Habe ich Euch erzählt, daß der Junge jetzt täglich nach Schweidnitz kutschieren muß, hin und her, da die beiden Züge, die er nahm, nicht mehr gehen. Es bedeutete, daß er hier bei diesem kalten Wetter um 6.45 früh abfahren mußte! Aber er ist ein so kräftiges und gesundes Geschöpf, daß es ihm gar nichts ausmacht. Er hat gerade *Schweinehund* gelernt und ist natürlich brennend bei der Sache. Jeden Tag, wenn seine Arbeiten nach dem Tee fertig sind, spiele ich mit ihm, manchmal zu zweit, manchmal zu dritt. Gestern haben wir davon gesprochen, wie schön es sein wird, wenn Ihr wieder mit uns spielt. ...

Die Kinder sind alle wohlauf. Carl Bernd fasziniert jedermann. Er hat eine so wunderbar sonnige Natur und ist immer zu einem Witz oder Jux aufgelegt und hat das wärmste Herz der Welt. Willo ist so langsam wie eine Schnecke. Er hat sich noch nie bei etwas beeilt. Er zeichnet oder malt oder baut Häuser. Er hat einen erstaunlichen Sinn für Farbe. Jowo ist nicht sehr für's Lernen und zieht seine Musik allem anderen vor. Den Jungen kennt Ihr am besten und könnt Euch seine Entwicklung daher am besten vorstellen. Ein liebes Geschöpf. Asta ist eine schlaue kleine Zigeunerin. ...

Creisau, Ostersonntag, 8. 4. 17

... Gestern bin ich mit den beiden ältesten Jungen nach Kuchendorf gefahren. Die Hinfahrt war schlimm genug, aber der Rückweg dauerte 4 statt ein einviertel Stunden. Wir blieben im Schnee stecken, die Riemen rissen, und das alles um 8 Uhr abends auf einer ganz einsamen Strecke. Ihr könnt Euch das vorstellen. Die Hauptsache ist, daß wir am Schluß glücklich nach Hause kamen, aber ich werde bei solchem Schnee nicht mehr ausfahren. Der Junge war fabelhaft, vernünftig, verlor nicht den Mut und kümmerte sich um Jowo und mich, deckte uns zu usw., als ob er unser Vater wäre! Ich dachte immer, wie Dad sich über seine Tapferkeit und Fürsorge freuen würde, denn es war wirklich eine ziemlich unangenehme Situation. ...

Creisau, 14. 6. 17

... Hier gehen die Tage sehr angenehm vorüber, und es ist schwer, sich klarzumachen, welch fürchterliche Kämpfe sich im Westen abspielen. Die Summe menschlichen Elends scheint manchmal mehr, als man ertragen kann, und doch lebt man weiter, lacht, vergißt und interessiert sich für tausend Dinge – was für eine merkwürdige Mischung die menschliche Natur doch ist! Auf jeden Fall bin ich von sehr liebevollen, *sympathischen* Leuten umgeben, mit denen man offen reden kann – kein Chauvinist unter ihnen –, und das ist ein großer Segen. ...

Alle sagen, daß Asta mein genaues Abbild ist, und so könnt Ihr sie Euch wohl vorstellen. Am Montag fuhr ich zum Tee nach Pilsen und nahm Carl Bernd und Asta mit, weil da zwei kleine Kinder sind. Es war Astas erste große Teegesellschaft, und sie genoß es ungeheuer, ergriff bei allem die Initiative und wickelte alle um ihren kleinen Finger. Der Junge ist so reizend mit den Kleinen und ist überhaupt ein

Juwel, wenn er auch in der Schule nicht erstklassig ist. Er ist begabt, aber sehr ungenau in seinem Denken und konfus. ...

Meine Lieben, Creisau, 8. 3. 18

heute abend erwarte ich einen ganz kurzen Besuch des Y. T., und da die nächsten Tage schrecklich ausgefüllt sein werden, möchte ich Euch vorher schreiben. Wie froh ich bin, daß Ihr die Photos bekommen habt, so daß Ihr eine Vorstellung davon habt, wie die Jungen gewachsen sind. Der Große reicht mir jetzt schon bis an die Schulter und strotzt nur von Gesundheit, obgleich Cricket und Hockey gut für ihn wären, da er sich gerne gehen läßt und nicht gerne anstrengt. Jowo dagegen ist dünn und sehr drahtig, viel alerter als der Große, sehr hübsch, aber weniger „gewinnend“ als sein Bruder. Willo ist immer noch der Professor, ist nie ein richtiges Kind gewesen und wird sicher etwas Außergewöhnliches. Carl Bernd ist dick und rund und genießt und gibt mehr Liebe als irgendwer sonst, den ich kenne – er besteht nur aus Herz und *Magen* –, und seine Hauptinteressen im Leben sind Essen und Pferde. Und dann Asta, ein kleines Geschöpf wie ein Elf, erstaunlich klug und amüsant, jeder Zoll eine kleine Frau.

Wie froh Ihr sein müßt, daß die Frauen in England jetzt das Wahlrecht bekommen haben! Welches neue Ventil für ihre Energie und ihren Enthusiasmus!

Friedel Ploetz ist wieder zu Hause, und Ihr könnt Euch die Freude dort vorstellen nach einer Trennung von 3½ Jahren. Aber wir haben heute auch Grund zur Freude, denn das Haus ist zum ersten Mal elektrisch beleuchtet! Die Kinder waren ganz verrückt vor Freude, sind im Haus herumgerannt, haben die Lichter angeknipst und Indianertänze aufgeführt. Es ist eine wunderbare Verbesserung des Hauses und ein Segen nach dem dunklen Winter, und es ist schön, daß alles gerade rechtzeitig für den Besuch des Y. T. fertig geworden ist. Das ganze Haus wird heute abend erleuchtet sein, wenn der liebe Mann kommt. ...

Creisau, 24. 4. 18

... Ihr fragt, wie das Englisch der Kinder ist. Leider hapert es etwas damit. Der Junge versteht Bücher wie die „Schatzinsel“, findet aber Kiplings „Rewards & Fairies“ zu schwierig. Er spricht stotternd, aber ich bemühe mich, für die Sommerferien jemanden herzubekommen, der ein paar Jahre in England gelebt hat und mit ihnen spazierengehen und Englisch sprechen kann; da würde der Junge in einer Woche fließend sprechen. Ich spreche auch mit ihm, aber wenn er es nicht versteht, ist die Versuchung für eine Mutter *zu* groß, die Sprache zu sprechen, in der er heimisch ist. Jowo und ich haben jeden Morgen eine halbe Stunde Englisch: Er versteht einfache Dinge, und sie singen alle Abzählreime. …

Creisau, 7. 5. 18

… Irgendwie *kann* ich mir nicht vorstellen, daß es uns so schwerfallen wird, Dinge zu besprechen, wie Mutter meint. Die Hauptsache ist, im Auge zu behalten, daß, auch wenn man dezidierte Ansichten hat, es *immer* noch eine andere Seite der Frage gibt, daß wir alle die Dinge in einem schrägen Licht sehen. *Kriegspsychose*, um einen populären Ausdruck zu gebrauchen. Und dann die Liebe, sie ist mehr als der Glaube und kann bestimmt Berge versetzen. Jedenfalls freue ich mich auf den Tag und sehne mich danach, wenn ich wieder in Euren Armen liege und Euer kleines Baby bin. Gott segne Euch beide, Ihr Lieben. Was wir für Spaß haben werden, wenn wir uns wiedersehen!

Ihr Geliebten, Creisau, 10. 8. 18

ich habe schöne Aprilbriefe von Euch beiden bekommen, wie immer eine große Freude. Und dann ist der Y. T. auf vierzehn Tage Urlaub hier gewesen. Es war so schön, ihn da zu haben, und wir waren sehr glücklich miteinander. Jetzt ist er für vier Tage *Herrenhaus* in Berlin. Er kommt dann noch einmal für 1¹/₂ Tage her, bevor er sich auf seine lange Reise in den Osten begibt. Es ist eine wunderbare Erleichterung, sich mal eine Weile an die Schulter eines guten Mannes zu lehnen und die Last des Krieges nicht ganz allein zu tragen, und ich habe seinen Besuch ungeheuer genossen, besonders da es diesmal länger war als sonst meistens. Er sieht prächtig aus, und der Krieg hat ihm sehr gut getan, wie vielen von uns, moralisch. Ich jedenfalls bin viel energischer und unabhängiger als früher, was nur natürlich ist, wenn man Creisau, Familie etc. auf den Schultern trägt. Dann ist das junge deutsch-englische Mädchen angekommen und spricht aus Leibeskräften Englisch mit den Jungen. Sie hat erst Deutsch gelernt, als ihre Familie im Juli 1915 Manchester verlassen hat, und so spricht sie wirklich wie ein englisches Mädchen, und ich hoffe, daß die Jungen von ihrem Besuch profitieren. Sie ist 17, sehr scheu und zurückhaltend, und man muß ihr einen Schubs geben, und jetzt, da wir einige Tage bei Tisch weniger Personen sind, reden wir nur Englisch.

Die ganze Dienerschaft hat mit der „spanischen Krankheit" im Bett gelegen, manchmal 4 gleichzeitig, und das, wo Tante Hertha, Lotte und der Y. T. hier waren und Zentnerweise Kirschen in der Küche verarbeitet werden mußten! Aber wir halfen alle und schafften es. Da ich auch für Muttel und Trude Moltke[1] *wecke*, könnt Ihr Euch die Mengen vorstellen. Die Kirschenzeit war diesmal wundervoll, wofür ich dankbar bin. Sicher freut Euch das beiliegende Photo der 3 jüngsten Enkelkinder, wenn auch die Figur Eurer Tochter sehr merkwürdig aussieht, obwohl sie dank der Blockade eigentlich recht gut ist. Heute morgen haben wir alle rote Johannisbeeren abgezupft, 3 Stunden lang, und dann die Korrespondenz, die ich erledigen muß! Aber wie angenehm, daß man so viel zu tun hat. ...

1 *Trude Moltke:* Gertrud von Moltke, Frau von Vetter Wilhelm (Bill), Sohn des 1916 verstorbenen Generalstabschefs.

Creisau, 12. 9. 18

... Je älter ich werde und je länger unsere Trennung dauert, um so näher fühle ich mich Euch, um so mehr lerne ich den Wert Eurer Liebe schätzen, die schönste, die ich je gesehen habe. Sie ist wahrhaftig der köstlichste irdische Ausdruck der Liebe, wie von Paulus in seinem Korintherbrief beschrieben. Gott segne Euch dafür, Ihr Lieben, und mögen wir viele, viele Jahre leben und uns ihrer erfreuen, ohne Zensor und, soweit möglich, ohne physische Trennung. Ich hoffe immer, daß, wenn Vater in den Ruhestand tritt, Ihr Euch entwurzeln und in London oder sonstwo, wo es wärmer ist, niederlassen könntet, aber wer kann in dieser Zeit Pläne machen? Daddys letzten Brief habe ich dem Jungen vorgelesen, und er war entzückt von der darin ausgemalten Möglichkeit, daß wir uns vielleicht in Holland treffen, mit den Kindern. Wie herrlich das wäre! Ich würde das Meer genießen, da wir armen „Binnenländler" so selten die Gelegenheit haben, den Ozean und salzige Wellen zu genießen. Heute früh habe ich Luftschlösser gebaut und eine Reise „nach dem Krieg" hinunter nach Dalmatien geplant, nur um dort richtig blaues Wasser und die strahlende Sonne zu sehen und Feigen zu essen! ...

Friede?

Meine Geliebten, Creisau, 19. 11. 18

ich habe den überwältigenden Wunsch, Euch zu schreiben, und doch fühle ich mich gleichzeitig dazu überhaupt nicht in der Lage. Es scheint unmöglich, auch nur ein Tausendstel von dem auszudrücken, was einen bewegt. Es ist für mich ein ungeheurer Verlust, daß ich die Ereignisse der letzten Wochen[1] nicht mit Euch diskutieren kann, und das fehlt mir schrecklich. Es war schön, am 17. Euer Telegramm zu bekommen, und ich hoffe, Ihr habt meins vom 10. auch pünktlich erhalten, denn Ihr müßt in großer Sorge um uns sein. Ihr Armen, ich wünschte, ich könnte Euch das alles ersparen. Aber auf jeden Fall ist das Ende jetzt abzusehen, und die Kinder und ich freuen uns ganz närrisch auf Euren Besuch im Sommer. Die älteren Jungen hoffen inbrünstig, daß Ihr sie nach Holland einladet, aber wer weiß? Jedenfalls werdet Ihr hier von *allen* mit mehr Liebe und Sympathie empfangen werden als je zuvor. Momentan geht es uns allen gut, und wir sind in keiner Gefahr, aber ich sorge mich um den Y. T., der noch in Kovel ist. Meine letzte Nachricht war vom 8. Nov. Hier geht das Leben seinen üblichen Gang, trotz der gewaltigen vulkanischen Eruption, die stattgefunden hat. Für uns kommen die Veränderungen wohl später, wenn der Friedensvertrag unterschrieben ist und jemand zahlen muß; und das werden wahrscheinlich wir sein. Aber das macht alles nichts, wenn wir nur irgendwann einmal in einer Welt leben können, in der Friede und Ordnung herrschen. Schickt bitte, sobald Ihr könnt, Strickjacken für die Jungen, denn sie brauchen solche Sachen sehr. Sorgt Euch nicht um uns, denn bis jetzt sind wir wunderbar durchgekommen, und ich bin sicher, daß unser guter Stern uns jetzt nicht verlassen wird. …

1 *Ereignisse der letzten Wochen:* Die Oberste Heeresleitung hatte im Herbst die Aussichtslosigkeit der deutschen militärischen Lage eingesehen und auf einen Waffenstillstand gedrungen. Die Marine meuterte in Kiel und andernorts. Die Revolution breitete sich aus. Am 9. November wurde die Republik ausgerufen. Der Kaiser floh nach Holland. Der Waffenstillstand wurde am 11. November unterzeichnet. Die Bedingungen waren hart.

Ihr Lieben, Creisau, 27. 11. 18

man weiß einfach nicht, wo man mit dem Schreiben anfangen soll, es gibt so viel zu sagen, und man hat das Gefühl, man schafft es nie, und außerdem ist da auch noch der Zensor. Jedenfalls werdet Ihr froh sein zu hören, daß bis jetzt hier alles ruhig und ordentlich ist und man kaum etwas von dem neuen Regime wahrnimmt. Aber was für Zeiten das sind! Ihr könnt Euch kaum die Umwälzungen vorstellen, die wir erleben. Ich wünschte sehnlichst, daß ich alle diese Fragen mit Euch besprechen könnte. Dem Y. T. geht es gut, aber er ist leider noch in Kovel, wo er noch wochenlang schwere und schwierige Arbeit zu tun hat. Mein größter Trost ist Ete, die einen Standpunkt jenseits des typisch konservativen hat. Wir sind uns in diesen harten Kriegsjahren sehr nahe gekommen. Der Gedanke, daß deutsche Frauen Wahlrecht haben, ist sehr komisch; ich versuche, jemanden für einen Vortrag herzubekommen, der zu den Frauen hier über ihre Pflichten und Verantwortung hinsichtlich des Wahlrechts spricht, und hoffe, daß es mir gelingt. Frauen sitzen schon jetzt in allen Gremien und *Vereinen* – wenn der Teutone etwas macht, dann macht er's gründlich!! In vieler Hinsicht ist dies natürlich eine aufreibende Zeit für uns und voller Ängste, und meine kleine Brut ist sowohl Freude und Entspannung für mich als auch Grund zur Sorge. Aber ich bin sicher, wir werden gut durchkommen und im Sommer ein frohes Wiedersehen mit Euch beiden Lieben haben. …

Ihr Lieben, Creisau, 28. 11. 18

nachdem ich gestern einen Brief an Euch eingesteckt habe, schreibe ich heute wieder, um Euch einen Vorschlag zu machen. Es ist sehr wahrscheinlich, daß es im Frühjahr, von Februar bis Juni, viel Unruhe, Streiks usw. geben wird, wegen der Nahrungsmittelknappheit. Nun möchte ich Creisau nur *höchst* ungern verlassen, denn je schwieriger die Situation, um so notwendiger ist es, daß die *Herrschaft* an Ort und Stelle ist. Es ist einfach eine Frage der Pflicht. Andererseits wäre es für mich eine unsagbare Erleichterung, die Kinder nicht hier zu haben. Wäre es Euch möglich, oder wenigstens Mutter, nach Holland zu kommen oder in ein anderes neutrales Land, um die Kinder zu übernehmen? Es ist schrecklich schwierig, Pläne für die Zukunft zu machen, wenn alles so unsicher ist und wenn Briefe so lange brauchen, um zu Euch zu gelangen. Und ich beschwöre Euch, nicht zu reisen, bis alle Minengefahr beseitigt ist. Aber, sollte man, sagen wir, im Januar oder Februar über See reisen dürfen, immer natürlich unter der Voraussetzung, daß wir dann Frieden haben, dachte ich, es wäre für uns eine große Beruhigung, wenn Ihr nach Holland kommen könntet und ich Euch die Kinder bringen, eine Woche oder zwei dableiben und dann hierher zurückkehren könnte, bis sich die Wogen etwas geglättet haben. Wenn möglich, möchte ich den Jungen hierbehalten wegen seiner Schule, aber es wäre eine große Annehmlichkeit, die vier jüngeren Kinder aus dem Wege zu haben, wenn es Aufstände usw. gäbe; ich bin sicher, Ihr hättet sie gern ganz für Euch. Ich würde ein Kindermädchen und eine Gouvernante mitschicken und alles andere Personal, was Ihr braucht. All dies mag überflüssig sein, wer kann das wissen, aber jedenfalls wollte ich Euch schreiben und diesen Vorschlag machen. Sollte es hier wirklich bedrohlich werden, werde ich Euch diesen Vorschlag telegraphieren, da Ihr diesen Brief wahrscheinlich nicht vor Ende Januar bekommt. Gott möge verhindern, daß es dazu kommt, aber heutzutage ist nichts unmöglich, und die Ernährungsfrage ist sehr ernst. Bis Ihr diesen Brief lest, haben sich die Dinge wohl ein wenig so oder so geklärt, aber momentan ist man auf jeden Notstand vorbereitet.

Viel Liebes, und hoffen wir auf ein baldiges Wiedersehen.

Euer Kind.

Creisau, 7. 1. 19

... Morgen ist Dads Geburtstag, und wir werden sehr viel an ihn denken und ihn sehr lieb haben. Hoffentlich wird Euch mein Telegramm rechtzeitig erreichen und beruhigen. Momentan ist hier alles ruhig, obgleich keiner weiß, wie lange das so bleiben wird. Jedenfalls für die nächsten Wochen sind wir so ziemlich in Sicherheit, da wir hier starke *Einquartierung* haben; das Haus ist übervoll von Offizieren und Mannschaften, alle sehr nett, was sehr erfreulich ist. Natürlich kann man nicht sagen, wie lange sie hier bleiben werden, aber ich glaube, sie werden mindestens bis in den Februar hinein bleiben, vielleicht sogar bis zum Frühjahr. Durch sie haben wir genug Kohle, um das Haus zu heizen, und so haben wir das Gefühl, daß wir üppig leben. Sie bringen recht viel Nahrungsmittel mit, so daß man sie verköstigen kann, ohne sich zu ruinieren.

Meine Gedanken sind ständig bei Euch, denn ich weiß, wie besorgt Ihr unseretwegen sein müßt. Natürlich ist es eine schreckliche Zeit für

Dorothy mit ihren fünf Kindern und Eltern nach dem Krieg in Holland (1919)

uns, geistig allerdings mehr als materiell. Aber mit der Zeit wird sich alles richten, und man darf den Mut nicht sinken lassen.

Die Kinder sind alle wohlauf und munter und genießen die *Einquartierung* ungeheuer, denn die Offiziere spielen viel mit ihnen, und sie amüsieren sich glänzend. …

Creisau, 4. 11. 19

… Überall herrscht große Aufregung wegen der Verordnung der Regierung, vom 5. bis 17. *jeglichen* Passagierverkehr in ganz Deutschland zu unterbinden, teils um genügend Heizmaterial und Kartoffeln in die Städte zu bringen, teils, wie ich argwöhne, um einen *Putsch* der Spartakisten am 9. November (Revolutionstag) so schwer wie möglich zu machen. Ihr könnt Euch gar nicht vorstellen, wie unbequem ein solcher Verkehrsstop ist, er ist allgegenwärtig und hält einen auf. Und doch halte ich es für einen ganz guten Plan, trotz der Unannehmlichkeiten. Ich glaube, der Winter wird ziemlich ruhig sein – politisch –, wenn alle genug Kohle und zu essen haben, und Ihr braucht Euch um uns keine Sorgen zu machen, da Schlesien sehr gemäßigt ist, und unsere Creisauer Bevölkerung gar nicht hitzig und der Y. T. bei den Leuten sehr beliebt. Hier wird allgemein als sicher angenommen, daß kein Grundbesitzer mehr als 400 Morgen für seinen eigenen Anbau behalten darf und den Rest verpachten oder verkaufen muß. Jeder, der in der Gemeinde lebt, kann verlangen, daß man ihm Land verpachtet, und es kann ihm nicht abgeschlagen werden. Wir haben vier Männern (einem Gastwirt, Arbeitern, die in Schweidnitz arbeiten und hier wohnen, einem Ladenbesitzer usw.) kleine Parzellen gegeben, und Pilzen muß 20 Bewerber zufriedenstellen! Vom 1. Januar an, wenn Herr von Kittlitz Niedergräditz übernimmt, werden wir nur 520 Morgen besitzen, und so berührt uns das neue Arrangement nicht allzusehr.

La bonne mère wird mit Befriedigung feststellen, daß eine Frau in den *Staatsgerichtshof* berufen ist, der einer bestimmten Gruppe von angeklagten Deutschen den Prozeß machen soll. Wir sind schrecklich demokratisch! Ich persönlich meine, daß sich die gegenwärtige Regierung recht gut bewährt hat, aber natürlich hört man nichts als Beschimpfungen von den Leuten hier. Jedenfalls bin ich überzeugte Sozialdemokratin geworden! Habt Ihr die Berichte des hiesigen Untersuchungskomitees gelesen? Es ist eine atemberaubende und tragische Lektüre, aber hochinteressant. …

Der Y. T. läßt schön grüßen. Er nimmt sich immer vor, Euch zu schreiben, hat aber so schrecklich viel zu tun, daß alle Privatbriefe warten müssen, und außerdem ist Briefeschreiben überhaupt nicht seine Sache! Er steht mindestens zweimal die Woche um 4 Uhr früh auf und sonst um 6 oder halb 7. Er hat sein Büro in der früheren *Dienerstube* unten und ist dort oder bei den Arbeitern draußen bis halb 8 Uhr abends. Nach dem Abendbrot spielen wir Bridge oder hören Grammophon bis 9.30 Uhr, und dann fallen wir meistens in unsere Betten. Jetzt ist es aber fast 11 Uhr, da ich tagsüber nie Zeit habe, Euch zu schreiben. …

Dads Brief von letzter Woche kam etwas später an und war offenbar vom Zensor geöffnet worden. Warum klebt Ihr 5 Pennies auf Eure Briefe; ist das jetzt das Porto?

Creisau, Sonntag, 16. 11. 19

Meine Lieben,
Ihr habt in Eurem ganzen Leben kein Wetter wie dieses erlebt – der Schnee liegt einen Meter hoch, und es sieht so aus, als ob es nie aufhören wird zu schneien. Wir wollten heute nachmittag um 5 zu einem sehr guten Beethoven-Konzert in Schweidnitz gehen und dann zum Abendbrot und Bridge zu Ete, aber leider mußten wir auf halbem Wege auf dem Mühlenberg zurückkehren, da es unmöglich war, zur Chaussee durchzustoßen –, da könnt Ihr Euch vorstellen, wie heftig der Schneesturm war! Was das an Elend für Tausende, an Verlusten, an enormen Schwierigkeiten bedeutet, ist niederschmetternd. Die Städte haben keine Kartoffeln, die ganze Zuckerrübenernte steckt noch unter dem Boden, und unsere Durchschnittstemperatur ist fast 3 Wochen lang weit unter dem Gefrierpunkt gewesen. Das reicht, um das Wenige herauszupressen, was Mitteleuropa noch an Energie und Widerstandsfähigkeit hat. …

Creisau, Freitag abend, 28. 11. 19

… Der arme Y. T. hat es nicht leicht. Herr von Kittlitz übernimmt am 1. Januar einige unserer Arbeiter und Pferde, und wir werden bis dahin unsere Zuckerrüben nicht heraus haben, was bedeutet, daß wir ihre Hilfe brauchen. Verwirrung überall! Außerdem ist er, wie alle hier, schrecklich deprimiert darüber, daß die Rückkehr der Kriegsgefangenen endlos aufgeschoben wird. Und dann ist das Gefühl der Machtlosigkeit für die Deutschen so neu und höchst bitter. Ich kann nicht beurteilen, inwieweit wir unsere Versprechen nicht eingehalten haben,[1] aber es ist grausam, Tausende von Männern fern ihrer Heimat festzuhalten, zumal es so endlos viele Mittel gibt, die Daumenschrauben anzuziehen, wenn es nötig sein sollte. Es bleiben der Welt nur zwei Möglichkeiten: ein echter Völkerbund oder daß Deutschland ständig Pläne schmiedet, seine alte Macht wiederzuerlangen, und es ist gar keine Frage, was für die Menschheit klüger und besser ist. Ich gehöre zur Bewegung für den Völkerbund, die im Vaterland sehr aktiv ist. …

Die armen Bankauer erwarten französische oder englische *Einquartierung*, nachdem sie ein Jahr lang deutsche Soldaten hatten. Wir hoffen alle, daß Engländer kommen, obgleich natürlich jede Aufnahme, besonders von feindlichen Soldaten, sehr schwierig ist. Wolf ist aus

Frankreich zurückgekehrt. Dort hat er Wahnsinn simuliert und wurde deshalb nach Hause geschickt. Er hatte, wie alle, die aus Frankreich kommen, grausame und schreckliche Erlebnisse. Bis jetzt habe ich nur von einem Mann gehört, der in Frankreich anständig behandelt worden ist, während alle Rückkehrer aus den amerikanischen Lagern und fast alle aus den englischen Lagern Gutes von ihrer Behandlung berichten, obgleich in England oft die Ernährung sehr knapp war (nicht für Offiziere), aber die Behandlung war menschlich. Doch die Franzosen sind in vielen Fällen Sadisten. Genug jedoch von diesen scheußlichen Themen, nur sind unsere Herzen gerade jetzt voller Mitleid für die armen deutschen Kerle, die in Frankreich schmachten. ...

1 *nicht eingehalten:* Der Versailler Vertrag war am 28. Juni unterzeichnet worden und führte zu weiteren Vereinbarungen und alliierten Auflagen.

Creisau, 7. 12. 19

... Könnt Ihr mir „Sherlock Holmes“ für den Jungen schicken? Aufregende Geschichten sind das Beste für ihn, da ich natürlich Englisch so attraktiv wie möglich für ihn machen will und er die griechischen Mythen in der Schule lernt. Die Naturgeschichten, die Ihr ihm geschickt habt, sind sehr nett, aber ich hätte auch gern ein paar Abenteuergeschichten, ohne erzieherischen Wert. Ich hoffe, *la bonne mère* ist nicht schockiert, aber in deutschen Schulen lernen die Kinder ohnehin so viel (Botanik, Zoologie, Mythen, griechische und römische Geschichte etc.), daß diese Fächer für ihre Lektüre zu Hause weniger wichtig sind.

... Lest Graf Czernins Memoiren[1], wenn Ihr die Gelegenheit habt. Er hat weitgehend dieselben Meinungen wie ich, und er war der einzige *Politiker* in Mitteleuropa, aber die Militaristen haben ihn schachmatt gesetzt, obwohl ich nicht glaube, daß die Alliierten je in einen „Verständigungsfrieden“ eingewilligt hätten, wie er und der Reichstag ihn wollten. Die Alliierten waren entschlossen, Deutschland zu vernichten, entweder aus gerechtem Zorn oder aus selbstsüchtigen Gründen – nur die Zeit wird zeigen, was ihre wirklichen Beweggründe waren. ...

1 *Graf Czernins Memoiren:* Ottokar Graf Czernin: Im Weltkriege, Berlin 1919.

Creisau, Mittwoch, 17. 12. 19

... Das Ereignis dieser Woche war die Ankunft Eures ersten Pakets! Ihr könnt Euch die Aufregung nicht vorstellen, ich schwebte auf Wolken vor lauter Freude. ...

Die Ansichten, die Ihr dem Jungen von Kapstadt geschickt habt, waren ein Riesenerfolg. Ich habe jedem Familienmitglied einzeln Vorträge darüber gehalten, und die Kinder waren bezaubert. Ich zeigte den zwei Kleinen die Straße, die wir 1921 benutzen werden, wenn wir ausgeschifft werden, und wir waren alle ganz aufgeregt. Hans Carl[1] amüsierte sich so über mich, daß er mich danach parodierte und der Familie Vorträge über die Schönheiten des Kaps hielt, so komisch (er ist sehr witzig und hat großes schauspielerisches Talent), daß wir alle lachten, bis uns die Kiefer wehtaten. *„Hier wohnen wir, die Farben sind unbeschreiblich, opal, ungeahnt in Europa, 2 Ozeane zum* [sic] *Auswahl"* etc. etc., mit viel theatralischer Gestik. ...

Ich habe vor Weihnachten schrecklich viel zu tun und bin froh, wenn alles gut und glücklich abgelaufen ist. Wir werden 20 bei Tisch sein und unten 12, und es muß viel geplant werden, damit alles nett wird. Wir werden für die Feiertagswoche reichlich Fleisch haben, was sehr gut ist, denn am Sonnabend schlachten wir ein Schwein, und wir haben auch Gänse und Enten, um die hungrigen Mäuler zu stopfen. Nach den Weihnachtsferien hoffe ich auf ein, zwei Monate relativer Ruhe, um etwas Zeit zum Lesen, Üben usw. zu haben; bis jetzt ist das unmöglich gewesen. Meine neue Mamsell scheint ein Glücksgriff zu sein, aber da ich alle Vorräte unter mir habe, habe ich jeden Tag viel mit der Ausgabe zu tun, finde aber, daß man mit allem länger hinkommt, wenn man es selbst ausgibt. Der Y. T. ist wirklich großartig, arbeitet unermüdlich und ist trotz seiner vielen Sorgen und Schwierigkeiten immer fröhlich und ausgeglichen. Nur manchmal etwas still, das ist das einzige Zeichen, das er gibt. Er fängt oft um 4 Uhr früh an zu arbeiten, und ist dann den ganzen Tag beschäftigt. Da er *Amtsvorsteher* ist, hat er auch viel Schreibarbeit. Wir sind um Futter für unser Vieh sehr verlegen, da die *Rüben* größtenteils noch im Boden stecken (die Zuckerrübenblätter und *Schnitzel* sind hervorragendes Futter), und gestern fiel unser Milchertrag in 24 Stunden um 30 Liter! In unserem butter- und milchlosen Land ist das sehr ernst. Gestern konnte der Y. T. eine Ladung *Schnitzel* kaufen, genug für ein paar Wochen, aber natürlich zu einem enormen Preis. Wir sind nicht nur nicht imstande gewesen, eine einzige Kartoffel zu verkaufen, sondern mußten welche für 12 000 Mark *kaufen*, um uns und unsere Leute zu ernähren. So seht Ihr, das Leben besteht nicht nur aus Rosen! ...

1 *Hans Carl:* Hans Carl von Hülsen, Sohn der Schwägerin Leonore von Hülsen, geb. Moltke.

Berlin, 7. 2. 20

... Natürlich ist *die* Frage, die uns alle am meisten beschäftigt, die „Kriegsverbrecher"-Liste, und ich fürchte, daß uns stürmische Tage bevorstehen. Die Regierung hat enorm an Stärke gewonnen dadurch, daß das ganze Land, außer den Unabhängigen[1], in dieser Frage einig ist. Aber es ist für die arme Regierung eine äußerst schwierige Angelegenheit. Der Standpunkt der Alliierten ist mir völlig unverständlich und unhaltbar, zumal wir angeboten haben, die Männer in Leipzig vor ein internationales Gericht zu stellen. Je nun, ich will nicht mehr sagen. Natürlich haben wir den Vertrag unterschrieben, das ist der springende Punkt.

Gestern abend war ich in „Fidelio" – wunderschön gespielt und gesungen –, und ich wünschte, Ihr hättet dabei sein können. Ich schaue mir viele Bilder an, die mich an unsere glücklichen gemeinsamen Tage erinnern, und treffe eine Anzahl interessanter Leute. Die alliierten Kommissionen sind hier. Die Briten sehr korrekt und die Franzosen brutal. Sogar die Engländer sind angeekelt und haben die Franzosen vom Vorsitz entfernt. Natürlich müssen wir für ihren Unterhalt zahlen. Dank des Wechselkurses bekommt jeder Tommy 150 Mark pro Tag von uns!! ...

1 *Unabhängigen:* Unabhängige Sozialdemokratische Partei Deutschlands (USPD)

Creisau, 24. 7. 20

... Wir sind natürlich alle ziemlich bestürzt über die Nachrichten aus Polen[1], nicht von irgendeinem altruistischen Standpunkt aus, sondern einfach vom Standpunkt unserer eigenen Sicherheit. Ich persönlich glaube nicht, daß die Bolschewiki jetzt Europa stürmen wollen, aber viele Leute glauben es. Was die Doktrin angeht, haben sich jedoch die Meinungen sehr geändert, und die Meinung der „Nation"[2] z. B., die ich vor einem Jahr lächerlich milde fand, ist, was heutzutage viele Leute jedenfalls in Deutschland denken.

Ihr scheint Euch zu wundern, daß das Zentrum im Stande ist, eine

Regierung zu bilden[3] – das Zentrum ist, abgesehen von religiösen Themen, linker als die Demokraten, und der Grund ist, daß die Partei sonst das ganze katholische Proletariat als Anhängerschaft verlieren würde. …

1 *Nachrichten aus Polen:* Dort führte das bolschewistische Rußland Krieg mit der neugegründeten Republik Polen. 2 *„Nation“:* englische Wochenschrift
3 *Regierung zu bilden:* Am 25. 6. hatte Konstantin Fehrenbach ein Minderheitskabinett gebildet, dem Vertreter des Zentrums, der Deutschen Demokratischen Partei (DDP) und der Deutschen Volkspartei (DVP) angehörten.

Creisau, 1. 9. 20

… Ich weiß, Ihr denkt manchmal, die Familie beansprucht uns zu sehr; aber Ihr müßt verstehen: Der Y. T. hat *alles* geerbt mit der ungeschriebenen Verpflichtung, das „Heim“ in Creisau für alle aufrechtzuerhalten. Und außerdem hat heute jedermann auf dem Land ein stoppvolles Haus, entweder mit Familie oder unterernährten Städtern. Alleine zu leben würde als sehr merkwürdig angesehen bei dem großen Elend rundherum. Wir haben auch 5 kleine Stadtkinder, aber um die kümmert sich Schwester.

… Ich bin über die Wendung der Politik in England so deprimiert. Es ist alles zu traurig. Die Pöbelei in Breslau war scheußlich. Jeden Tag werde ich weniger imperialistisch und nationalistisch, aber dafür pazifistischer. …

Creisau, 14. 9. 20

… Letzten Mittwoch wurde hier ein Ortsverein der *Deutschen Volkspartei* gegründet; die Partei war früher national-liberal und entspricht den gemäßigten Liberalen in England. Diese Partei ist ein großer Segen, da sie zur Rechten gehört und doch so liberal ist, daß ihr Demokraten beitreten können, während *keiner* etwas mit der Deutschnationalen Partei (den Konservativen) zu tun haben will. Der Y. T. ist der Einzige seiner Klasse, der beigetreten ist, in Schlesien, der Heimat der Junker! Aber im Westen gehört fast jeder, der kein *Sozi* ist, dazu oder zum Zentrum, und es ist die eigentlich aufstrebende „bürgerliche“ Partei im Gegensatz zu den Arbeiterparteien. Die „Nation“ ist so ziemlich gegen sie (unter anderem, weil Herr Stinnes[1] dazugehört), und natürlich ist es eine „Rechts“-Partei, aber viel offener als die Konservativen. Ich persönlich bin radikaler, aber der Führer, Herr Stresemann,[2] ist außerordentlich fähig, und es wird viel davon gesprochen, daß die *Sozis* mit dem Zentrum und der Deutschen Volkspartei zusammengehen und ein stärkeres Koalitionskabinett bilden könnten. Inzwischen geht England auch durch eine schwierige Zeit, mit Irland, den Bergleuten usw. Was für eine Welt. …

Das Wetter ist für diese Jahreszeit angenehm warm, und wir sind dabei, die zweite Heuernte einzubringen, unsere Pferde, der Kutscher, der Diener, alle helfen mit. Gestern hat der Y. T. auch aufgeladen, ich hatte nie solche Energie und solchen Fleiß erwartet, und er ist so wohl und munter wie nur möglich. Das ganze Haus, ja die ganze Familie ist wunderbar harmonisch, keins von Muttels Kindern kennt Nerven oder Launen, Gereiztheit oder Empfindlichkeit, und das ist natürlich ein großes Plus und hilft sehr, das Leben reibungslos zu machen, so daß wir trotz allem eine wirklich glückliche Familie sind. …

1 *Herr Stinnes:* Hugo Stinnes, Großindustrieller mit starken politischen Interessen, Gegner des Versailler Vertrags, jedoch flexibel sowohl was Außen- als auch Wirtschafts- und Innenpolitik anging. 2 *Herr Stresemann:* Gustav Stresemann (1878–1929) wurde 1907 der jüngste Reichstagsabgeordnete der Nationalliberalen Partei. Nach dem Krieg gründete er die Deutsche Volkspartei (DVP) und wurde Reichskanzler von August bis November 1923, gleichzeitig Außenminister bis zu seinem Tode. Innen- und außenpolitisch auf Ausgleich bedacht. 1926 bekam er, gemeinsam mit Aristide Briand, den Friedensnobelpreis.

Creisau, 13. 6. 21

… Der Y. T. holte mich in Hamburg ab, und meine Rückkehr nach Creisau war ganz rührend. Die 3 Jungen stießen in Königszelt zu uns, Helmuth James ein junger Mann, kein Kind mehr, mit einer tiefen Stimme, sehr guter schlanker Figur und einen ganzen Kopf größer als sein Vater, es ist einfach unglaublich. Im Dorf Creisau hatte man zwei begrünte Bögen mit *Willkommen* aufgestellt, einen am Eingang zum *Hof*, und die Stufen und Säulen des Schlosses waren ebenso geschmückt. Schwester und die Schulkinder sangen, als wir ankamen; Muttel, Tante Leoni und Tante Viola weinten, und wir waren alle sehr glücklich!! …

C. Viggo und Hans Carl kämpfen beide in Oberschlesien, und vor kurzem wurde jede Nacht in Bankau gekämpft. Die Zustände sind *viel* schlimmer, als die Zeitungen zugeben. …

Creisau, 18. 6. 21

Bitte kommt *bald* zu uns!
Ich sehne mich so nach euch!

... Im Moment beherrscht Oberschlesien alle unsere Gedanken. Wir hofften alle, daß die englischen Truppen die Ordnung wiederherstellen würden, aber sie sagen, ihnen seien die Hände gebunden, was vermutlich heißt, daß die Franzosen im Osten Konzessionen gemacht haben, damit man ihnen erlaubt, Europa zu dominieren. Die Leiden der Einwohner sind groß, und es werden schreckliche Grausamkeiten begangen. Der *Selbstschutz* besteht meistenteils aus Studenten unter dem Kommando ehemaliger Offiziere, denn die Reichswehr darf nicht hingehen. Keine Nachricht von C. Viggo und Hans Carl, was sehr unangenehm ist. ...

Montag [20. 6. 21]. Der Y. T. ist gerade aus Breslau heimgekehrt, wo er gestern an einer regionalen Konferenz der Volkspartei teilgenommen hat und ins Komitee gewählt worden ist. Er ist ebenso unglücklich über Oberschlesien wie alle anderen. Die einzige Hoffnung der Deutschen, die Engländer, sind gänzlich inaktiv, obgleich sie persönlich alle dafür sind, aktive Maßnahmen zu ergreifen, um die Aufständischen zu unterdrücken. Aber Lloyd George[1] läßt den Franzosen freie Hand als Gegenleistung für Konzessionen andernorts. Die Bevölkerung ist schrecklich verbittert, was so schlecht für die Seele eines Volkes ist, und die Alliierten sind einfach dabei, den deutschen Militarismus wiederzuerschaffen. Inzwischen leiden die Oberschlesier fürchterlich. Onkel Heinrichs Inspektor auf seinem zweiten Gut wurde von den Polen verschleppt, die natürlich ganz außer Rand und Band sind. ...

1 *Lloyd George:* David Lloyd George (1863–1945), Waliser, britischer Politiker. Führer der Liberalen, Organisator der englischen Sozialversicherung. 1916–22 Premierminister einer Koalitionsregierung mit den Konservativen. Im Krieg Mitglied des Obersten Kriegsrats der Entente, nach dem Krieg Befürworter milderer Friedensbedingungen für Deutschland.

Creisau, 3. 7. 21

... Am Nachmittag kam Carl Viggo zu unserer großen Freude aus Oberschlesien an. Der *Selbstschutz* ist aufgelöst worden, aber sie rechnen alle mit einem neuen polnischen Aufstand und sagen, daß sie nicht entwaffnet sind, sondern einfach nur ihre Waffen vorübergehend versteckt haben. Die Italiener sind aktiv auf der deutschen Seite, die Franzosen ebenso für die Polen und die Engländer ganz inaktiv, obgleich persönlich überwiegend mit den Teutonen sympathisierend. Die Polen sind einfach Banditen, gar keine regulären Einheiten, mit französischen und polnischen Offizieren. Der Brief über Kattowitz in der dieswöchigen „Nation" beruht absolut auf Tatsachen. Ein jämmerlicher Zustand. Und die Sanktionen! Was sagt Ihr dazu, daß die Sanktionen fortgesetzt werden, obgleich Deutschland unterzeichnet hat und das Ultimatum erfüllt? Keiner sollte sich wundern, wenn sich die Deutschen weigern, schönen Reden Glauben zu schenken nach den Erfahrungen der letzten 2 Jahre. Der deutsche *Selbstschutz* besteht aus Studenten (es gibt Regimenter von Studenten) und Arbeitslosen, und C. V. hat uns viel Interessantes über diesen Guerillakrieg erzählt. Er sagt, beide Seiten verüben schreckliche Greuel, denn diese Sondertruppen und Aufständischen sind sehr schwer zurückzuhalten. Er hat sich einen richtigen Namen gemacht, und seine Männer verehren ihn (wie uns andere Leute erzählt haben). Weder die Polen noch die Deutschen „sollten" in Oberschlesien sein, und die Interalliierte Kommission gibt einfach vor, sie nicht zu sehen, wenn sie sie irgendwo antrifft! Von Rechts wegen müßten sie alle verhaftet werden! Offiziere und Mannschaften bekommen genau den gleichen Lohn, d. h. 50 Mark pro Tag und ihr Essen. Tatsächlich hat dieser kleine „Krieg" Deutschland schon so viel gekostet wie der Französisch-Deutsche Krieg!! ...

Creisau, Donnerstag, 7. 7. 21

Sonntag [10. 7. 21]. ... Willo hat den beigefügten Brief vor meiner Ankunft geschrieben, aber, unordentlich wie er ist, „dachte" er, er habe ihn abgeschickt, während er noch in seinem Schreibblock lag. Das Geld ist jetzt gewechselt worden – 261 Mark für ein Pfund, aber zuerst gab es Schwierigkeiten, da 50 % für „Sanktionen" abgezogen werden mußten. Jetzt ist der Geldverkehr freigegeben, aber bei Waren müssen noch 26 % an die Alliierten abgeführt werden. Smuts[1] scheint in Irland wunderbare Arbeit zu leisten. Südafrika kann wirklich stolz auf ihn sein. Wirth[2] sprach vor ein paar Tagen vor 10 000 Zuhörern, und der Y. T. sagt, er ist sehr redegewandt und konnte von allen gehört werden, brachte aber nichts Neues oder Überraschendes in seiner Rede.

Die Franzosen sind einfach *verhaßt* und säen in diesem Land eine schreckliche Ernte der Rache. ...

1 *Smuts:* Jan Christiaan Smuts (1870–1950), ehemaliger Burengeneral, Befürwor-

ter des Friedens mit England und des Völkerbunds. Südafrikanischer Premierminister 1919–24. Führender Staatsmann des Britischen Commonwealth. Im Zweiten Weltkrieg und dann bis 1948 Premier-, Außen- und Verteidigungsminister.
2 *Wirth:* Joseph Wirth (1897–1956), Zentrumspolitiker, 1914–33 Reichstagsabgeordneter, Mai 1921 bis November 1922 Reichskanzler.

Creisau, 22. 9. 21

... Wir hatten in Ulla Oldenbourgs[1] Wohnung eine *so* nette Zeit, erst mit ihr und dann zwei Tage ganz allein. Es war, als ob wir neuverheiratet waren, keine Pflichten, keine Kinder, nur wir. Der Y. T. hat viel geruht, und wir gingen weder in die Oper noch ins Theater, da nichts besonders Attraktives gegeben wurde. Ich traf einen Beamten aus dem Saargebiet und Koblenz. Keiner hat außer dem Notwendigsten etwas mit den Franzosen zu tun. Die Engländer werden als erträglich empfunden, die Amerikaner als sehr lästig, so unmanierlich und unzivilisiert. Die Arbeiter sind durch die Bank für Deutschland, keine Bestechung, kein Anreiz kann sie verlocken, denn sie sagen, sie haben die freieste und „fortschrittlichste" Verfassung der Welt und sind deshalb viel „nationaler" als früher. Mich hat die Rede von Smuts sehr interessiert. Wie ich sehe, hat er Gilbert Murray[2] in den Völkerbund geschmuggelt. Er ist wirklich ein großer Staatsmann. Vielleicht kannst Du Südafrika repräsentieren, wenn du im Ruhestand bist. Das wäre zu schön. ...

Freitag abend [23. 9. 21]. ... Der Junge hat von seinem Vater ein Gewehr bekommen und freut sich schrecklich und ist ganz aufgeregt darüber. Heute hat er sein erstes Kaninchen geschossen. Eulig geht nach dem Tee mit ihm hinaus, um ihm zu zeigen, wie man das Gewehr optimal einsetzt. Es war ein sehr teures Geschenk, aber er wird, wenn er Landwirt ist, irgendeine Feuerwaffe brauchen; er will seit zwei Jahren schießen lernen, und so haben wir es ihm endlich erlaubt und etwas gekauft, was er viele Jahre gebrauchen kann.

Der Y. T. und ich finden die innenpolitischen Ereignisse momentan sehr interessant, unter anderem die Tatsache, daß die Sozialdemokraten und die Volkspartei (die Partei des Y. T.) sich bereit erklärt haben, zusammenzuarbeiten und eine *große Koalition* zu bilden. Diejenigen Mitglieder der Volkspartei, die Monarchisten und eigentlich konservativ sind, werden dadurch in die Arme der Deutschnationalen Partei getrieben, während die in der Volkspartei an Einfluß gewinnen, die bereit sind, die Republik als Tatsache zu akzeptieren und sogar als etwas, das sich zu pflegen lohnt. Zu letzteren gehört der Y. T., und er fängt an, sich an den Diskussionen der Partei in der Provinz zu beteiligen. – Oberschlesien ist momentan ruhig, und wir warten alle in atemloser Spannung auf die Lösung. Es geht ein Gerücht um, daß eine Art „Freistaat" daraus gemacht werden soll, ganz ohne Teilung; wenn Deutschland es nicht behalten kann, wäre das die beste Lösung. ...

1 *Ulla Oldenbourg:* s. Brief vom 8. 2. 1909, Anmerkung 2. 2 *Gilbert Murray:* Altphilologe und „Internationalist". Gründer der League of Nations Union. In der Zwischenkriegszeit entfaltete er eine rege Tätigkeit in Genf. Nach dem Zweiten Weltkrieg Präsident der United Nations Association. Nach seiner Emeritierung in Oxford setzte er sich in den dreißiger Jahren für die Aufnahme von aus Deutschland geflohenen Gelehrten in britischen Universitäten ein.

Creisau, 9. 12. 21

Sonnabend [10. 12. 21]. ... Das Majorat, von dem wir hofften, daß es 30 Jahre über den Tod des Y. T. hinaus aufrechterhalten bleibt, soll, wie es jetzt scheint, mit seinem Tode erlöschen. Das ist eine neue Auslegung des Gesetzes, und nach Neujahr wird der Y. T. es gründlich mit seinen Anwälten besprechen und dann ein entsprechendes neues Testament machen. Er ist gestern abend aus Berlin zurückgekehrt, wo er 1½ Tage war und die Stadt einfach gräßlich fand. Er hat auch ein Paar feste Landstiefel bei Siegel bestellt, von seinem Geburtstagsgeld. Die 25 Pfund halte ich noch zurück, bis die Mark 1500 zum Pfund steht –, ich bin doch ein regelrechter Spekulant, nicht wahr? ...

Creisau, 13. 12. 21

... Seit Stinnes in London war und es Gerüchte über ein Moratorium gibt, ist die Mark gestiegen (sie war auf 1100 das Pfund gesunken). Aber die bloße Tatsache, Geld in Rotterdam zu haben, das in einer Krise benutzt werden könnte, ist eine große Beruhigung für den Y. T. Der Betrieb ist sehr gut mit Vorräten versehen und in sehr gutem Zustand, aber die Geldbeschaffung ist eine Schwierigkeit. Er braucht wöchentlich 3000 Mark für Löhne, 7 bis 8000 den Monat für das Haus, monatlich auch viele Tausende für Kohle, und dann unzählige Rechnungen, fast alle für den Betrieb, praktisch nichts für uns selbst. Natürlich haben wir immer einen Markt; da der Bedarf größer ist als das Angebot, kann man immer leicht durch Verkauf von Vieh Geld beschaffen, aber das ist kein solides Geschäftsgebaren. All das, nur um zu erklären, daß wir nicht in Gefahr sind, Bankrott zu machen, selbst wenn das Reich es tut: Unser Eigentum ist real, stabil und wertbeständig, solange weniger Nahrungsmittel produziert als gebraucht werden. Wenn wir nicht die schreckliche Dürre gehabt hätten (und noch haben), wären wir viel besser durchgekommen. Und jetzt ist das Thermometer nach 3 wärmeren Tagen auf Null Grad Fahrenheit gefallen! Auch kein Schnee, was den fast sicheren Tod der jungen Saat und des Klees bedeutet. Es ist wirklich geeignet, die Gerechten mit Zorn zu erfüllen. ...

Stellt Euch vor, gestern früh um 11 Uhr ist unsere *Feldscheune* beim Mühlberg abgebrannt. Zum Glück ist sie gut versichert, für 500 000 Mark, aber es bleibt abzuwarten, wieviel uns die Versicherungsgesellschaft geben wird. Trotzdem ist es sehr traurig; es waren 400 Zentner Roggen, 100 Zentner *Gemenge* (Mischfutter für Rinder) und viel Heu drin, aber zum Glück waren Gerste und Hafer alle gedroschen. Es war unmöglich, dem Feuer Einhalt zu gebieten, da die Scheune aus Holz war. Keiner hat eine Ahnung, wie das Feuer ausgebrochen ist; es brennt jetzt oft, und man argwöhnt, daß das Feuer absichtlich gelegt worden ist. Sechs solche Scheunen sind dieses Jahr in einem *Kreis* abgebrannt. Aber es ist so idiotisch, denn es bedeutet nur mehr Knappheit. Der Y. T. war so ruhig und philosophisch wie immer, die Arbeiter und Kinder schrecklich aufgeregt. ...

Creisau, 6. 1. 22

... Wir haben zur Zeit nur eine Postzustellung pro Tag, und Briefe kosten 2 Mark – ins Ausland 4 Mark! Ihr könnt Euch vorstellen, wie spärlich da die Korrespondenz ist. Unser Zugverkehr ist auch reduziert worden – alles Bemühungen, ein Defizit im Inneren zu vermeiden.

Der Y. T. hat seiner Versicherungsgesellschaft mitgeteilt, daß er am 1. April alle Schulden seines Vaters (250 000 Mark) mit den 315 Pfund, die Ihr uns geschickt habt, abzahlen wird. Es ist ein gutes Gefühl, sie los zu werden, und ich weiß, daß es Euch freuen wird. Vor dem Krieg war es eine Schuld von 12 500 Pfund – unglaublich, das ist jetzt mit 315 Pfund gedeckt! Wir mußten die Zahlung bis zum 2. Januar anmelden, daher die Eile. ...

Morgen nachmittag fahren die zwei Helmuths nach Schondorf ab, über München, um die neue Schule zu besuchen, da Dr. Reisinger nie Schüler aufnimmt, die er nicht persönlich kennt; sie werden wohl 5 oder 6 Tage fortsein. Die Schule soll erstklassig sein, sehr modern, mit viel Sport (sie haben einen Lehrer, der nur für Sport da ist) und einem sehr guten

Erziehungsstil. Und dann wird er mit den Leonhardis in Tutzing und Tilla Gaffron, die auch in der Nähe ist, nicht zu einsam sein.

Wir stecken mitten in drei „Klinglerquartett-Abenden"; das Klinglerquartett ist das beste in Deutschland, und Carli Pückler hat sie überredet, bei ihm zu wohnen und in Schweidnitz 3 Konzerte zu geben – eine unerhörte Auszeichnung für eine so kleine Stadt –, und natürlich haben wir Karten für alle Konzerte, die wirklich sehr schön sind. Jowo kommt morgen mit. ...

Creisau, 12. 1. 22

Sonnabend [14. 1. 22]. Die 2 Helmuths kamen gestern an und waren mit der neuen Schule und ihrer kleinen gemeinsamen Reise sehr zufrieden. Der Junge in einem neuen Anzug, da er in der Bahn aus seinem alten herausgeplatzt war, der so alt war und er so groß! Der Y. T. war von der Schule und ihrer Leitung sehr beeindruckt. Sie hat 5 oder 6 Häuser, in jedem ein *Hausvater* und eine *Hausmutter*, so daß die Jungen so etwas wie Familienleben haben. Das meiste wird unter „Selbstverwaltung" gemacht, d. h. die Jungen entscheiden die meisten Fragen unter sich selbst, wie Strafen usw. Die Jungen sehen Abschreiben, Trinken und Rauchen als schlecht an, und die gemeinsame Haltung hält sie von dergleichen ab. Jeder Junge hat ein Handwerk – Schreinern, Schmiedearbeit, Töpfern, Gärtnerei etc. Dann verbringen sie ihre Freizeit im Sommer größtenteils in oder auf dem See und treiben viel Wintersport sowie Fußball etc. Ich glaube, es wird für den Jungen ganz herrlich sein. ...

Was haltet Ihr von Poincaré?[1] Es ist alles sehr aufregend, und ich bin gespannt, wie sich die Dinge in der nächsten Zeit entwickeln werden. Und dann wandern meine Gedanken, und ich überlege mir, wie *unsere* Zukunft sein wird, und wie wir es am besten machen können, daß wir uns häufiger sehen und Ihr in einer Umgebung lebt, die Euch zusagt, ob Ihr Euch wohl imstande fühlt, Südafrika zu verlassen und so weiter, mindestens hundert Fragen, die keiner beantworten kann. Auf jeden Fall erwarte ich Mutter mit Sicherheit im Frühjahr 1923 und Daddy im Sommer, und dann können wir alles im Einzelnen besprechen. Ich sehne mich danach, Euch hierzuhaben. ...

1 *Poincaré:* Raymond Poincaré (1860–1934), französischer Staatsmann, gemäßigter Politiker, 1913–20 Präsident der Republik. Als Ministerpräsident von 1922–1924 verfolgte er das Ziel, die deutschen Reparationen zu sichern, und besetzte 1923 das Ruhrgebiet als Faustpfand.

Creisau, 20. 1. 22

... Der Y. T. hat für seine abgebrannte Scheune 113 000 Mark bekommen und 240 000 Mark für das Getreide, das drin war. Wenn ich Euch sage, daß die Baukosten vor dem Krieg 9000 Mark waren, wird Euch klarwerden, wie sich hierzulande die Preise geändert haben und damit die Vorstellung, was wieviel wert und wie teuer ist. Die Versicherungsleistung für das Getreide deckt gerade die Neuanschaffung, doch können wir noch dankbar sein, daß wir durch das Feuer nichts verloren haben.

Ich war bestürzt, daß Lord Reading[1] zurückgetreten ist, und bin auf meine neue „Nation", die am Sonntag kommt, gespannt, um mehr darüber zu erfahren. Die europäische Lage ist für Außenstehende undurchschaubar, und die Konferenz in Washington, die so vielversprechend begann, scheint nichts auszurichten. Aber vielleicht ist es ein kleiner Fortschritt, daß solche Konferenzen überhaupt einberufen werden, und vielleicht wird sich aus dieser kümmerlichen Saat eines Tages ein wirklicher Gedankenaustausch zwischen den Nationen entwickeln; wir wollen es hoffen. ...

1 *Lord Reading:* Rufus Isaac (1860–1935), first Marquess of Reading, 1913–21 Chief Justice. Zeitweilig britischer Botschafter in den Vereinigten Staaten. Jude, Jurist, politisch liberal. Vizekönig in Indien 1921–22.

Creisau, 3. 2. 22

... Am Mittwoch fuhr ich mit Ete nach Breslau – heutzutage ein „Ereignis", da ein Retourbillet 3. Klasse 60 Mark kostet. Aber wir wollten eine „Eurhythmie"-Vorführung sehen, die von einer „Truppe" des Theosophen Dr. Steiner[1] gegeben wurde. Dr. Steiner hat seine beiden Zentren in Stuttgart und Dornach bei Basel, und dort haben die Theosophen aller Länder geholfen, einen Tempel namens „Goetheanum" zu bauen. (Steiner ist heute eine der bekanntesten Persönlichkeiten in Deutschland und ist sich mit Mrs. Besant[2] keineswegs einig.) Für Uneingeweihte wie mich ist Eurhythmie einfach Tanz zu Rezitationen, aber die Erwählten sehen es als eine neue Kunst an, eine neue Ausdrucksform. Mir schien die Vorführung sehr gut, aber nicht hinreißend. ...

1 *Steiner:* Rudolf Steiner (1861–1925), Begründer der Anthroposophie; 1913 trennte er sich von der Theosophischen Gesellschaft ab, deren Generalsekretär er bis dahin in Deutschland gewesen war. 2 *Mrs. Besant:* Annie Besant (1847–

1933), englische Sozialreformerin und Theosophin, seit 1907 Präsidentin der Theosophischen Gesellschaft; auch in Indien politisch aktiv, wo sie den Knaben Jiddu Krishnamurti zum neuen Messias erklärte. Das führte zur Trennung von Rudolf Steiner.

Creisau, Sonnabend, 11. 2. 22

... Jetzt bin ich daran, die Ausstattung des Jungen für Schondorf fertig zu machen. Alles muß seinen vollen Namen haben, er muß Bettwäsche, Wolldecken, Handtücher etc. mitnehmen, und so muß ich mich um eine Menge kümmern und viel kaufen. (Ich habe 6 von den Kapstadt-Laken für ihn reserviert.) Dann kommt seine Konfirmation und ein neuer Anzug dafür. Die Zeremonie wird hier im Haus sein, und wir lassen einen Frack des Y. T., aus dem er vor Jahren herausgewachsen ist, für den Jungen ändern, der gut angezogen sein muß, um anständig auszusehen. Der Junge und ich fahren ungefähr am 1. Mai nach Schondorf ab, und seine Konfirmation (so eine dumme Veranstaltung, aber am Ende wollte er sie wegen der Tradition, weil er der Älteste ist usw.) wird zwischen Ostern und Ende April sein. ...

Creisau, Montag, 3. 3. 22

... Mutter hat ganz recht, wenn sie sagt, die Preise hier sind so fantastisch, daß man einfach nicht sparsam sein kann. Man gibt das Geld nicht so gedankenlos aus wie früher, aber was man braucht, kauft man einfach ohne Rücksicht auf die Kosten, denn nächsten Monat kostet es wahrscheinlich das Doppelte. Vor einiger Zeit kaufte der Y. T. Kuhfutter für 90 Mark den Zentner, heute hat er denselben Artikel für 390 Mark gekauft! (Der Wechselkurs ist seit letztem Juni genau um das Vierfache gesunken.) Helmuth hat letzte Woche für 50 000 Mark Kohle gelagert (und hat dabei 27 Mark pro Zentner, d. h. viele tausend Mark gespart), hat für 65 000 Mark Saat gekauft für den Fall, daß er wegen des schlechten Wetters neu säen muß, und für 105 000 Mark Futter für die Kühe – all das vorige Woche, ganz abgesehen von den laufenden Ausgaben!! Natürlich bringen unsere Produkte auch hohe Preise ein, aber das ganze Geschäft, das Haushalten usw. ist heutzutage auf einer anderen Basis, und alte Leute finden es sehr schwer umzulernen. Es kann kein „gesundes“ Geschäft oder Stabilität geben, solange man nicht weiß, wo die Mark Ostern stehen wird (heute ist das Pfund 1062 Mark wert). Übrigens kostet Tee jetzt 90 Mark pro Pfund, und ich wäre *wirklich* dankbar, wenn Ihr uns ein Neunpfundpaket schicken würdet. ...

Creisau, 10. 3. 22

... Morgen sind es 15 Jahre seit der Geburt von Helmuth James – und es kommt mir wie gestern vor. Sie waren, was ihn, den lieben Jungen, angeht, ganz wolkenlose Jahre, und jetzt nähert sich der große Schritt fort von zu Hause. Sein letzter Geburtstag zu Hause. Ich habe ganz feierliche Gefühle. Er ist so ein guter Kerl, all seine Anlagen sind richtig, ein im besten Sinne normaler Mensch, so fähig, fleißig, liebevoll und absolut zuverlässig. Trotz seiner Größe und obgleich er in vieler Weise erwachsen ist, ist er erotisch noch ganz unerweckt, was nur gut ist. Er geht gewöhnlich um halb neun ins Bett und steht um 5 Uhr auf. Das ist doch ein gesunder Stundenplan? Sein einziger Fehler ist im Moment, daß er für sein Alter zu erwachsen ist, aber Schondorf wird das hoffentlich ändern.[1] ...

1 *hoffentlich ändern:* Helmuth James blieb nicht lange in Schondorf. Der dortige „Gemeinschaftsgeist" war ihm ein Greuel. Die Eltern überließen ihm die Wahl einer anderen Schule. Er wählte ein Gymnasium in Potsdam und wohnte bei Verwandten, Magnus Freiherr von Mirbach und seiner Frau Margarethe, geb. Moltke.

Rom, 18. 5. 23

... Dies ist mein letzter Brief an Dich aus Rom, wo wir wirklich sehr schöne 14 Tage hatten. Der Kongreß war eine Enttäuschung, wie Mutter Dir berichtet haben wird, aber es war natürlich interessant, so viele bekannte Frauen zu sehen und zu treffen, sei es auch nur oberflächlich. Ich habe besonders die Arbeit mit der deutschen Delegation genossen, die hervorragend ist, mit etlichen der bekanntesten weiblichen Reichstagsabgeordneten. Und dann war besonders nett das Zusammensein mit Lucy Scott, Nan van Heerden[1] und Freddy Haeseltine[2], die alle drei Mutter so lieben und bewundern, sie zum Spaß „Mother" nennen usw. Wir sind eine sehr ausgelassene Gesellschaft gewesen, und Südafrika fühlte sich sehr geehrt, als Nan von mehreren Ländern als Vorstandsmitglied vorgeschlagen wurde. Natürlich war das unmöglich, da Südafrika so weit weg ist, aber es war trotzdem ein Kompliment für das Land. Mutter sprach vor einigen Abenden *sehr* gut für Südafrika, nur eine vierminütige Rede, und heute abend soll Nan sprechen. ...

Mussolini sieht schrecklich anmaßend und zweitrangig aus, eigentlich wie ein drittklassiger Filmheld. ...

1 *Nan van Heerden:* Dr. Petronella van Heerden, Ärztin, Freundin der Familie in Südafrika. 2 *Freddy Haeseltine:* Südafrikanische Freundin.

Creisau, 5. 10. 23

... Stresemann ist wieder da. Ich glaube, er ist sehr mutig und fähig, aber *niemand* kann wirklich etwas tun, so lange sich Frankreich weigert, das Ruhrproblem[1] zu regeln. Überall schließen Fabriken, was natürlich die Lage schrecklich ernst macht. Die *Reichswehr* ist erstklassig und kann bis zu einem gewissen Grade die Ordnung aufrechterhalten, aber 100 000 Mann können nicht überall gleichzeitig sein. Ich persönlich wünschte, wir würden bald zusammenbrechen, und dann wäre es vorbei, die Hoffnungslosigkeit der jetzigen Situation ist so nervenzerrüttend. Ich fand den Y. T. fast überwältigt von den finanziellen Schwierigkeiten vor, als ich zurückkam, und meine Anwesenheit war bitter nötig. Aber im Moment ist alles etwas leichter. Seine „Landsteuer" war 162 Milliarden Mark, aber er hat sie ganz bezahlt, Gott sei Dank. Wir zählen jetzt nichts mehr unter einer Million, eine Zeitung kostet 5 Millionen, Inlandbriefmarken 2 Millionen etc. Wir sind jetzt viermal so schlimm wie Rußland.

Später. Ich höre, daß Stresemann doch nicht zurückgetreten ist, sondern versucht, ein neues Kabinett zu bilden. Der Y. T. ist heute in Breslau, wo das Kuratorium sich trifft, nicht hier, wie zunächst geplant, und er wird wahrscheinlich mit vielen Gerüchten und Hypothesen zurückkommen.

Muttel und Leno sind heute morgen für einige Tage als Schloßgäste angekommen, da Muttel durch nichts zu bewegen ist, alleine im Torhaus zu leben. Helmuth James kehrt am Montag nach Potsdam zurück, nimmt unsere Pässe mit und wird beim britischen Konsulat Visen besorgen, so daß wir bereit sind, wenn der schlimmste Fall eintritt, was, gebe Gott, nicht geschehen möge. Während der letzten 3 Wochen haben sich alle Dörfer und Güter organisiert und sich mit Einwilligung der Regierung bewaffnet (Ihr sagt besser nichts darüber, da es wohl gegen den Vertrag ist), damit sie sich gegen marodierende Banden oder einen kommunistischen Putsch verteidigen können. ...

1 *Ruhrproblem zu regeln:* Die Franzosen hatten, mit belgischer Unterstützung, Monate zuvor wegen Rückständen in Reparationsleistungen das Ruhrgebiet be-

setzt. Deutschland antwortete mit „passivem Widerstand". Dessen Kosten trieben die Inflation auf die Spitze. Stresemann brach ihn im September ab.

Meine liebe Mutter, Creisau, 10. 10. 23

die Kartoffelernte ist fast im ganzen Land schlecht (sogar wir versuchen, welche zu kaufen), und die unglücklichen Städter gehen von einem Hof zum anderen und versuchen für den Winter, einen Sack zu kaufen, meist ohne Erfolg. Die Läden sind fast leer, außer vielleicht den wenigen großen Warenhäusern, denn kein Kaufmann hat genug Kapital, um genügend Ware zu kaufen. Man kann nicht mehr als $^1/_4$ Pfund Kaffee, Tee oder Kakao auf einmal kaufen oder 1 Pfund Reis, Erbsen oder andere Nahrungsmittel. Die Bauern verkaufen nichts für Papiergeld, das so wertlos ist. Ein paar gewöhnliche Schnürsenkel 20 Millionen! Und jetzt tobt der Kampf um die Achtstundenwoche. Ich weiß nicht, was uns helfen kann. Wir haben zum Glück genug zu essen, obgleich die Geldfrage nach Weihnachten sehr drückend sein wird, denn bis dahin wird der Y. T. all seine Produkte verkauft haben, und bis auf den Erlös einer Kuh oder hin und wieder eines Schweins – und einige Nachzahlungen für Zuckerrüben – wird es nichts zu verkaufen geben. Aber wir sehen nicht über die nächsten 4 Wochen hinaus. Sollten unsere Nahrungsmittel nicht von hungernden Banden fortgeschleppt werden, geht es uns persönlich gut, aber die armen Leute in den Städten sind, wie in Rußland, wirklich in einer schrecklichen Notlage. ...

Creisau, 25. 10. 23

... Dads lieber Brief vom 3. Oktober ist gerade angekommen, und er schreibt, daß er nach Nachrichten aus unserem täglichen Leben dürstet. Da muß ich mit ein paar Details anfangen. Die Preise sind einfach sagenhaft, 1 Milliarde ist schon Kleingeld ($13^1/_2$ Milliarden sind gleich 1 „Gold", d. h. 1914 Mark), und als er neulich die Bezahlung von Zuckerrüben mit der Raffinerie besprach, konnte der Y. T. einfach den Billionen und Trillionen nicht mehr folgen, mit denen er zu tun hatte! Er bekam es schriftlich und mußte es zu Hause ausrechnen. Die Banken sind in einem hoffnungslosen Durcheinander. Man kann nicht mehr mit Scheck bezahlen, denn die Bank braucht 14 Tage, um den Betrag dem anderen gutzuschreiben, und bis dahin ist das Geld wertlos! Daher wird alles bar bezahlt oder getauscht, und nirgends gibt es Kredit. Es ist sehr lästig. Zum Beispiel soll die Pension des Jungen 1,20 Mark pro Tag kosten (alles wird jetzt in Goldmark gerechnet) – sehr billig –, aber in Papiergeld ist das 27 Milliarden, und wir schicken Julima das Geld pauschal (sie kauft dann Roggenpapiere damit, die deshalb wertbeständiger sind, weil sie den momentanen Preis von Roggen decken) und müssen deshalb jemanden mit dem Geld extra nach Berlin entsenden, da man Hunderte von Milliarden nicht mit der Post schicken kann! Die Geschäfte sind fast leer, und einkaufen zu gehen, ist ein seltenes Vergnügen. Das Elend in den Städten ist schrecklich, denn es gibt fast nichts zu essen. Sogar Kartoffeln gibt es nicht, und wir haben nur mit größter Mühe einen Zentner Winteräpfel für Ete ergattern können und mußten unsere Suche bis nach Reichenbach ausdehnen. Überall werden Armenküchen für die Städter organisiert. Brot ist jetzt so teuer, daß viele Leute es nicht kaufen können. Gestern kostete ein Vierpfundlaib $7\frac{1}{2}$ Milliarden. Wir haben im Moment genug zu essen (solange nicht alles gestohlen wird) und reichlich Fleisch, sowohl Wild als auch Geflügel. Hier ist sehr wenig gestohlen worden, aber in Gorkau, wo sie einen Steinbruch und viele hartgesottene Arbeiter in der Nähe haben, schätzen sie, daß ein Drittel ihres Getreides und die Hälfte ihrer Kartoffeln gestohlen worden sind. Wir haben einen guten *Feldhüter* mit einem Polizeihund, und das hat sich bewährt. Den ganzen Tag kommen Leute und fragen nach Essen oder Kartoffeln oder Holz, es ist ebenso herzzerreißend wie lästig. Ich wundere mich nur, daß alles noch so ordentlich ist. Die Deutschen sind wirklich ein sehr diszipliniertes und ruhiges Volk, und die Reichswehr ist eine erstklassige Kampfeinheit, so klein sie auch ist, und man hat sich bemüht, jeden zu entfernen, der auch nur kommunistische Verwandte hat, so daß die Soldaten alle nach rechts neigen. In Berlin zum Beispiel ist kein Soldat ein Einwohner der Stadt oder hat dort nahe Verwandte, was bedeutet, daß es unwahrscheinlicher ist, daß die Männer sich weigern, auf Aufständische zu schießen usw. In der heutigen Morgenzeitung lese ich, daß die Separatistenbewegung im Rheinland sich als vollständiger Fehlschlag erwiesen hat, wie es auch nicht anders sein konnte, wenn die Leute sie nicht als ihre letzte Hoffnung unterstützten. Auch Bayerns Aktion ist sogar von der gesamten Junkerschaft mißbilligt worden, und ich finde, daß Stresemann Wunder tut. Ich bin gespannt, ob aus General Smuts' Plan etwas wird. Ich habe an ihn geschrieben und ihn eingeladen, uns zu besuchen, wenn er zufällig nach Deutschland kommt. …

Creisau, 2. 11. 23

Sonnabend [3. 11. 23]. ... Heute früh berichten die Zeitungen vom Zerbrechen der Koalition[1], und ich frage mich, wie lange das noch weiter geht. Für mich ist es ein Wunder, daß alles nicht noch viel chaotischer ist.

Der Y. T. verbringt seine Vormittage fast täglich damit herumzufahren, um zu versuchen, etwas zu verkaufen und genug Geld für die Bezahlung des Notwendigsten zu bekommen. Die Bauern benutzen die Banken kaum mehr, aber natürlich müssen es die übrigen Leute tun, die nur Papiergeld haben. Eine Milliarde ist jetzt unsere kleinste Einheit – ab Montag der Preis einer Inlands-Briefmarke. Ach, es ist wirklich schrecklich. Und all die Leute, die sich nicht einmal trockenes Brot leisten können. Wir haben in Schweidnitz eine *Notgemeinschaft* gebildet, und alle Bauern geben etwas von ihren Produkten ab, welche wiederum an die Bedürftigsten weitergegeben werden, auch Milch und Zucker für die Babies, aber auch das ist nicht genug für die Bedürfnisse so vieler Unglücklicher. ...

1 *Zerbrechen der Koalition:* Am 23. 11. stürzte das Kabinett Stresemann. Ihm folgte eine bürgerliche Minderheitsregierung unter Wilhelm Marx (Zentrum). Stresemann blieb Außenminister.

Creisau, 9. 11. 23

... Heute lese ich in der Zeitung, daß Hitler in Bayern eine Diktatur ausgerufen hat[1]. Ich traue weder ihm noch den Bayern, obgleich ich sicher bin, daß sie ihre Verbindung mit dem Reich nicht auflösen wollen, aber sie haben keinen Weitblick oder politischen Verstand, der überhaupt in diesem Lande eine sehr seltene Gabe ist. Es ist wirklich ein fürchterliches Durcheinander, und wenn sich Europa und Amerika nicht von dem französischen Einfluß freimachen können und großzügig und staatsmännisch handeln, weiß ich nicht, wie sich Deutschland erholen soll. Die Entbehrungen sind unendlich viel schlimmer als während der Blockade, und es ist ein Wunder, daß überhaupt die Ordnung aufrechterhalten wird. Tatsächlich verstehen die Leute im großen und ganzen, daß Krawalle und Plünderungen die Lage nicht im mindesten verbessern. Natürlich wird in den Großstädten ständig etwas geplündert, und komischerweise, denn es ist so sinnlos, werden sehr oft Scheunen, Zuckerfabriken und Mühlen angezündet, aber alles in allem ist es wirklich wunderbar, daß so wenig passiert. ...

1 *eine Diktatur ausgerufen hat:* s. Brief vom 15. 11. 1923, Anmerkung 1.

Creisau, 15. 11. 23

... In diesen Tagen schreitet die Geschichte im Vaterland voran, und seit ich zuletzt geschrieben habe, hat es in Bayern alle möglichen Veränderungen gegeben, ist der Kronprinz zurückgekehrt, und arbeitet die Regierung ohne Mehrheit. Ich glaube nicht, daß irgendjemand außerhalb des Landes dem schnellen Gang der Ereignisse folgen kann, selbst wir finden es sehr kompliziert. Daß Hitlers Putsch[1] ein so vollständiger Mißerfolg war, ist ein großer Gewinn, obgleich niemand Kahrs Taktik[2] so recht versteht. Um die Rückkehr des Kronprinzen wurde wenig Aufhebens gemacht, die meisten Leute sind froh, daß er wieder zu seiner Familie kommen konnte, aber jedenfalls für den Augenblick ist keine politische Rolle für ihn vorgesehen. Die große Schlacht geht im Moment um die unbeständige Währung. Neue Dollarscheine werden ausgegeben, aber es gibt bei weitem nicht genug, und die Frage ist: Werden sie sich als *wertbeständig*, d. h. stabil erweisen? An dieser Frage hängt unser Schicksal. Wenn wir eine stabile Währung entwickeln können, werden wir durchkommen, wenn nicht, gibt es Chaos. Aber es ist ein riesiges Unternehmen. Gleichzeitig gibt es überall Sparmaßnahmen, werden Beamte entlassen usw., was für die Betroffenen sehr hart ist, aber äußerst notwendig, nur daß bis jetzt keine Regierung den Mut hatte, es zu tun. Gestern hatten wir einen sehr interessanten Mann zum Mittagessen, einen Commerzienrat Rautenstrauch, Chef der Handelskammer in Trier, der vor zehn Tagen, als er etwas mit den französischen Behörden besprach, von bewaffneten Separatisten umringt und in einem Lastwagen über die „Grenze" entführt wurde. Er hatte 2 Gulden und 3 Franken bei sich, keinen Pfennig deutsches Geld und natürlich kein Gepäck. Kein Rheinländer darf Waffen tragen, die Separatisten sind bis an die Zähne bewaffnet, und die Franzosen sehen zu und billigen es! Es ist wirklich ein Skandal. Und indessen soll England sich wieder eine Wahl abquälen, nicht mit dem Schlachtruf „rettet Europa", sondern mit der Frage der Schutzzölle. Es ist eine verrückte Welt, und wir sind so ziemlich die hilflosesten und dümmsten Geschöpfe, die man sich denken kann. – Wir haben in Creisau, so wie in den meisten anderen Dörfern und Städten, einen *Heimatschutz* gebildet, und jede Nacht patrouillieren 2 Männer von 9 bis 1 im Dorf und zwei andere von 1 bis 4, um Diebstahl und Brandstiftung zu verhindern. Da wir 40 zuverlässige Männer in Creisau haben, die sich freiwillig für diese Arbeit gemeldet haben, sind wir ziemlich gut beschützt, und unsere Männer müssen nicht zu oft auf Patrouille gehen. Heute nacht ist Hans Carl auf der Liste, und es gießt, so wird es keine sehr angenehme Aufgabe sein. Wir hatten einen ganz herrlichen Herbst, warm und sonnig, seit meiner Rückkehr kaum mehr als 3 Regentage. Und fast niemand brauchte vor dem November seinen Ofen anzustecken, und manche haben immer noch nicht angefangen, was ein großes Plus ist.

Freitag [16. 11. 23]. ... Gestern hatten wir unser C. S. Erntedankfest. Wir hatten einen geräumigen Saal gemietet, der ganz voll war, etwa 400 Menschen, und es war wirklich ein großer Erfolg. Es ist rührend, in diesen Tagen der Belastung und Not Leute danksagen und Gott preisen zu hören.

Laßt mich bitte wissen, was Smuts für Eindrücke von der Imperial Conference hatte; das würde mich sehr interessieren. Ich würde mich, lieber Dad, sehr über den „Manchester Guardian" freuen, obgleich ich die „Nation" in ihrer neuen Aufmachung ganz liebgewonnen habe, der M. G. ist auch eine hervorragende Zeitung. ...

1 *Hitlers Putsch:* Adolf Hitler (1889–1945), der Führer der Nationalsozialistischen Deutschen Arbeiterpartei (NSDAP) hatte auf dem Höhepunkt der Inflation und der Schwierigkeiten der Reichsregierung am 8. und 9. November in München zu ihrem Sturz aufgefordert und einen Marsch auf Berlin in Aussicht gestellt. Der Putsch wurde niedergeschlagen und gegen Hitler und andere ein Hochverratsprozeß eingeleitet. 2 *Kahrs Taktik:* Gustav Ritter von Kahr (1862–1934), 1920 bayerischer Ministerpräsident, ab Herbst 1920 wieder Regierungspräsident. Im September 1923 machte ihn die bayerische Staatsregierung zum „Generalstaatskommissar" mit diktatorischen Befugnissen. Er hoffte, Hitler für die „nationale Sache" zu gewinnen, wurde jedoch von diesem zur Beteiligung an einem Putsch gegen die Reichsregierung gezwungen, hielt sich aber, so gut er konnte, heraus. Am 30. Juni 1934 wurde er in Dachau ermordet.

Creisau, 29. 11. 23

... Nachdem sie Stresemann beseitigt haben, haben die Konservativen jetzt keinen Ersatz, und es scheint unüberwindliche Schwierigkeiten bei der Bildung eines Kabinetts zu geben. Natürlich hätten sie für Stresemann stimmen sollen, aber Reaktionäre sind hier wie auch anderswo unbelehrbar, und leider sind sie in diesem Land sehr zahlreich.

Die stabile Währung wird langsam aber sicher auf den Markt gebracht, und alles, sogar Briefmarken, wird nach „Goldmark" berechnet. Im Moment ist eine Goldmark eine Milliarde wert, aber in New York komischerweise achtmal so viel.

Willo zeichnet jetzt Köpfe recht nett. Er hat keinen Unterricht auf diesem Gebiet gehabt und zeigt viel Talent. Er schickt Euch eine – nicht sehr schmeichelhafte – Zeichnung, die er von mir gemacht hat – aber in nur 10 Minuten. ...

Habe ich Euch erzählt, daß der Junge seine Tanzstunden wirklich genießt und daß er viel tanzt? Das ist sehr gut für ihn. Im Januar kann er dank Eurer Freigebigkeit auch dem Golfklub beitreten, so geht alles aufwärts! Er ist auch sehr „gebildet" (!) und geht ständig in Bildergalerien in Berlin, und dann auf Freikarten mit Mädi in die Oper. Mirbachs[1] sind sehr gut zu ihm, er scheint in Potsdam sehr glücklich zu sein und ist viel mit den Söhnen des Kronprinzen zusammen, da 2 von ihnen in seiner Klasse sind. ...

1 *Mirbachs*: s. 10. 3. 22.

Creisau, 6. 12. 23

... Der Ausblick ist ein ganz bißchen heller wegen der neuen Währung, die wirklich stabil zu bleiben gedenkt. Die Preise sind auch ein bißchen gesunken (leider zumeist landwirtschaftliche Produkte!), und die Separatistenbewegung im Rheinland ist ein totaler Mißerfolg gewesen trotz aller Hilfe, die Frankreich ihr zukommen ließ. Wir haben auch wieder eine verfassungsmäßige Regierung – eigentlich dieselbe Stresemann-Regierung mit einer anderen, weniger kompromittierenden Spitze.[1] Natürlich ist uns jetzt allen klar, wie arm wir sind, denn das Geld ist knapp, seit die Inflation aufgehört hat, und es ist sehr überraschend und ernüchternd festzustellen, daß ein englisches Pfund plötzlich kein Zauberstab mehr ist, sondern wirklich nur Waren im Wert von 20 Mark kauft, oder vielmehr 12–14 Mark, denn alles ist viel teurer, wie überall, seit dem Krieg. Die Rede von Smuts bei seiner Ankunft in Kapstadt wurde gestern hierher übermittelt, und ich bin ganz seiner Meinung, daß Deutschland, wenn es erst einmal wieder Grund unter den Füßen hat, sich bald erholen wird. Dann wird die Schwierigkeit und das Problem sein, wie man es daran hindert, einen Revanchekrieg anzufangen und durch seinen übertriebenen Fleiß eine Bedrohung zu werden, die andere vom Markt verdrängt. Es ist jedoch noch ein langer Weg, bis diese Fragen ernst werden, und im Moment werden wir alle dankbar sein, wenn nicht allzuviele Menschen diesen Winter an Hunger und Kälte sterben.

Ich habe 15 Pfund meiner Wechsel bestellt, die heute früh angekommen sind. Ich werde auch bald eine Bestellung für Tee, Kakao und Käse bei den Stores aufgeben. Es *sieht* so aus, als ob wir eine Menge davon verbrauchen, aber unsere Familie ist so groß und schätzt den Tee so sehr, während die Kinder gerne Kakao zum Frühstück haben, und die 2 Jungen in Schweidnitz profitieren auch von Euren Geschenken.

Am Sonntag sind wir alle außer dem Y. T. zu Fuß zum Tee zu Ete gegangen und dann zu einer wirklich schönen *Adventsfeier* (1. Adventssonntag) in der Friedenskirche. Sie wurde wie im Mittelalter zelebriert: Maria und Joseph, die Hirten und viele Engel, und alle spielten und sangen sie vor dem Altar. Wunderschön, und Chöre, Musik und Bibelstellen dazwischen. Es war eine Art Mysterienspiel und sehr bewegend, besonders in der fremdartigen und schönen alten Kirche. Heute abend ist *Nikolausnacht*, und Frl. Pilz und Frl. Hübner, als Nikolaus und das Christkind, besuchen die Mühle, Schwester und das Schloß. Ihr könnt Euch vorstellen, wie die Spannung steigt! Dann haben wir jeden Abend Weihnachtslieder, und die Kinder helfen, *Pfefferkuchen* zu backen, und die *Stimmung* ist trotz Poincaré gut. ...

Freitag [7. 12. 23]. Habt Ihr im „Manchester Guardian" vom 30. November den Artikel „Einkaufen in Deutschland" gelesen? Er stimmt so genau und ist so komisch, ich hoffe, Ihr habt ihn gesehen. ...

Ich bin sehr gespannt auf das Ergebnis der englischen Wahlen, es ist wichtig, nicht nur für das britische Weltreich, sondern auch für uns und die ganze Welt. Wenn nur die Konservativen aus dem Feld geschlagen würden. Ich bin wirklich, was Konservative angeht, sehr intolerant, ich kann sie politisch nicht ausstehen. ...

1 *weniger kompromittierenden Spitze:* Der neue Kanzler war Wilhelm Marx (1863–1946). Mitglied des preußischen Abgeordnetenhauses 1899–1921 und des Reichstags 1910–32. Senatspräsident am Kammergericht in Berlin. 1922 bis 1928 Parteivorsitzender des Zentrums. Seine erste Reichskanzlerschaft währte vom 30. November 1923 bis zum 15. Januar 1925, die zweite vom 16. Mai 1926 bis zum 29. Juli 1928.

Creisau, 13. 12. 23

Freitag [14. 12. 23]. Die Bergleute arbeiten jetzt aus freien Stücken 8 Stunden unter Tage und anschließend 10 Stunden oben, und die Regierung besteht darauf, daß alle Beamten auch länger arbeiten, aber die weigern sich im Moment, und man erwartet einen schweren Kampf. Es ist wirklich die inoffizielle Abschaffung des Achtstundentages, und die Leute sagen, es ist der einzige Weg, die Produktionskosten zu senken. Später einmal, wenn Deutschland wieder auf seinen Füßen steht, wird ein weiser Staatsmann – vielleicht der Junge – eine Einigung herbeiführen müssen, um einen unnötigen Konkurrenzkampf zwischen dem englischen und dem deutschen Handel zu vermeiden, „Einflußsphären“ oder so etwas, denn sonst wird sich der deutsche Fleiß wieder als höchst unangenehm erweisen. ...

Creisau, 21. 12. 23

... Der Y. T. ist heute nacht auf Patrouille. Der Arme macht sich große Sorgen um die neuen Steuern – *Notsteuern* heißen sie –, die täglich auf uns niederprasseln. Tatsache ist, daß die Regierung nicht genug Geld hat, um Gehälter usw. zu zahlen und deshalb auf jede erdenkliche Weise versuchen muß, Geld zusammenzukratzen. Das mußte natürlich kommen, als die Druckerpressen angehalten wurden, aber es ist sehr unangenehm. Die Reichsminister haben alle für den Winter auf ihre Aufwandsentschädigung verzichtet, um bei der Sparsamkeit mit gutem Beispiel voranzugehen, und Gehälter, Renten usw. werden alle um 50 % reduziert, unser armer kleiner Pastor bekommt nur 25 % seines Vorkriegsgehalts, das schon bescheiden genug war. Die Preise sind größtenteils unheimlich niedrig, aber wir haben alle kein Geld, Sachen zu kaufen. Gleichzeitig hebt es die Lebensgeister, Orangen, Zitronen, getrocknete Feigen und andere „ausländische“ Produkte in den Läden zu sehen; sie haben einem so lange gefehlt. ...

Die Bergleute in Waldenburg sind Gott sei Dank wieder an der Arbeit, und so haben wir nicht ganz so viele Bettler. Es wird viel getan, um dem Elend zu steuern, Hilfe aus dem Ausland – so rührend – wie auch Selbsthilfe, aber man hört trotzdem erschütternde Geschichten. Und doch glaube ich, daß wir es schaffen werden, obgleich bis dahin viele verhungern werden, und wir werden alle wahrscheinlich finanziell, mehr oder weniger, auf Jahre hinaus ruiniert sein. Aber die Hauptsache ist, daß wir nicht untergehen, weder die Familie noch die Nation, und in der Beziehung bin ich ganz optimistisch, wie könnte es auch anders sein mit all den lieben Kindern, die eine solche Freude und Hoffnung für die Zukunft sind? ...

Creisau, 28. 12. 23

... Wo soll ich mit meiner Geschichte anfangen? Wir hatten ein wirklich fröhliches und harmonisches Weihnachtsfest, die vielen Kinder sind keine solche Belastung der Nerven mehr wie früher, da sie älter sind, mehr lesen usw., und wir waren nicht ganz so zahlreich wie gewöhnlich, was auch angenehmer war – 5 Trothas, Leno, Muttel und die zwei Referendare. Der Junge ist für den Y. T. und mich eine besondere Freude, so lieb, mit guten Manieren, voller Interessen und so gut zu gebrauchen, begabt und zuverlässig. Er hat uns allen tanzen beigebracht, und jetzt tanzen wir jeden Abend nach dem Abendbrot, sogar der Y. T., Foxtrott und all die anderen modernen Tänze! Von 6 bis 7 tanzen wir mit den Kindern Lanciers (Asta ist süß), und sie lieben das. Morgen spielen wir ein kurzes, aber sehr gutes Stück „Tor und Tod"[1], und für Sylvester bereiten die Kinder ein reizendes *Christkindspiel* vor, und so haben wir genug Beschäftigung und Amüsement. (Ich beteilige mich nicht an diesen Unternehmungen, weil ich nicht die Zeit habe, sondern komme nur, um die Aufführungen zu genießen.) …

Sonnabend [29. 12. 23]. … Vorige Woche hatte der „Manchester Guardian" einen Artikel aus Berlin, mit dem ich nicht ganz übereinstimmte. Ich würde die gegenwärtige Regierung keineswegs reaktionär nennen, und wenn sie den Achtstundentag abschafft, schwören alle, daß das nicht mehr Arbeitslosigkeit bedeutet, sondern mehr geleistete Arbeit, d. h. es ist besser für den Export, da die Herstellung billiger ist als jetzt. Ich kann das natürlich nicht beurteilen, aber es geschieht sicherlich nicht nur, um die Arbeiter zu versklaven. Dann schreibt der Korrespondent über Steuern, und wieviel schwerer sie auf den Arbeitern lasten als auf uns. Auch das kann ich eigentlich nicht beurteilen. Wir wurden gewiß lange zu niedrig besteuert, nicht auf dem Papier, aber de facto, wegen der enormen und schnellen Entwertung der Mark. Aber wir haben *alle* unseren Lebensstandard erheblich gesenkt. Schieber, reiche Juden und einige wohlhabende Leute wird es immer geben, aber das sind verhältnismäßig so wenige. –Wir zahlen so viel an Bankspesen, Steuern etc., daß mir die 10 Pfund, die ich von Frl. von Held für den Kindergarten bekam, nur 173 Mark eingebracht haben. Aber es ist uns allen eine große Erleichterung, wieder mit kleinen Beträgen zu tun zu haben und mit stabilen Preisen. Man weiß wenigstens, woran man ist. …

1 *„Tor und Tod":* lyrisches Drama des jungen Hugo von Hofmannsthal.

Zeit der Hoffnung

Creisau, 9. 1. 24

Ich füge eine 5-Pfennig-Münze von dem neuen Geld bei

Donnerstag [10. 1. 24]. ... Ich verfolge die Ereignisse in England mit großem Interesse. Eine Labour-Regierung ist eine außerordentliche Neuerung für England. Hier ist der Sozialismus kein Erfolg gewesen, aber die englischen Sozialisten sind gemäßigter und, wie mir scheint, Männer größerer Statur, so daß es in der nächsten Zeit interessant sein wird, ob sie etwas von ihren Idealen in die Praxis umsetzen können. Für Deutschland ist die Labourpartei ein ausgesprochenes Plus, und ich hege die Hoffnung, daß sie etwas couragierter daran gehen wird, Europa in Ordnung zu bringen, als die anderen Parteien bisher. Aber es ist merkwürdig, daß heutzutage nirgends, auch nicht in England, klare Mehrheiten – wie sie das parlamentarische System braucht – zustande kommen, überall gibt es Koalitionen und Kompromisse, es ist ein Zeichen der Zeit, und wir werden neue Wege beschreiten und neue Modelle entwickeln müssen, wenn wir Fortschritte machen und nicht hoffnungslos in die Balkanisierung zurückfallen wollen. Stellt Euch nur vor, Deutschland ist jetzt ein Land mit „harter Währung", und unsere Rentenmark ist besser als das Pfund; ist das nicht verrückt? Man kann jetzt, ich meine als Deutscher, in Italien und der Schweiz billiger leben als hier. Aber am 1. Januar hatte der Staat kein Geld, um seine Beamten zu bezahlen, und hier in Schlesien jedenfalls warten sie alle noch auf ihre Gehälter, die am 1. fällig waren, und werden weiter warten müssen, bis genug Geld durch Steuern eingezogen worden ist. ...

Creisau, 17. 1. 24

Freitag [18. 1. 24]. ... Komischerweise spricht keiner mehr von einem Putsch. Unsere Rentenmark hat einen unglaublichen Umschwung herbeigeführt in jeder politischen, wirtschaftlichen, sozialen und moralischen Hinsicht. Wir gehören jetzt – ob das wohl anhält? –

zu den Ländern mit harter Währung, und man spart geradezu, wenn man Italien einen Besuch abstattet – die Lira ist 18 Pfennig wert! Natürlich freuen wir uns alle über den Fall des Francs *(Schadenfreude ist die reinste Freude)*, und es heißt, daß eine Gruppe von Spekulanten, die zuerst in Wien und dann in Berlin die Börse „manipuliert“ und dabei enorm an der abgewerteten Währung profitiert hat, sich jetzt nach Paris gewandt hat. Vielleicht bewegt es die Franzosen dazu, etwas gegen den *bloc national* zu unternehmen. Die Labourpartei in England wird sicher in der Außenpolitik auch vernünftig sein. …

Deine Zeit als Generalgouverneur[1] ist jetzt fast zu Ende – wie froh Du sein wirst, wenn sie vorüber ist. …

1 *Generalgouverneur:* Sir James Rose Innes fungierte bis zur Ankunft des Herzogs von Athlone als stellvertretender Generalgouverneur.

Creisau, 23. 1. 24

… Wo soll ich mit meiner allwöchentlichen Erzählung beginnen? Nun, die gute, von Mitgefühl glühende Miss Wood kam am Freitag abend an und blieb bis Sonntag um 2. Sie ist eine wirklich bewundernswerte Frau, so natürlich, liebevoll und enthusiastisch. Wir haben ihren Besuch ungeheuer genossen. Sie ist die Begründerin des Quäkerhilfswerkes für Deutschland, das als *Quäkerspeisung* bekannt ist, und sie reist jetzt in Amerika und hier herum, um Geld zu sammeln und zu verteilen. Sie kam gerade aus der Pfalz und sagte, die Zustände dort seien herzzerreißend und jetzt gehe sie nach Genf und Paris, um „den Leuten die Wahrheit zu sagen“. Ich fragte sie, wo sie in Paris sprechen werde, und sie antwortete, „o, das weiß ich nicht, wahrscheinlich an den Straßenecken“. Sie meint, daß Deutschland ein sehr fruchtbarer Boden für den Pazifismus ist, was ich allerdings bezweifle, aber natürlich lebe ich unter Militaristen, und das erklärt vielleicht manches. …

Freitag früh. Was für eine freudige Überraschung gestern, Eure Briefe kamen einen Tag früher als gewöhnlich, Dads von der vorigen Woche, aber nicht der vom 4. Januar, aber die Menüs und Tischordnungen kamen und haben uns alle interessiert, besonders Muttel und Jowo! Es war schön, alles zu erfahren, und ich bin so froh, daß alles so gut abgelaufen ist. Mittlerweile sind die Athlones[1] vermutlich angekommen, und Du hast dich dankbar ins Privatleben zurückgezogen. Gestern kamen zwei schöne Pakete an, mit getrockneten Früchten,

Rosinen, Sardinen und Zigaretten (die ich den Jungen gegeben habe) – eine höchst willkommene Hilfe, denn das sind alles Dinge, die wir nicht kaufen würden, und deshalb bedeutet es so viel, sie zu haben. Momentan wird das Vaterland mit Orangen überflutet, sogar billig, 1 Penny das Stück und weniger, und nachdem man sie 10 Jahre entbehren mußte, scheinen die Leute jetzt fast von Orangen zu leben, und es ist ganz rührend, mit welchem Eifer sich alt und jung dieser Neuheit widmen. ...

1 *Athlones:* Nachfolger von Prince Arthur of Connaught als Generalgouverneur der Südafrikanischen Union.

Creisau, 30. 1. 24

... Der Y. T. hat gerade eine Büchse Sardinen mit teutonischem Appetit verspeist – Mittwoch abend – und dabei der lieben *Eltern* dankbar gedacht. Das nur nebenbei.

Ramsay MacDonald[1] hat bis jetzt eine vorzügliche Presse in Deutschland gehabt. Es ist zu komisch, wie die reaktionärsten Zeitungen lange und wohlwollende Artikel über ihn bringen, seine Laufbahn, seinen Pazifismus usw., und dabei weiß man, daß ihnen in Wahrheit seine Ansichten ein Greuel sein müssen, nur: Er verspricht vernünftigere internationale Beziehungen, das erklärt alles. Aber es ist nur gut, wenn diese reaktionären Zeitungen ernsthaft über den Pazifismus und den Völkerbund schreiben. Es mag komisch sein, hat aber doch eine erzieherische Wirkung. Ich bin sehr erfreut, daß Smuts mit der deutschen Regierung zu einer offenbar sehr vernünftigen Regelung gekommen ist. Die hiesigen Zeitungen haben die Sache sehr hervorgehoben. Überhaupt sieht alles etwas freundlicher aus, auch die Regelung der Fiume-Frage ist ein großer Fortschritt. Aber ich muß mit der Politik aufhören, denn es ist spät und ich wollte Euch nur sagen, wie delikat die Sardinen waren. Gute Nacht. Schlaft gut.

Freitag [1. 2. 24]. Gestern hatte ich keine Zeit zu schreiben, da ich versucht habe, zwischen Olga Websky (Schwengfeld) und einer kleinen Russin zu vermitteln, einem Flüchtling, die ich dorthin gebracht hatte. Gott sei Dank war ich erfolgreich; aber es war eine herkulische Arbeit. Olga ist sehr klug, sehr schön, aber ganz ohne Herz. Im Moment jedoch ist alles gut.

Wißt Ihr eigentlich, daß Deutschland ganz ohne Trompetenklänge – jedenfalls was Nahrungsmittel angeht – ein Freihandelsland geworden ist? Amerikanischer Weizen wird in den Staaten für 2 Mark den Zentner gekauft und hier für 4 Mark verkauft. Sehr unangenehm für uns Agrarier, aber gut für das Volk. Ich nehme jedoch an, daß es nur ein vorübergehender Zustand ist. Momentan steht unsere Währung sogar besser als die amerikanische, für einen Dollar (in Wirklichkeit 4,20 Mark) bekommt man nur 3,90 Mark und für ein Pfund nur 17–18 Mark. Unverständlich, nicht wahr? Ich glaube, die Einführung der Rentenmark wird als die wunderbarste Tat angesehen, und der ganze Vorgang ist so glatt gelaufen, nur daß wir jetzt natürlich den Tatsachen ins Auge blicken und uns klar machen müssen, wie arm wir sind. Es ist ein merkwürdiges Phänomen, wie viel leichteren Herzens man 2 Mark als 2 Milliarden Mark ausgibt, obgleich sie denselben Wert darstellen. In den meisten Fällen kosten die Sachen eigentlich mehr als vorher; es ist aber einfach himmlisch, wieder eine stabile Währung zu haben; man weiß immer, woran man ist, was befriedigend, aber oft auch deprimierend ist. ...

Der Junge beendet die Schule im April 1925. Ich möchte, daß er Euch ein paar Monate besucht, vielleicht im November 1925, wenn Euch das paßt; sonst später. Nächsten Sommer muß er irgendwo Eleve werden, aber im Winter 25/26 oder 26/27 wäre er leicht abkömmlich. ...

1 *MacDonald:* Ramsay Macdonald war der Premier- und Außenminister des ersten Kabinetts der Labour-Partei.

Creisau, 7. 2. 24

... Mir gefällt es nicht *ganz*, daß Ihr mir so viele Pakete schickt und so viel schenkt, und ich hoffe, daß es in einem Jahr nicht mehr nötig sein wird. Ebenso hoffe ich, daß nach dem nächsten Winter all diese Unterstützung aus dem Ausland nicht mehr benötigt wird. Ich habe einen unabhängigen schottischen Geist und bin mehr für Selbsthilfe, aber natürlich war der Mangel und die Not für das Land allein zu groß, so daß jedermann höchst dankbar für die großzügige internationale Hilfe ist. Jetzt da wir wieder wertbeständiges Geld haben, fangen die Leute an, sparsam zu sein und vernünftig zu leben, nur zu kaufen, was sie auch bezahlen können und so weiter, denn es ist fast unmöglich, Kredit zu bekommen. Aber natürlich ist die Zahl der Entlassenen sehr groß, und da niemand mehr Ersparnisse hat, ist ihr Zustand höchst erbarmenswert. Die Arbeitslosenunterstützung ist erbärmlich – 3 Mark die Woche für unverheiratete Männer –, und da wir 3 Millionen Arbeitslose und etwa 5 Millionen Kurzarbeiter haben, könnt Ihr Euch die Situation ziemlich genau ausmalen. Mutter wird es interessieren, daß die Banken jetzt ganz leer sind und keiner spekuliert, denn die großen Beträge, mit denen jeder Teutone hantiert hat, sind auf ihren wahren Wert, nämlich höchstens ein paar Mark, reduziert worden. Renten, Sparkassenkonten usw. gibt es einfach nicht mehr. Man erwartet, daß Hypotheken zu 10% ihres früheren Wertes ausgezahlt werden.

Wir beobachten alle Ramsay MacDonald mit großem Interesse. Seine Außenpolitik wird sicher gut und couragiert. Im Moment scheint er die Frage der Pfalz erfolgreich zu behandeln. Gott helfe ihm, den unglücklichen Menschen dort geht es sehr schlecht. Clive[1] – nicht der indische, sondern der Mann in München – ist hier fast ein Nationalheld. Ich bin neugierig, ob es gelingen wird, Deutschland in den Völkerbund zu kriegen –, das wäre großartig. Mich interessiert auch die komplizierte indische Frage sehr. Wieviel glücklicher wäre die Welt ohne all das Mißtrauen, die barbarischen Traditionen und Phrasen. …

Freitag. Beim *Kränzchen* hatte ich ein langes Gespräch mit Gräfin Keyserlingk. Mr. Spielhaus hatte vor kurzem mit ihr wegen der Auswanderung ausgebildeter deutscher Frauen nach Südafrika Verbindung aufgenommen. Im Augenblick beschäftigt sie sich damit, Statistiken zu erstellen, was die Deutschen getan haben, um ihren Landsleuten zu helfen, denn wir hören von allen Seiten, daß die Welt sich wundert über die große Menge Geld ausgebender Deutscher, die die feinen Wintersportplätze überschwemmen, und daß Geld vom Ausland nur sehr spärlich fließt, denn es heißt, warum helfen sie denn nicht selbst ihren eigenen Leuten? Die Wahrheit ist, daß es hier wie überall eine neue Klasse reicher Leute gibt, nur daß guter Geschmack und gute Manieren in England verbreiteter sind als hier und gewisse Klassen in Deutschland eine Großspurigkeit und Vulgarität an sich haben, die dieselben Klassen in England besser verbergen. Außerdem ist natürlich das Leben im Ausland viel billiger als im Vaterland, und die Menschen hungern danach, für eine Weile in einer anderen und heitereren Atmosphäre zu leben. …

1 *Clive:* Britischer Konsul in München, der beauftragt worden war, einen Bericht über die Zustände in der Pfalz zusammenzustellen, wo Frankreich separatistische Bestrebungen gefördert hatte. Auf Grund dieses Berichts sprach England der Rheinlandkommission die Befugnis ab, eine autonome Regierung der Pfalz anzuerkennen.

Creisau, 14. 2. 24

... Im großen und ganzen haben sich die Zustände in Deutschland aber ein bißchen gebessert. Die Rentenmark macht einen solchen Unterschied. Die Rentenmark war Helfferichs Plan[1] (er ist Konservativer), und natürlich hätten die Konservativen diesen Plan gerne erst bei ihrer Machtübernahme umgesetzt, aber die Not war so umfassend und die Lage so hoffnungslos, daß sie die Parteipolitik beiseite lassen und ihren Plan früher auf den Tisch legen mußten. Man erwartet, daß die Wahlen im April einen großen Zuwachs der bürgerlichen Parteien bringen werden. Die Sozialisten mußten mit sehr schwierigen Umständen fertig werden, aber sie haben keine hervorragende Persönlichkeit hervorgebracht. ...

1 *Helfferichs Plan:* Karl Helfferich (1872 – 1924), seit 1919 Mitglied der Deutschnationalen Volkspartei (DNVP) und Mitglied des Parteivorstands. Gegner der Weimarer Republik und der „Erfüllungspolitik“ gegenüber den Siegermächten. Er schlug 1923 eine „Roggenmark“ vor. Stattdessen wurde am 15. November die durch Grundbesitz gedeckte „Rentenmark“ eingeführt.

Creisau, 28. 2. 24

... Der Y. T. ist 2 Tage in Breslau gewesen, um an praktischen landwirtschaftlichen Vorträgen teilzunehmen, „sehr interessant und anregend“, sagt er. Wir stecken in einer sehr schlimmen landwirtschaftlichen Krise und Depression, sogar Parteien und Zeitungen ohne Sympathien für die Agrarier sprechen von der untragbaren Situation, in der wir uns befinden, und überall hört man in den Städten Bemerkungen über *die armen Landwirte*, während man uns vor wenigen Monaten noch ausschließlich beneidet und gehaßt hat. Die Steuerlast ist so schwer. Wir hoffen aber, daß alles bis zum Sommer etwas besser wird, was weniger freundlich ausgedrückt heißt, daß die Leute bis dahin auf Einfuhrsteuern auf Nahrungsmittel hoffen. Das zwickt mein Freihandelsgewissen erheblich und meine robuste internationale Gesinnung noch mehr. Wir können jetzt von der Reichsbank Geld borgen (vor einem Monat war selbst das unmöglich), aber niemand weiß, wie wir es je zurückzahlen können. Der Y. T. düngt – und das ist sehr klug – wie nie zuvor, um zusätzlich zu produzieren. Unseren Kühen (reinlich und gestriegelt!) geht es gut, und wir haben reichlich Milch. Meine Mamsell ist eine vorzügliche Buttermacherin, und wir haben viel Butter, fast so viel wie in der guten alten Zeit vor 1914. Die

Geschäfte haben jetzt reichlich Vorräte, und Ihr könnt Euch nicht vorstellen, wie es uns immer noch außergewöhnlich erscheint, in einen Laden zu gehen und Orangen oder Datteln zu kaufen, *Sprotten* oder Anchovis, ohne mit der Wimper zu zucken. Es ist für uns *alle* immer noch eine Art Märchenerlebnis und zeigt deutlicher als irgendetwas sonst, was wir die 10 Jahre entbehrt haben, auch die Glücklichsten unter uns. Es ist ein himmlisches Erlebnis, für 50 Pfennig etwas wirklich Gutes zu essen zu kaufen (oder sonst was Gutes). Muttel ist wie neugeboren und gibt 10 Mark mit großer Geste aus, während sie vorher weheklagte, wenn sie 2 Milliarden (gleich 2 Mark) ausgab. ...

Freitag [29. 2. 24]. ... Wenn wir 30 Jahre später lebten, könnten wir zweifellos hin und her zueinander mit dem Flugzeug fliegen, in der kürzesten Zeit (aber ich befürchte, daß „Patrioten" in der Zwischenzeit die europäische Zivilisation ganz ausgelöscht haben werden; dann ist es besser, wieder am Anfang des Jahrhunderts zu leben). Ein düsteres Ende für einen Brief, aber ich bin eigentlich nicht traurig, im Gegenteil; der Mensch ist doch ein bemitleidenswert hoffnungsvolles Tier, nicht wahr? Und irgendwie hofft man immer, daß die Vernunft vielleicht über die Blindheit siegen wird. Es *ist* ein Sauerteig am Werk. ...

Creisau, 5. 3. 24

Donnerstag [6. 3. 24]. ... Wir nehmen alle lebhaftes Interesse an dem Hitler-Ludendorff-Prozeß.[1] Ich könnte über die Verständnislosigkeit all dieser wohlanständigen und patriotischen deutschen Konservativen heulen, sie lernen nichts, und alle Hoffnung ist umsonst; daß eine große und in vieler Hinsicht ganz hervorragende Nation von diesen Männern regiert, d. h. schlecht regiert wird, ist ein tragischer Gedanke. Ich glaube, kein anderes Land besitzt eine so große Anzahl davon wie Deutschland. Die Augen haben, aber nicht sehen. ...

1 *Hitler-Ludendorff-Prozeß:* Erich Ludendorff (1865–1937), deutscher Feldherr mit zeitweilig geradezu diktatorischer Macht im 1. Weltkrieg; als solcher hochbegabt, als Politiker verderblich. Es gelang ihm, gegen Ende des Krieges die Verantwortung für die zu spät als notwendig erkannte Kapitulation den Zivilisten, d. h. der Regierung zuzuschieben. Danach propagierte er die Legende, daß Deutschland ohne den „Dolchstoß" an der Heimatfront gesiegt hätte. Ludendorff wurde freigesprochen. Hitler hatte seine eigene Verteidigung offensiv betrieben. Gestützt auf die Dolchstoßlegende argumentierte er: „Ich bekenne mich zwar zur Tat, doch des Hochverrats schuldig bekenne ich mich nicht. Es gibt keinen Hochverrat bei einer Handlung, die sich gegen den Landesverrat von 1918 wendet." Das Urteil des

sympathisierenden Gerichts – es war das bayerische Volksgericht – attestierte ihm denn auch seinen „vaterländischen Geist und edelsten Willen". Er bekam die Mindeststrafe von 5 Jahren Festungshaft, die aber eine Bewährungsfrist zuließ. Die Festung Landsberg gewährte Hitler und seinen getreuen Mitverurteilten ein angenehmes und geselliges Leben. Außerdem schrieb oder diktierte er sein Buch „Mein Kampf". Am 20. Dezember 1924 wurde er wieder in Freiheit gesetzt.

Berlin, 12. 3. 24

Donnerstag [13. 3. 24]. ... Es war ein netter kleiner Ausflug, und es war ganz gut für den Jungen, daß ich kam und Sachen mit ihm besprochen habe. Creisau ist momentan so matschig, daß man ganz froh ist wegzukommen.

Hier haben mich die Geschäfte und Blumen so sehr fasziniert, daß ich noch in keinem Museum war. Man sieht nun, wieviel wir in den letzten 10 Jahren entbehrt haben. Seit dem Krieg gab es in den Läden viele hübsche Sachen, aber nur hiesige Artikel, nichts konnte eingeführt werden, und das machte sie auf die Dauer höchst eintönig. Jetzt haben wir Blumen aus Italien, Bananen, Datteln, Nartjes und sogar Früchte vom Kap. Es ist herrlich. Wegen des Wechselkurses haben wir wieder offene Grenzen. Auch gibt es weniger Juden. Die Leute sagen, sie seien alle nach Paris gegangen, um die Früchte des gefallenen Franken zu ernten oder sogar um seinen Fall zu beschleunigen. Zuerst Wien, dann Berlin und jetzt Paris. Ob das wohl wahr ist? ...

Freitag. ... Dieser Hitler-Ludendorff-Prozeß ist auch eine Tragödie; bis jetzt, scheint mir, haben alle Beteiligten einen erbärmlichen Eindruck gemacht. So konfuses Denken, eine solche Flucht vor der Wirklichkeit, Schuljungenansichten; es ist wirklich traurig, und ich möchte meinen, daß es den Konservativen in der nächsten Wahl sehr schaden wird. ...

Creisau, 26. 3. 24

... Ich will Euch etwas erzählen, was Mutter sehr interessieren wird. Schwester hat ein 3-jähriges Kind in Pension, dessen beide Eltern Schwindsucht haben. Sie arbeiten in einer Fabrik in Königszelt. Die Mutter des Kindes erwartete wieder ein Baby; aber es ist ihr genommen worden, und mit ihrer und ihres Mannes Einwilligung wurde eine kleine Operation vorgenommen, die weitere Schwangerschaften unmöglich macht. Das Ganze ist von einer der besten Ärztinnen in Schweidnitz gemacht worden, und Schwester sagt, das machen sie jetzt in allen Fällen, wo die Eltern schwindsüchtig oder epileptisch sind. Natürlich müssen beide Eltern und 2 Ärzte ihre Einwilligung geben. Ich halte das für einen sehr klugen Schritt, der die Geburt einer Anzahl Unheilbarer verhindert, aber ich muß gestehen, daß ich erstaunt war, daß die Eugenik so weit fortgeschritten ist, denn wir in Schlesien sind vermutlich der östlichste Teil Westeuropas, d. h. in vieler Hinsicht der am wenigsten fortschrittliche.

Donnerstag [27. 3. 24]. ... Es ist merkwürdig, was für ein drastischer Kapitalverlust die Inflation war. Die meisten Leute mit einem Privateinkommen haben mindestens 3/4 ihres Geldes verloren, so daß ein gewisser Ausgleich, etwas Sozialismus, automatisch stattgefunden hat. Andererseits hat der 9-Stundentag den 8-Stundentag ersetzt, was ein Schritt in die entgegengesetzte Richtung ist. ...

Bresa, Mittwoch, 2. 4. 24

Creisau, Donnerstag abend. ... Uns alle hat das Urteil im Hitler-Ludendorff-Prozeß[1] natürlich sehr interessiert. Meiner Meinung nach war es viel zu milde. Die Wahrheit ist, daß es nicht das richtige Gericht für den Fall war (das wäre in Leipzig gewesen), sondern ein *Volksgericht*, eine Institution, die am 1. April aufgelöst worden ist und die Bayern ins Leben gerufen hatte, um „rechte“ Putschisten milde und Kommunisten hart zu behandeln. Es bestand aus Laien und Richtern. Leipzig hätte den Fall viel unparteiischer behandelt. Aber die Schwierigkeit ist natürlich, daß ein großer Teil des Volks mit diesen Männern sympathisiert. Ich bin gespannt, was die Wahl an den Tag bringen wird. Politisch ist Deutschland ein hoffnungsloser Fall. Seine Instinkte und Mentalität sind in der Politik *immer* falsch, es ist ganz seltsam und sehr traurig. Das ist der Grund, warum so viele der besten Geister sich ganz vom politischen Leben abwenden, aber das ist natürlich auch nicht gut. – Ich hatte in der letzten Zeit einen sehr interessanten Einblick in das Verhältnis zwischen 2 Vätern und ihren Töchtern; in beiden Fällen gab es absolut kein Verständnis, keine Kameradschaft, und es hat mir klargemacht, was für ein kostbares Geschenk es ist, wenn man eine solche Freundschaft mit seinem Vater hat wie ich mit meinem. Ich glaube wirklich, daß man ein so perfektes Verhältnis sehr selten antrifft, und ich bin dafür sehr dankbar. Mir scheint, daß so viele Väter mit dem geistigen Fortschritt der Welt nicht Schritt halten und von ihren erwachsenen Töchtern einen Gehorsam und eine Aufopferung verlangen, die schon längst der Vergangenheit angehören.

Eine Eurer kostbarsten Eigenschaften, liebe Eltern, ist Eure große Liebe gepaart mit vollständiger Freiheit – eine der schwierigsten Kombinationen. …

1 *Hitler-Ludendorff-Prozeß:* s. 5. 8. 24.

Creisau, 8. 4. 24

… Ich sehe in den heutigen Zeitungen, daß Smuts zurückgetreten ist, und habe deshalb viel an Euch gedacht, weil ich weiß, wie aufgeregt alle sein werden. Es wäre ein großer Verlust, wenn Smuts sich ins Privatleben zurückziehen würde, obgleich ich mir vorstellen kann, daß er ein besserer „Weltpolitiker" als Verwalter ist.

Der Besuch des Prinzen von Wales wird wohl viel Vergnügungen und Betrieb bringen. Hast Du genug hübsche Kleider? Ich lasse mir etwas aus dem hübschen grünen und malven-pfauenfarbigen Voile-Stoff machen, den Du mir vor 2 Jahren geschickt hast. Eine Breslauer Schneiderin macht es. Clara hat auch Dein malvenfarbenes, gestreiftes Kleid für mich geändert, für den Sommer, und es sieht sehr nett aus.

Ihr erinnert Euch an den Fridericus-Rex-Film im letzten Jahr, nicht wahr? Nun ist dieses Jahr der Nibelungenfilm das, was man sehen *muß*, und alle Kinder und Erwachsenen waren im Kino. Er wird sogar in Paris gegeben, was mich wundert, und wird sicher auch in England gegeben werden, denn er ist natürlich viel weniger „national" als Fridericus war. …

Donnerstag [10. 4. 24]. … Was Daddy letzte Woche über „The Seven Ages" [Die sieben Zeitalter] erzählte, die Ihr gemeinsam lest, hat mich sehr interessiert, nur sehe ich nicht ein, warum Cromwell und Wesley betrachtet wurden und die Französische Revolution und Darwin nicht. Ich lese ein hochinteressantes, aber sehr umfangreiches Buch von Spengler, „Der Untergang des Abendlandes"; es war hier vor 2 Jahren eine große Sensation. Ich finde es ganz faszinierend. Komischerweise verwirft er (wie viele moderne Deutsche – wahrscheinlich ist es in anderen Ländern ebenso) Darwin und Kant als mit zu viel menschlicher Vernunft begabt, mit zu viel Intellekt und nicht genug Intuition. Ich sage „komischerweise", denn die letzte Generation in Deutschland betete besonders Intellekt und „System" an, und die Modernen schlagen nach der anderen Seite aus. …

Asta hat kürzlich zwei „Essays" (!) in einer Kinderzeitung veröffentlicht! Ich schicke Euch bald das eine (bessere), nur müßt Ihr es bitte wirklich zurückschicken. Sie hat es ganz alleine geschrieben, keiner hat ihr geholfen. Es ist schrecklich realistisch, und hoffentlich seid Ihr nicht zimperlich?! ...

Creisau, 7. 5. 24

... Die Wahl ist vorüber, und insgeheim bin ich erleichtert, daß es nicht noch reaktionärer gekommen ist. Alles lief ganz ruhig ab, und es gab wenig sichtbare Aufregung und keine Ausschreitungen, was erstaunlich war. In Creisau haben über 80 % gewählt, zumeist konservativ, aber jede der 12 Parteien bekam mindestens eine Stimme, wir sind also nicht ganz einseitig. C. Bernd interessiert sich sehr für die Wahl und liest die Zeitung sehr intensiv. ...

Freitag [22. 5. 24]. ... Ich muß sagen, ich finde es ganz wunderbar, daß Deutschland nicht viel reaktionärer geworden ist, wenn man bedenkt, was die Propaganda und die französische Politik getan haben, um die Leute in diese Richtung zu drängen. Es ist das politisch hoffnungsvollste Zeichen in diesem Land seit 2 oder 3 Jahren. ...

Der Junge war für uns Ostern eine große Freude; in vieler Hinsicht ist er noch ein Kind, aber so zuverlässig, so stetig, und er hat ein goldenes Herz. Er ist ein großer Leser und hat für sein Alter erstaunlich viel gelesen. Sein Verhältnis zu seinem Vater und umgekehrt ist höchst erfreulich. Der Y. T. ist sehr stolz auf ihn, sie sind große Freunde, und der Junge bewundert und versteht seinen Vater sehr gut. Dabei ist er sehr modern und gehört geistig zur heutigen Jugend mit ihren europäischen Ansichten – sehr interessant zu beobachten. Ich kann es nicht abwarten, bis Dad ihn kennenlernt, denn ich bin sicher, daß er ihn sehr liebgewinnen und viel Freude an seinem Enkel haben würde. ...

Creisau, 22. 5. 24

... Ich interessiere mich heftig für den Trend der hiesigen Politik im Moment. Wenn die Konservativen – die *Deutschnationalen* – ein Kabinett bilden, werden sie sich dem Dawes-Bericht gegenüber als sehr destruktiv erweisen und außerdem in keiner Weise fähig, ihre leidenschaftlichen Wahlversprechen einzulösen, und das wird das Resultat zeitigen, daß Massen von enttäuschten Wählern zu den Kommunisten strömen. Der Direktor der Reichsbank erzählte dem Y. T. vor 2 Tagen, daß *alle* Quellen erschöpft seien und es nicht einmal genug Geld gebe, um die Ernte zu finanzieren. Wir hoffen immer noch auf ein kleines

Darlehen aus Amerika, aber die Zustände können sich erst bessern, wenn der Sachverständigenbericht zufriedenstellend erledigt ist. Der amerikanische Botschafter in Berlin hat der Gräfin Scherr gesagt, daß die „Dawes"-Experten durchaus Deutschlands riesige Anstrengungen anerkennen würden, Ausgaben zu decken, sie aber für ziemlich unwirksam und undurchführbar hielten, und ihm, dem Botschafter, gesagt hätten „die Deutschen bluten sich wirklich zu Tode".

Bitte laßt Euch von all dem nicht deprimieren, ich habe nur darüber geschrieben, weil ich dachte, daß es Euch wahrscheinlich interessiert. Der Y. T. tut alles, was er kann, damit die Ernte ein Erfolg wird; dann, im November, kann er mehr oder weniger sehen, was wir an Einkommen und Ausgaben haben – wir wollen hoffen, daß uns bis dahin Reparationen und Steuern offenbart worden sind –, und wenn sich bis dahin unser Einkommen nicht enorm gebessert hat, müssen wir unseren Lebensstil total ändern und unsere Ausgaben verringern. Aber es hat keinen Zweck, die Dinge zu überstürzen, und wir müssen abwarten und sehen, wie sich alles entwickelt, bevor wir drastische Änderungen einführen. Aber wie Mutter Dir sagen wird, machen wir uns keine besonderen Sorgen um all diese Fragen und sind wie bisher fröhlich und zufrieden. ...

Creisau, 5. 6. 24

... Ich muß sagen, ich finde die heutige Jugend ganz wundervoll und bewundere die Art, wie sie Probleme angeht. Die hiesige Jugendbewegung ist ein Grund zum Enthusiasmus, da ist so viel Geistigkeit, so viel Frohsinn und Einfachheit. Der Junge und manch andere sind nicht so davon beeindruckt wie ich, da sie ihnen nicht genügend subtil oder fin-de-siècle ist (wofür mir ein besserer Ausdruck fehlt). Aber da ist der Junge, der hat vollständige Freiheit und Zugang zu allen Vergnügungen und Verlockungen von Berlin, mit 8 Mark Taschengeld im Monat und einer Monatskarte dritter Klasse nach Berlin – und er macht keine Schulden! Ich finde es fabelhaft, denn er ist wirklich ein Mann und kein Kind, ist überall willkommen, da er gut aussieht, Manieren hat und sich doch das versagt, was er sich nicht leisten kann. Süßigkeiten, Zigaretten oder persönliche Ausgaben kommen nicht in Frage, denn die 8 Mark gehen auf Trinkgelder, Straßenbahnen, Briefmarken, Schnürsenkel, Papier etc. Natürlich ist das sehr gut für seinen Charakter. Wir haben ihm ein Abonnement für einen Tennisklub geschenkt, und er hat mit der Hingabe und Gründlichkeit seines Vaters sehr oft 5 Stunden pro Tag gespielt, und Julima schreibt, daß er am liebsten auf den Tennisplätzen zu schlafen scheint, um so wenig Zeit wie möglich zu verlieren! Seine einzige Schwäche sind seine Hosen, die er ständig gebügelt haben will, damit ihre Linie vollkommen ist!! ...

Da haben wir es nun, nach $4^1/_2$-wöchigem Ringkampf: ein Kabinett Marx-Stresemann! Ich persönlich bin sehr froh, daß Stresemann die Außenpolitik behalten hat, denn das heißt, daß der Dawes-Bericht, wahrscheinlich mit einigen Änderungen, angenommen werden wird, und das kann für uns und Europa sehr, sehr viel bedeuten.

Der Y. T., der Arme, hat momentan, was das Geld angeht, die größten Schwierigkeiten. Wie auch sonst jedermann lebt er von Darlehen, die die Reichsbank für 6 Wochen vergibt, und sie müssen immer wieder erneuert werden, bis man etwas von der Ernte verkaufen kann. Es bedeutet aufreibende Arbeit, aber er ist immer wunderbar ruhig und gleichmütig. Der einzige Trost ist die Tatsache, daß es allen anderen ebenso geht. Das Geld ist so knapp, daß manche Zuckerraffinerien den Landwirten Zucker statt Geld für die Ernte angeboten haben! Was für eine verrückte Welt! ...

Creisau, 12. 6. 24

... Wir haben auch einen *Kriegsbeschädigten*, d. h. einen Kriegskrüppel, dem man aber äußerlich nichts ansehen kann; wie Ihr wißt, *muß* jeder Betrieb, der 50 Leute beschäftigt, einen *Kriegsbeschädigten* aufnehmen; dieser Mann, Meier, war ein Barbier, hat dann Forstwirtschaft gelernt und soll sich um unseren Wald und später, wenn die Ernte bevorsteht, um unsere Felder kümmern. Er macht einen sehr aufgeweckten und einfallsreichen Eindruck, ein ganz guter Zuwachs, obgleich ich über all diese Vermehrung meines Haushalts stöhne.

Freitag morgen [13. 6. 24]. Gestern war ich den ganzen Nachmittag bei der Versammlung des *Frauenvereins*, ermüdend aber ganz interessant. Die Regierung tut viel für die kommende Generation. Jedem *Landratsamt* ist ein *Jugendamt* beigegeben, und uneheliche Kinder werden jetzt besonders vom *Jugendamt* betreut und erfreuen sich offizieller Protektion. Und jetzt haben wir ein *Wohlfahrtsamt* beim *Landratsamt* mit einer hervorragend ausgebildeten Frau an der Spitze, und es wird wirklich gute Arbeit geleistet.

Eure lieben Briefe vom 23. Mai haben mich so gefreut wie immer. Ihr dürft Euch um unsere finanzielle Lage nicht allzuviel Sorgen machen, denn wir selbst verlieren nicht den Mut und sind sicher, daß wir es irgendwie schaffen werden. Der Y. T. ist wirklich wundervoll, so ruhig und freundlich trotz all seiner Schwierigkeiten. Wir diskutieren ständig neue Methoden, mit denen wir unser Einkommen erhöhen können, besonders mit dem Jungen, der viel über moderne Landwirtschaft liest und selbständig denkt. Natürlich sind hier alle in derselben Lage, nur müssen wir uns um eine größere Familie kümmern als die meisten und können nicht wie die anderen eine Hypothek aufnehmen wegen des Fideikommisses. Wir müssen im August 30000 Mark Schulden abzahlen, was natürlich möglich ist, nur läßt es uns dann für den Rest des Jahres sehr wenig Spielraum. Jedoch wo ein Wille ist, gibt es auch einen Weg, und an Willen fehlt's hier nicht! Der Junge ist eine reine Freude, ich komme mir etwas vernarrt in ihn vor, denn er *muß* Fehler haben, und doch kann ich – vielleicht abgesehen von etwas zu viel jugendlichem Geltungstrieb – keine entdecken! Er ist seinem Vater gegenüber so verständnisvoll und anerkennend, und die zwei sind richtige Freunde. Ich schnurre vor Behagen! Mit mir ist er auch sehr lieb, und so klug ist er, so lebendig, so zuverlässig, so manierlich, und sieht so gut aus! Ich male mir die Zeit aus, wenn Daddy seinen ältesten Enkel in London (oder Kapstadt) herumführt und seinen Freunden vorstellt und ein kleines bißchen stolz auf ihn ist. (Lacht nicht zu sehr, Ihr Lieben!) …

Creisau, 19. 6. 24

… Wir sind alle, was Deutschland angeht, ganz optimistisch. Ich glaube nicht, daß die Alldeutschen eine Chance haben. Der Junge interessiert sich enorm für Politik und bewundert Stresemann sehr. …

Creisau, 26. 6. 24

… Der Junge kommt am 4. Juli für einen Monat zurück. Seine Schwierigkeit wird sein, daß er so viele Interessen hat, daß er es anstrengend und vielleicht etwas beengend finden wird, sich in der Landwirtschaft in kleinem Rahmen niederzulassen. Aber man braucht sich seine Sorgen nicht in der Zukunft zu suchen, und zuerst wird er einmal eine 3-jährige landwirtschaftliche Ausbildung haben. Wir Ihr wißt, bewundert er Dostojewskis Schriften sehr (natürlich in Übersetzung) und hat eine davon gerade dramatisiert, eine Komödie mit dem Titel „Onkelchens Traum". Natürlich wird das nicht veröffentlicht werden, aber ich erwähne es nur, um zu zeigen, wie „lebendig" er ist und so gar nicht einseitig. Am liebsten würde er in die Politik gehen oder Nationalökonomie studieren, aber natürlich muß er nach seinen 3 Landwirtschaftsjahren anfangen, Geld zu verdienen. Er hat sehr starkes Interesse an Politik und hat dank seinem englischen Blut viel mehr Eignung dafür als die meisten Teutonen. Muß ich Euch sagen, daß er *nicht deutschnational* ist?!

Der Gedanke, daß niemand von uns zu Dads 70. Geburtstag bei Euch sein wird, ist zu traurig. Es macht mir wirklich Sorge, und doch kann ich leider nicht zu Euch kommen. Es ist nicht nur eine Frage des Geldes, sondern auch, was mit den Kindern geschehen soll. Und doch hasse ich den Gedanken, nicht da zu sein. Es gibt wohl keine Möglichkeit, Midwood für die Sitzungsperiode zu vermieten und herzukommen? ...

Creisau, 3. 7. 24

... Die Flüchtlinge von der Ruhr dürfen jetzt meistenteils zurückkehren, was ihnen natürlich sehr viel bedeuten muß. Jedoch findet nur einer unter 10 sein Heim *nicht* von den Franzosen besetzt, was ziemlich schwierig für sie ist, aber vielleicht tritt auch da mit der Zeit eine Besserung ein. Die öffentliche Meinung hier ist sehr empört über die Note zur Militärkontrolle. Aber es war klüger nachzugeben. Keiner hier kann sich vorstellen, wovor sich die Alliierten fürchten. Natürlich werden einige Gewehre und Maschinengewehre versteckt gehalten, und viele von den Jungmännervereinen usw. exerzieren wahrscheinlich militärisch, aber wir haben keine Flugzeuge, keine Panzer, keine großen Kanonen oder sonstige Mittel moderner Kriegführung. Friedhelm Rittberg, der ein richtiger pommerscher Reaktionär ist, sprach gestern mit Bolly Schulenburg (Muttels jungem Freund), der Adjutant bei einer Division ist und Seeckt gut kennt, und sie waren sich beide vollständig einig, daß keine Möglichkeit besteht, daß Deutschland in den nächsten 20 Jahren kämpft. Bolly war gerade auf Manövern gewesen und sagte, daß die moderne Kriegführung so vollständig anders ist und so technisch. Natürlich hat Deutschland keine dieser modernen Geräte, und wenn es welcher habhaft werden könnte, wüßten die Männer nicht, wie sie damit umgehen sollen. Das war ein Privatgespräch zwischen einem reaktionären Junker und einem passionierten Soldaten. Wir haben keine Geschütze, um Flugzeuge abzuschießen, keine Gasmasken – in irgendwelchen Mengen – und so weiter. Das ist der Grund, warum die Leute hier so dagegen waren, daß die Militärkontrolle wieder anfängt, denn sie hatten das Gefühl, der Zweck war, entweder ihre Selbstachtung zu verletzen oder Spionage in allen industriellen Fabriken zu betreiben, ihre Geheimnisse und Patente auszuspionieren. Dann die Dawes-Note. Alle meinen, daß man sie der unglücklichen Ruhrbevölkerung zuliebe annehmen muß und daß es der einzige Weg ist, einen neuen Anfang in Europa zu machen, und doch bestehen schwere Bedenken, ob Deutschland je im Stande sein wird, die vereinbarten Beträge zu bezahlen. Es besteht jedoch kein Zweifel, daß Deutschland, wenn es nur Kredite, Rohmaterial und eine Periode der Ruhe bekommt, sich schnell erholen wird. Aber das bringt es wiederum in kommerzielle Rivalität mit England – es ist ein Teufelskreis. ...

Der Y. T. geht wahrscheinlich ganz kurz nach England, um zu sehen, ob er ein Darlehen bekommen kann. Er hat viele C. S.-Bekannte, die erfolgreiche Geschäftsleute usw. sind, so hofft er auf Erfolg. Hier zahlt man 15 bis 50% Zinsen auf geborgtes Geld, je nachdem, wie lange es läuft, und deshalb kann man für englisches Geld gute Zinsen zahlen, sagen wir 6 oder 7%, und doch dabei gewinnen. Der Geldmangel hierzulande ist ganz schrecklich. Niemand kauft etwas außer dem, was unbedingt nötig ist. Das Schlimmste ist, daß landwirtschaftliche Erzeugnisse so billig sind. 1914 kostete ein Zentner Roggen 8 Mark, jetzt 5 Mark und so weiter. Der Versailler Vertrag verbietet uns (ich kann mir nicht vorstellen, warum), auf Nahrungsmittel vor 1925 Zoll zu erheben, und deshalb sind die Produkte so billig. Wir leben doch in einer komischen Welt, nicht wahr? Ein Wesen von einem anderen Planeten, das unserem Leben und Treiben zusieht, muß uns für ganz närrisch halten, und das sind wir auch. Das Zeitalter der Vernunft ist noch nicht angebrochen. ...

Creisau, 30. 7. 24

Freitag früh [1. 8. 24]. ... Es scheint komisch zu heiraten, während Europa am Rande des Chaos steht, und doch weiß man, daß die Leute weiter so gut wie möglich ihr altes Leben führen mitten in der Entstehung oder Zerstörung einer Epoche, das lehrt die ganze Geschichte. Die Jugend läßt sich nicht entmutigen. Uns älteren Menschen erscheint es oft unangemessen, aber schließlich ist richtiges Gelächter etwas sehr Gutes und auf jeden Fall förderlicher als lange Gesichter. Und dann ist es mir auch ein gewisses Vergnügen zu sehen, wie die

Kinder ihr Zuhause lieben und auch die Familie, nicht zu reden von den vielen anderen, die gerne herkommen. Diese ersten Augusttage sind so durchsetzt mit vielen traurigen und schmerzlichen Erinnerungen an 1914. Die öffentliche Meinung hier ist der Ansicht, daß wir 10 Jahre Krieg gehabt haben, denn seit 1918 ist der Krieg mit anderen Mitteln weitergeführt worden. Wir sind, was die Londoner Konferenz angeht, alle sehr pessimistisch. Frankreich macht jede vernünftige Lösung unmöglich. ...

Creisau, 13. 8. 24

Donnerstag morgen [14. 8. 24]. ... Die Konferenz scheint besser zu laufen, als man zu hoffen wagte. Es ist ganz charakteristisch, daß alle in Deutschland etwas argwöhnisch sind, da muß doch etwas dahinter stecken, denn es scheint unglaublich, daß Deutschland Zugeständnisse gemacht werden –, so wenig sind wir an irgendetwas außer Ultimaten gewöhnt. Es wird ein riesiger Schritt nach vorne sein, wenn die Nationen beginnen, versöhnlichen und gerechten Sinnes zusammenzuarbeiten. Und dann ist es ungeheuer wichtig, daß das Prinzip der Schlichtung in der Sanktionenfrage zum Zuge kommt. Vor ein paar Tagen bekam ich einen Brief von Dr. Aletta, die gerade von ihrer Reise nach Amerika zurückgekehrt ist. Sie sagt, die kriegerische Stimmung dort ist erstaunlich, und die Zeitungen bereiten die Öffentlichkeit auf einen großen Krieg in 3 oder 4 Jahren vor. Ist das nicht schrecklich? Besonders, da Amerika so gänzlich ungefährdet ist. Ach ja, der Geist des Militarismus. Wußtet Ihr, daß über 300 deutsche Handwerkerkinder während des Sommers in französischen Familien aufgenommen wurden? Das ist sehr rührend. Ich schicke Euch einen schlecht getippten Artikel meines Freundes Carli Pückler über die deutsche Kriegsschuld; er mag Euch interessieren, zumal ich ihm bei der Übersetzung geholfen habe. Es ist natürlich eine Frage, die die Gemüter aller Deutschen stark erregt. ...

Dad hat mich sehr amüsiert mit seiner Bemerkung über die heutige Jugend, die so viel reifer ist als die frühere. In gewisser Hinsicht halte ich das für wahr, jedenfalls sind Jungen wie Dick und Helmuth James für ihr Alter außerordentlich gebildet und haben Unmengen gelesen. Dick hat das „Second Empire“ jetzt ausgelesen, und der Junge ist gerade dabei, und dann komme ich dran, da ich sehr viel langsamer als sie lese, weil ich sehr viel weniger Zeit habe. ...

Creisau, 3. 9. 24

Freitag [5. 9. 24]. ... Dieser Sonntag ist C. B.s Geburtstag, der mit dem üblichen Ritual gefeiert wird. Er ist schon enorm aufgeregt und sagte gestern zu mir: *Ich freue mich rasend auf meinen Geburtstag.* Sein Hauptwunsch (schon seit 2 Jahren oder länger) ist ein Luftgewehr, das wir ihm zusätzlich zu einer weißen Matrosenbluse schenken (Du siehst, wie praktisch ich bin!). Er ist ungewöhlich auf alle Schießarten erpicht und wird wohl seine Zeit damit verbringen, Spatzen und Ratten nachzustellen und meistens zu verfehlen. C. B. ist der typische Mann en miniature, liebt Pferde, Schießen etc., liest nur alte Heldensagen oder Kriegs- und Abenteuergeschichten, sieht uns gerne beim Bridgespiel zu (was Jowo und Willo nie tun), liebt es, mit seinem Vater schießen zu gehen, hat ein goldenes Herz, sehr sonnig und liebevoll, mit einem großen Gerechtigkeitssinn, sehr praktisch, und von allen Kindern hat er das meiste religiöse Gefühl. ...

Creisau, 10. 9. 24

Donnerstag [11. 9. 24]. ... Es ist sehr interessant, in den deutschen Zeitungen zu sehen, was für einen prominenten Platz sie dieses Jahr den Sitzungen des Völkerbundes geben; sogar die konservative Presse schmälert seine Tätigkeit nicht mehr wie früher, und es ist klar, daß der Völkerbund erheblich an Prestige gewonnen hat. Wahrscheinlich ist der dortige Druck von MacDonald[1] und Herriot[2] ein wichtiger Faktor gewesen. Aber es ist ein gutes Zeichen, zumal ich nicht glaube, daß es Propaganda ist, da Deutschland dem Völkerbund nicht so bald beitreten wird. ...

Freitag morgen. ... Das Radio ist wirklich eine wunderbare Erfindung. Neulich hat Jowo am Abend die Kapelle im Savoy Hotel in London spielen gehört und das Klatschen und die Bemerkungen, die sich anschlossen, und dann die Uhr von St. Paul's, wie sie 11 Uhr schlug – all das in Herrn Rösners Zimmer im dritten Stock! Ich habe ihm gesagt, bald wird er Daddy hören können, wie er irgendwo eine Rede hält! Jowo ist brennend an seinem Radio interessiert und baut sich selbst einen größeren Apparat. ...

1 *MacDonald:* James Ramsay Macdonald, englischer Labourführer und Premierminister. 2 *Herriot:* Édouard Herriot, französischer Ministerpräsident.

Creisau, 17. 9. 24

... Die Zeitungen hier schreiben viel über Deutschlands Beitritt zum Völkerbund, auch über die Kriegsschuld, ein sehr schmerzliches Thema in diesem Lande. Ich persönlich sehe nicht, wie Deutschland dem Völkerbund jetzt schon beitreten kann – selbst wenn die anderen es mit gleichen Rechten hereinlassen –, weil niemand im Vaterland im Herzen den Versailler Vertrag akzeptiert. Elsaß-Lothringen, die dänischen Gebiete und Posen ja, aber der Korridor, Memel, Danzig und Oberschlesien, die Kriegsschuldfrage und so weiter, da würde keiner freiwillig zustimmen. Aber die europäische Atmosphäre *hat* sich merklich verbessert, daran besteht kein Zweifel, und ich hoffe, daß Herriot und Stresemann lange an der Macht bleiben. MacDonald kann ich nicht beurteilen. Er scheint so oft schwache und nervöse Schritte zu unternehmen, und doch muß er ein feiner Mensch sein. Ich werde aus ihm nicht recht klug. ...

Creisau, Freitag morgen, 3. 10. 24

... Ich bin jetzt in Schweidnitz für ungefähr 2–3 Monate als Erster Leser tätig. So seht Ihr, daß es mir nie an Arbeit fehlt. Wir konnten endlich einen größeren Saal für unsere Versammlungen bekommen, er faßt etwa 500 Leute, und wir sind sehr eifrig dabei, ihn für das neue Jahr in Ordnung zu bringen. Momentan müssen wir zwei Mittwochgottesdienste abhalten, um alle unterzubringen, und das ist ein ausgesprochener Nachteil.

Die politische Lage in Deutschland ist im Moment sehr interessant: Völkerbundsbeitritt, die Möglichkeit, daß die Konservativen ins Kabinett eintreten, Handelsverhandlungen mit England und Frankreich und hundert innenpolitische Fragen. Wie Ihr sagt, kann die Frage der Kriegsschuld in den nächsten 20 Jahren nicht wirklich gelöst werden, und für die anderen Nationen ist es eine Frage ganz untergeordneter Bedeutung, aber für die Deutschen ist es eine Frage, die sie sehr heftig bewegt, und sie empfinden das darin enthaltene Stigma sehr scharf. ...

Es wird Euch interessieren, daß das englische Moltke-Buch, das Ihr mir vor etwa 2 Jahren schicktet, Onkel Otto so interessiert hat, daß er es für eine Weile mitgenommen hat. Er sagt, es ist vorzüglich. ...

Creisau, 15. 10. 24

... Jedermann hier erwartet höchst aufgeregt die Ankunft des Zeppelins in Amerika. Es ist wirklich sehr aufregend. In wenigen Jahren werden wir wohl immer nach Kapstadt oder New York fliegen, und das wird die Reise zu einem kleinen Wochenendausflug machen! Und wieviel schneller unsere Briefe gehen werden! Dann interessieren wir uns alle sehr für die Wahl in England. Ich kann MacDonald einfach nicht verstehen – Ihr? Diese ständigen Wahlen sind eine lästige und kostspielige Angelegenheit, und man wird der Demokratie ziemlich überdrüssig, obgleich es momentan nichts Besseres gibt, was an ihre Stelle treten könnte. In Berlin hat eine große Friedenskonferenz stattgefunden, die viel Aufsehen erregte, sogar in der konservativen Presse. Sir John Hamilton, Hansen und andere bekannte Ausländer waren da. Mit Ausnahme der Konservativen würde ich Deutschland ausgesprochen pazifistisch nennen, und wenn erst einmal die Ruhrwunden heilen, wird es noch mehr so sein. Andererseits sind die Franzosen hier so unmöglich, wie es die Deutschen in England kurz nach dem Krieg waren, aber das wundert einen ja nicht. ...

Creisau, 21. 10. 24

... So werden wir jetzt auch eine Wahl haben! Es ist ein deprimierender Gedanke, obgleich ich glaube, daß die Gemäßigten Mandate gewinnen werden und die Konservativen verlieren, was nur gut ist. Diese Minderheitskabinette sind doch sehr unbefriedigend, nicht wahr?

Friedel Ploetz erzählte uns gestern alles über die Militärische Kontrollkommission, mit der er viel zu tun hat. Es war hochinteressant, aber zu lang, um es Euch schriftlich zu erzählen. Er sagt, sie seien außerordentlich geschickt und es sei ganz unmöglich, sie zu hintergehen. Natürlich hassen die Deutschen sie, aber Friedel sagt ganz richtig, es ist absurd, grob zu den Leuten zu sein, denn die tun nur ihre Pflicht, aber ein Belgier war Leiter dieser Kommission, und das wurmte besonders. Es scheint leichter, sich mit einer erstklassigen Macht abzufinden. Sie sehen sich nur die Bücher an und vergleichen, aber er sagt, es ist unmöglich, sie in irgendeiner Weise zu betrügen. ...

Creisau, 28. 10. 24

... Ich hatte heute eine große Enttäuschung; die Rhodes Trustees sagen, daß sie die deutschen Stipendien nicht erneuern können, da sie durch Parlamentsgesetz annulliert wurden. Der Junge wird, fürchte ich, schrecklich enttäuscht sein, und es ist wirklich sehr schade, er hätte so viel an einem Jahr in Oxford gewonnen. ...

Muttel geht es noch immer gar nicht gut, und sie ist so schwach, daß sie die meiste Zeit im Bett verbringt. Das bedeutet auch, daß wir alle häufig zu der armen alten Dame hinübergehen, und darauf geht viel Zeit. Sie ist wunderbar geduldig und gar nicht schwierig. Leider ist all ihr „Heidentum" weg! Der Y. T. ist einfach *rührend* zu ihr, so rücksichtsvoll und zart, obgleich er nie ein Wort sagt, das seine Gefühle zeigt – gar nicht teutonisch!

Freitag [31. 10. 24]. ... Mein Lieber, diese Wahl in England! Ich freue mich gar nicht über diesen großen konservativen Sieg. Ich kann mir nicht helfen, ich mache mir nichts aus Konservativen, und in diesem Falle sind sie die antideutscheste Partei. Was wohl MacDonald von der Lage hält? Es sieht so aus, als ob England zu dem gesegneten Zweiparteiensystem zurückkehrt (wir haben im *Reichstag* 27 eingeschriebene Parteien!!), nämlich Konservative und Labour, wobei die Liberalen als rechter Labourflügel gelten. ...

Creisau, 6. 11. 24

Freitag [7. 11. 24]. Ihr Lieben, es scheint mir diese Woche unmöglich zu sein, Zeit zu finden, in Ruhe und Muße an Euch zu schreiben, was schade ist. Was denkt Ihr über die amerikanische Wahl? Ist diese konservative Welle in den angelsächsischen Ländern nicht merkwürdig? Ich glaube, daß hier die Volkspartei und die Gemäßigten große Gewinne erzielen werden, aber ob sie eine klare Mehrheit haben werden, die für eine stabile Regierung nötig ist, ist sehr zweifelhaft. ...

Creisau, 11. 11. 24

... Kennt Ihr das Gefühl, Ihr lieben Alten, ganz besonders dumm zu sein und absolut nichts zu schreiben zu haben? Unsere Gedanken sind ständig bei Muttel, und obgleich ich selten mehr als 2 Stunden dort verbringe, hängen doch Gespräche und Gedanken irgendwie ständig ums *Torhaus* herum. Es geht ihr weder besser noch schlechter, es ist eine lange und langsame Angelegenheit, wenn sie sich überhaupt je erholt. Sie ist so lieb und freundlich und gar kein Heide, mit dem Glauben eines kleinen Kindes, es ist ganz rührend. Sie ist in vieler Hinsicht eine schwierige Frau, und ihr Charakter hat viel Egoistisches, besonders an der Oberfläche, aber sie ist aus einem großen und würdigen Block gehauen, sie ist eine Persönlichkeit und hat nichts Kleinliches an sich. Wenn sie kein so egozentrisches und unbeschwertes Leben geführt hätte, hätte sie eine wirklich wundervolle Frau sein können. ...

Creisau, 17. 12. 24

Donnerstag [18. 12. 24]. ... Wenn der Junge 3 Jahre in Oxford hätte bleiben müssen, hätte das die Sache sowieso unmöglich gemacht, da das für ihn eine Zeitvergeudung bedeutet hätte, aber ein Jahr wäre sehr schön gewesen. Nun, man kann es nicht ändern. Er wird wohl sein Examen irgendwann im März bestehen und dann im April als Eleve zu arbeiten anfangen, und so fürchte ich, daß Ihr nicht viel von ihm sehen werdet, obwohl er vielleicht im Mai eine Woche Urlaub kriegen kann. Ihr werdet doch Euer Hauptquartier hier haben und Eure *meiste* Zeit bei uns verbringen? Daddy muß all seine Vorurteile überwinden und sich klarmachen, daß Kreisau kein fremder Ort ist, sondern ein Platz, wo er „zu Hause" sein und ganz zwanglos tun kann, was er will etc. Es macht die Weihnachtsstimmung sehr fröhlich, wenn wir daran denken, was für Freuden uns bevorstehen! Die Kinder haben sich schrecklich gefreut, als ich ihnen von Euren Plänen erzählte, und C. B. sagte so lieb: *Ich freue mich aus 3 Gründen. 1. Ich freue mich, einfach, weil sie kommen, 2. Ich freue mich, weil sie uns schöne Geschenke mitbringen (!) und 3. Ich freue mich, weil wir uns die ganze Zeit, wenn sie hier sind, liebhaben können.* Ich fand es von dem kleinen Kerl so lieb, daß er die Geschenke nicht als erstes erwähnt hat, denn das tun Kinder doch meistens, wie Ihr wißt. ...

Creisau, 16. 10. 25

Sonnabend [17. 10. 25]. ... Am 27. fährt Helmuth James nach Berlin ab, und dann beginnt sein Studium im Ernst. Er wohnt bei Ulla, die ihm ihr Gästezimmer umsonst angeboten hat. Sein Mittagessen wird er in einem kleinen Restaurant in der Nähe der Universität einnehmen und sein Frühstück und Abendbrot zu Hause kochen. Nicht halb so nett wie das Leben in Oxford und Cambridge, aber es hat wenigstens den Vorteil, daß es billig ist. Er muß mit 10 Pfund im Monat auskommen, und das muß für Kolleggelder, Bücher, das Leben und kleine Ausgaben reichen. Schneiderrechnungen usw. zahlen wir weiter. Sag Mutter, daß er seine versprochene Geburtstagsreise dann doch nicht gemacht hat, sondern das Geld dafür für Hemden ausgegeben hat. Es wird ihm nicht schaden, sehr sparsam sein zu müssen. Zu viel Geld zu haben, ist gefährlicher als zu wenig zu haben.

Wir sind alle über Locarno[1] sehr aufgeregt, obgleich bis jetzt nur sehr wenig Details bekannt geworden sind. Jedenfalls scheinen die Dinge jetzt besser fortzuschreiten, als man für möglich hielt. Wenn ein guter Sicherheitspakt geschaffen wird, darf ich hoffen, daß meinen Söhnen die Grauen des Krieges erspart bleiben, ein unschätzbarer Segen. Findet Ihr nicht auch, daß es großartig von Deutschland war, auf alle Ansprüche auf Elsaß-Lothringen zu verzichten? ...

1 *Locarno:* Auf der Konferenz von Locarno wurde am 16. Oktober ein Pakt zwischen Deutschland, Frankreich, England, Italien und Belgien geschlossen, der die westlichen Grenzen des Versailler Vertrags bestätigte. Er trug zur Befriedung Europas bei.

Creisau, 24. 10. 25

... Ich bin sehr glücklich über Locarno und habe das Gefühl, daß Europa und die Vernunft einen großen Schritt vorwärts gemacht haben. Habt Ihr den Artikel von Garvin im „Observer" vom vorigen Sonntag gesehen, in dem er alle geistigen Verwandtschaften aufzählt, die zwischen Deutschland und England bestehen? Ein sehr gutes Zeichen, aber fast tragikomisch, wenn man an all die Pressepropaganda der letzten 10 Jahre denkt ...

Ich muß Euch eine rührende Geschichte über C. Bernd erzählen. Ich fand ihn gestern schluchzend im Bett, und es dauerte sehr lange, bevor ich aus ihm herauskriegen konnte, was ihn grämte. Und dann erklärte er: Es habe ihn einfach übermannt. Er hatte ein Lied über Andreas Hofer mit Frl. König gesungen, und er war überwältigt von dem Gedanken, daß ein so guter Mann umgebracht wurde. Ich sagte ihm, es sei in der Tat traurig, daß es so viel Ungerechtigkeit und Leid in der Welt gibt, aber alles was wir tun könnten, sei darauf zu halten, daß *wir* anderen kein Leid zufügen oder auf denen herumtrampeln, die gefallen sind. *Ja, aber dieser Mann ist schon lange tot, und ich kann ihm nicht helfen.* Ist das nicht rührend? Er hat ein so warmes und weites Herz. …

Sonntag [15. 11. 25]. … Alle sparen, denn die landwirtschaftlichen Preise sinken weiter und Bargeld ist schrecklich knapp. Vor dem Krieg kostete ein Zentner Roggen 9 Mark, heute ist er nur 6,90 Mark wert, während die Produktionskosten fast 50 % höher sind! Milchprodukte sind das einzige, das höhere Preise erzielt als vor dem Krieg.

Die hiesigen Zeitungen berichten sehr ausführlich über eine Rede, die General Smuts über Locarno gehalten hat. Es ist erstaunlich, was für einen großen Ruf er in Europa hat. Mich hat besonders interessiert, was er über die Renten als Teil der Reparationsabfindung sagte. …

Creisau, 4. 12. 25

… Es war anständig von Chamberlain[1], das zu sagen, was er über die deutschen Leichenfabriken gesagt hat. Überhaupt scheint der Geist der Kriegspropaganda schnell auszusterben, Gott sei Dank. Du, lieber Daddy, scheinst über Locarno nicht sehr begeistert zu sein, wahrscheinlich vom Standpunkt der Dominien. Aus der Sicht Europas scheint es mir ein großer Schritt vorwärts zu sein, wenn die Alliierten nur ihre Versprechen halten, die Zustände in den besetzten Gebieten zu verbessern. Mich hat Smuts' Rede sehr interessiert, solcher Glaube und Enthusiasmus ist sehr hilfreich. Als Asta mich die Zeitung lesen sah, auf der Du zwei rote Kreuze angebracht hattest, um meine Aufmerksamkeit auf etwas zu lenken, sagte sie: *Das ist ein Kuß von Daddy, einer für Dich und einer für mich.* …

1 *Chamberlain:* Joseph Austen Chamberlain (1863–1937), britischer Staatsmann. Als Außenminister hatte er in Locarno zwischen Deutschland und Frankreich vermittelt. Er hatte eine der englischen Propagandalügen des Ersten Weltkriegs – die der Wahrheit des Zweiten näher kamen – dementiert.

Creisau, 11. 12. 25

… Ich glaube nicht, lieber Daddy, daß Deutschland *wirklich* bei der Unterzeichnung des Locarnopakts etwas aufgegeben hat. Hier denkt kein *Realpolitiker* daran, in den nächsten 20 Jahren mit Frankreich zu kämpfen, deshalb ist die westliche Grenze ein *fait accompli* auf lange Zeit. Warum der Tatsache nicht ins Auge sehen, sie zugeben und die französische Nervosität entwaffnen? Es war auch eine schöne Geste, aber vor allem war es einfach das Zugeben von Tatsachen. Es hat mich neulich außerordentlich gefreut, die englischen Proteste gegen die These der deutschen Kriegsschuld zu sehen, die vor ein paar Tagen veröffentlicht wurden. In Frankreich ist dasselbe geschehen, nur dort wurde es, wie mir scheint, von weniger einflußreichen Männern unterzeichnet, mehr Idealisten und Sonderlinge als einflußreiche Namen. Die englische Stimmung gegenüber Deutschland hat sich in letzter Zeit enorm geändert. Glaubst Du, lieber Pessimist, man darf hoffen, daß die Nationen Europas dem Krieg wirklich Hindernisse entgegenstellen werden? Viel schwieriger für Deutschland als Locarno ist der Dawes-Pakt. Wie wir je unsere Schulden bezahlen sollen, die noch nicht einmal festgesetzt sind, ist mir ein Rätsel. Ich glaube nicht, daß es möglich ist. Wirtschaftlich geht es Deutschland *sehr* schlecht. Nirgends gibt es Geld. Die Geschäfte sind leer, täglich gehen große Firmen in den Bankrott, und jede Fabrik, Farm, jedes Geschäft, jeder Haushalt entläßt Angestellte, so daß Arbeitslosigkeit grassiert. Amerika gibt uns keine Darlehen, es sei denn für 12 % Zinsen, was mehr ist, als selbst ein erfolgreiches Geschäft zahlen kann. …

Creisau, 19. 12. 25

… Helmuth James ist gestern angekommen, sehr vergnügt und ganz mitteilsam. Es wird Euch amüsieren, daß er auf einem großen Fest zur Feier des 5. Jahrestages der bolschewistischen Regierung in der Sowjetbotschaft war – ein Diner für 600 und dann Tanz, eine sehr glanzvolle Veranstaltung, mit Vertretern aller Regierungen! In London hat sich die englische Regierung, glaube ich, geweigert teilzunehmen –, das ist eine ganz andere Frage. Er hat auch an einer Vortragsreihe in der Botschaft über theoretischen Kommunismus teilgenommen, ganz interessant, sagt er. …

Creisau, 26. 12. 25

… Jowo ist sehr aufgeregt, weil Ulla ihn eingeladen hat, im Mai mit ihr 3 Wochen nach Italien zu gehen. Wir hoffen, daß er für etwa 12 Tage Urlaub bekommen kann, der Rest der Zeit fällt in die Pfingstferien. Es wäre zu schön für ihn und eine wunderbare Chance, besonders da sie mit einem Kurator des Kaiser-Friedrich-Museums fährt. Sie will sehen, ob er das Zeug zu einem *Kunsthistoriker* hat. …

8. 1. 26

… Der arme Y. T. hat es nicht leicht. Die 1000 Pfund, die er von Euch geborgt hat, lassen ihm keine Ruhe. Endlich haben wir jedoch mit dem Dreschen angefangen, aber die Preise sind so ungenügend. Laut Haushaltsstatistiken von 300 Gütern in diesem Teil der Welt haben 85 % letztes Jahr mit einem Verlust von 50 bis 150 Tausend Mark gearbeitet. Die 15 %, die sich überhaupt rentiert haben, waren solche, die Destillerien, Ziegelbrennereien, Sägemühlen usw. haben – d. h. nichtlandwirtschaftlichen Nebenerwerb. Was kann man bei solchen Umständen tun? …

Creisau, 20. 1. 26

… Heute war der Y. T. zweimal auf seinem Osterei[1] in Schweidnitz, um zu versuchen, seine Gerste zu einem anständigen Preis zu verkaufen, aber bisher ohne Erfolg. Macht es Euch etwas aus, ein paar Wochen länger auf das Geld zu warten? Hoffentlich nicht, denn es kommt einem so falsch und verschwenderisch vor, Ernten einfach wegzuwerfen, sozusagen. Jedermann erwartet, daß die finanzielle Krise bis März oder April überwunden ist, oder jedenfalls das Ärgste davon. Sowohl Parker Gilbert[2] als auch Luther[3] sprechen davon als notwendigem Prozeß auf eine vollständige Stabilisierung hin, d. h. ein Zustand, der sich bessern wird. Es wird momentan an einem Plan gearbeitet, der Landwirtschaft 5 Jahre Kredit zu 7 % zu geben, was eine enorme Verbesserung gegenüber allem wäre, was wir bisher hatten. *Wenn* etwas daraus wird und *wenn* Fideikommißgüter das in Anspruch nehmen können, wird uns etwas geholfen sein, obgleich man natürlich der Tatsache ins Gesicht sehen muß, daß ein Gut wie unseres gerade einmal bei äußerster Sparsamkeit eine Familie wie unsere erhalten kann, und das auch nur, wenn die Dinge richtig laufen. Es hat aber keinen Zweck, sich *darüber* Sorgen zu machen. Der Weltkrieg ist die Ursache der meisten gegenwärtigen Schwierigkeiten in Europa, und man muß die Dinge einfach nehmen, wie sie sind. Trotzdem hat man auch *viele* Segnungen zu verzeichnen. Ich würde nicht so viel über Finanzen schreiben – die Daddy, wie ich weiß, deprimieren –, wenn wir Euch nicht Geld schuldeten, und ich möchte, daß Ihr die Lage versteht und nicht denkt, daß wir die Sache nicht ernst genug nehmen, wenn wir etwas verspätet zurückzahlen. Der Y. T. gibt sich unendliche Mühe, auszukommen und Euch seine Schulden zu bezahlen, die er unerträglich findet, und doch sagte er mir vor ein, zwei Tagen: „Ohne die 1000 Pfund hätte ich überhaupt nicht weitermachen können." Ich weiß, daß Euch 1000 Pfund auch viel bedeuten und daß Ihr das Geld braucht. ...

1 *Osterei:* Motorrad, Geschenk ihrer Eltern. 2 *Parker Gilbert:* Generalbevollmächtigter für Reparationen. 3 *Luther:* Hans Luther bezeichnete sich in seinen Memoiren als „Politiker ohne Partei". Zeitweise gehörte er der DVP an, war aber vornehmlich Verwaltungsmann. Parteiloser Reichskanzler vom 6. Januar bis 29. Oktober 1925 und vom 20. Januar bis 18. Mai 1926.

Creisau, 10. 2. 26

... Habt Ihr wohl Mussolinis Rede über Deutschland und die Italienisierung Tirols irgendwo gelesen? Das ist die größte Frechheit, die man sich vorstellen kann. Vor dem Krieg wäre das höchstwahrscheinlich der Vorläufer eines Ultimatums gewesen. Es trifft uns auch, denn bei diesen gespannten Verhältnissen zwischen Deutschland und Italien wird Jowos Direktor ihm niemals seinen Urlaub im Mai geben. Alle Deutschen sagen ihre italienischen Reisen aus Protest ab. Jowo ist natürlich sehr aufgeregt, und es besteht noch eine Hoffnung, daß sich die Dinge bis Mai etwas beruhigt haben, und so muß man abwarten. ...

Creisau, 3. 3. 26

... Ich lese gerade eine hochinteressante Biographie des Kaisers von Emil Ludwig, einem Republikaner. Brillant geschrieben und einfach atemberaubend. Die Leichtfertigkeit, die Autokratie, die Eitelkeit und der partielle Wahnsinn des Kaisers sind bestürzend, und doch hat ein Mann solchen Kalibers Geschichte gemacht. Das Buch ist nicht unparteiisch, aber es verfälscht nicht das Beweismaterial, wenn es auch grausam erscheint, so über einen Mann zu schreiben, der noch lebt. Auf jeden Fall wird es mehr zum Tod der Monarchie in Deutschland beitragen als sonst irgendetwas. Wenn Ihr es lesen wollt, leihe ich Euch mein Exemplar (ein Geburtstagsgeschenk), es ist leicht verständlich und in lateinischen Typen, aber vielleicht ist es zu umfangreich. ...

Freitag [5. 3. 26]. ... Die Zeitungen beschäftigen sich momentan sehr mit der Frage der Erweiterung des Völkerbundsrats. Ich kann Chamberlain einfach nicht verstehen. Niemand kann schließlich Polen eine Großmacht nennen, und wenn Polen reinkommt, warum nicht alle anderen? Ich muß sagen, die Alliierten machen es deutschen Staatsmännern schrecklich schwer, eine versöhnliche und vernünftige Linie zu verfolgen. Und wenn der „Geist von Locarno" manchmal durchbricht, werden so viele „wenn" und „aber" eine oder zwei Wochen später hinzugefügt, daß es nicht wunder nimmt, daß die Deutschen argwöhnisch und skeptisch sind, in der Tat bin ich erstaunt, daß sie es nicht noch mehr sind. ...

Sonnabend. Der Junge sagt mir, daß die Pooles am 12. in Berlin erwartet werden. Er hat sich *so* über Daddys Brief gefreut und hat mir gleich davon erzählt. Und wie lieb von Euch, ihm 4 Pfund zu schikken! Er interessiert sich ernsthaft für Politik und liest viel über die Periode, in der der Sozialismus in Deutschland seinen Anfang nahm (Bebel, Kautsky usw.). Er hat mir mehrere Seiten „Notizen und Kommentare" zu lesen gegeben – die Pflichten und Freuden von Eltern sind wahrhaft mannigfach! ...

Creisau, 12. 3. 26

Sonnabend [13. 3. 26]. ... Habt Ihr je so etwas wie den Wirrwarr in Genf gesehen? Wenn es nicht so ernst wäre, wäre es von unwiderstehlicher Komik. Was *werden* sie tun? Es ist merkwürdig, daß Nationen so viel närrischer, unehrlicher und unvernünftiger sind als Individuen. Ein deutscher Schriftsteller, Emil Ludwig, sagte neulich, daß es ein unschätzbarer Segen für die Welt wäre, wenn das Wort „Prestige" abgeschafft werden könnte. In der Innenpolitik haben wir momentan auch die Aufregung über die Frage des Privatbesitzes der deutschen Herrscherhäuser, und die Sozialisten wollen ein Referendum darüber erzwingen. *Juristisch* sind die königlichen Hoheiten berechtigt, so viel zu beanspruchen, wie sie es tun (200 Millionen Mark) – sie könnten sogar mehr beanspruchen; aber es läßt sich der Standpunkt vertreten, daß ein Land, das so arm wie Deutschland jetzt ist, sich weigert, es ihnen zu geben. ...

Creisau, 17. 3. 26

Freitag [19. 3. 26]. ... Da ich nicht weiß, ob Ihr den „New Statesman" kriegt, schicke ich Euch mein Exemplar mit der Besprechung der Memoiren von Colonel House.[1] Ich habe einen Abschnitt über die Deutschen angestrichen, der so sehr wahr ist und den sich so wenige Nicht-Deutsche klarmachen. Ich gebe zu, daß der Ausdruck

„friedlich wie Schafe" nicht sehr schmeichelhaft ist, aber ihre Fügsamkeit *hat* fast etwas von Dummheit an sich. Und das mit dem „Minderwertigkeitskomplex" trifft absolut zu: Er ist der Grund für vieles. Das Fiasko in Genf ist wirklich sehr ernst und kann weitreichende Folgen haben. Helmuth James, der viele Leute aus der jüngeren Generation im Auswärtigen Amt und in Regierungskreisen kennt, sagt, daß die alten Reaktionäre – die in diesem Land noch florieren – ganz abgeschrieben sind und jetzt ein liberaler und europäischer Geist weht, der sehr zu begrüßen ist. Es gibt auch eine „Paneuropa"-Bewegung unter dem Neffen[2] unseres Grafen Coudenhove in Pretoria, die darauf abzielt, Zoll- und Handelsschranken abzuschaffen. Unser Freund Hubermann schickte mir neulich ein Pamphlet, das er darüber geschrieben hatte. Das kommt sicher in der Zukunft, aber wir sind dafür noch nicht bereit, nur müssen die nördlichen Völker an einem Strang ziehen, sonst werden sie von den Emotionen der Mittelmeervölker überflutet. ...

1 *Colonel House:* E. M. House, Berater von Präsident Woodrow Wilson, veröffentlichte seine Papiere mit Hilfe eines Yale-Professors als Herausgeber, in vier Bänden von 1926 bis 1928: „The Intimate Papers of Colonel House, arranged as a narrative by Charles Seymour". Der (gekürzte) Brief der Gräfin Moltke vom 7. Oktober 1914 steht im 1. Band auf S. 336. Er spricht tatsächlich von einer Neugeburt Deutschlands. 2 *unter dem Neffen:* Graf Coudenhove-Kalergi (1894–1972).

Creisau, 25. 3. 26

... Was Dad über den wirtschaftlichen Zustand Deutschlands schreibt, ist ganz richtig. Er sagt, der einzige Weg, auf dem D. die drückenden Dawes-Verpflichtungen erfüllen kann, ist durch starken Export. Nun ist die Schwierigkeit, daß, selbst wenn man Geld und Kredit hat, Ausfuhr nicht so leicht ist wie vor dem Krieg. Während des Krieges sind viele Länder, besonders Nord- und Südamerika, die bis dahin in großem Umfang importiert hatten, Selbstversorger geworden, und Rußland, ein natürlicher Absatzmarkt für Deutschland, fällt auf Jahre aus. Ich persönlich glaube, daß die Periode europäischen Wohlstands, die wir vor 1914 hatten, wenn überhaupt, dann erst in 20 Jahren zurückkehren wird. Das macht nichts aus – solange wir genug zum Leben haben –, denn großer Wohlstand bringt immer Materialismus mit sich, und ich glaube nicht, daß die Menschen vor 1914 wirklich viel glücklicher waren als nach 1920. In der viktorianischen Zeit waren sie es vielleicht (jedensfalls eine bestimmte Klasse), aber das war vor der Zeit der Unruhe, in der wir alle leben und die die Dinge kompliziert macht. ...

Sonnabend [27. 3. 26]. Heute abend kommt Dr. Ohle[1] für das Wochenende. Mutter kann sich vielleicht an einen unscheinbaren kleinen Assessor erinnern, einen Freund von Madi, der im Ruhrgebiet arbeitete, als die Franzosen da waren. Der Junge will mit ihm über Examina etc. sprechen, da er dieselbe Karriere ergreifen will wie Dr. Ohle, nämlich Beamter werden. ...

1 *Dr. Ohle:* Dr. Karl Ohle, Sozialdemokrat, später Landrat in Waldenburg.

Creisau, 31. 3. 26

... Am Montag hatten wir eine wirklich freudige Überraschung – der Y. T. soll die Memoiren von Col. House ins Deutsche übersetzen! Als das Buch erschien, schrieb ich an Colonel House (natürlich nachdem ich den Y. T. konsultiert hatte) und fragte ihn, ob er dem Y. T. erlauben würde, es zu übersetzen, wenn er das Buch je auf deutsch veröffentlichen wolle, und am Montag kam die Antwort. Wir sind alle *so* froh darüber. Nicht nur weil es eine interessante Arbeit ist, sondern weil es auch etwas Geld einbringen wird, was nur gut ist, und dann ist es eine gewisse Auszeichnung, etwas so Wichtiges, wie es die „Intimate Papers" doch wohl sind, zu übersetzen. Es hat mich sehr amüsiert und überrascht, in Deinem Brief zu lesen, daß ein Brief von mir in der Sammlung ist. Ich kann mich nicht daran erinnern, fühle mich etwas verlegen und hoffe, daß er Euch nicht erröten macht! Oktober 1914 klingt ziemlich ominös, denn wir waren alle, in allen Ländern, ziemlich unter dem Einfluß der Kriegspropaganda, manche mehr, manche weniger. Der Y. T. hat das Buch gleich bestellt, und so kann ich es bald selbst sehen. Jedenfalls freuen wir uns sehr über die Übersetzung. Ein sehr guter Verleger in Zürich soll das Buch veröffentlichen.

Wir arbeiten schwer an den Vorbereitungen für Ostern, innerlich und äußerlich. Gestern wurde das Brahms-Requiem in der Friedenskirche in Schweidnitz gegeben, und viele von uns gingen hin. Es war eine ganz anständige Aufführung für eine kleine Provinzstadt, und die Kirche ist ein schöner Rahmen. Und heute nachmittag fahren Ete und ich nach Breslau, um Bachs Matthäuspassion zu hören – könnt Ihr Euch an die Aufführung in Den Haag zur Osterzeit erinnern? Ich habe das Programm noch und sah es mir heute an und rief mir viele glückliche Erinnerungen zurück; was haben wir so viele schöne Dinge zusammen erlebt.

Dann wird das ganze Haus gründlich reinegemacht und poliert, die Kästen auf dem hinteren Balkon werden mit reizenden Stiefmütterchen gefüllt, und alles sieht tipptopp aus.

... Der Junge schrieb gestern, daß Frau Schwarzbach [sic][1], eine sehr wohlhabende Österreicherin, die 78 „Küchen" finanziert hat und betreibt und 34 Erholungsheime in ganz Europa, meistens für bedürftige Künstler aller Arten, ihn für 14 Tage im Sommer in ihr Haus in Wien eingeladen hat und dann auch in eins ihrer „Erholungsheime" in den österreichischen Alpen. Schön, nicht wahr? ...

Freitag [2. 4. 26]. Wir haben zwei anstrengende Tage gehabt. Seit Donnerstag früh um 7 Uhr sind drei Männer hier, um unseren Besitz zu schätzen. Der Y. T. hofft auf eine Hypothek der *Landschaft*, die eine Art Landwirtschaftsbank ist. Die Sache wird sehr gründlich gemacht, der Boden untersucht, jedes Gebäude usw., und es ist sehr interessant gewesen. Nächste Woche kommt leider ein *riesiges* Fest auf der Wiese, wo die Spielschule letztes Jahr ihr Fest hatte. Das Oberhaupt der evangelischen Kirche Preußens soll sprechen, dann soll es Massenchöre und eine Kapelle usw. geben. Mein einziger Beitrag zu der Zeremonie ist ein großer Tee für unsere Freunde und Nachbarn danach, ich bereite mich auf etwa 50 Leute vor – das kommt davon, wenn man einen historischen Namen hat! ...

1 *Frau Schwarzbach:* Erst der dritte Brief, der sie erwähnt, hat den richtigen Namen. Es handelt sich um Dr. Eugenie Schwarzwald, Schulreformerin und Philanthropin, die im Leben der Familie bald eine wichtige Rolle spielte. In ihrem Sommerhaus in Grundlsee trafen sich später Helmuth James von Moltke und Freya Deichmann.

Creisau, 30. 4. 26

... „Nun danket alle Gott." Unser gestriges *Vaterländisches Fest* ist glänzend abgelaufen. Herrliches Wetter, einer der berühmtesten Prediger in Deutschland, Conrad, der hervorragend und nur 20 Minuten sprach, ein paar gute Choräle und danach ein Tee für ungefähr 60 Leute im Schloß. Mehrere tausend Menschen müssen dagewesen sein, Motorbusse brachten die Menschenmengen hin und wieder weg. Es war sehr gut organisiert. Das Thema war der Charakter des Feldmarschalls: Einfachheit, Pflichttreue und frommer Sinn, und das waren die Ideale, die allen empfohlen wurden. Kein Anflug von Parteipolitik, Nationalismus oder Chauvinismus. Es war wirklich gut. Die Häuser waren alle geschmückt – sogar unser Hof war gefegt!! –, und jedermann hatte sich enorme Mühe gegeben, damit alles gut lief. Onkel Fritz und Tante Julie waren gekommen, sind aber heute früh wieder abgefahren, da morgen sein Geburtstag ist, zu dem wir alle eingeladen sind. Tante Julie schickt Dir, liebe Mutter, besondere Grüße. Gestern erschien Frl. Dietze plötzlich, für das Fest – und fährt heute abend wieder weg. Sie ist nie ein sehr willkommener Gast, aber trotzdem tut mir das arme alte Ding leid – besonders aus der Entfernung!

Helmuth James fährt morgen nach Berlin ab. Ich habe diesmal mehr denn je Freude an ihm gehabt, und wir haben sehr viel gemein. Er ist wirklich eine große Freude für mich und ist so lieb. Ich bin sicher, er wird Euch viel besser gefallen, und er ist viel weniger unnahbar als letztes Jahr.

Sonnabend [1. 5. 26]. ... Der deutsch-russische Vertrag[1] scheint viel Aufregung zu verursachen, aber meiner Meinung nach sollte man sich nach dem Fiasko von Genf nicht über Deutschland wundern. Niemand kann in die Zukunft blicken und sehen, was die Folgen des Vertrags sein werden, und ich muß sagen, daß den Sowjets immer eine Aura der Unsicherheit und Unzuverlässigkeit anhaftet. Im großen und ganzen ist die hiesige öffentliche Meinung jedoch für den Vertrag.

Lieber Daddy, ich wünschte so sehr, daß Du mehr in der Nähe wärest, damit Du dem Jungen Deinen Zylinder für die verschiedenen kommenden Hochzeiten leihen könntest! Er hat einen großen „englischen" Kopf und keiner hat einen Hut, der ihm paßt! ...

1 *deutsch-russische Vertrag:* Der Vertrag zwischen dem Deutschen Reich und der Sowjetunion vom 24. April 1926 sicherte den Partnern gegenseitige Neutralität im Falle eines Verteidigungskriegs oder wirtschaftlichen Boykotts zu.

Creisau, 7. 5. 26

Sonnabend [8. 5. 26]. ... Ich habe einige der Schriften von Friedrich dem Großen gelesen. Ein wunderbarer Mann. Mit den Neigungen eines Philosophen und Kulturmenschen geboren, mußte er das alles unterordnen und ein König werden –, und es war ein harter Kampf für ihn. Seine Briefe an seine Schwester Wilhelmine sind so rührend; sie war der einzige Mensch, dem er sich mitteilte. Und dann ist sein absoluter Mangel an religiösem Glauben so tragisch. Er war darin so tapfer, hatte das Gefühl, daß es über das Grab hinaus keine Zukunft gäbe, aber daß er trotzdem seine Rolle hier, so gut er konnte, spielen mußte. Der Glaube an ein künftiges Leben gehört zu den größten Segnungen, die ein Mensch haben kann, er macht vieles, besonders im Alter, so viel leichter. Friedrichs Schriften sind aber auch *höchst* amüsant, voller Ironie und Gelächter über die Schwächen der Menschheit. ...

Creisau, 13. 5. 26

Sonnabend [15. 5. 26]. Leider kein Brief von Euch diese Woche, wahrscheinlich eine Folge des Streiks. Aber ich bin sehr froh, daß der Generalstreik zu Ende ist; was für eine Erleichterung für alle. Ich muß sagen, das englische Volk hat sich in dieser Sache sehr lobenswert gehalten. Die Freiwilligen haben Wunderbares geleistet, und es scheint wenig Gewalttätigkeit gegeben zu haben. Wir stecken leider wieder in einer Regierungskrise. An sich war es klug vom Kabinett zu versuchen, die lächerlichen Diskrepanzen in der Flaggenfrage zu überwinden, aber es war ein höchst ungeeigneter Moment dafür. Die große Schwierigkeit beim Regieren des Vaterlands liegt in der Tatsache, daß die zwei Blöcke, der republikanische und der monarchistische, ganz gleich groß sind, so daß nur Koalitionskabinette gebildet werden können, die den Kern der Schwäche in sich tragen. In der Flaggenfrage ist es dasselbe. Die eine Hälfte der Bevölkerung erschaudert beim Anblick der schwarz-rot-goldenen Fahne, die andere Hälfte wird rot vor Wut, wenn eine schwarz-weiß-rote Fahne gehißt wird. Ich persönlich glaube, daß die republikanische Idee mit der Zeit wachsen und das konservative Ideal überflügeln wird, denn die jüngere Generation ist entweder wild konservativ oder, und das ist bei den besseren und freieren Gemütern der Fall, ist ganz bereit, die Republik als ihre Regierungsform zu akzeptieren. ...

Ich habe Euch, glaube ich, berichtet, daß wir uns mehr und mehr der Rinderzucht widmen. Wir melken über 800 Liter pro Tag und mästen auch eine Menge junger Kühe. Der Y. T. legt viel mehr Koppeln an und sät sogar Gras, wo bis jetzt Korn wuchs, auch Luzerne und anderes Futter. Der Silo ist eine große Hilfe. Das Gute an der Milch ist, daß man ein laufendes Einkommen von den Ställen hat, weniger Kunstdünger braucht und der Milchpreis gut ist. 17 Pfennig pro Liter, und vor dem Krieg waren es 10 Pfennig. ...

Balfanz, 22. 5. 26

... Euer lieber Brief vom 30. April erwartete mich hier, als wir gestern abend ankamen. Die Autofahrt nach Berlin dauerte 9 Stunden (360 Kilometer) und ebenso lang von Berlin hierher, obgleich die Entfernung etwas geringer ist, ungefähr 315 km, aber die Straßen sind nicht so gut. Wir hatten eine sehr nette Zeit in Berlin. Jowo wohnte bei Ulla und der Y. T. und ich in einem sehr angenehmen und blitzsauberen „Hospiz", was eine Art Herberge ist. Jowo war glückselig und besichtigte das ganze Kaiser-Friedrich-Museum mit Dr. Bange, einem der Kuratoren, der mit Ulla und ihm im September nach Italien geht. Am Abend gingen wir alle in einen hochinteressanten Sowjetfilm, der in Berlin läuft, „Panzerkreuzer Potemkin", es soll die Geschichte der Meuterei der Seeleute auf dem Schiff sein, die der Anfang der ersten Revolution war, kurz nach dem japanischen Krieg, und soll sich auf Dokumente stützen. In Wirklichkeit ist es ein sowjetischer Propagandafilm, hervorragend gemacht, aber ich bin sicher, daß er z. B. in England nicht zugelassen würde. Viele Leute meinen, er sollte auch hier nicht erlaubt sein, ich denke es auch, aber er ist trotzdem außerordentlich interessant und wirft ein schreckliches Licht auf die Grausamkeiten der Regierung unter dem Zaren. Es ist die Apologie der Sowjets für das, was sie getan haben. Nach diesem Film soll ein amerikanischer Antikriegsfilm gegeben werde, „Havre", und es ist sehr auffallend, wie ausgesprochen friedliebend und liberal große Massen des deutschen Volkes geworden sind. Am Abend davor war Helmuth James bei einem Vortrag über „Paneuropa" gewesen, bei dem Graf Coudenhove (der Neffe „unseres" Grafen), der Führer der Bewegung, sprach. Stresemann, Caillaux[1] und, wie es scheint, alle mehr liberalen europäischen Staatsmänner unterstützen sie. England ist natürlich mit seinen überseeischen Besitzungen in einer anderen Lage. Wie ich sehe, will Malan[2] eine südafrikanische Flagge einführen! Ist das nicht äußerst revolutionär? Unser Herrscherhaus-Plebiszit findet am 20. Juni statt. Die 200 Millionen sollten ihnen nicht ausgezahlt werden, sondern bestehen aus Eigentum, Kunstwerken, Land und Schlössern, die sie besitzen, d. h. Camenz, das mit der Mitgift einer holländischen Prinzessin, der Großmutter unseres Prinzen, gekauft wurde. Juristisch ist die Frage nicht ganz klar (d. h. was Privat- und was Staatseigentum ist), und man hofft immer noch auf einen befriedigenden Kompromiß. ...

1 *Caillaux:* Joseph Caillaux, französischer Staatsmann. 1911 hatte er in der Marokkokrise eine friedliche Lösung mit Deutschland erreicht. Versuchte auch wäh-

rend des 1. Weltkriegs zu vermitteln, wofür er eine Gefängnisstrafe bekam. 1925–26 Finanzminister. 2 *Malan:* Dr. Malan war südafrikanischer Innenminister.

Creisau, 25. 6. 26

... Ihr werdet gesehen haben, daß das Plebiszit, das königliche Eigentum zu konfiszieren, negativ entschieden ist, aber irgendein Kompromiß muß gefunden werden, und es ist eine sehr prekäre Lage für die Regierung. In der Tat, wie *soll* man regieren, wenn die beiden Seiten (d. h. rechts und links, monarchistisch und republikanisch) praktisch gleich stark sind und entschlossen, keine Konzessionen zu machen? Das ist eine Situation, in der sogar die parlamentarische Regierungsform versagt, aber bis jetzt haben wir nichts Besseres. ...

Creisau, 3. 7. 26

... Und jetzt ist das Achtstundentag-Gesetz in England angenommen worden. Die Situation in England kommt mir sehr ernst vor, aber wo ist sie das nicht? Seht Euch Frankreich an. Und es ist fast unmöglich, Deutschland mit dem parlamentarischen System zu regieren, wo sich die beiden Seiten so die Waage halten. Meine Meinung ist allerdings, daß, wenn erst einmal die heutige Jugend in die Politik eintritt, das Pendel zur republikanischen Seite ausschlagen wird, und mit einer richtigen Majorität wird es leichter sein, konstruktive Arbeit zu leisten. ...

Schätz, 8. 7. 26

... Carl Viggos Hochzeitstag. Wir fuhren gestern rechtzeitig zum Mittagessen im Auto herüber, eine Entfernung von etwa 150 Kilometern. Um 6.30 gab es ein wunderbares Buffet für etwa 120 Gäste und danach Theater im Garten und Tanz. Alles sehr schön arrangiert und ganz erstaunlicherweise kein Regen. Der Garten ist sehr hübsch und momentan ein „Flammenmeer“ (wirklich!) von Rosen. Die Zeremonie selbst soll heute um 1 Uhr im Garten stattfinden. Es ist sehr warm, und leider sind die Mücken sehr aktiv. Heute sollen „nur“ 60 Gäste da sein. Wir Moltkes sind alle in Schätz, die anderen Gäste wohnen in der Nachbarschaft bei Verwandten und Freunden. Frede-Ilse ist ein *großer* Gewinn für die Familie Moltke, charmant anzusehen und mit Herz und Charakter. ...

Creisau, 16. 7. 26

... Gestern begannen Ete, Schönchen und ich unsere Pilgerfahrt zu einem kleinen, entlegenen Dorf. Wir wollten uns dort eine Volkshochschule ansehen, die vielleicht etwas für Thilo[1] ist. Die Idee der V.H.S. begann in Dänemark nach *seinem* verlorenen Krieg 1864, und jetzt wird sie hier entwickelt nach Deutschlands Niederlage. Ein hocherfreulicher Leiter, natürlich *Jugendbewegung*, und überall ein wundervoller Geist, ganz begeisternd. Es gibt einen Sommerkurs (3–4 Monate) für Industriearbeiter und einen Winterkurs für Bauern etc., Altersgrenze 40 Jahre. Sie lernen singen, Geographie, Literatur, Volkswirtschaft, Kunst in ihrer Beziehung zum Leben und natürlich eine Menge Spiele und Gymnastik. Es war hochinteressant. Wir kamen rechtzeitig zum Abendbrot zurück, glücklich, aber sehr müde, da es unangenehm heiß gewesen war, 100° Fahrenheit im Schatten. ...

Sonnabend [17. 7. 26]. Wieder herrliches Wetter und alle verrückt nach Tennis. Sogar der Y. T. spielt jeden Tag und ist immer noch einer der Besten. Morgen schicken wir alle Dienstboten und Eulig im Ford in ein kleines Dorf bei Königszelt, wo Schillers „Wilhelm Tell" von ländlichen Laienspielern im Freien aufgeführt wird. Ein Dorflehrer, wiederum *Jugendbewegung*, hat das Ganze aufgezogen, zum besten der Jugendherberge, die er dort gebaut hat. Der Y. T. und ich waren vor ein paar Wochen da (sie spielen Sonnabends und Sonntags) und waren wirklich beeindruckt und gerührt von dem Spiel und dem Eifer dieser einfachen Leute. ...

1 *Thilo:* Thilo von Trotha.

Creisau, 22. 7. 26

... Diese Woche war wirklich ziemlich ermüdend, zu viele Besucher. Einige Tage lang waren wir 19 bei Tisch! Aber langsam verlassen uns die Leute, und eine gewisse Abwärtstendenz ist sehr willkommen. Daddy wird seinen lieben weißen Kopf schütteln, das weiß ich, aber häufig kann man wirklich nicht „nein" sagen, man ist zu oft der Sklave seiner Umgebung. Andererseits war es eine sehr fröhliche Woche und jedermann sehr vergnügt – jedenfalls die Gäste! Am Sonntag verläßt uns der Junge, und Claus und C. B.[1] gehen 14 Tage campieren an den Sclawa-See, einen schönen See in Nordschlesien, aber dann kommt Asta mit ihren beiden kleinen Cousinen, so bleiben wir 16, jedoch bedeutet es nicht, daß man sie unterhalten muß, wie man das bei Fremden und Erwachsenen tun muß. Die Jungen waren sehr vergnügt mit mehreren netten jungen Mädchen hier, und gestern haben sich die jungen Leute aus Hennersdorf (Liers) zum Abendbrot eingeladen, und wir zogen uns alle Kostüme an und waren sehr fidel. Es ist so wichtig für Jungen, viel harmloses Vergnügen zu Hause zu haben, so daß sie nicht nach stärkeren Getränken verlangen. Wir waren zweimal in der Talsperre zum Baden, wunderschön, ich wünschte, es wäre nicht so weit weg, und es wurde viel getanzt, Tennis gespielt, und an zwei Abenden herrlich Räuber und Prinzessin gespielt, mit viel Geschrei und Spaß! Ach, wie ich wünschte, Ihr hättet hier sein können, und dann hätten wir uns nach einer kurzen Weile in die Bibliothek zurückgezogen, um Rommé oder Patience zu spielen. –

Später. Mr. Perry, der junge Mann aus Oxford, ist gerade angekommen. Er sieht nett aus; sein Vater war Sekretär bei Lord Milner[2], so kennt Ihr ihn wohl. Er kann kein Wort deutsch! – In was für einem politischen und finanziellen Schlamassel Frankreich zu sein scheint, obgleich Caillaux eine wirklich lächerlich leichte Regelung der Schuldenfrage erreicht hat. Ich befürchte, es gibt jetzt kaum eine Chance, den Franc aufzuhalten, bis er den einstigen Zustand der Mark erreicht, aber das bedeutet eine große Verarmung und Leiden für die Franzosen und nützt niemandem. Ich muß sagen, auch über England bin ich sehr pessimistisch; es ist wirklich eine Tragödie, daß es keine liberale Partei mehr gibt, die die Führung übernehmen kann, denn Baldwin[3] – trotz allem, was Ihr zu seinem Lobe sagt – und seine Kollegen lassen die Dinge einfach weiter wurschteln und versuchen nicht, den Kohleproblemen auf den Grund zu kommen. Ich glaube, daß wir durch unsere schlimmsten Schwierigkeiten hindurch sind – so lange keine Partei wahnsinnig genug ist, einen Putsch zu versuchen – und sind ein ernüchtertes und weiseres Land. Es geht hier nicht um Wohlstand, auf Jahre nicht; wir sind schon froh, wenn sich die Dinge sehr allmählich bessern, aber wir haben fast 2 Millionen Arbeitslose und fast nochmal so viele auf „halber" Arbeitslosenunterstützung, was eine erdrückende Last für den Steuerzahler ist. Bei der Lektüre von Ludwigs Buch dürft Ihr nicht vergessen, daß er nach lächerlichen Momenten im Leben des Kaisers fahndet und daß fast unglaubliche Anekdoten über die meisten Leute erzählt werden könnten, denn wir sind alle Menschen. Nicht, daß ich den Kaiser verteidige, der so kraß bombastisch und pompös war, aber selbst er hatte seine besseren Momente!! ...

1 *Claus und C. B.:* Carl Bernd und sein Vetter Claus von Trotha. 2 *Lord Milner:* Milner, Alfred Viscount (1854–1925), britischer Staatsmann. 1897 Kampfgouverneur und Hoher Kommissar für Südafrika, befürwortete den Burenkrieg

als einziges Mittel, die Benachteiligung der Engländer zu beheben. 1916–19 Mitglied des Kriegskabinetts. 1918 Sekretär für die Kolonien. Starker Vertreter des britischen Imperialismus bzw. der Commonwealth-Politik. 3 *Baldwin:* Stanley Baldwin, britischer Premierminister 1923, 1924–29, 1935–37.

Creisau, 8. 8. 26

... Helmuth James schreibt sehr glücklich aus Grundlsee; er hat den Dreh raus, auf die Füße zu fallen. Er hat viele interessante Leute getroffen, Strindbergs Schwiegertochter[1], Hofmannsthal, Österreichs berühmtesten Dichter, usw. Jetzt versucht seine Gastgeberin, eine Stelle als „Eleve" bei der deutschen Delegation beim Völkerbund für ihn zu bekommen. Selbstverständlich sind alle Mütter geneigt, ihre Kinder für Schwäne zu halten, aber ich halte es wirklich für sehr wahrscheinlich, daß der Junge in der Zukunft Großes leisten wird. Natürlich ist alles im Augenblick sehr ungleichmäßig, und wir müssen uns vor Einbildung hüten – Fremde behandeln ihn so ernst, als ob er 25 und nicht 19 wäre –, aber er hat bestimmt einen guten Kopf und arbeitet schwer. Ich glaube, es ist ganz schwierig für ihn, bei Ulla zu wohnen – sie stellt sehr hohe Anforderungen –, aber das ist *sehr* gut für ihn. Zum Glück ist sein Verhältnis zu seinen Eltern ideal, und das bedeutet so viel im Leben eines Jungen. Ich bin sicher, daß es für sie alle gut ist, so wenig Geld zu haben. ...

1 *Strindbergs Schwiegertochter:* die Schriftstellerin Maria Lazar.

Creisau, 3. 9. 26

Sonntag [5. 9. 26]. ... Du fragst, ob die Schwierigkeiten des Y. T. etwas geringer werden. Er sagt, ein klein bißchen weniger, aber natürlich dauert es Jahre, bis man seine Getreidewirtschaft in einen *rentablen* Rinderbetrieb verwandeln kann, wenn man überhaupt kein Kapital hat und jeden Pfennig borgen muß. Er hat jetzt über 100 Kühe und melkt 700 bis 1000 Liter täglich. Er kann diesen Herbst *all* seinen Verpflichtungen nachkommen – die schlimmste Zeit, denn sie sind alle nach der Ernte fällig, etwa 4000 Pfund alles in allem –, und dann bleiben nur noch Eure 1000 Pfund zu zahlen. Er muß die anderen zuerst bezahlen, denn seine Gläubiger sind Rinderzüchter, Verkäufer von künstlichen Futtermitteln usw., und er sagt, wenn die bezahlt sind, wird er sich Euren 1000 Pfund zuwenden. Es ist für ihn oft sehr schwer, aber C. S. hilft ihm sehr, und die Hauptsache ist, daß es aufwärts geht. Unsere Kühe sind besser und viel zahlreicher als letztes Jahr. Wir schlossen das Jahr von Juli '25 bis Juli '26 mit einem Soll von 2000 Pfund ab – ohne Euer Geld, das sozusagen privat ist –, und das ist wesentlich besser als das Vorjahr. Ich muß sagen, der Y. T. ist wirklich rührend sparsam, besonders wenn man weiß, wie wenig es in seinem Charakter liegt. Er ist jetzt sogar sparsam mit dem Wagen, der voriges Jahr seine eine Extravaganz war. ...

Creisau, 17. 9. 26

... Helmuth James kam am Montag an, braungebrannt und in sehr guter Stimmung; er hat herrliche Ferien gehabt, hat viele interessante Leute getroffen, und wie stets ist er auf seine Füße gefallen. Es wird Euch amüsieren, daß der englische Zweig der International Law Association ihn aufgefordert hat, *ihrem* Zweig beizutreten genauso wie dem deutschen; das ist also seine erste und passende Verbindung nach England! Eine Frau Dr. Schwarzfeld [!][1], eine Frau von ungefähr 50, Gründerin einer berühmten Mädchenschule in Wien und eine große Philanthropin, hat offenbar großes Gefallen an dem Jungen gefunden (sie hat keine Kinder) und hat ihn in literarische und politische Kreise in Wien eingeführt. So wird er nun einige Zeit dort an der Universität studieren (es wird wie eine deutsche Universität angerechnet), um all die interessanten Verbindungen, die dort begonnen haben, zu zementieren, sozusagen – sicher kann man Beziehungen nicht „zementieren", aber Ihr wißt, was ich meine. Ich glaube, der Junge hat eine große Zukunft vor sich, und meine einzige Sorge ist, daß es ihn eingebildet und zu selbstsicher machen könnte. Er ist es nicht wirklich, macht aber sehr leicht den Eindruck, daß er es ist. Ich hoffe jedoch, daß das verschwindet, wenn er älter wird.

Sonnabend [18. 9. 26]. Ich bin eben von meiner zweiten Fahrstunde gekommen – sehr aufregend, und ich finde rückwärts fahren sehr schwer. Der Junge bringt es mir bei. Übrigens wollte er Dr. Aletta in Den Haag besuchen, aber sie war zur Kur in Bad Nauheim. Wir sind ein paar Tage allein (ich rechne Ulla nicht als Besuch), was sehr schön und erholsam ist. Am 15. hatten wir 2 Leute vom Innenministerium hier, um Leihgaben für das Moltkemuseum auszusuchen. Sie bringen alles für uns in Ordnung, was nur gut ist, und der Junge arbeitet sich durch alle Papiere in unserem Archiv hindurch und stößt dabei auf vieles von Interesse. Darunter eine der ersten Zeitungen, die je in Deutschland veröffentlicht wurden, etwa 1740; nur Gesellschaftliches,

Klatsch, Geschichten usw., keine Politik oder Nachrichten – obgleich der 7-jährige Krieg im Gange war, weil natürlich die Nachrichten so lange unterwegs waren. Wie anders als die heutigen Zeitungen! ...

Hat Euch der Junge etwas über seinen Besuch in Doorn erzählt? Er fand den Kaiser jämmerlich, seine Frau netter – sie hat sogar Ludwigs Buch über Wilhelm II. gelesen – und die ganze Veranstaltung äußerst lächerlich und ohne Beziehung zur Wirklichkeit, d. h. er benimmt sich noch so, als ob er das Vaterland beherrschte. ...

1 *Frau Dr. Schwarzfeld:* Dr. Eugenie Schwarzwald, s. 31. 3. 26.

Ende September 1926

... Der Junge sortiert alle Papiere im Archiv, und neulich stieß er auf eine Aufgabe des Generalstabs, die Vatel 1892 ausarbeiten sollte, und sie beginnt: „Am Abend des 31. Juli mobilisieren Frankreich und Deutschland, am 4. August erklärt Frankreich den Krieg; welche Befehle gibt der Generalstab heraus?“ Ist es nicht ein merkwürdiger Zufall, daß diese angenommenen Daten dieselben sind, die dann 1914 eintraten? C. B., unser lieber kleiner Patriot, sagt, das zeigt, wie wunderbar tüchtig die Deutschen in der Politik waren!!

Sonnabend. Ich füge den *Lebenslauf* bei, den der Junge für M. Comert[1] geschrieben hat; er gefällt mir. Bitte schickt ihn zurück. Ich meine, daß Genf diesmal ein ausgesprochener Erfolg war. Ihr auch? Briand[2] und Stresemann wollen offensichtlich zu einem Einverständnis kommen, und wenn sie es tun, haben wir die legitime Hoffnung, daß Europa jedenfalls für ein oder zwei Generationen gerettet ist. Stresemann hatte offenbar großen Erfolg und scheint es gut gemacht zu haben. Er ist ein hervorragender Redner, kann aber keine Fremdsprache und sieht sehr unangenehm aus. Aber er ist ehrlich und tapfer und ein Mann, den man unterstützen muß, denn er arbeitet auf der richtigen Linie. Er ist sehr unpopulär, aber zum Glück schwer abzusetzen, da es keinen gibt, der an seine Stelle treten könnte. ...

1 *M. Comert:* Pierre Comert vom Völkerbundssekretariat und ein Freund von Hermann und Eugenie Schwarzwald. 2 *Briand:* Aristide Briand (1862–1932), französischer Außenminister, Befürworter der Annäherung und Aussöhnung mit Deutschland.

Creisau, 8. 10. 26

... Gestern waren der Junge, Schönchen und ich in Schw.[eidnitz] zu einem hochinteressanten Vortrag über G. B. S[haw]s „Saint Joan", gehalten von einem katholischen Priester, der sich als Prediger in Berlin einen großen Namen gemacht hat. Es war *hoch*interessant. Er nahm das Stück als seinen Ausgangspunkt und wandte sich dann solchen Problemen zu wie Christentum und Krieg, der Kanonisierung von Heiligen, der Idee des Nationalismus in der katholischen Kirche usw.

Letzten Sonntag war Dr. Ohle (Assessor in Waldenburg) als Wochenendbesuch hier. Er ist der beste Beamtentyp, klug, fleißig, sehr eifrig und absolut unbestechlich, was heutzutage in diesem Land, nach den Inflationsjahren, viel bedeutet. Helmuth James hat mit ihm ausgemacht, daß er in den Oster- oder Sommerferien täglich mit dem Osterei[1] nach Waldenburg fahren und beim *Landratsamt* arbeiten wird, um Erfahrung in dieser Art Arbeit zu sammeln. Waldenburg ist sehr interessant, da es das Gebiet mit der größten Bevölkerungsdichte (die Grubenstadt selbst) in Deutschland ist, die Zustände dort sehr schlecht, die Minen unrentabel sind, und man kann eine Menge lernen. Es wird harte Arbeit für den Jungen sein, aber sehr interessant. Er macht das Beste aus jeder Gelegenheit und hat die Gabe, sich das zu verschaffen, was er für seine zukünftige Arbeit braucht, deren Endziel die Politik ist. ...

1 *Osterei:* Motorrad.

Creisau, 4. 12. 26

... Hier ist viel über die Ergebnisse der Imperial Conference veröffentlicht worden, und Jowo stöhnt, weil er einen Schulaufsatz darüber schreiben mußte! Die Engländer sind wirklich ein wunderbares Volk. Ihre Einstellung hat etwas „Weites", wie es, glaube ich, kein anderes Volk hat. Ich füge einen Artikel von Koch[1] bei, dem Führer der hiesigen Demokratischen Partei. Macht Euch nicht die Mühe, ihn ganz zu lesen, aber die zwei letzten Abschnitte sind lesenswert.

Ich habe Queen Victoria ungeheuer genossen. Mir fiel auf, wieviele Züge sie und der Kaiser gemein hatten; was den kolossalen Unterschied machte, war, daß der Kaiser unbeschränkte Macht und unterwürfige Berater hatte, während die Königin das Glück hatte, Berater von großer Weisheit und unabhängigem Charakter zu haben und – das Wichtigste – eine Verfassung und eine öffentliche Meinung, die eifersüchtig ihre Rechte verteidigte. Es ist die alte Binsenwahrheit, daß nichts einem so schadet, wie immer Recht zu behalten. Wenige können diese Prüfung bestehen. …

Liebe Mutter, Du fragst nach Jowo. Er wird sein Abitur erst im Frühjahr 1929 machen, und so haben wir noch viel Zeit vor uns. Dann muß er auf eine Universität gehen, obgleich er noch keine Ahnung hat, was er werden will, was etwas schwierig ist. Aber wie Mr. Micawber lebe ich in der Hoffnung, daß sich schon etwas ergeben wird. Willo wird es viel leichter fallen, seinen Platz zu finden, Ingenieur oder Architekt oder so etwas. C. B.s eine Idee ist, Förster zu werden, ein sehr angenehmer Beruf, vorausgesetzt, daß man nicht zu ehrgeizig ist. Jowo könnte gut in den diplomatischen Dienst passen, nur braucht man dafür etwas eigenes Geld, und es sagt mir nicht sehr zu. …

Sonntag morgen [5. 12. 26]. … Meinen gestrigen Besuch in Bresa habe ich sehr genossen. Tante Julie hat sich besonders nach Euch erkundigt. Sie ist gerade von einem sechswöchigen Besuch in Dornach bei Basel zurückgekehrt, dem Zentrum der Anhänger von Dr. Steiner, dem Theosophen.[2] Jede Nationalität ist dort vertreten, alle leben für geistige Dinge, anscheinend viel einfaches Leben und erhabenes Denken. Ich finde es sehr ermutigend, von solchen Gemeinschaften zu hören, und Dutzende von ihnen sind über die ganze Welt verstreut, und sie haben Ideale und versuchen, danach zu leben, und materieller Besitz gilt ihnen wenig. …

1 *Koch:* Erich Koch-Weser, liberaler Politiker. Vorstandsmitglied der DDP, Reichsinnenminister 1919–21, Justizminister 1928–29. Legte 1930 seine Parteiämter nieder und widmete sich von da an bis 1933 ausschließlich seiner Anwaltskanzlei. Emigrierte nach Brasilien. Vgl. 2. 6. 32. 2 *Dr. Steiner, dem Theosophen:* dem Anthroposophen – s. 3. 2. 22.

Creisau, 9. 12. 26

Sonnabend [11. 12. 26]. Von Seeckt[1] hielt man hier viel, sogar die Sozialdemokraten, und er hat die Reichswehr, so klein sie ist, zu einer außerordentlich effizienten Organisation gemacht. Aber die meisten Leute fanden, daß es ein großer Fehler war, Prinz Wilhelm an den Manövern teilnehmen zu lassen, und natürlich mußte Seeckt die Verantwortung dafür übernehmen. Die Republik ist viel stärker als sie war, und die Hohenzollern sind – bis auf die Kronprinzessin – gänzlich diskreditiert, sogar bei der Mehrheit der Monarchisten. …

1 *Seeckt:* General Hans Seeckt, Schöpfer der Reichswehr. 1920 Chef der Heeresleitung, übernahm im November 1923 die Exekutivgewalt im Reich, die es ihm

erlaubte, sowohl linken Aufständen als auch dem Hitlerputsch entgegenzutreten. Machte die Reichswehr zur effektiven und unpolitischen Truppe. Oktober 1926 amtsenthoben. 1930–32 Reichstagsabgeordneter (DVP). 1934–35 Militärberater Tschiang Kai-Scheks.

Creisau, 13. 1. 27

Montag [17. 1. 27]. ... Ich habe gerade Emil Ludwigs Biographie über Bismarck zu Ende gelesen. Sie ist nicht so gut wie das Buch über den Kaiser, aber Bismarck ist immer interessant. Es wurde mir klar, wie schlecht ein „aktives" Genie – im Gegensatz zu einem „philosophischen oder künstlerischen" Genie – für ein Land ist. Genies dulden niemand in ihrer Nähe, sie ersticken die kleineren Pflanzen. Und doch war Bismarck trotz all seinen Fehlern ein wundervoller Mann. ...

Creisau, 7. 9. 27

... Ihr fehlt mir überall. Mir fehlt das gemeinsame Lesen, die Gänge im Garten (verwelkte Blüten abschneidend) – heute habe ich die letzte von Euch arrangierte Vase Wicken ausgeleert, mit *Wehmut*, wie es die Teutonen nennen, ich glaube, es gibt nichts Entsprechendes im Englischen, denn es ist viel zarter als Melancholie. ...

Creisau, 17. 9. 27

... Ich habe eine *sehr* anstrengende Woche hinter mir, und dies ist der erste Augenblick, den ich habe, um Euch zu schreiben. Montag und Dienstag hatte ich Leno und Frau v. Goßler hier und mußte mich etwas um sie kümmern, da sie nur so kurz hier waren. Die Allens und Ulla kamen Dienstag abend und blieben bis gestern abend, und obwohl ich die Allens genossen habe und sie reizend fand, war ich wirklich zu müde, um ihnen und mir selbst gerecht zu werden. Was noch dazu kam, war, daß meine beiden Hausmädchen am 15. kündigten, so daß ich zum 1. Oktober zwei neue engagieren muß, und die haben dann so wenig Zeit, sich einzugewöhnen, bevor ich abreise. Das ist sehr lästig. Tatsache ist, daß Else ein Kind erwartet, und Ida, das dumme Ding, hat sich von Else überreden lassen, auch zu gehen. ...

Die Allens waren ganz außerordentlich nett. Sie wollten den Y. T. und mich für ein paar Tage in ihrem Wagen mit nach Prag nehmen, aber wir konnten leider nicht gehen. Der Y. T. hat einen neuen Verwalter „zur Probe" (Hauptmann ist noch hier) und kann nicht weggehen, und dieses Wochenende haben wir einige Professoren des Jungen hier, ein älteres Ehepaar kommt heute abend, Prof. Schulze-Gävernitz,[1] Prof. Rosenstock[2] und Dr. Peters[3] kommen morgen. Und dann tut mir wohl ein bißchen Ruhe zu Hause (wenn ich sie haben kann) besser als die Gesellschaft von Leuten, die ich nicht gut kenne. Aber schade war es doch. ...

1 *Schulze-Gävernitz:* Gerhart von Schulze-Gaevernitz, Professor der Nationalökonomie. 2 *Rosenstock:* Eugen Rosenstock (-Huessy), Professor der Rechtsgeschichte in Breslau. Sozialreformer und Förderer der Erwachsenenbildung. Emigrierte 1933 nach Amerika, wo er an der Universität Harvard und in Dartmouth College lehrte. 3 *Peters:* Hans Peters, Verwaltungsjurist und Hochschullehrer, zunächst in Breslau, dann in Berlin; nach dem 2. Weltkrieg zeitweilig Dekan und Rektor der Universität Köln, nachdem er im Kriege als Hauptmann, später Major d. R. im Luftwaffenführungsstab gedient hatte, zuletzt, wegen „politischer Unzuverlässigkeit", bei der Flak. Aktiv in der katholischen Laienbewegung. Mitglied des Kreisauer Kreises.

Creisau, 21. 9. 27

... Sonnabend und Sonntag waren sehr nett, aber sehr ermüdend mit all diesen Professoren, aber alles ging ganz glatt, und sie gründeten ein Untersuchungskomitee für Waldenburg etc. Der Junge war sehr glücklich, hatte aber eine üble Erkältung, die sich am Montag zu einer scheußlichen Mandelentzündung mit hoher Temperatur entwickelte. Heute ist er noch im Bett, aber es geht ihm viel besser, und er wird wohl morgen aufstehen. Armes Kind, welches Pech. ...

Creisau, 25. 12. 27, Weihnachtstag

... Ihr werdet, das weiß ich, heute viel an uns denken. Hoffentlich ist es bei Euch nicht zu heiß und die Festlichkeiten an Bord nicht zu anstrengend, wie „Laßt uns um jeden Preis lustig sein"-Feiern meistens sind. Wir hatten einen wirklich reizenden Heiligen Abend. Die Tatsache, daß Weihnachten im Vaterland das große religiöse Fest des Jahres ist, gibt ihm einen besonderen Reiz. Es ist ein so *innerliches Fest* (ich kann kein englisches Äquivalent für *innerlich* finden), und die Lieder, der erleuchtete Baum und die biblische Geschichte sind genau so wichtig, sogar für die Kinder, wie die Geschenke, während sie, d. h. die ersteren, für die Erwachsenen bei weitem das Wichtigste sind. Gestern gingen die 3 Jungen mit mir um halb fünf in die Kirche in Gräditz. So ein schöner Gottesdienst, die Kirche hell von Kerzen erleuchtet, ein Weihnachtsbaum und so weiter. Dann um 6 unser Weihnachtsfest, die Dienstboten in der Halle und wir im Saal. Es war alles sehr lieb und jedermann sehr glücklich. Jowo und Willo hatten einige wirklich wundervolle Geschenke gemacht, eine große Stehlampe für den Y. T., eine Hängelampe für Schönchen und einen sehr kunstvollen niedrigen Sitz, wie man sie so oft vor dem Kamin in England sieht (ich hatte ihnen erzählt, wie angenehm sie sind). Ich hatte einige schöne Bücher, und Ete und Tante Hertha schenkten mir und dem Y. T. ein Tennisnetz, das im Sommer viel Freude machen wird. ...

Montag [26. 12. 27]. ... Ich glaube, wir werden wahrscheinlich doch ganz in das *Berghaus* umziehen und werden jemanden im Schloß lassen, um es zu lüften, Butter zu machen etc. Ich werde Euch eine Liste unserer Ausgaben hier unten schicken, und Ihr werdet sehen, daß wir sie uns einfach nicht leisten können. Trotz meiner großen Sparsamkeit sind Heizung, Elektrizität, die größere Anzahl Dienstboten *und* die vielen Gäste (trotz allem) das, was das Schloß für uns unmöglich macht. ...

Die Hoffnung hält an

Creisau, 1. 1. 28

... Wir hatten sehr harmonische Feiertage, alle wohl und gut gelaunt, die einzigen Wolken waren die Entlassungen, die wir heute so vielen Leuten mitteilen mußten; auch war so viel zu tun und zu planen, daß *keiner* von uns die Muße hatte, Weihnachten wirklich zu genießen. Hel. James sagt, er betrachtet den 9. Januar, wenn er nach Breslau und zu seinem Pauker zurückkehrt, als eine Art Ferien!! ...

Creisau, 13. 1. 28

... In Grundlsee, in den österreichischen Alpen, richtet Frau Dr. Schwarzwald eine Sommerschule ein, wo englische Studenten Deutsch lernen können, mit Vorträgen, Theater etc. Nächstes Jahr wollen sie französische Studenten nehmen. Ihr wißt, daß sie dort ein Heim für Künstler hat, die eine Abwechslung brauchen, und für andere bedürftige Intellektuelle. Der Junge war natürlich sehr interessiert an der Sache – Frau Dr. will selbstverständlich nichts daran verdienen, es muß sich nur selbst tragen und der Jugend der Welt helfen, sich gegenseitig kennenzulernen –, und so haben er und ich an viele Leute in England und Amerika geschrieben und Prospekte geschickt. Ich werde Euch auch einige schicken, für den Fall, daß Ihr von irgendwelchen jungen Leuten wißt, die wahrscheinlich im kommenden Sommer in Europa sind.

Ihr Lieben, ich habe einen großen Geburtstagswunsch – würdet Ihr mir Sitwells „German Baroque“ schicken? Es ist ein teures Buch, es kostet 25 Schilling, aber ich hätte es so gern. Ich habe einen Haufen guter Bücher zu lesen, meine Weihnachtsbücher und die von anderen. Romain Rollands „Jean Christophe“, das mir der Y. T. geschenkt hat, dann ein, wie mir scheint, meisterhaftes Buch über Shakespeare von Frank Harris. Habt Ihr ihn je in Südafrika getroffen? ...

Das Berghaus in Kreisau

Creisau, 28. 1. 28

… Acht Morgen Zuckerrüben sind diesen Winter „eingefroren“. Sie sind jetzt draußen und sollen zur Herstellung von Methylalkohol benutzt werden. Man kriegt so nicht so viel dafür, aber zum Glück ist ein Morgen eine verhältnismäßig kleine Fläche. Die hiesigen Zeitungen sind voll von den Nöten der Bauern, *Not der Landwirtschaft, Krisis in der Landwirtschaft* etc., und die Regierung hat spezielle Sitzungen über das Thema. Das Gefühl, daß andere in derselben Lage sind, ist ein gewisser trauriger Trost. Ich schicke Euch eine Aufstellung unserer Haushaltsausgaben hier im Berghaus, so daß Ihr selbst sehen könnt, daß das Berghaus uns viel spart. Die Landwirtschaftsprodukte werden auch weniger sein, aber ich habe sie ausgelassen. Auto, Versicherungen usw. bleiben dieselben, auch die Ausgaben für die Kinder. Die Kosten für Licht, Heizung etc. für das B. H. habe ich

Schönchens Aufstellungen für den November entnommen, als sie die Familie bei sich hatte. …

Bisherige Ausgaben pro Jahr:		*Was wir erhoffen:*	
Poyer	4 000	Poyer	4 000
Beck	4 000	Mädchen	1 600
Mädchen	2 000	Haus	4 000
Haus	6 000	Heizung	900
Heizung	3 500	Licht	250
Licht	500		
	20 000		10 750

(Beck und Poyers Lohn ist einschließlich Kartoffeln, Mehl, Schweine etc.)

Creisau, 4. 2. 28

… Wir haben uns im Berghaus mit Ernestine und 2 Mädchen sehr bequem eingerichtet. Mamsell kümmert sich inzwischen um Herrn Mau, den Inspektor, und die Butter. Im April kommt Frau Mau, wenn Hauptmann geht und die Buttermaschinen etc. ins Torhaus unter ihre Aufsicht kommen. Dann kommt Mamsell her zu uns, und wir werden entweder Schönchen und Ernestine ins Schloß ziehen lassen (wenn's ihnen recht ist) oder den Förster und seine Familie als Hauswarte hineinsetzen. Ich fürchte, unsere Rückkehr ist für die nächste Zeit ausgeschlossen. Wir könnten unmöglich im Schloß mit drei Hausangestellten so angenehm leben wie hier. Natürlich ist das B. H. klein – vor allem im Vergleich zu unseren großen Räumen zuvor –, aber es ist nicht bedrückend klein, und natürlich ist das ganze Arrangement unendlich billiger.

Montag [6. 2. 28]. Natürlich ist es für das Schloß nicht gut, wenn keiner drin wohnt, aber vielleicht können wir es vermieten – was allerdings nicht leicht sein wird –, oder wir müssen im Winter die Heizung ein oder zwei Tage anstellen, um die Feuchtigkeit aus den Wänden zu kriegen. Über Schönchens Pläne ist noch nichts zu sagen, da sie noch in Posen ist und dann hierher zurückkehren und ihre „Fühler" ausstrecken wird. Diese Art schmerzlicher Reorganisation findet jetzt überall statt, und man ist dankbar, daß es nur dies ist und kein totaler Zusammenbruch. Glogau (Hochbergs) ist *unter Geschäftsaufsicht*, was heißt, daß jemand anderes, der vom Staat eingesetzt ist, versucht, die Verpflichtungen des Eigentümers zu erfüllen, der vorläufig ganz ausgeschaltet wird. Bankau fällt all seine herrlichen

Bäume, und so geht es überall. Zwei schlechte Ernten, viel zu hohe Zinsen auf Darlehen und drückende Steuern sind der Grund. Zum Glück ist unser Vieh gut und reichlich. Momentan melken wir 775 Flaschen Milch pro Tag! ...

Creisau, 9. 2. 28

... Der Y. T. hat eine sehr hektische Zeit in Geldsachen und ist von all dem sehr erschöpft. Es ist alles äußerst kompliziert, mit einem *Kammergericht*, einem Kuratorium und einem Vormund für den Jungen, der vor jedem Schritt seine Zustimmung geben muß. Nichts kann endgültig geändert werden (Aufhebung des Fideikommisses etc.) bis zum 21. Geburtstag des Jungen, und inzwischen müssen *Zwischenkredite* beschafft werden. Wie ermüdend das alles ist. Der Junge ist drei Tage für seinen Vater in Berlin gewesen, der einfach zu erschöpft war, die Reise zu unternehmen. Das trägt nicht zu strengem Studium bei, aber der Y. T. war wirklich nicht imstande zu gehen. Aber sonst geht es uns gut, und wir leben uns wunderbar in unserem kleinen Haus ein. Wir haben noch Handwerker im Haus, was sehr lästig ist, aber bis Sonnabend werden sie fertig sein, und dann werden wir die ersten Bäder gebührend feiern! Ich glaube, C. B. muß den Anfang machen. Willo lernt schreinern; zweimal die Woche geht er zu einem wirklich guten Schreiner in Gräditz, es macht ihm großen Spaß, und er lernt eine Menge. ...

Montag morgen [13. 2. 26]. Gestern hatten wir die Trothas hier zum Mittagessen und auch die Carl Viggos zum Tee, und gleich danach gingen der Y. T. und ich zu einem *Landbundfest*, nur um uns zu zeigen sozusagen. Voll, laut und viel Rauch, nichts für *la bonne mère*!

Am kommenden Wochenende wird uns wahrscheinlich Dorothy Thompson[1], eine Freundin des Jungen (Korrespondentin des „Philadelphia Ledger"), mit ihrem Verlobten Sinclair Lewis[2] besuchen – unsere ersten Gäste hier oben, und das kleine Gästezimmer muß getüncht werden und mit Möbeln aus dem Schloß ausgestattet werden, und so ist noch viel zu tun. ...

1 *Dorothy Thompson:* prominente amerikanische Journalistin und Kolumnistin.
2 *Sinclair Lewis:* amerikanischer Romancier, Nobelpreisträger.

Creisau, 18. 2. 28

... Wir haben unsere ersten Gäste hier dieses Wochenende – nämlich Dorothy Thompson und Sinclair Lewis. Leider ist das Wetter sehr stürmisch und unfreundlich, aber der Junge hat sie zur Besichtigung von Schweidnitz und der Talsperre mitgenommen. Morgen nachmittag verlassen sie uns, mit dem Jungen, und gehen auf eine Zweitagereise mit einer Anzahl amerikanischer Journalisten durch Ober- und Niederschlesien. Der *Landeshauptmann* (eine Art Premierminister der Provinz) hat den Jungen wegen seiner Freundschaft mit Dorothy Thompson gebeten, die Tour der Journalisten zu arrangieren. Es wird sehr interessant sein, denn sie sollen die Grenze besichtigen, die „polnischen" Städte Kattowitz usw. und auch die Städte auf dieser Seite.

Sinclair Lewis ist sehr attraktiv, sehr gesprächig und unterhaltend, weitherzig und mit einem großen Sinn für Humor. Einfach, aber intelligent aussehend und fast so groß wie der Junge. Wir hatten eine ziemlich hektische Woche, um alles für die Gäste auch nur einigermaßen fertig zu haben. Die Jungen schufteten schwer, das Gästezimmer auf dem Dachboden ist wirklich sehr nett und wohnlich. Dorothy Thompson hat das Zimmer des Jungen, und er ist zu Schönchen gezogen. ...

Der Y. T. ist ausgeglichen und freundlich wie stets, aber er macht sich wirklich Sorgen und ist sehr deprimiert bei dem Gedanken, daß er nicht mehr Erfolg hatte. Jetzt hängt alles davon ab, was wir für einen Preis für Wierischau[1] bekommen. Nichts kann unternommen werden, bis der Junge volljährig ist (er muß seine Zustimmung geben), und außerdem ist das Frühjahr eine bessere Zeit, Land zu verkaufen. Aber mittlerweile sinken die Preise, je mehr Land auf den Markt geworfen wird. ...

Montag morgen [20. 2. 28]. Ihr Lieben, bevor ich es vergesse, laßt mich eine Bemerkung von Daddy in seinem letzten Brief beantworten. Er sagt, er befürchtet, daß alle Sorgen der Sparmaßnahmen auf mich fallen. Tatsächlich bin ich, was das angeht, jedoch hier oben viel freier als im Schloß. Weniger Besuch, genug Personal, alles näher zur Hand. Die Wohnzimmer sind etwas eng, wenn wir Besuch haben, aber das wird im Sommer, wenn wir die Veranda haben, besser sein. ...

1 *Wierischau:* Vorwerk von Kreisaus.

Creisau, 8. 3. 28

... Keiner kommt zum 21. Geburtstag des Jungen außer den Trothas und Carl Viggos, da er jetzt zu viel zu tun hat, um Gäste einzuladen und zu unterhalten. Abgesehen von seinem juristischen Studium widmen sich diese Jungen an ihren Wochenenden ihrer Waldenburger Arbeit, die jetzt *Löwenberger Arbeitsgemeinschaft* heißt, seit sie in Löwenberg, im dortigen *Jugendheim*, ihre Treffen und *Freizeit* abhalten. Wir geben dem Jungen ein eigenes Bankkonto mit 100 Mark, um sich nächsten Winter einen neuen Mantel zu kaufen, und außerdem 2 mittelmäßige Aktien, die während der Inflation, als alle spekulierten, zum Leben erwachten, und dann ein Buch, ein Paar Socken, Patiencekarten usw. ...

Montag [12. 3. 28]. Helmuths Geburtstagsfeier gestern war ganz anders, als wir erwartet hatten. Er borgte unseren kleinen Opel für die *Löwenberger Arbeitsgemeinschaft* und sollte den Sonnabend diesbezügliche Besuche bei verschiedenen Leuten machen. Aber es fing an, heftig zu schneien (nach sonnigen Wochen), und war windig, und so rief er an und sagte, er würde übernachten, wo er war, und statt dessen früh am Morgen starten, um die Fahrt bei Nacht zu vermeiden. Sonntag schneite es den ganzen Tag, und kein Junge erschien. Wir aßen ohne ihn zu Mittag, und kurz danach telephonierte er, um zu sagen, daß er in Jauer war (auf halbem Wege zwischen Königszelt und Liegnitz), nicht weiter nach Hause kommen könne, da die Schneewehen, je näher er den Bergen kam, um so größer würden, und er deshalb den Wagen dort lassen und mit dem Zug kommen würde, was er auch tat. Er kam um 6.30 an, nachdem er 11 Stunden unterwegs gewesen war! Eine Reise, die normalerweise 2½ Stunden dauert. Siebenmal hat er den Wagen aus dem Schnee geschaufelt, brachte zwischendurch 2 Männer zum Hospital, und er sagt, die Chausseen seien voller eingeschneiter Wagen gewesen! Mir tat leid, daß das an seinem Geburtstag passiert war, denn natürlich war er todmüde, und auch bei uns blieb nicht viel Stimmung übrig, nachdem wir den ganzen Tag auf ihn gewartet hatten. ...

Herr Mau, unser neuer Inspektor, macht einen vorzüglichen Eindruck; ich hoffe nur, daß sich unsere Meinung nicht mit der Zeit ändert. ...

Creisau, 17. 3. 28

... Endlich habe ich unseren Anwalt, Dr. Maack, erwischt und konnte ihn wegen des Heiratsvertrags befragen. Er ist *jetzt* in Kraft, und nichts von meinem Geld, von meinen Möbeln oder sonst irgendwas können die Gläubiger anrühren. Das ist doch ein Trost, nicht wahr? Was haltet Ihr von unserem Vorschlag betreffend die 1000 Pfund? Tut es nicht, wenn Ihr die geringsten Bedenken habt, ich werde das durchaus verstehen. Nur glaube ich nicht, daß es für Euch *praktisch* irgendeinen Unterschied macht, während es für uns viel bedeuten *könnte*, wenn das Berghaus mir gehörte und nicht weggenommen werden könnte. Nicht, daß ich die Gefahr des Bankrotts für so akut halte, aber man kann es natürlich nie sagen. Ein Schuldschein, der nicht verlängert werden kann, ist höchst gefährlich. Am Montag gab es in Breslau eine riesige Massendemonstration von Bauern, Klein- und Großbauern. Der Y. T. sagt, es sei äußerst eindrucksvoll gewesen. Ähnliche Versammlungen sind im ganzen Reich abgehalten worden. In Breslau waren über 50000, die alle gegen den katastrophalen Zustand der Landwirtschaft protestiert haben. Darin sind sich alle einig, nur ist es nicht leicht, etwas daran zu ändern, und der Staat kann nicht einem Drittel seiner Bürger mit Steuergeldern der anderen zwei Drittel helfen – also was tun? Wir müssen einfach auf eine gute Ernte hoffen und äußerst sparsam sein – was so unerfreulich ist, nicht wahr, Daddy? ...

Creisau, 23. 3. 28

... Bei der Lektüre von Edmund Garretts Biographie fiel mir sein imperialistischer Enthusiasmus sehr auf, den man Hurrapatriotismus nennen könnte. Ich glaube nicht, daß ein solcher Typ, ein so feiner Geist, jemals in einem anderen Land als England ein Hurrapatriot sein wollte oder könnte. Überall sonst wäre er zu detachiert. Es ist eins der Geheimnisse der Stärke des britischen Weltreichs, daß England seine besten Geister mit dem Glanz dieses Weltreichs erfüllt. Ich sage nicht, daß das, von einer höheren Warte aus gesehen, ein sehr wünschenswerter Zustand ist, aber es ist vom Standpunkt des Überlebens der Nation sicher ein Plus. Ich hoffe, Ihr versteht, was ich meine, denn ich fürchte, daß ich mich nicht sehr gut ausgedrückt habe. Auf dem Kontinent liebt dieser Typ Mensch sein Land, vielleicht sogar leidenschaftlich, aber das Wohl der Menschheit als Ganzes liegt ihm hauptsächlich am Herzen, er ist ein guter Europäer, um eine Phrase zu benutzen, die heutzutage sehr im Schwange ist. Aber natürlich ist die Attraktion und romantische Anziehungskraft des britischen Weltreichs sehr groß, mit seinen unendlichen und verschiedenen Problemen.

Sonnabend [24. 3. 28]. ... Habe ich Euch erzählt, daß jetzt vor der *Freizeit* ein Vierzehntagekursus abgehalten wird, sie nennen ihn ein *Arbeitslager*, an dem etwa 50 junge Leute teilnehmen, alle Klassen, Studenten, junge Männer in freien Berufen, Gewerkschaftler, Arbeiter etc. Am Vormittag machen sie praktische Arbeit, für die sie bezahlt werden (und das wiederum soll ihre Kosten decken), Straßenbau, Gräben schaufeln usw., und dann an den Nachmittagen und Abenden haben sie Gespräche, Vorträge, Theater etc. Prof. Rosenstock und ein anderer Professor leiten das Lager, und C. D. und der junge Einsiedel[1] sind sozusagen seine Adjutanten. Der Junge hat wegen seiner juristischen Arbeit nicht teilgenommen. Der Gedanke ist, daß sich Leute aus allen Klassen treffen und gemeinsame Probleme diskutieren und den Parteienstandpunkt überwinden sollen. Die *Freizeit* – 3 Tage – ist der Höhepunkt.

Wir haben wieder mit der Arbeit auf dem Feld angefangen – endlich –, das ist immer so aufregend nach den langen Monaten, wo man dort nur Hasen und Wild sah. Es ist alles schrecklich spät dran, und wir müssen mit dem Futter auskommen, bis das Gras so weit ist, daß man grasen lassen kann. ...

1 *Einsiedel:* Horst von Einsiedel, Volkswirtschaftler, später Mitglied des Kreisauer Kreises. Überlebte den Krieg. Starb – vermutlich 1948 – in einem Lager der Sowjetischen Besatzungszone.

Creisau, 30. 3. 28

... Der Blick auf das Eulengebirge von meinem Schlafzimmerfenster ist so schön. Jedes Zimmer hier außer C. B. s und Wilhelms hat Sonne, und das ist zu schön (auch die Küche und das Badezimmer gehen nach Norden), und ich genieße die Lage des Hauses sehr. Gestern sind die beiden Helmuths, auf die Kosten schimpfend, nach Berlin gefahren, denn heute fand der *Familienschluß* statt, und da mußten sie beide dabei sein. Vor etwa einer Stunde rief der Y. T. an und sagte, daß es nur eine Gegenstimme gab, und so ist Creisau kein Fideikommiß mehr. Es ist ein ganz merkwürdiges Gefühl, daß etwas, das eine so lange Tradition hat, plötzlich annulliert werden kann. Vor der Revolution wäre es natürlich unmöglich gewesen. ...

Unser Ausflug nach Löwenberg war ein großer Erfolg. Es war wirklich eine erstaunliche Leistung. Alle Meinungsschattierungen waren vertreten, vom Agrarier bis zum Kommunisten, und alle haben ihre Meinungen freimütig geäußert und sozusagen eine freundliche Opposition hergestellt. Beim Essen saß der Y. T. neben einem enthusiastischen sozialistischen Gewerkschaftler von den Zeisswerken in Jena, und sie haben sich so gut verstanden, daß der Arbeiter zum Schluß dem Y. T. ein Buch über den Gründer der Zeisswerke schenkte, mit einer netten kleinen Widmung! Alle waren gleich – keine der Titel, die die Teutonen so lieben, wie *Herr Professor* oder Bischof, wurden benutzt –, alle Meinungen wurden gehört, alle gleich; Ihr hättet Euren Enkel sehen sollen, wie er in der Küche Karotten für das Essen schabte! 180 Leute waren da, alte, junge, mittleren Alters, wir zahlten 3 Mark pro Tag und bekamen dafür 5 Mahlzeiten, einfache Mahlzeiten selbstverständlich, aber gesund und appetitlich. Es hätte Euch beide brennend interessiert. Am Sonntagabend haben sie die Thisbeszene aus dem Sommernachtstraum aufgeführt, ganz entzückend. ...

Creisau, 6. 4. 28

Sonntag [8. 4. 28]. ... Liebste Mutter, in Deinem letzten Brief schriebst Du, daß Du vielleicht Dein Testament ändern und Dein Geld festlegen willst, so daß ich nur die Zinsen bekäme. Du mußt natürlich tun, was Dir das Beste erscheint, und ich überlasse Dir das ebenso natürlicherweise. Nur ist meine Erfahrung mit Testamenten, daß die Dinge sich im allgemeinen umso mehr verheddern, je mehr man versucht, sie zu regeln. Ich weiß, was Du befürchtest, aber ich kann Dir versichern, daß ich *niemals* Geld in Creisau investieren würde, und der Y. T. ist und *war immer* derselben Meinung, d. h. „um Gottes Willen kein gutes südafrikanisches Geld in hiesiges Land zu investieren oder in sonst etwas hierzulande". (Die 1000 Pfund waren nur als 3-monatige Anleihe gedacht, nicht zum Investieren.) Andererseits ist es gut möglich, daß später – ich kann den Gedanken nicht ertragen, daß der Fall je „wirklich" eintreten wird –, wenn ich Dein Geld erbe, es für die Karriere eines der Jungen einen großen Unterschied machen könnte, wenn ich die Möglichkeit hätte, 2 oder 3000 Pfund sagen wir in ein Unternehmen zu investieren – nicht als Geschenk –, einem von ihnen bei der Gründung eines Geschäfts helfen könnte oder ähnlichem, und wenn das Geld festliegt, könnte ich das nie tun. Jedoch das ist nur meine Meinung, und Du weißt, daß ich mit allem zufrieden bin, was Du für das Beste hältst. Auf jeden Fall kann ich Dir versichern, daß Helmuth immer ebenso dagegen sein würde wie ich, etwas in Creisau zu investieren, sogar noch mehr, denn ich hänge gefühlsmäßig viel mehr als er am Land und den Traditionen, auch wenn die Zeiten schlecht sind. –

Es wird Euch belustigen zu hören, daß Hel. James neulich 10000 Dollar von einer Zeitung angeboten bekam, um nach Amerika zu fliegen! Erst wurde der Preis dem Kronprinzen angeboten, dann dem Jungen!! Nach den Sommerferien hat er vor, sich seinen schriftlichen Examina zu widmen, aber es dauert 6 Monate, bis er damit fertig ist. Ich glaube, er muß 5 Arbeiten über verschiedene Themen schreiben, und dann kommt die mündliche Prüfung. Das heißt, daß er nächstes Ostern mit seinem Referendar fertig sein sollte. 6 Wochen von seinen Ferien wird er in Grundlsee verbringen, um Frau Dr. mit der englischen Sommerschule zu helfen. Sinclair Lewis und seine Frau haben ihn eingeladen, vierzehn Tage im Juni mit ihnen in England im Wohnwagen zu reisen – wäre das nicht herrlich gewesen? Aber er kann sich während des Semesters nicht freimachen und mußte deshalb ablehnen, er hofft jedoch, nach seinem Examen nächstes Frühjahr mit dem Geld, was Du ihm geschickt hast, rüberzufahren. …

Creisau, 13. 4. 28

… Vielen Dank für die verschiedenen „Cape Times“. Ich habe die Debatte über den Dominienstatus in Kriegszeiten mit großem Interesse gelesen und auch vieles andere. Mir schien Daddys Ansprache bei der „Society for Prevention und Rescue Work“ sehr gut. Ihr wißt doch wohl, daß die Prostitution in ganz Nordeuropa enorm abgenommen hat? Das kommt zum Teil von der Zeit und Konzentration, die dem Sport gewidmet wird, aber zum größeren Teil beruht es auf der Tatsache, daß „anständige“ Frauen viel freiere Vorstellungen über außerehelichen Geschlechtsverkehr haben als früher, und da ihre „Moral“ weniger intakt ist als früher, der sogenannte „Bedarf“ an Prostituierten weniger geworden ist. Komisch, nicht wahr? Ganze Straßen in Hamburg sind geschlossen worden, deren alleinige *raison d'être* die Prostitution war. Es bedeutet natürlich, daß die durchschnittliche Frau nicht so „rein“ ist, wie sie früher war, aber welch gräßlichen Preis hat diese Reinheit gekostet; das war doch wohl ein zu hoher Preis. Ich glaube kaum, daß die Menschen jetzt „reiner" sind als früher – obgleich es viele sicher sind, andere wiederum ausschweifender, so bleibt der Durchschnitt wohl der alte, aber das Gleichgewicht ist ein anderes – es gibt mehr Grau, weniger Schwarz und Weiß. ...

Heute war Herr Jungnitsch hier und sagte dem Y. T., daß er Wierischau kaufen möchte. Er war bereit, 320 Mark pro Morgen zu zahlen und 200 Mark pro Morgen für Wald. Es ist ein anständiger Preis, wenn auch kein hoher, aber die Landwirtschaft steht jetzt nicht hoch im Kurs, und ein außergewöhnliches Angebot ist unwahrscheinlich. Jungnitsch kauft nur einen Teil von Wierischau, ein großer Teil soll in kleinen Stücken an umliegende Bauern verkauft werden. ...

Nächsten Sonnabend kommen zwei Mitglieder des *Kammergerichts* – einer davon ist unser Curator –, um mit dem Y. T. zu entscheiden, welche Gegenstände des Feldmarschalls – Bilder, Orden, Geschenkstücke etc. – bei uns bleiben sollen und was der *Stiftung* gehören soll. Wernersdorf gehört der Stiftung, und der Kapellenberg soll dazugehören, und das heißt, daß sie der Familie Moltke gehören und nicht verkauft oder verschenkt werden können. ...

Creisau, 20. 4. 28

... Gleich zuerst will ich Euch beiden für Eure Briefe vom 31. März über finanzielle Fragen danken. Ihr seid beide so lieb und so generös und weitherzig – ich war sehr gerührt. Ich hasse es wirklich, etwas von anderen Leuten anzunehmen, sogar von meinen Eltern, besonders wenn ich weiß, daß ihre eigenen Ausgaben ganz reichlich sind, ohne daß sie noch „mittragen" müssen. Aber da die Dinge nun einmal so liegen, wie sie es tun, danken wir beide, der Y. T. und ich, Euch beiden und besonders Mutter von ganzem Herzen. Nun zum Heiratskontrakt. Ich schrieb nicht alle Einzelheiten, weil ich vergaß, daß ich es mit einem Juristen zu tun hatte (!), und mich auf die Tatsachen beschränkte, da ich Euch andere Dinge mitteilen wollte. Aber die Wahrheit ist, daß nach deutschem Gesetz – neuerdings revidiert – das Eigentum der Frau *niemals* von ihrem Ehemann oder von Gläubigern angerührt werden kann, nur die Zinsen können von ihnen beschlagnahmt oder von ihm benutzt werden. In diesem Lande ist deshalb ein Ehevertrag nur eine Sicherung der Zinsen – das Kapital ist ohnehin sicher – und eine Sicherung gegen möglichen Mißbrauch durch ihren Mann; er hat den zusätzlichen Vorteil, daß die Frau alleine Verträge abschließen kann usw., während sonst der Mann seine Zustimmung geben muß. Unser Anwalt und Carl Viggo waren sich darin einig, und ich hoffe, daß Euch das beruhigt. Was Eure Testamente angeht, Ihr Lieben, schreibt sie genau, wie Ihr es für richtig haltet, und hoffentlich dauert es *ewig*, bis sie in Kraft treten. Was den Kauf des Berghauses anlangt, wird Euch der Y. T. später schreiben und Euch alles auseinandersetzen.

Er soll, nebenbei bemerkt, den Christian-Science-Pavillon in Köln bei der großen Presseausstellung im Mai unter sich haben. Alle Unkosten (Bahn) werden bezahlt, außerdem 350 Mark im Monat und freies Zimmer und Frühstück. Es wird für ihn recht interessant sein, und hier werden dann die Dinge hoffentlich soweit in Ordnung sein, daß er Creisau für eine Weile verlassen kann. Wenn nur Köln nicht so weit weg wäre, Dresden oder Wien wären so viel leichter erreichbar gewesen. England soll, wie ich höre, eine sehr repräsentative Ausstellung nach Köln schicken, und alle Welt wird vertreten sein. ...

Creisau, 28. 4. 28

... Helmuth James hatte eine wunderbare Woche – NB das Semester beginnt erst am 1. Mai, obwohl er privat seit Ostern in Breslau arbeitet. Der *Landeshauptmann* von Schlesien hatte ihn aufgefordert, eine Rundreise amerikanischer Journalisten in Schlesien, besonders Oberschlesien zu organisieren. Sie sollte im Februar stattfinden, wurde aufgeschoben und hat jetzt stattgefunden. Natürlich wurden all seine Unkosten bezahlt, und es war außerordentlich interessant für sie, alles von den Bürgermeistern gezeigt zu bekommen und selbst zu sehen, wie lächerlich die Regelung ist. Die Tour war ein großer Erfolg, 7 Vertreter der wichtigsten amerikanischen Zeitungen waren dabei, und da sie wollten, daß jemand General Nobile (den italienischen Flieger), der mit seiner „Italia" in Stolp in Pommern gelandet war, fragte, wann er zum Nordpol aufbrechen würde, schickten sie den Jungen in einem Flugzeug nach Stolp, wo er das ganze Luftschiff gezeigt bekam! Er ist wirklich ein Glückspilz und fischt immer etwas Interessantes. ...

Creisau, 10. 5. 28

... Heute früh ist der Y. T. nach Köln abgefahren, im großen und ganzen sehr erfreut über diesen kleinen Ausflug, obwohl er wahrscheinlich recht langweilig sein wird, wenn er erst einmal alles gesehen hat. Die „Pressa"[1] wird am 12. eröffnet, Stresemann soll sprechen,

Furtwängler und die Berliner Philharmoniker spielen, und überhaupt soll es eine großartige und würdige Veranstaltung werden. ...

Jowo, Ete und ich sind gestern nach Schweidnitz gefahren, um Gertrud Bäumer[2] zu hören. Es war eine Wahlrede, aber dafür sehr gut und auf hohem Niveau. Sie ist Demokratin – sie war 1924 auf dem Kongreß in Rom – und eine wunderbare Rednerin, besonders über ethischere Themen als eine Wahl, und sie ist immer noch ein rarer Vogel, eine *Ministerialrätin* im Innenministerium. ...

Ich füge einen Zeitungsausschnitt über die Parteien bei, die bei den gegenwärtigen Wahlen Kandidaten aufgestellt haben. Es ist kein Witz, sondern bitterer Ernst. Habt Ihr je etwas so Lachhaftes gehört? Das kommt davon, wenn man das Prinzip Freiheit zu genau befolgt und jedermann mitreden läßt. Natürlich werden sie das jetzt ändern, aber für die jetzige Wahl ist es zu spät.

Montag [14. 5. 28]. ... Im „New Statesman“ vom 12. Mai ist ein Brief von Rolf Gardiner, den ich nicht persönlich kenne, der aber oft im Boberhaus in Löwenberg ist, dann die Besprechung von Sinclair Lewis' neuem Buch; das ist genau, wie er redet, ununterbrochen, immer lebendig und immer amüsant, von einem Thema zum anderen, niemals langweilig. ...

1 *„Pressa“:* Große Internationale Presseaustellung. 2 *Gertrud Bäumer:* Gertrud Bäumer (1873–1954), Schriftstellerin, führend in der Frauenbewegung. Mitglied des Reichstags (DDP/ Staatspartei) und 1920–33 Ministerialrätin im Reichsinnenministerium.

Creisau, [?17]. 5. 28

... Ja, Spengler ist interessant, nicht wahr, wenn er auch schrecklich schwer zu verstehen ist. Aber was für ein Wissensbereich! Ist es eine anständige Übersetzung? Ich könnte mir vorstellen, daß er nicht leicht gut zu übersetzen ist.

Es wird mich interessieren, wie die Kontroverse über Mrs. Strubens Haus weitergeht. Natürlich ist es sehr schade, konfessionelle Meinungsverschiedenheiten in diese Art Arbeit zu bringen – das ist hier ein sehr akutes Problem –, aber andererseits kümmern sich die Katholiken so tüchtig um ihre Brüder und Interessen, daß wir es manchmal auch tun müssen, nicht weil wir das für besser halten, aber in Selbstverteidigung. Natürlich ist C. S. *sehr* antikatholisch, und die Katholiken sind sehr gegen C. S. – damit fing es an –, und das erklärt die Widerspenstigkeit der Strubenfrauen. Aber wie lästig für Euch. Du kannst unmöglich solche Unterscheidungen in Deiner Arbeit für die Kinderwohlfahrt zulassen.

Sonnabend [19. 5. 28]. ... Es gibt eine Menge Vögel um das Berghaus herum, und sie lassen die arme Tante Nell am frühen Morgen nicht schlafen. Aber sie sind faszinierend, und Fasane stolzieren herum, als ob der Garten nur für sie da wäre. Habe ich Euch erzählt, daß ich die finanzielle Seite des Schloßgartens auch übernommen habe und versuche, ihn rentabel zu machen? Das ist er lange nicht gewesen. Das heißt, die Unkosten einbringen *und* uns gleichzeitig mit Gemüse und Obst versorgen.

Montag [21. 5. 28]. Gestern gab es viel Tennis, obwohl momentan niemand sehr gut spielt. Das Wetter war ideal. Es war Wahltag, aber wie Ihr wißt, erregt das in ländlichen Gegenden wenig Aufsehen. Und doch haben in Creisau 51 sozialdemokratisch gewählt und 4 kommunistisch, was doch erstaunlich ist, nicht wahr? Die wichtigsten Wahlen werden aber die in England nächstes Jahr sein. Hier erwarten wir einen kleinen Vorteil für die Linke und eine Koalitionsregierung ohne die Nationalisten. ...

Creisau, 24. 5. 28

... Apropos interessante Ereignisse: Unsere Wahlen haben uns alle überrascht. Wir erwarteten einen Sieg der Linken,[1] aber nicht einen solchen. Die kommunistischen Stimmen sind ziemlich unangenehm und mir tut leid, daß die „mittleren" Parteien nicht mehr Erfolg hatten. Andererseits wird dies die erste Regierung sein, die keine Koalition ist; das hilft bei der Erledigung eines Programms, ohne immer Kompromisse schließen zu müssen, und dann meine ich, daß eine sozialistische Regierung auf die europäische Atmosphäre beruhigend wirken wird. Severing[2] wird wahrscheinlich Reichskanzler, und er ist ein sehr fähiger Mann.

Daddy, Du schreibst über die Gegnerschaft zwischen Moltke und Bismarck. Ja, sie war sehr stark. B. konnte keine Gleichgestellten um sich haben, und M.s Popularität wurmte ihn sehr. Im *Moltkezimmer* in Berlin ist ein Brief M.s an den alten Kaiser, in dem er sich beklagt, daß B. ständig seine Befehle sabotiere, und sagt, daß er seinen Rücktritt nehme, wenn das so weitergehe. Der alte Kampf zwischen ziviler und militärischer Macht, nur ist es im allgemeinen der militärische Befehlshaber, der seine Befugnisse überschreitet, und in diesem Falle war es umgekehrt. B. war ein großer Tyrann und sehr intolerant. ...

Ich freue mich auf den Frauenwahlrechtskongreß in Berlin nächstes Jahr und hoffe, dort einige alte Freunde zu sehen, aber ach, liebe Mutter, es wird nicht dasselbe sein ohne Dich als Anführerin der tapferen südafrikanischen Brigade. Ob Lucy wohl da sein wird? Wahrscheinlich nicht....

Gestern geschah etwas Tragisches. Wir hatten um die Mittagszeit ein kleines Gewitter, und als Rolli um 3 Uhr hinausging, um die Kühe zu melken, fand er zwei von ihnen tot vor, vom Blitz erschlagen. Sie hatten nahe beim Drahtzaun gestanden. Eine war ein Prachtexemplar, das 27 Liter pro Tag gab. Ist das nicht Pech?

Pfingstsonntag, 27. Wie es scheint, regnet es nie, ohne zu gießen – im buchstäblichen wie im metaphorischen Sinne. Es hat 28 Stunden ununterbrochen geregnet. Resultat: Überschwemmungen, die, jedenfalls hier, sogar die des letzten Jahres übertreffen! Das Postamt in Faulbrück ist auf den zweiten Stock gezogen, und – außer telephonisch – können wir mit dem Creisauer Hof nur zu Pferde verkehren, und wir fürchten, daß auch das in ein oder zwei Stunden unmöglich sein wird! Stellt Euch vor, was das für Arbeit bedeutet. Ich kann mir nicht ausdenken, wie die Milch von den Weiden hereingebracht werden soll, denn die Kühe grasen in der Nähe des Hinterbuschs. Das Schlimmste ist, daß alle Parkwiesen gerade reif zum Mähen waren, und wir schwelgten in Gedanken an all das schöne Heu für den nächsten Winter. Und die Johannisbeerbüsche *beladen* mit Beeren! Sie werden wohl noch reifen, aber ganz verdreckt und deshalb nicht zu verkaufen. Es ist wirklich Pech. Heute scheint die Sonne, aber der Schaden ist da....

Daddy, es interessiert Dich vielleicht, daß an manchen Orten die Stimmen von Männern und Frauen in getrennte Urnen getan wurden und daß überall, wo das geschah, die Frauen mehr für die Rechte gestimmt haben als für die sozialistischen und linken Parteien, auch nach Berücksichtigung der größeren Anzahl weiblicher Wähler....

1 *Sieg der Linken:* Die Stimmen der SPD waren von 20,5 % auf 26 % gestiegen, die der KDP von 9 % auf 10,6 %. 2 *Severing:* Carl Severing (1875–1952), sozialistischer Politiker. Preußischer Innenminister 1920–26 und 1930 bis Juli 1932, 1928–30 Reichsinnenminister. Nach 1945 wiederum aktiv in der SPD.

Creisau, 3. 6. 28

... Nächstes Wochenende kommt ein amerikanisches Ehepaar, Mr. und Mrs. Mauerer[1], Freunde des Jungen, zu uns – er ist Berliner Korrespondent der „Chicago Daily News" –, und ich hoffe sehr, daß das Haus bis dahin in Ordnung ist....

Vom Y. T. höre ich nicht viel, außer daß er einen sehr anstrengenden Stundenplan bei der „Pressa" hat und wenig Zeit für sich selbst. Aber ich glaube, es gefällt ihm doch ganz gut. ...

1 *Mauerer:* Edgar Mowrer und seine Frau.

Creisau, 8. 6. 28

... Ihr würdet das Wohnzimmer im Berghaus nicht wiedererkennen, es ist einfach reizend, ich bin ganz begeistert davon. Meine schönen Queen-Anne-Möbel kommen zur Geltung, und außerdem geben Julius Caesar und die Lenbach-Skizze des Feldmarschalls dem Zimmer eine wunderbare Atmosphäre. Natürlich ist die Tapete zu dunkel – braunes gobelinartiges Muster –, aber sie paßt ganz gut und stört nicht. Mein Schlafzimmer ist auch sehr attraktiv. Das Eßzimmer ist wie früher, Schönchen hat mir ihre guten Möbel geliehen, da ich die goldnen-und-weißen vom Schloß nicht hierher heraufbringen konnte. Nur die Bilder und Photos, Dutzende davon, sind weg und die Wände grau-blau getüncht. Das *Gartenzimmer* ist mehr in ein Wohnzimmer verwandelt worden, mit einer Couch mit Kissen und Sesseln. Es war eine scheußliche Arbeit, und ich bin dankbar, daß sie fertig ist und alles wieder sauber und nett. Wir haben die zwei Zimmer vom Y. T. und H. J.'s Schlafzimmer zu einer kleinen Schloßwohnung für Schönchen gemacht, und das meiste ihrer sonstigen Möbel ist in meinem Schlafzimmer und 2 Zimmern oben gespeichert, aber so, daß sie an alles herankommen und ein Auge auf Motten etc. haben kann, das ist wichtig. Man fragt sich, was aus dem Schloß, den Lenbachs, den imposanten Vasen und anderen Zeichen vergangener Größe werden wird und ob wir oder unsere Kinder je wieder dort wohnen werden. Ich glaube kaum, aber es stimmt einen ein bißchen traurig, denn ich bin da sehr glücklich gewesen und hänge sehr an dem alten Haus mit seinen großen Räumen und der würdevollen Treppe. Aber das Berghaus paßt viel besser zu unserem Einkommen, und das bedeutet Frieden und weniger Sorgen. Etwas genieße ich hier oben ungeheuer: Wir sind hier so viel mehr auf dem Lande. Die Vögel sind eine Lust, und wir haben die köstlichsten Ausblicke von jedem Fenster. Bisher habe ich den Garten vernachläßigt, hatte keine Zeit, aber nächstes Jahr kommt er zu seinem Recht. Die Jungen sind beim Einzug und Reinemachen *so* hilfreich gewesen, C. B. hat sogar eine Fensterscheibe für mich eingesetzt, und die anderen haben Fußböden lackiert, Möbel umgestellt und sich in jeder Weise nützlich betätigt.

Sonntag [10. 6. 28]. Plötzlich ist es heiß, und die Kinder – nachdem sie vor dem Frühstück Tennis gespielt haben – sagen, daß nur eins für den Nachmittag in Frage kommt: baden! Ein wenig richtige Wärme wird überall sehr gut tun. Die Mowrers sind Freitag abend angekommen, so nette Leute; sie ist Engländerin und hat, bevor sie heiratete, viel Vorträge gehalten und Sozialarbeit getan, und dann war er 6 Jahre amerikanischer Korrespondent in Italien, aber keiner von beiden kann den Druck Mussolinis lange aushalten. Sie kriegen keine Nachrichten und können nichts drucken, was der Duce nicht gutheißt, und er sagt, daß all seine italienischen Freunde entweder tot, im Zuchthaus oder im Exil sind. Heute abend nehmen wir sie mit zum Abendessen bei Keyserlingks, die sie kennen.

Habe ich Euch erzählt, daß uns die Feuerversicherung etwas für die vom Blitz erschlagenen Kühe gibt? Und das Heu ist, obgleich durch das Wasser stark ramponiert – es war damals noch nicht geschnitten –, noch brauchbar. Eine große Erleichterung. Nur die Pferde sollen es kriegen und auch nur in kleinen Mengen, aber es ist doch etwas.

Montag. Die Mowrers reisen heute nachmittag ab, und ich fahre nach Schweidnitz mit demselben Zug, um meinen ersten Charlie- Chaplin-Film zu sehen – komisch! Ete kommt mit – so schweifen wir aus. ...

Creisau, 15. 6. 28

... Lieber Daddy, danke vielmals für die Ausschnitte über die Missionskonferenz in Jerusalem, für mich sehr interessant. Ohne Zweifel ist jetzt überall eine starke Bestrebung um mehr Einigkeit unter den christlichen Kirchen im Gange, siehe Stockholm und Jerusalem und vieles andere – ein sehr richtiges Ziel. ...

Die Sommerausgabe von „Punch“ ganz gut, manches sehr gut, ich freute mich, sie zu haben, und „The Sketch“, die ich für die dümmste Zeitung halte. Seht Ihr sie je? Die Anzeigen sind das Beste, man wundert sich, daß Leute so etwas kaufen, wahrscheinlich haben sie das Gefühl gerne, daß sie wissen, was in der „Gesellschaft“ vorgeht. Eitelkeit der Eitelkeiten! Die Leere hat mich interessiert, sie war so eklatant.

Montag [18. 6. 28]. Also, der Y. T. kehrte am Sonnabend heim und war ganz gesprächig! Es waren 5 Wochen anstrengender Arbeit, aber natürlich war die „Pressa“, obwohl noch nicht ganz fertig, interessant, und für ihn war es ein ganz ungewohntes Erlebnis, wirklich etwas von Westdeutschland kennenzulernen. Er war sehr stolz darauf, mit seiner Bezahlung ausgekommen zu sein – Köln ist natürlich teuer –: 350 Mark im Monat plus Zimmer und Frühstück!

Liebe Mutter, ich habe das Gefühl, daß ich nicht genügend auf Jowos Zukunft eingegangen bin, Universität usw. Erstens wird aus England nichts, es kostet mit der nötigen Bekleidung usw. zuviel. Dann die Frage eines Universitätsstudiums. Wenn wir nichts Bestimmtes für ihn finden können, werden wir ihn auf die Universität schicken. 10 Pfund im Monat braucht er auf jeden Fall, sei es als Student, sei es als Lehrling. Ich hoffe, daß uns Ulla mit ihren Verlagsverbindungen helfen kann, *das* wäre ein hervorragender Geschäftszweig für das Kind, wenn sie die Oldenbourgs veranlassen könnte, ihn einzustellen und das ganze Geschäft von der Pieke auf zu lernen. Helmuth James macht sein Examen im Herbst und sollte bis etwa Weihnachten fertig sein. Leider beginnt er auch dann nicht, Geld zu verdienen, sondern wird von einer kleinen Stadt zur anderen geschickt, jeweils für einige Monate, sozusagen als juristischer Lehrling, um in den verschiedenen Zweigen Erfahrung zu sammeln. Dann kommt später weiteres Studium und das Assessorexamen, und dann beginnt seine Karriere. ...

Creisau, 23. 6. 28

Montag [25. 6. 28]. ... Leno ist für ein paar Tage hier, es ist immer nett, sie da zu haben, und heute nachmittag kam Carl Viggo herüber zum Tee, um uns von ihrer Reise nach Paris zu erzählen, die sie ungeheuer genossen haben. Sie sagen, daß man ihnen, *les allemands*, außerordentlich herzlich begegnete – was für komische Kreaturen wir alle sind –, und jedermann sprach über das *Rapprochement Franco-Allemand*. Die Engländer hingegen waren weniger populär, aber das ist gegenseitig, nur wer hätte sowas vor 8 oder 10 Jahren zu prophezeien gewagt? Das scheint mir eine der größten Schwächen der Demokratie zu sein – daß die öffentliche Meinung so „gelenkt“ werden kann. ...

Creisau, 29. 6. 28

Sonntag [1. 7. 28]. ... Gestern nachmittag ging ich zum ersten Mal ins Schwimmbad in Schweidnitz. Ich wünschte, wir wären zusammen da gewesen, es war *zu* komisch. Es war alles sehr gut organisiert, voller Menschen jeden Alters, Geschlechts und Taillenumfangs. Ich sah sogar einige Männer, die in ihren Badeanzügen Karten spielten, andere labten sich an Milch oder Eis, jedermann schien total glücklich. Asta geht jeden Tag hin und Jowo, so oft er kann. Es ist für meinen Geschmack zu öffentlich und bevölkert, aber ich bin über vierzig, und das macht einen Unterschied. ...

Creisau, 6. 7. 28

Sonntag [8. 7. 28]. ... Helmuth James geht für ungefähr 14 Tage nach Grundlsee, und danach arbeitet er etwas für eine amerikanische Zeitschrift namens „Survey", die ganz gut zu sein scheint. Er wird nicht bezahlt, kriegt nur seine Unkosten ersetzt, aber die Arbeit bedeutet u. a. eine Reise nach Marienbad, um Dr. Becker, unseren Kultusminister, zu sprechen, nach Heidelberg und anderen Städten, so daß er viele Orte und Leute in den Ferien sehen wird, ohne daß es ihn einen Pfennig kostet. Zum 10. Geburtstag der Republik gibt der „Survey" eine deutsche Nummer heraus, und er soll geeignete Leute finden, um über das Thema zu schreiben. Er soll u. a. diese Woche Radic in Agram sprechen, und so seht Ihr, daß Euer Enkel einige ganz interessante Sachen macht. Es sollte alles später für ihn sehr nützlich sein, wenn er in die Politik geht. Inzwischen schreibt er am 21. September seine erste Examensarbeit und wird das in Berlin tun, da Breslau ihn momentan zu sehr beansprucht, besonders im Zusammenhang mit der *Löwenberger Arbeitsgemeinschaft*, obgleich er sich definitiv von dieser Arbeit zurückgezogen hat, bis sein Examen vorbei ist, und doch ist es sehr schwer zu entweichen, wenn man erst einmal die Hand an den Pflug gelegt hat. ...

Creisau, 13. 7. 28

Sonntag [15. 7. 28]. Ich hatte heute ein langes Gespräch mit Dr. Bange über Jowos Zukunft, und ich glaube, die Würfel sind gefallen und er wird Kunstgeschichte studieren. Das hat er am liebsten, und mit Ullas und Dr. Banges Einführungen sollte er gut vorankommen. Es bedeutet 3 oder 4 Jahre Universitätsstudium, dann ein Examen und dann etwa 2 Jahre als „Volontär" an einem Museum, bevor man einen richtigen Posten bekommt, aber schon lange davor kann man ein bißchen mit Kunstkritik, Kunstvorträgen usw. verdienen. Und dann kann man leicht in die Kunstpublikation übergehen, wenn man die Gelegenheit hat und diese Branche vorzieht. Ulla kennt alle Kunstleute in Berlin und München und würde alles für das Kind tun. Es ist ein sehr befriedigender Beruf, bedeutet viel Reisen, ist nicht lukrativ, aber man kann eben von dem Gehalt leben. Dr. Bange kriegt 25 Pfund im Monat und eine Pension, ein Museumsdirektor bekommt 60 Pfund, und dann kann man durch Schreiben, Bücherpublikation usw. sein Einkommen aufbessern. Leuchtet Euch das ein? Ich hoffe es. …

Creisau, 5. 8. 28

Montag [6. 8. 28]. … Unsere gestrige Zeremonie in Glatz war sehr eindrucksvoll und nett. Es hätte Euch amüsiert, Eure kleine Afrikanertochter (an der Spitze der Prozession) mit 2 Generälen marschieren zu sehen, von dem Platz, wo der Gottesdienst abgehalten wurde, zum Denkmal, mit einer Kapelle vor uns, vorneweg! …

Creisau, 15. 8. 28

… Ihr könnt Euch nicht vorstellen, was für einen wunderbaren Sommer wir haben, und jegliche Feldfrucht wird eingebracht, ohne daß es auf sie geregnet hat, was natürlich viel Arbeit und Ausgaben spart. Außerdem können wir sie alle mit Selbstbindermaschinen schneiden, was alles leichter macht. Ich habe noch nie erlebt, daß *alle* Feldfrüchte so aufrecht standen, daß nichts mit der Hand geschnitten werden mußte. Nachdem wir eine Ernte Kleeheu eingebracht haben, lassen wir es jetzt blühen und sich aussäen; Klee wird dieses Jahr sehr knapp sein, da die meisten Leute ihren Klee als Grünfutter benutzen mußten. Daß die Ernte dieses Jahr so gut ist, ist ein großer Segen und erfreulich. …

Liebste Mutter, wie lieb von Dir vorzuschlagen, daß der Junge zu Euch kommt. Er schreibt seine erste Examensarbeit diesen Herbst, aber es dauert viele Monate, bis er alle schriftlichen Arbeiten und die mündliche Prüfung hinter sich hat. Ich bin überzeugt, daß ihm der totale Wechsel sehr gut tun würde, und natürlich möchte ich liebend gern, daß er meine Heimat sieht. Andererseits hat er so viele Eisen im Feuer, so viele Möglichkeiten, daß ich nicht weiß, ob es seiner Zukunft nicht schaden würde, so lange weg zu sein. Unter „Zukunft" meine ich seine Chance, eine gute Stellung zu bekommen und so weiter. Er spezialisiert sich sozusagen auf östliche Themen (Deutschlands Osten), polnische Grenze, Oberschlesien, österreichischer Anschluß und so weiter und hat jetzt schon alle möglichen Angebote für einen Job, wenn sein Examen vorbei ist. Zum Beispiel bekam er (dies hat natürlich nichts mit einer Anstellung zu tun) zu seiner großen Verwunderung vor einigen Wochen das Angebot freier Eisenbahnfahrt durch ganz Polen von der polnischen Regierung!! Und er kennt niemanden davon! Er glaubt, die amerikanischen Journalisten müssen das arrangiert haben, und da er, wegen seines Namens und seiner Fähigkeiten, schon als einer der kommenden Männer des jungen Deutschland angesehen wird, bekommt er all diese Angebote und Gelegenheiten, die er natürlich gerne wahrnehmen will. So will er, sobald er mit seinem Studium fertig ist, Polnisch lernen. Die Gefahr ist natürlich, daß ein junger Mann, der das Leben mit solchen Chancen und Vorteilen antritt, mit der Zeit steril wird und die Versprechen seiner Jugend nicht einlöst; deshalb glaube ich, daß ihm eine Zeit der Ausspannung so gut tun würde. Aber das liegt alles im Schoße der Götter, und inzwischen umarme ich Dich, liebe Mutter.

Freitag [17. 8. 28]. Wißt Ihr – dies besonders für Daddy –, obgleich der Junge sehr intelligent ist, sind das auch ein Haufen anderer junger Leute, aber er bekommt seine wundervollen Gelegenheiten teils seiner selbst wegen, aber zum Teil auch wegen seines Namens und der Tatsache, daß so wenige Aristokraten bereit sind, an der Zukunft des republikanischen Deutschland teilzunehmen. Und dann ist er sehr fleißig, und so eröffnen sich all diese Chancen. …

Montag. Der Y. T. ist gerade für ein Jahr zum C. S. „Publikationskomitee"[1] gemacht worden. Es bedeutet, daß er in Berlin leben muß, und das bringt eine Trennung von der Familie mit sich, die traurig ist, aber andererseits bezieht er 7000 Mark im Jahr (und kann wiedergewählt werden), und ich weiß, daß die Arbeit ihn interessieren und sehr glücklich machen wird. Mit unserem tüchtigen Inspektor und gelegentlichen Besuchen hier kann er sich weiter um Creisau kümmern, und so freuen wir uns wirklich sehr, und obgleich er viel von seinem Gehalt zum Junggesellenleben in Berlin brauchen wird, ist es trotzdem ein kleiner Beitrag zu unserem Einkommen. Ich werde ihn natürlich sehr vermissen, aber nächstes Jahr wäre ich sowieso monatelang weg, wenn ich Euch besuche (wenn Ihr mich wollt!), und ich habe jetzt eine gute Ausrede, wenn ich hin und wieder nach Berlin gehen will. …

1 *Publikationskomitee:* Ein solches Einmannkomitee war und ist noch für die Öffentlichkeitsarbeit der Christian Science zuständig.

Creisau, 12. 9. 28

Sonnabend [15. 9. 28]. ... Deutschland ist über Briands Rede in Genf ziemlich entsetzt; ich persönlich finde die Rede recht gut, da sie ehrlich war, und man hört wenig ehrliche Meinungen in Genf, mehr fromme Hoffnungen. Aber sein Ton scheint ziemlich aufreizend und unangenehm gewesen zu sein. Hans Adolf Moltke[1] ist „dienstlich" dort, und ich bin gespannt darauf zu hören, was er sagt. Ich muß sagen, daß ich Englands Flottenkompromiß mit Frankreich nicht sehr hilfreich finde, aber man muß mit dem Völkerbund und all den embryonischen Bemühungen, den Krieg zu vermeiden, viel Geduld haben. Mir scheinen Deutschlands Argumente sowohl für Abrüstung als auch für Räumung wirklich unwiderlegbar, aber es ist eins abzurüsten, weil man es *muß*, und etwas anderes, es freiwillig zu tun, und es wird zwanzig oder vierzig Jahre dauern, bis eine Nation den Mut haben wird, damit zu beginnen. Die Frage ist einfach: Können wir den Krieg vermeiden (der Europa erledigen wird), bis Abrüstung ein *natürlicher* Akt wird? ...

1 *Hans Adolf Moltke:* Hans Adolf von Moltke, Vetter von Helmuth, Sohn von „Onkel Fritz", dem ehemaligen preußischen Innenminister. Gesandter, ab November 1934 Botschafter in Warschau bis zum Kriegsausbruch; 1943 in Madrid, wo er bald nach Antritt seines Postens starb.

Creisau, 21. 9. 28

Sonntag [23. 9. 28]. Die Fürstin Pleß, geborene Cornwallis-West, veröffentlicht ihre „Memoiren" im „Daily Telegraph". Natürlich amüsieren sie mich, aber ich habe in meinem ganzen Leben keinen solchen Quatsch gelesen; schlecht geschrieben, offensichtlich eine eitle und dumme Person, die *alles* Deutsche in Grund und Boden verdammt und ganz vergißt, daß ihre Kinder Deutsche sind und daß das Geld, das sie so üppig ausgegeben hat, auch deutsch war. Für ihre Kinder sehr unangenehm zu lesen und für ihren Mann, den sie „pompous Hans" nannte. Merkwürdigerweise lebt sie in München, trotz ihrer Feindseligkeit, eine verblühte und kranke Frau, glaube ich. Was das Geld angeht, behandelt er sie sehr freigebig, und das ist das einzig Gute, was sie von ihm sagt, d. h. daß er nicht knauserig war. Natürlich *ist* es tragisch, in ein fremdes Land zu heiraten und dann ständig an *mal de pays* zu kranken, aber mit ihren Mitteln könnte sie das Exil weitgehend lindern, und in jedem Land kann man etwas Nettes oder

Schönes oder Interessantes finden. Ich selbst bin zu sehr ein „guter Europäer", um ein Gefühl der Verbannung zu haben (und doch bin ich noch Eure kleine Afrikanerin), und ich könnte überall interessiert und glücklich sein, obgleich ich dem lieben Gott dankbar bin, daß mein Schicksal mich nicht nach Rumänien verschlagen hat. …

Creisau, 6. 12. 28

… Was haltet *Ihr* von Chamberlains Rede zur Räumung des Rheinlands? Sie war wirklich schockierend, und wenn die Sache nicht so ernst wäre, könnte man sie für einen Witz halten. Es wird Zeit, daß England eine neue Regierung bekommt. Ich habe den Verlauf der Krankheit von König George mit sehr großem Interesse verfolgt. Es sieht so aus, als ob er es noch einmal schafft, und ich hoffe es.

Der Junge geht am Dienstag nach Breslau, um seine Mandeln herausgenommen zu bekommen, eine kleine Operation, aber ein, zwei Tage sehr schmerzhaft. Am Sonnabend fahren die Schuljungen mit mir nach Breslau, um Weihnachtseinkäufe zu machen und dann in die „Beggar's Opera" zu gehen, die „umgearbeitet" worden ist und hier „Dreigroschenoper" heißt und in Berlin ein großer Erfolg gewesen ist. Ich bin sehr gespannt darauf. Wir haben Plätze in der vorderen Reihe des 3. Ranges, die nur 1,90 Mark kosten! Bei so niedrigen Preisen wird sehr vielen Menschen der Zugang zu Musik und Drama ermöglicht. …

Montag [10. 12. 28]. Die „Dreigroschenoper" war einfach wundervoll. Selten habe ich etwas so genossen. Ich wünschte, ich könnte mit Mutter darüber sprechen, denn sie hat die „Beggar's Opera" vor einigen Jahren in London gesehen, und ich möchte wissen, ob sie ähnlich ist.[1] Es ist ein sehr ernstes und herzzerreißendes Stück, wurde glänzend gespielt, und die Musik war zwar sehr modern (meistens Saxophon), aber sehr melodiös. …

1 *ähnlich ist:* Die „Dreigroschenoper" von Bertolt Brecht und Kurt Weill unterscheidet sich wesentlich von John Gays „Beggar's Opera" (1728).

Creisau, 29. 12. 28

… Der Junge hat immer zu tun, meistens schreibt und studiert er. Nur unter uns muß ich Euch sagen, daß er meine größte Freude ist, so selbstlos, so rücksichtsvoll gegenüber seinen Eltern, immer heiter und hilfreich und sehr mitteilsam. Ich genieße diese Wochen mit ihm ganz bewußt, da mir klar ist, daß ich ihn wahrscheinlich nie wieder so vollständig haben werde.

Montag morgen. Der letzte Tag des Jahres. Ich bin froh, daß es vorüber ist. Der Umzug ins Berghaus, die finanziellen Schwierigkeiten und so weiter haben es in vieler Hinsicht zu einem schweren Jahr gemacht, trotzdem viel Gutes dabei war. Da ich aber eine Optimistin bin (hierin, wie Ihr seht, Mutter ähnlich!), erwarte ich, daß 1929 ein besseres Jahr wird. Auf jeden Fall bringt es mich zu *Euch*, was herrlich ist, und ich hoffe, daß es eine gewisse finanzielle Klärung bringen wird. In den letzten Tagen hat der Y. T. etwa 200 Morgen von kleinen Stücken Land an Bauern verkauft, zu 400 Mark den Morgen. Das ist kein hoher Preis – wie könnte er es auch sein, wo alle Leute Land verkaufen und es wenig Käufer gibt? –, aber es ist ein ganz anständiger Preis. ...

Creisau, 11. 1. 29

... Der Y. T. hat großes Interesse an seiner Arbeit, und er hat viel zu tun und macht es gut, aber es ist ein ungemütliches Leben für ihn ohne Zuhause. Doch das ist unvermeidlich, und ich bin sehr froh, daß er diese neue Arbeit und diese neuen Interessen hat, und glaube eigentlich auch nicht, daß Creisau dabei leidet. Herr Mau ist ein hervorragender und zuverlässiger Mann, und er, der Junge und ich leiten die Sache, und der Y. T. versucht nur, die Finanzen durch Stürme und Strudel zu steuern. So viele haben ihre Güter schon verkauft. Diese andauernde landwirtschaftliche Krise ist wirklich höchst unangenehm. ...

Creisau, 24. 1. 29

... Liebe Mutter, trotz allem bin ich sicher, daß es für mich richtig ist, grade jetzt zu Hause zu sein und nicht unterwegs gen Süden. Beide Jungen stecken mitten in ihren Examen. Jowo ist nervöser als der Junge und psychisch labiler, aber sein Examen ist leichter, und ich halte es für unwahrscheinlich, daß er es nicht besteht. Der Junge arbeitet sehr schwer, aber man läßt jede Menge durchfallen, denn die Behörden können nichts mit all den Möchtegern-Referendaren anfangen, wenn sie erst einmal ihr Examen bestanden haben, und so wird viel ausgekämmt, und nur die Besten bestehen. Tief im Innern glaube ich natürlich, daß der Junge bestehen wird – aber welche Mutter tut das nicht? –, obgleich ich die bevorstehenden Schwierigkeiten sehe und froh sein werde, wenn der Monat März glücklich vorbei ist. – Und dann werde ich nie wieder so viel von den zwei Jungen haben, sicher nicht von dem guten Helmuth James, und ich bin so froh, hier zu sein und ihm beim Pläneschmieden wenigstens für die unmittelbare Zukunft zu helfen. …

Creisau, 14. 2. 29

… Ich nehme an, daß Ihr alles über unser kaltes Wetter in den Zeitungen gelesen habt. Das Wild wird dezimiert, obgleich wir es, so gut wir können, füttern, und was die Armen angeht, die zu wenig Heizmaterial, dünne Wände und zugige Fenster haben: Es ist schrecklich, sich ihre Leiden auszumalen. Außerdem haben wir 2 Millionen Arbeitslose. Kohle wird knapper, die Berliner Schulen haben für eine Woche geschlossen, auch alle Schwimmbäder, Dampfbäder usw., auf unbestimmte Zeit. Wir haben wenig Unannehmlichkeiten gehabt, aber bei den armen Trothas sind Wasserrohre, Spülstein, Bad usw. eingefroren – wie auch bei vielen anderen Leuten –, und Ihr könnt Euch die Arbeit vorstellen, die das alles verursacht, denn man kann nichts machen, bis das Wetter milder wird. In Breslau wird Gratistee für alle in den Straßen der ärmeren Viertel verteilt – eine ausgezeichnete Idee. …

Creisau, 24. 2. 29

… Eins meiner Geburtstagsgeschenke war ein Buch unseres Freundes Edgar Mowrer mit dem Titel „This American World“. Versucht, es in der Bibliothek zu bekommen! Es ist hervorragend und interessiert mich höchlichst. Die Mowrers – Mann, Frau und Bruder – haben alle etwas für die Deutschlandausgabe des „Graphic Survey“ geschrieben, die ich Euch geschickt habe. Ich finde den Artikel des Jungen nicht besonders gut, aber die ganze Zeitschrift ist gut gemacht und interessant. Der Junge brachte Becker (Kultusminister) und Hellpach[1] dazu, etwas dafür zu schreiben, und Jaeckh ist der Gründer der Hochschule für Politik, die eine Schwesterorganisation von Lionel Curtis' „Institute for International Affairs“ ist. …

Ihr Lieben, es ist wirklich gut, daß ich grade jetzt nicht weit von zu Hause entfernt bin. Der Junge kommt jedes Wochenende todmüde nach Hause und hat das Bemuttern nötig, und dann spricht er recht viel mit mir über seine Pläne und Ideen für die unmittelbare Zukunft, und es würde einen großen Verlust für uns beide bedeuten, wenn ich gerade zu dieser kritischen Zeit weg wäre. ...

1 *Hellpach:* Willy Hellpach, Psychologe und Politiker. Reichstagsabgeordneter (DDP) 1928–30.

Creisau, 8. 3. 29

... Die Schilderung des Europäer-Bantu-Kongresses hat mich sehr interessiert, es muß für manche eine Offenbarung gewesen sein und eine Ermutigung für alle Freunde der Eingeborenen. Es ist ein Problem von weltweiter Bedeutung, und unsere Fragen, wie Reparationen usw., obgleich für Millionen wichtig, sind klein im Vergleich mit der Eingeborenenfrage, die schließlich ganz Afrika beeinflussen wird. ...

Creisau, 17. 3. 29

... Wir haben gerade Frau Dr. Schwarzwald auf den Weg nach Wien gebracht. Sie kam am Mittwoch abend mit einem sehr netten Hamburger Jungen, Rolf Brand, an, der auch in Berlin Kunstgeschichte studiert. Frau Dr. ist eine entzückende Frau und erinnert mich etwas an Olive Schreiner, nur gesund und sehr wohlhabend, klug, enthusiastisch, sehr gesprächig, voller Spaß und Unternehmungslust – was Olives Gesundheitszustand verhinderte –, gütig und höchst freigebig gegen alle, denen sie begegnet, hilfreich, wo immer sie sieht, daß etwas nötig ist – und wo ist nichts nötig? –, etwas autokratisch und höchst liebenswert. Natürlich Pazifistin. Sie schenkte jedem Kind in Creisau – Schule und Spielschule – eine Tafel Schokolade, und Ihr könnt Euch die Freude der Kinder vorstellen. Sie ist eine wirkliche Persönlichkeit, deren hauptsächlicher Gesichtspunkt zu sein scheint: Liebet und helft euch untereinander! Die Kinder haben ihren Besuch so genossen, denn sie steckt voller amüsanter Geschichten – sie hat viel Sinn für Humor – über all die Leute, die sie getroffen hat, und über ihre verschiedenen Abenteuer. In der Ukraine geboren, hat in Zürich studiert, hält Vorträge in Schweden und Berlin und lebt in Wien; reichlich Stoff für Geschichten. ...

Creisau, 21. 3. 29

... Frau Dr. Schwarzwald hat alle Kinder für diesen Sommer nach Grundlsee eingeladen. Eine himmlische Aussicht, und manche gehen sicher, obgleich ich nicht weiß, ob es möglich sein wird, alle zu schikken, teils wegen der Reisekosten, teils weil ich mich etwas scheue, eine so große Einladung anzunehmen. ...

Creisau, 29. 3. 29

... Ich bin mit meinen vier stattlichen Jungen in die Kirche in Gräditz gegangen und war sehr stolz auf meine großen, gutaussehenden und höchst erfreulichen Söhne. Sonst haben wir den Tag still zu Hause verbracht und haben nicht einmal Tennis gespielt, weil das gegen den Geist des Tages gewesen wäre, der in diesem Lande sehr streng eingehalten wird – ganz wie ein schottischer Sonntag. Könnt ihr Euch an den Sabbath in Edinburgh erinnern, wo nicht einmal die Straßenbahnen fuhren?

... Ach je, ich habe ganz vergessen, Euch die wichtigste Nachricht zu geben – der Junge hat sein Examen bestanden! Am Dienstag, seinem letzten Tag, waren wir in Breslau und hörten die gute Nachricht, gleich als er aus dem Prüfungsraum kam, und brachten ihn am Abend im Triumph nach Hause. Am 10. geht er für einige Wochen nach Berlin – wird bei Ulla wohnen –, um sich umzusehen und zu sehen, was seine Aussichten sind. Es ist ein Trost, daß beide Jungen die ihnen aufgegebene Arbeit bewältigt haben.

Helmuth James geht es viel besser, er fängt sogar an, vernünftig zu essen, schläft gut und hat auch seine rheumatischen Schmerzen gut überstanden. Jowo sieht aus wie das blühende Leben, gesund, munter, braungebrannt und so ansehnlich. Willo sieht jetzt viel besser aus und ist so lieb und hilfreich wie immer. ...

Heute nachmittag kam Carl Didi aus dem Riesengebirge, wo er nach 3 schweren Wochen *Löwenberger Arbeitsgemeinschaft* ein paar Tage skigelaufen war. Der Junge war dieses Jahr nicht da, wegen seines Examens. ...

Creisau, Sonntag morgen, 21. 4. 29

... Natürlich schnurre ich vor Behagen über General Smuts' Brief, obwohl ich persönlich den Artikel des Jungen nichts Besonderes fand, aber es ist nett, wenn andere Leute, besonders solche wie er und Daddy, ihn für gut halten. Ohne Zweifel hat der Junge Ideen, und ich bin sicher, daß er eine große Zukunft vor sich hat. Es sieht so aus, als ob der Plan, für ein Jahr nach Washington zu gehen, um bei einer Zeitung zu arbeiten, heranreift. Es wird ein vorzügliches Training für ihn sein, und da Amerika eine so wichtige Rolle in der europäischen Entwicklung, besonders in Deutschland, spielt, wird es für ihn wahrscheinlich später sehr nützlich sein, die Staaten aus erster Hand kennengelernt zu haben. ... Jedermann hier ist natürlich sehr aufgeregt über die Reparationskonferenz; für uns ist es eine so lebenswichtige Frage und so unglaublich schwierig zu lösen.

Am Dienstag geht Jowo ab nach Berlin, voller großer Hoffnungen und Pläne. Er ist ein höchst attraktiver junger Mann, findet leicht Freunde und ist *so* zuverlässig; er sollte gut vorankommen, obgleich seine künftige Lebensbahn noch so schwer erkennbar ist. Jedenfalls wird er *anfangen*, Kunstgeschichte und allgemeine Geschichte zu studieren, aber wo er aufhören wird, steht dahin. ...

Creisau, 12. 5. 29

... Am Dienstag fährt der Junge nach Wien zu einem langversprochenen Besuch bei Schwarzwalds, den er mit dem Schreiben einer Artikelserie über landwirtschaftliche-wirtschaftliche Themen für die „Vossische Zeitung“ – gut bezahlt – kombiniert. Er muß auch jemanden finden, der ihm etwas Geld für eine anständige Garderobe leiht, denn es hat keinen Zweck, mit ein paar schäbigen Anzügen nach Amerika zu gehen und dann dort zu mindestens dem doppelten Preis neue kaufen zu müssen. Er soll als Lehrling bei der „New York Evening News“ eintreten, zuerst in der Zentrale, dann in Washington, mit einem Anfangslohn von 30 Dollar die Woche. Nicht viel, sogar sehr wenig, aber keiner bekommt viel, während er lernt, und er wird sicher sehr bald seine Aussichten verbessern. ...

Berlin, 23. 6. 29

... Und nun zum Kongreß. Es waren fünf hektische Tage, aber hochinteressant. Der Kongreß war sehr gut organisiert – so ruhig im Vergleich mit Rom – und gut besucht. Der Friede spielte in allen Diskussionen eine große Rolle. Es gab offiziell und privat viel Gastfreundlichkeit – eigentlich sogar zu viel für gute Arbeit –, und die Presse war sehr positiv. Heute vormittag gehe ich zu einer Massenversammlung, die die Liga für Frieden und Freiheit veranstaltet, und morgen gehe ich ostwärts, zur jüngeren Familie. Ich wohne bei Hans Carls, und der Y. T., Jowo und Helmuth James sind zu Fuß 5 Minuten entfernt. Letzterer kehrt auch am Montag nach Creisau zurück. Alle raten ihm, jetzt nicht nach Amerika zu gehen, zu einem Zeitpunkt, da die Entwicklungen in diesem Land wahrscheinlich sehr wichtiger Art sein werden – Reparationsbank etc.–, und so hat er beschlossen, hier zu bleiben und in die statistische Abteilung einer großen Bank[1] einzutreten – sein Steckenpferd –, morgen wird der Vereinbarung der letzte Schliff gegeben, und in meinem nächsten Brief werde ich Euch genau sagen können, was seine Aussichten – finanziell etc. – sind. ...

1 *Bank:* Es war die Berliner Handelsgesellschaft.

Creisau, 21. 7. 29

... Es kommt mir ganz überflüssig vor, Euch zu schreiben, denn ich bin ja schon fast unterwegs. Ich will Euch eigentlich nur sagen, daß ich es bin und daß ich mich mehr darauf freue, Euch zu sehen, als ich sagen kann. Mein großer Koffer ist schon unterwegs, und ich bin mehr oder weniger mit all meinen Vorbereitungen fertig. Alle Kinder zurückzulassen, ist natürlich etwas schmerzlich, und ich bedauere besonders, daß Helmuth James nicht mitkommt, wir hätten es beide so sehr genossen, aber so ist das Leben, nichts ist *ganz* perfekt in dieser Welt, nicht wahr?

Wir haben richtig heißes Sommerwetter, 86° Fahrenheit im Schatten, aber nicht so drückend oder so heiß wie letztes Jahr – bis jetzt. Wunderbares Wetter für die Ernte, obwohl der Garten Regen braucht. Die Ernte verspricht, sehr gut zu werden. Das ist so angenehm – obgleich man es nie wirklich weiß, bis man sie sicher in der Scheune und mit dem Dreschen angefangen hat.

Ich habe diese letzten Tage mit den Kindern ganz bewußt genossen. Ohne besondere Pflichten, nur mit ihnen zusammen zu sein und mich an ihrem Charme und Reiz, ihrer verschiedenen, eigenen Art zu weiden. Heute ist es 20 Jahre her, seit Schwester nach Creisau kam, und sie feiert das Ereignis mit einem Kinderfest im Park, bei dem wir trotz der Hitze alle erscheinen sollen. ...

Krise

Creisau, 23. 12. 29[1]

Mein liebster Flen,
ich bin in großer Eile, und Du mußt verzeihen, wenn dieser Brief kurz wird. Ich hatte ein großes Willkommen von allen und fand, daß alle gut aussehen. Aber die finanzielle Lage ist viel schlimmer, als ich sie mir vorgestellt hatte. Es hat keinen Zweck, ins Detail zu gehen, bis die Sache für oder gegen uns geklärt ist, was wahrscheinlich diese oder nächste Woche geschieht. Dann werde ich Dir alles erzählen. Der arme Junge sieht sehr dünn und überanstrengt aus, ist aber heiter – *so* froh, mich wieder da zu haben, sagt er –, und er arbeitet fast ohne Unterbrechung außer den Mahlzeiten. Bis jetzt habe ich wenig vom Y. T. gesehen, da er erst heute abend aus Berlin ankommt, aber man konnte sehen, wie es ihn alles quält, den Armen. Schönchen, Ete, Carl Viggo helfen uns alle einfach großartig, vor allem natürlich moralisch, aber auch auf andere Weise. Es ist ein fürchterlicher Kontrast mit meinem sorglosen Leben bei Euch; aber es läßt sich nicht ändern, und es ist gut möglich, daß ich nächste Woche Besseres berichten kann.

Meine Reise war bis zuletzt einfach wunderbar, und ich habe sie wirklich genossen. Die Ausschiffung in Bremerhaven ist hervorragend organisiert und sollte Mutter keine Schwierigkeiten bereiten.

Es tut mir leid, Dir einen so beunruhigenden Brief zu schicken, aber so steht es. Herr Mau ist übrigens an Herzversagen gestorben und plötzlich auf dem Hof tot umgefallen. Er war offenbar schon einige Zeit geistig umnachtet gewesen – obgleich es nicht einmal seine Frau bemerkt hatte –, denn er hatte manche Rechnungen zweimal bezahlt, mehr Kartoffeln und Weizen verkauft, als wir hatten, hatte das Geld dafür bekommen, und jetzt können wir die Ware nicht liefern usw. Schreckliche Konfusion. Und doch haben wir einen Revisor in Schw. und einen Gutssekretär in Creisau, aber keiner hatte ein Wort gesagt.

Ich war über Deinen Brief gerührt. Deine Geschenke und das Geld sind ein Geschenk des Himmels. Ich kaufe nichts für Weihnachten, aber Eure Geschenke und die der Verwandten werden die Tische der Kinder sehr nett machen, trotz allem. Ich sende Dir Meere von Liebe.

Wir sind alle ganz heiter und fröhlich, trotz allem, die Kinder ganz prächtig.

1 *23. 12. 29:* Helmuth James hatte kaum mit seiner Tätigkeit bei der Berliner Handelsgesellschaft begonnen, als der Kreisauer Inspektor Ende September plötzlich starb und die Wirtschaft in völliger Unordnung und schwer verschuldet hinterließ. Dorothys Mann machte seinen ältesten Sohn zu seinem Generalbevollmächtigten in Kreisau. Dieser widmete sich der Rettung der Wirtschaft mit Konzentration, Energie, Umsicht und viel Geschick. Die Gläubiger waren beeindruckt und überließen ihm die Verantwortung. Das führte zur Bildung einer Betriebsgesellschaft.

Creisau, 28. 12. 29

... Ich habe diesen ganzen Nachmittag an Dich gedacht, an Mutters Abfahrt um 4.30 und Deine einsame Rückkehr in den Klub. Montag wird die letzte Etappe des Umzugs bewältigt sein, und Du wirst froh sein, daß alles vorbei ist. Die letzten Wochen müssen für Euch alle sehr hektisch gewesen sein. Nach Montag wird momentan die einzige Sorge der Verkauf der Grundstücke sein, der hoffentlich gut geht.

Du wirst, das weiß ich, unsere Nachrichten erwarten. Die Lage ist so: Der Junge hat den Gläubigern – 2 Banken, ein landwirtschaftliches Konsortium und 5 oder 6 große Firmen für Futter, Kunstdünger etc. – einen Plan vorgelegt, wie die Dinge auf eine gesunde Grundlage gestellt werden können. Alle haben mündlich zugestimmt, aber bevor es schriftlich vereinbart war, hat sich eine Bank umentschlossen und unzählige Schwierigkeiten gemacht. Das bedeutet Zahlungsunfähigkeit, denn wenn sie auf sofortiger Zahlung bestehen, müssen wir in die Liquidation gehen. Der Direktor in Breslau war halsstarrig. So waren der Y. T. und der Junge gestern 3 Stunden bei der Zentrale in Leipzig und fanden eine viel bessere Aufnahme. Jetzt hoffen wir, daß die Zentrale genug Druck auf Breslau ausüben kann, obgleich es eigentlich schon fast zu spät ist. Denn es ist 6 Wochen her seit der Zustimmung zum Plan des Jungen. Es ist so ärgerlich, denn *alle* anderen Gläubiger wollen den Konkurs vermeiden, und nur diese eine Bank – der Direktor in Breslau ist eitel und fürchtet, seinen Posten zu verlieren – macht all diese Schwierigkeiten.

Es ist ganz unmöglich für jemanden, der nicht hier ist, sich klarzumachen, wie die Dinge stehen. Es war ein sehr schmerzlicher Kontrast zu meinem Leben mit Euch, aber es ist merkwürdig, wie schnell man sich daran gewöhnt, und natürlich ist es eine große Hilfe, daß die Moltkes, einschließlich meiner Kinder, alle die Fähigkeit haben, in den haarsträubendsten Situationen ganz ruhig und sogar fröhlich zu bleiben. Am schlimmsten ist es für den Y. T., und obwohl er allen gegenüber sehr freundlich ist, ist er natürlich sehr bestürzt. Selbst wenn wir in die Liquidation gehen, erwarten wir nicht, daß das den Verlust von Creisau bedeutet, da es höchst schwierig, fast unmöglich ist, gerade jetzt Käufer zu finden, und Creisau mit der Peile und der unglücklichen Lage des Schlosses wird wahrscheinlich niemanden reizen. Die Gläubiger haben dem Jungen die Aufgabe übertragen, sich um alles zu kümmern, und er bekommt 10 Pfund den Monat und Deputat, und so hat er im Moment sein Auskommen.

Unser Weihnachtsfest war still, aber sehr fröhlich. Alle Kinder so lieb und Eure Geschenke so stattlich. Ich habe nur 10 Mark für Geschenke ausgegeben und ein bißchen Geld für die zwei Mädchen. Alle anderen, sogar Mamsell, bekamen nur alte Kleidungsstücke etc., und erfreulicherweise hat es niemand übelgenommen, denn es ist überall dasselbe. …

Creisau, Neujahr 1930

… Ich kann den Tag nicht vorübergehen lassen, ohne Dir einen Gruß zu schicken. Möge das Jahr 1930 ein sehr glückliches sein, trotz all der Sorgen, die Dein kleiner Quälgeist verursacht, der offenbar im mittleren Alter seinem Namen Ehre macht. Das alte Jahr endete jedoch mit einem kleinen Triumph. Der Besuch des Y. T. und des Jungen in Leipzig am 27. im Hauptquartier der Bank führte dazu, daß die Entscheidung des Breslauer Direktors umgestoßen wurde. Das ist ein guter Schritt vorwärts und auf eine Regelung zu, obgleich noch viele Klippen umschifft werden müssen – verzeih die gemischte Metapher. Die Hauptschwierigkeit liegt in der allgemeinen Depression. Einer der größten Korn- und Futterhändler in Schw[eidnitz] hat gestern geschlossen, da er das ihm geschuldete Geld nicht bekommen kann, und so wird er eine Weile abwarten, wie Brer Rabbit. Graf Keyserlingk, der Bruder unseres Freundes, der vor ungefähr 18 Monaten den kulmizschen Besitz Lasterhausen gekauft hatte, ist gerade bankrott gegangen, und mehr solche Fälle werden in diesem Monat erwartet. Das zeigt Dir etwa den Stand der hiesigen Dinge. …

Sonntag [5. 1. 30]. … Der Junge arbeitet 10 bis 12 Stunden am Tag, einschließlich Sonntag, und es ist nervenzermürbende Arbeit. Zum Glück ißt und schläft er gut, aber er ist dünn wie ein Brett, der liebe

Kerl. Der Y. T. fährt morgen nach Berlin ab. Er hat im vergangenen Jahr 28 Pfund abgenommen! ...

Creisau, 13. 1. 30

... Ich hatte gehofft, Dir diese Woche etwas Definitives über Creisau schreiben zu können, aber leider soll die Entscheidung, trotz den zwei Besprechungen letzte Woche, erst am Mittwoch getroffen werden. Die Idee ist jetzt, daß die 7 Gläubiger zusammen mit uns eine „G. m. b. H.", eine Gesellschaft mit beschränkter Haftung bilden und ihre Aktien sozusagen das Geld sind, das wir ihnen schulden. Sie haben den sehr fähigen und angenehmen Dr. Jüngst als ihren Repräsentanten gewählt, so daß wir nicht mit individuellen Wünschen und Ideen zu tun haben; aber, wie Du Dir vorstellen kannst, gibt es viel zu diskutieren und auszuarbeiten, besonders juristisch. Alle meinen, das sei die beste Lösung, und die Hoffnung ist, daß in kommenden Jahren, wenn Creisau je wieder rentabel wird, Mitglieder der Familie Moltke und das Kuratorium des Fideikommisses dazu neigen werden, die Aktien der Gläubiger aufzukaufen. Das ist der gegenwärtige Plan, aber, wie ich schon sagte, bis die Papiere tatsächlich unterschrieben sind, ist noch nichts sicher. Unsere Position ist folgende: Wenn die Gläubiger endgültig diesen Plan annehmen, werden wir weiter unser Deputat vom Betrieb bekommen, d. h. Nahrungsmittel, die der Betrieb produziert, aber das ist auch alles. Der Y. T. bekommt 200 Pfund im Jahr von der Stiftung, und das wird immer auf mein Konto für Haushaltsausgaben eingezahlt, aber das ist, zusammen mit meinen Wechseln, alles, was wir haben. Nicht viel, wirst Du sagen, lieber Flen. Das ist es auch nicht, aber ich habe schon seit einigen Jahren nicht mehr gehabt; der einzige Unterschied ist, daß das Gut früher Extrakosten wie Zahnarztrechnungen, Instandhaltung des Berghauses, Autoreparaturen und Versicherungen usw. gedeckt hat und wir diese in Zukunft selbst bestreiten müssen. Das heißt strengste Sparsamkeit, die niemals angenehm ist, aber ein kleiner Trost ist der Umstand, daß dasselbe der Hälfte unserer Nachbarn widerfährt. Es ist natürlich eine enorme Annehmlichkeit, daß Du und Mutter 10 Pfund im Monat für Jowos Universitätsstudium bezahlen wollt. Helmuth James wird sicher immer auf eigenen Füßen stehen können. Ich ändere nichts an unserer Lebensweise – die ohnehin einfach genug ist – bis zum Herbst, denn, das will ich Euch als großes Geheimnis verraten, dann kommen meine lieben Eltern zu Besuch, und ich hoffe, vielleicht auch einen netten englischen zahlenden Gast zu bekommen. Es hat keinen Zweck, die Dinge zu übereilen. ...

Creisau, 25. 1. 30

Sonntag [26. 1. 30]. Wir haben gerade ein richtiges Sonntagsfrühstück gehabt, und Asta und ich fahren bald mit dem Wagen in die Kirche in Schw[eidnitz] Da C. B. Konfirmandenunterricht hat, geht er hin und wieder einsam und allein nach Gräditz. Er ist momentan ein sehr eifriger Schwimmer, der beste seiner Klasse. In Reichenbach gibt es ein sehr nettes Schwimmbad, und meistens geht er am Sonnabend nachmittag dort üben. ...

Der Junge ist leider in Berlin. Eine neue und akute Komplikation ist entstanden – eine andere Bank, die uns mündlich gesagt hatte, sie würde einem Moratorium zustimmen, ist plötzlich von ihrem Hauptquartier überstimmt worden, das uns mitteilte, wir müßten innerhalb von vierzehn Tagen 600 Pfund bezahlen. Die Entrüstung über das Verhalten dieser Bank ist groß, und mehrere Leute haben deshalb ihr Kapital auf eine andere Bank übertragen. Zum Glück konnte der Junge das Geld borgen, um die 600 Pfund [12 000 Mark] zu bezahlen, was beim Stand der Dinge eine erstaunliche Leistung ist. So atmen wir auf. Aber diese Schreckschüsse sind sehr beunruhigend, und besonders wenn so viel andere Arbeit zu tun ist. Die wirtschaftliche Depression ist hier sehr groß, wir haben 2 Millionen Arbeitslose, und das Auszahlen von Arbeitslosenunterstützung an eine so viel höhere und unerwartete Anzahl zerschlägt die Grundlage des Budgets vieler Städte. Berlin und Breslau – und eine ganze Reihe anderer Städte – sind nicht mehr unabhängig, sondern stehen unter staatlicher Aufsicht, da sie nicht imstande waren, die Löhne ihrer Beamten zu zahlen, und der Staat sich einschalten mußte. Ein schöner Zustand.

Ich bin sehr gespannt auf Deine Nachrichten über die Eingeborenenunruhen in Johannesburg und andernorts, denn die hiesigen Zeitungen berichten natürlich nur ganz knapp über diese Vorgänge. ...

Creisau, 20. 2. 30

Montag [24. 2. 30]. ... Ich habe aber eine gute Nachricht für Dich. Der Vertrag ist am Freitag unterzeichnet worden. Das ist wenigstens ein Fortschritt. Es bedeutet ein Moratorium für den Augenblick. Die Gläubiger werden durch zwei Männer vertreten, die natürlich beim

Betrieb etwas mitzureden haben. Ich hoffe nur, das funktioniert alles. Die Leute scheinen zu meinen, es sei das Beste, was sich machen ließ, aber natürlich hängt alles von guten Ernten, gerechten Preisen und der größten Sparsamkeit ab. Aber jedenfalls ist jetzt wieder etwas in Bewegung, nach diesen Monaten der Ungewißheit und Stockungen. Ein schönes Geburtstagsgeschenk für mich! ...

Creisau, 28. 2. 30

... Unsere jungen Mädchen, Dick und Jack[1], sind diesen Morgen abgefahren, nette junge Dinger, obwohl manche der Gepflogenheiten der modernen Jugend sogar Mutter und mich überraschen. Am Sonntag erwarte ich den Y. T., was eine sehr angenehme Aussicht ist. Der Junge hat immer noch viel zu tun und ist ziemlich erschöpft – eine Art Reaktion, nehme ich an, nach der langen Spannung. Eine Menge muß arrangiert und veranlaßt werden, bevor alles auch nur anfangen kann, glatt zu gehen. Natürlich ist es, wie Du sagst, immer noch ganz wahrscheinlich, daß der Plan am Ende nicht funktioniert, die Schulden sich als zu hoch erweisen, aber nichts ist bei dem Aufschub des Unglückstages verloren und viel gewonnen, d. h. die Kinder sind älter, die allgemeinen Zustände können sich gebessert haben. Jedenfalls ist es den Versuch wert, denn wir wollen Creisau nicht verlieren, wenn wir es vermeiden können. ...

1 *Dick und Jack:* Die Schwestern Vlielander-Hein, Freundinnen aus Grundlsee. Dickie heiratete später Hans Deichmann – s. 25. 10. 30.

Creisau, 7. 3. 30

Montag [10. 3. 30]. ... Spät gestern abend erschienen Jowo und Willo, zurück aus Berlin. Willo war Freitag nacht mit unseren zwei wertvollen Lenbachbildern, die verkauft werden sollen, dorthin geschickt worden, und er sollte sich unterwegs um sie kümmern, da sie sehr sorgfältig transportiert werden mußten. ...

Berlin-Friedenau
Sonntag, 5. 10. 30

... Heute sind der Y. T. und ich nach der Kirche zu einer Probe des Philharmonischen Orchesters unter Furtwängler gegangen. Es war sehr schön, und wie immer, wenn ich etwas künstlerisch Schönes sehe oder höre, wünschte ich immer, Mutter wäre auch da. Daddy, andererseits, möchte ich immer „interessante Sachen“ zeigen. Gestern war ich ganz enorm begeistert von den Museumsräumen, die gerade eröffnet worden sind. Bodes Arbeit, vor dem Krieg begonnen. Es raubt einem einfach den Atem. Ganz Pergamon ist rekonstruiert worden – in einem riesigen Raum –, und man geht buchstäblich die Stufen hinauf ins Atrium, die fehlenden Teile sind äußerst geschickt rekonstruiert worden, und die Wirkung ist einfach wundervoll, es verschlägt einem den Atem. In einem anderen Raum ist ein römisches Forum, in einem anderen der babylonische Zugang zu einem Tempel, ganz in blauen Kacheln mit wunderbaren, sich aufrichtenden Löwen; er soll aus Nebukadnezars Zeit stammen! Ich habe nie etwas gesehen, auch nicht in Rom, was sich damit messen kann, nicht so sehr die Objekte selbst – die Elgin Marbles sind ebenso schön –, aber der Aufbau. …

Stettin, 10. 10. 30

Sonnabend [11. 10. 30]. *Balfanz*. Freya Deichmann[1] hat letzte Woche ihr Abitur bestanden und für alle fünf Fächer ein „gut“ bekommen. Wenn man bedenkt, daß sie die Schule vor einiger Zeit verlassen hatte, ist das wirklich eine hervorragende Leistung.

Sonntag. … Ich bin gerade mit Robert Graves' Buch[2] fertig geworden. Sehr interessant, aber sein Fronttagebuch macht einen pazifistischer denn je. …

1 *Freya Deichmann:* Die Tochter des Kölner Bankiers Carl Theodor Deichmann und seiner Frau Ada war 18 Jahre alt, als der 22jährige Helmuth James von Moltke sie bei Schwarzwalds in Grundlsee kennenlernte. Sie hatte die Schule verlassen, da sie sich dort langweilte, beschloß aber dann, doch das Abitur zu machen, was ihr in erstaunlich kurzer Zeit gelang. Später studierte sie Jura und promovierte 1935 bei Martin Wolff. 2 *Buch:* „Good-bye to All That“ (London 1929).

Cadinen, Sonnabend, 18. 10. 30

… Unser Hochzeitstag. Gestern bin ich nicht weitergekommen, denn es war ein Tag von vielen Feiern. Peters 50. Geburtstag – am 16. – und unsere silberne Hochzeit wurden zusammengelegt, und wir waren alle sehr fröhlich und dankbar und liebevoll; und meine Gedanken flogen, wie Ihr Euch denken könnt, viele Male über den großen Teich und zu den liebsten Eltern auf der Welt. Peter las den Brief, den er Muttel über die Hochzeit geschrieben hatte, wieder vor, und wir lachten sehr darüber und waren sehr gerührt. Dabei fällt mir ein, daß C. B. den 1. Preis im 100-Meter-Schwimmen gewonnen hat und in der „Reichenbacher Zeitung“ besonders erwähnt wurde! Er hat Bresa sehr genossen, nur wurde er dort krank und nahm 10 Pfund ab, was ganz überflüssig war, der Arme.

Aber zurück zu Cadinen. Wir haben die ganze Zeit prächtiges Wetter gehabt. Heute vormittag fahren wir im Motorboot des Guts zu den Inseln, die zwischen der Küste und der Ostsee liegen. Cadinen ist ein Ort, der an sich sehr reizvoll ist, und dann brauchte man sich natürlich früher keine Gedanken über Mittel und Wege zu machen, so daß das ganze Dorf sehr attraktiv geplant und gebaut ist, überall vorzügliche Straßen mit gut geschnittenen Hecken und alles herrlich gepflegt. Das Schloß ist ganz klein und doch ganz gefällig. Es soll des Kaisers liebster Besitz gewesen sein.

Unsere Autofahrt war sehr interessant. Wir mußten unsere Pässe sechsmal zeigen, denn wir fuhren durch den Korridor – wo wir eine neue Autonummer mit einem großen T (Transit) bekamen, und man darf nicht anhalten – und dann durch den Freistaat Danzig. Aber die Beamten waren überall sehr höflich und haben unser Gepäck nur einmal kontrolliert. Aber unsere Fahrtroute hin und zurück mußte in dem Visum erwähnt werden, was die Sache etwas starr machte. Wir verbrachten über 2 Stunden in Danzig – eine faszinierende Stadt. Sie erinnert etwas an Holland, nur ist sie bunter und schöner. Es gibt noch eine Menge alter Gebäude – faszinierende Giebel und Holzschnitzereien –, und das Ganze hat eine Atmosphäre. Auf der Rückreise werden wir uns Marienburg ansehen, das eine großartige Schloßfestung hat, von den Deutschrittern, dem Templerorden, erbaut, eine der Sehenswürdigkeiten Osteuropas. Wir überquerten die Weichsel auf einer großen Dampffähre. Ein stolzer Strom, aber ach so einsam. Weit und breit keine Häuser, keine Kähne, kein wie auch immer geartetes Leben zu sehen.

Es wird Mutter interessieren, daß wir durch Polens neueste Stadt fuhren, Gdynia oder so ähnlich, die Deutschen nennen es Gdingen. Sie ist eine imposante Leistung, aber sehr häßlich. Hohe, meist schmale Häuser, aber auch riesige Büro- und Wohnhäuser. Der Hafen soll mit Danzig konkurrieren. 1920 haben da nur ein paar Fischer gelebt.

Später. Diesen Vormittag haben Monika und ich in der Ostsee geplanscht! Ein herrlicher Tag und so warm, daß man sogar im Motorboot keinen Hut, Mantel oder Pelz brauchte. Aber leider war das

Wasser zum Baden zu kalt. Morgen früh fahren wir nach Balfanz ab, und Montag nehme ich den Zug nach Kreisau. Es war ganz wunderschön, den Jungen hier zu haben, und ich bin sicher, es hat ihm gut getan, den ganzen Tag draußen in der Sonne zu sein. Er nimmt heute abend den Zug nach Berlin, da er dort geschäftlich zu tun hat und Montag früh wieder an der Arbeit sein muß. ...

Und nun, geliebte und allerteuerste Eltern, muß ich schließen. Wir sind uns doch heute sehr nah, nicht wahr? Ihr Lieben, obwohl ich so weit weggegangen bin, möchte ich, daß Ihr wißt, daß ich es von meinem Standpunkt aus nie bereut habe. Euretwegen denke ich manchmal, oh je, ich würde nie den Mut – oder Egoismus! – haben, es wieder zu tun. Und ich möchte auch, daß Ihr wißt, daß mein Herz voller Dankbarkeit und Liebe ist, wegen all Eurer Liebe und Selbstlosigkeit in all diesen Jahren. Außerdem will ich Euch anvertrauen, daß ich die prächtigsten Kinder auf der Welt habe und daß ich Euer zärtliches Kind bin.

Creisau, 25. 10. 30

... Freya und Hans[1] sind gestern angekommen. Ob Mutters Ohren wohl geklungen haben? Denn wir, besonders Hans, der von Begebenheiten in Wien erzählte, haben viel von ihr gesprochen. Sie sind wirklich reizende junge Leute, und meine junge Familie freut sich sehr darüber, sie hier zu haben. Am Montag muß Helmuth James nach Wernersdorf gehen, um mit Hans Adolf über den Verkauf von Creisau an die Stiftung zu sprechen, und wir gehen mit, um mit Davy[2], Hans Adolfs Frau, Tee zu trinken. Gegen Ende der Woche soll hier eine Sitzung des Kuratoriums sein. ...

1 *Freya und Hans:* Freya und ihr älterer Bruder Hans Deichmann. 2 *Davy:* Davida von Moltke, geb. Gräfin Yorck.

Creisau, 31. 10. 30

Sonntag [2. 11. 30]. ... Ich bekam einen ganz reizenden Brief von Hans Deichmann, der abfuhr, als er tief in „Goodbye to All That“ steckte. Er ist wirklich ein Schatz, und ich habe ihn ganz als Sohn adoptiert, oder Freund, was für mich synonym ist –, nicht, daß alle Freunde Söhne sind (zum Beispiel Daddy!), aber meine Söhne sind Freunde. Hans hat nächsten Monat ein Examen zu bestehen und geht nach Weihnachten zu I. G. Farben nach Frankfurt[1]. Er ist entschlossen, wenn er kann, in einem oder zwei Jahren als Vertreter der Firma nach Südafrika zu gehen, hauptsächlich, weil er ein solcher Verehrer von Granny ist! Aber auch, um der Wahrheit die Ehre zu geben, weil ihn Amerika nicht reizt. ...

1 *I. G. Farben:* Die Mutter von Freya und Hans Deichmann, Ada Deichmann, geb. v. Schnitzler, war die Schwester von Georg v. Schnitzler, Vorstandsmitglied der I. G. Farbenindustrie.

Berlin, 10. 11. 30

... Freya hat uns am Freitag verlassen. Sie ging, glaube ich, sehr ungern. Sie studiert diesen Winter Geschichte, Stenographie und Schreibmaschine in Köln, ersteres an der dortigen Universität. Sie ist ein liebes Kind und paßt, glaube ich, gut zu uns. Was Helmuths Gefühle ihr gegenüber sind, kann ich nicht sagen. Jedenfalls sind sie sehr gute Freunde. ...

Die Preise für Agrarprodukte sind selten so niedrig gewesen. Die Regierung macht herkulische Anstrengungen, die Lebenshaltungskosten zu senken, das ist fast die Bedingung für ihr weiteres Verbleiben im Amt, denn alle Gehälter von Hindenburgs[1] bis zu dem des kleinsten Beamten sollen vom 1. Januar an reduziert werden –, und die meisten sind auch ohne diese Kürzung schon ganz unzulänglich.

Ich finde, Brüning[2] hält sich hervorragend. Wenig Reden, viel Arbeit, aber ob er angesichts der fürchterlichen Arbeitslosigkeit und allgemeinen Depression Erfolg haben wird, ist eine andere Frage, zumal die ganze Rechte – seine natürlichen Anhänger – ihn im Stich gelassen hat, und er kann nur mit Hilfe der Sozialdemokraten, die außer einem Gefühl für Verantwortung nichts mit ihm gemein haben, über eine Mehrheit verfügen. Die ganze Rechte hat sich als unfähig zu regieren erwiesen, so scheint mir, indem sie die jetzige Regierung nicht unterstützt.

Lebt wohl, Ihr Lieben. Wieviel besser *wir* die Dinge lenken würden!

Ich umarme Euch tausend Mal – stets Euer Kind.

1 *Hindenburgs:* Paul von Hindenburg und Beneckendorff (1847–1934), Chef der Obersten Heeresleitung im Ersten Weltkrieg. Seit 1925 Reichspräsident; 1932 wiedergewählt. 2 *Brüning:* Heinrich Brüning (1885–1970), Zentrumspolitiker, Reichskanzler 28. 3. 1930 bis 30. 5. 1932.

Kreisau[1], 20. 11. 30

Montag vormittag [24. 11. 30]. Inzwischen hat der Reichsrat die finanziellen Reformmaßnahmen der Regierung angenommen, und am 4. tritt der Reichstag zusammen, und es ist noch ganz unbestimmt, was das Schicksal der Regierung sein wird. Ich persönlich erwarte, daß Brüning seine Gesetze durchbringen wird, aber wenn er das nicht kann, wird er wahrscheinlich seine diktatorischen Rechte benutzen, da es keine Opposition gibt, die bereit ist, die Regierung zu übernehmen, und man nicht alle drei Monate Wahlen abhalten kann. Persönlich bin ich der Ansicht, daß Brüning Hervorragendes leistet, aber natürlich sind die Nazis und Kommunisten[2], die sich in wilden Reden ergehen, in schweren Zeiten populärer als der Mann, der die Gehälter kürzt.

Ich habe den gestrigen Tag in Schweidnitz zugebracht, und nach dem Tee bei Trothas, zu dem auch die Jungen kamen, gingen wir alle ins Brahms-Requiem. Ich hatte keine so annähernd gute Aufführung erwartet und fand, daß sie für Schweidnitz eine sehr anerkennenswerte Leistung war. …

1 *Kreisau:* Im Jahre 1930 wurde aus Creisau Kreisau. 2 *Nazis und Kommunisten:* Bei den Reichstagswahlen vom 14. 9. 1930 war der Stimmenanteil der NSDAP von 2,6 % (Mai 1928) auf 18,3 % angestiegen und ihre Mandate von 12 auf 107; die der KPD von 10,6 % auf 13,1 % und von 54 Mandaten auf 77.

Kreisau, 28. 11. 30

… Ich habe gerade einen riesigen Adventskranz aus Tannenzweigen gemacht, mit 4 großen Kerzen für jede Woche, bis der Tag kommt, und der am Sonntag im Eckzimmer, dem neuen Zimmer, an der Decke angebracht wird, natürlich von Willo. Trothas und Schönchen kommen zum Mittagessen, und ich werde den Teetisch mit Tannenzweigen und kleinen Kerzen schmücken; ich weiß, Dad wird *echt deutsch* sagen. Ja, das ist es wohl und eine der reizendsten Sitten der Teutonen. …

Montag [1. 12. 30]. Dieser Brief wird Euch gerade vor Weihnachten erreichen, und ich weiß, Ihr werdet viel an uns denken, wie auch wir an Euch. Am 21. habe ich die *Einbescherung* für die Hofkinder in der Spielschule, ganz klein, aber ich will die Verbindung so lange wie möglich aufrechterhalten. Nach Weihnachten wird C. B. mit seinem „Konfirmationsgeld" in die Berge zum Skilaufen fahren. Willo hoffe ich für einige Tage nach seinem Examen zu schicken, im Februar oder März. Dann muß er von April bis Oktober Lehrling bei einem Bauunternehmer sein, damit er eine Ahnung von der praktischen Seite des Bauens bekommt, und das heißt, daß er nicht vor dem nächsten Winter nach Berlin geht. Darüber bin ich froh.

Die Lenbachs sollen am 4. Dezember versteigert werden. Ich hoffe nur, daß sie einen anständigen Preis erzielen, obwohl die Zeiten nicht günstig sind. Hel. James sagt, Wien ist trostlos, jeder, der etwas besitzt, das es sich lohnt zu verkaufen, sei es Kunstwerke, Möbel, Bücher oder Schmuck, täte es, und hier ist es ganz ähnlich. In der Tat, lieber Flen, leben wir in unangenehmen Zeiten, die uns umso glücklicher und dankbarer machen für die Liebe und Zuneigung, die zwischen uns besteht. Nebenbei bemerkt, hat Willo die Krawatte für Daddy schön gemacht? Er ist ein richtiger Experte auf der Nähmaschine und hat für die ganze Familie zu Weihnachten Krawatten gemacht! ...

Kreisau, 6. 12. 30

... Politisch ist alles hier sehr aufregend und prekär. Ich persönlich halte Brüning für ganz wunderbar, und er hat zweifellos Courage und tut eine äußerst unangenehme Arbeit nicht für seine eigene Macht oder Popularität, sondern einfach, weil er sie für seine Pflicht hält. Aber ich koche vor Wut über die Opposition, besonders auf der Rechten. Sie hat überhaupt kein Verantwortungsgefühl, sie weigert sich, ihn zu unterstützen, und wenn ihn dann endlich die Sozialisten unterstützen, sagt die Rechte: Wie können wir für eine Regierung stimmen, die mit den Sozialisten unter einer Decke steckt? Bis vor wenigen Monaten war das konservative Allheilmittel für alle Übel: Werdet das sozialistische Regime in Preußen los und verwerft den Kriegsschuldparagraphen. Jetzt haben sie die Kriegsschuld vergessen und reden nur von der Abänderung des Young-Plans[1] – was natürlich leicht zu verstehen ist, aber es ist kein Geld da, um am 1. Januar Gehälter und Arbeitslosenunterstützung zu zahlen. Der erste Schritt ist die Regelung des Budgets. Aber nein, *das* macht unpopulär, und es ist so viel leichter, dem Young-Plan die Schuld an allem zu geben. Es ist hoffnungslos. Wir haben Glück, daß wir trotz solch kindischer Unverantwortlichkeit Männer wie Hindenburg, Brüning und Dietrich (Finanzminister) finden, die willig sind, die Bürde auf ihre Schultern zu nehmen. Es sitzt kein einziger Sozialist in der Regierung, und doch unterstützt sie keine gemäßigte Partei außer dem Zentrum und der Volkspartei, die sehr klein ist.

Die Mißhandlung Deutscher in polnisch Schlesien während der polnischen Wahlen hat große Entrüstung hervorgerufen, und die Wogen der Gefühle gehen sehr hoch. Es ist alles sehr gefährlich, und es ist wirklich mehr, als ein schon überlastetes Kabinett verkraften kann. Es heißt, daß Pilsudski[2] wirklich geistig nicht normal ist und seine Polen, die gegen ihn sind, ebenso schlecht behandelt, aber natürlich haben Zwischenfälle wie diese schon Kriege verursacht, und in dem reizbaren und unsicheren Zustand der Welt ist die Gefahr dreimal so groß. …

Sonntag [7. 12. 30]. … Ich war sehr erleichtert, in der heutigen Zeitung zu lesen, daß Brünings *Notverordnung* den Reichstag mit einer Mehrheit von 40 Stimmen passiert hat. Ein großartiger Erfolg für das Kabinett, aber es ist ein Akt, dessen sich der Reichstag seinerseits von Herzen schämen sollte. Denn das ist, worauf es hinauskommt: Der Reichstag hat nicht den Mut – wegen Unpopularität und Parteierwägungen – für die neuen Finanzgesetze, die Sanierung, zu stimmen, ist aber gewillt, um Chaos zu vermeiden, und vorausgesetzt, daß die Regierung die ganze Verantwortung übernimmt, dem Kabinett für das, was es getan hat, ein Vertrauensvotum zu geben.

Es bedeutet jedoch, daß Brüning, fast wie ein Diktator, mit Zustimmung des Parlaments jetzt seine Reformen durchführen kann. Es war seinerseits ein Akt großer Courage, denn es gibt für solches Vorgehen keinen Präzedenzfall. …

1 *Young-Plan:* Der Young-Plan sah deutsche Reparationszahlungen bis zum Jahre 1988 vor. Damit verbunden waren Abmachungen über die alliierte Räumung des Rheinlands. 2 *Pilsudski:* Joseph Pilsudski, polnischer General und Staatsmann. Premierminister 1926–28 und 1930; regierte diktatorisch bis zu seinem Tode 1935.

Kreisau, 19. 12. 30

… Wir haben eben einen Brief erhalten des Inhalts, daß Hindenburg angeboten hat, alle Memorabilien des Feldmarschalls, die wir bis jetzt dem Moltkemuseum in Berlin geliehen hatten, zum Preis von 11 000 Mark für das Reich zu kaufen. Eine sehr angenehme Überraschung, obgleich nicht alle Stücke uns gehören; manche sind Eigentum der Stiftung. Der Junge hat diesen Coup erreicht; dann hat er auch eine Menge Moltkepapiere für 200 Pfund an das Reichsarchiv verkauft, und so seht Ihr, daß wir etwas Fortschritt machen. Nein,

Daddy, ich weiß, daß Du kein „wirklicher" Pessimist bist, und man muß, wie Du sagst, den Tatsachen ins Auge sehen, und natürlich ist trotz diesen Beträgen die Lage noch sehr schwierig. Der Junge wird im kommenden Jahr jede Anstrengung machen, Kreisau, wenn er kann, an die Stiftung zu verkaufen, und falls das mißlingt, an wen auch immer, denn er meint, das sei die einzige befriedigende Lösung. Ich wäre natürlich höchst erleichtert, wenn die Stiftung Kreisau kaufte, aber im Moment ist die Aussicht nicht gut. ...

Kreisau, 29. 12. 30

... Das Bismarckbild von Lenbach ist am Heiligen Abend für 5000 Mark verkauft worden, wovon wir etwas unter 4500 Mark bekommen. Das ist nicht viel, aber in diesen Zeiten der Depression freut und wundert man sich, wenn Bilder überhaupt verkauft werden.

Ich füge einen Zeitungsausschnitt über Prof. Goldstein bei, der gerade gestorben ist, und der bestimmt Dein Freund im Weißen Hirschen war und offenbar auf seinem Gebiet ein großes Tier, trotz seiner kleinen Statur.

Vielen Dank, liebe Mutter, für die Adresse von Prinz Max von Badens Schule.[1] Ich schreibe an Lotte Witzleben und bitte sie, alle Einzelheiten in Erfahrung zu bringen und mir einen Prospekt zu schicken, da sie dort lebt und Verbindung mit der Schule hat. Sie hat einen sehr guten Ruf, und die einzige Schwierigkeit ist der Kostenpunkt. Sie wird nicht billig sein, und natürlich ist die Eisenbahnfahrt – die Schule liegt am Bodensee – ein zu berücksichtigender Faktor. Ich möchte Asta sehr gern nächsten Herbst in eine andere Schule schicken, weiß aber nicht, ob es sich machen läßt. Ich ziehe Erkundigungen über eine andere Schule in Eberswalde ein, die sehr gut sein soll und die zwischen Berlin und Stettin liegt, für uns erreichbarer. ...

1 *Prinz Max von Badens Schule:* das Internat Salem am Bodensee.

Kreisau, 3. 1. 31

... Hier ist alles ziemlich ruhig, so ruhig, wie es bei $3^1/_2$ Millionen Arbeitslosen sein kann, und die Nazis machen die extravagantesten und wildesten Versprechungen. Es wird alles nur Mögliche getan, um den Arbeitslosen zu helfen, neue Fortbildungsschulen, Handelsschulen etc.; neue Straßen, Damm- und Kanalbauten etc. haben Arbeitsplätze geschaffen. Brüning ist ein ganz großartiger Mann, ein Asket, von dem Gedanken beseelt, daß es seine Mission im Leben ist – und eine schwere –, Deutschland durch diese Krisen- und Depressionsjahre zu bringen. ...

Kreisau, 16. 1. 31

Montag [19. 1. 31]. Den Sonnabend vormittag hat Willo mit dem Versuch verbracht, einen Bauunternehmer in Schweidnitz zu finden, der ihn für 6 Monate als Lehrling anstellt. Bis jetzt ohne Erfolg, nun muß er es in Reichenbach versuchen. Der Grund ist, das Geschäft läuft schlecht, und die meisten Baufirmen erwarten im Frühjahr so wenig neue Arbeit, daß sie es nicht für vertretbar halten, Neueinstellungen vorzunehmen. Keiner erwartet Besserung in diesem Jahr. Es ist höchst deprimierend, diese fortbestehende Wirtschaftskrise, die Leute verlieren alle Hoffnung – und das ist natürlich politisch sehr gefährlich. Mir tut besonders die Jugend leid; sie hat das Gefühl, daß es, außer für einige wenige besonders begabte oder besonders glückliche, kein Betätigungsfeld gibt. Der freundliche Mann unserer sehr netten Waschfrau, ein Tischler, hat sich diesen Winter dem Trunk ergeben. Er ist jetzt kaum noch nüchtern, aus Verzweiflung, Hunger und Hoffnungslosigkeit. Zweifellos ist ein bescheidenes Maß an Wohlstand nötig, wenn wir stabile Bedingungen haben wollen, politisch und sozial, und selbst die Tugend, abgesehen von außergewöhnlichen Fällen, gedeiht nicht, wenn die Leute hungern. Ich bin froh, daß meine Jungen erst in ein paar Jahren anfangen, ihren Lebensunterhalt zu verdienen; die Umstände mögen, werden wahrscheinlich, bis dahin besser sein. Auf jeden Fall, Ihr Lieben, und trotz alledem sind wir wohlauf und guter Dinge und für viele Segnungen dankbar, vor allem die zwei lieben Pelikane in Kolara, die hoffentlich bei bester Gesundheit und Gemütsverfassung sind. ...

Kreisau, 23. 1. 31

... Der Junge fährt heute nachmittag nach Berlin über das Wochenende, geschäftlich und um Frau Dr. zu sprechen. Ich bin immer froh, wenn er von hier wegkommt und einen Wechsel der Szenerie, der Menschen und Themen hat. Im Moment geht alles geschäftlich ganz zufriedenstellend, soweit das in dieser Depression möglich ist. Aber hinsichtlich des Plans, daß die Stiftung Kreisau kauft, bewegt sich nichts. …

Ich habe von einem privaten Internat in Eberswalde gehört. Ich werde es im Mai von Berlin aus besichtigen. Aber es kostet im Quartal 500 Mark, was natürlich viel Geld ist. Die Schule hat nur 35 Mädchen, alle aus „guten Familien". Von Salem habe ich noch nichts gehört. Jowo kennt ein nettes Mädchen in München, das dort zur Schule geht und sehr glücklich ist. Die Schule hat einen hervorragenden Ruf. Aber sie ist schrecklich weit weg, am Bodensee, d. h. etwa 24 Bahnstunden von hier. Asta entwickelt sich reizend, ist sehr attraktiv und viel aufmerksamer mir gegenüber. Sie hat ihre Freundin Lotte aufgegeben, was gut ist. Ich glaube, sie bemerkte den Unterschied, als Freya Deichmann hier war. Natürlich fühlte sie sich etwas einsam, denn Astrid ist keine richtige Freundin, und obgleich sie mit all ihren Mitschülerinnen gut steht, hat sie keine Freundinnen unter ihnen. Sie und Helmuth James lieben sich innig, und es ist so nett, sie zusammen zu sehen. …

Kreisau, 29. 1. 31

… Es war rührend von Euch, einen solchen Anteil an dem Verkauf des Diadems zu nehmen, doch ich hatte eigentlich nie das Gefühl, daß es mir gehörte. Ich trug es, als ich bei Hof eingeführt wurde, vor 21 Jahren. Es war unwahrscheinlich, daß ich es je wieder tragen würde, außer vielleicht bei der Hochzeit eines der Kinder, aber auch das ist wenig wahrscheinlich. Jedenfalls hatte ich immer vorgehabt, es zu verkaufen. Es ist ein Irrtum, wenn Daddy meint, es sei außerplanmäßig gewesen.

Bis jetzt hatten wir einen ganz normalen Winter mit viel Schnee und Tauwetter. Das bedeutet viel Feuchtigkeit, was für die Frühjahrssaat gut ist. So hoffen wir, wie das jedes Jahr so ist, auf eine gute Saison. Herr Zeumer macht einen Kursus für Schweinemast, um sich auf diesem Gebiet zu vervollkommnen. Geld ist natürlich knapp, aber es ist alles günstiger als letztes Jahr geregelt, die Dinge laufen besser, und der Junge ist fast frei von Nervenbelastung, wofür ich dankbar bin.

Er ist jetzt Referendar in Schweidnitz, beim Landgericht, einer höheren Instanz; Reichenbach war Amtsgericht, was etwa einem magistrates court entspricht. Er hat viel zu tun. Seine Senate haben 3 Mal die Woche Sitzung. Er muß den 7-Uhr-Zug morgens erreichen und kommt erst um 3 oder halb 6 Uhr nachmittags nach Hause, bringt aber immer Arbeit mit. Zum Glück beansprucht ihn Kreisau jetzt weniger, so daß er nicht überarbeitet ist.

Morgen schreibt Willo seine erste Arbeit, Mathematik. Er fühlt sich dementsprechend wichtig. Vier Tage lang hat er schriftliche Prüfung. Dann geht seine ganze Klasse am 18. für 4 Tage mit dem Direktor zum Skilaufen ins Riesengebirge. Am 5. März kommt die letzte, mündliche Prüfung. Er hat sich nach einer Lehrstelle bei einem Bauunternehmer umgesehen und bekommt wahrscheinlich Arbeit, natürlich unbezahlt, in Schweidnitz. Mutters Arbeitsanzug wird dann bei seiner Arbeit höchst nützlich sein. ...

Kreisau, 7. 2. 31

Sonntag spätnachmittag. Die jungen Webskys sind gerade gegangen. Sie waren auf Skiern zum Tee gekommen. Nette Leute. Helmuth James ist um 5.30 nach Breslau gefahren, um die zwei Journalisten Dorothy Thompson und Edgar Mowrer zu treffen. Sie fahren gemeinsam nach Oppeln, um dort die polnisch-deutsche Grenze, die Atmosphäre und die allgemeine Stimmung zu ergründen. Er kommt morgen abend wieder. Sehr interessant für ihn. Er ist mit beiden sehr befreundet, und so werden sie sicher eine gute Zeit miteinander haben. ...

Ich lese Gandhis Autobiographie und finde sie äußerst aufschlußreich. Es ist ein so anderer Standpunkt, mir in vieler Hinsicht neu, und erweitert deshalb meinen Horizont. Leider habe ich nur eine deutsche Übersetzung, aber eine gute. Es ist merkwürdig, Deinem und vielen anderen südafrikanischen Namen darin zu begegnen.[1]

Willo ist heute in den Bergen gewesen, C. B. und Asta waren – mit Peter – den ganzen Nachmittag draußen und kamen mit Riesenhunger und roten Backen zurück.

Was haltet Ihr von unseren Arbeitslosenziffern – 5 Millionen? Das ist doch fürchterlich. Die Menschen sind so hoffnungslos, denn ich glaube nicht, daß irgendjemand meint, daß bald eine Besserung eintritt, und die Frage bleibt, ob die Welt jemals wieder für all ihre Söhne und Töchter Arbeit haben wird. Überall werden unentgeltliche Kurse eingerichtet und produktive Arbeiten geplant, aber das Land ist zu arm, um mit einem Problem dieser Größenordnung fertig zu werden. Im Februar und März erwartet man die schlimmsten Monate.

Montag früh [9. 2. 31]. Der Junge hatte neulich ein aufregendes Erlebnis in Berlin. Dorothy Thompson, die für eine amerikanische Zeitung mehrere Artikel über Deutschland schreibt – nebenbei bemerkt bekommt sie 4000 Dollar pro Artikel! –, hat den Jungen gebeten, mit drei Nazibonzen über wirtschaftliche Fragen zu diskutieren: Strasser[2], der zum sozialistischen Flügel gehört, Feder[3], der Intellektuelle, und ein anderer, dessen Namen ich vergessen habe. Sie haben etwa eine Stunde geredet, aber der Junge konnte sie einfach nicht verstehen. Es sei als, ob man Astronomie mit jemandem bespricht, der meint, daß nicht die Sonne das Zentrum unseres Systems ist, sondern, sagen wir, der Saturn. Er fand sie weder närrisch noch wild; sie gehen einfach von Hypothesen aus, die er nicht begreifen konnte. ...

1 *zu begegnen:* Mohandas Karamchand (Mahatma) Gandhi begann seine juristische und politische Laufbahn als Mitglied der indischen Minderheit in Südafrika.
2 *Strasser:* Entweder Otto Strasser, der sich allerdings mit Hitler überworfen und die Partei im Mai 1930 verlassen hatte, oder sein älterer Bruder Gregor, der noch bis Ende 1932 hohe Parteiämter bekleidete. Er wurde am 30. 6. 1934 ermordet; Otto überlebte im Ausland und starb 1974 in München. 3 *Feder:* Gottfried Feder (1883–1941), Programmatiker und Reichstagsabgeordneter der NSDAP, beeinflußte vor allem die finanz- und wirtschaftspolitischen Ansichten der Partei („Brechung der Zinsknechtschaft des Geldes"); weniger einflußreich nach der Machtergreifung, u. a. wegen seiner nahen Beziehung zu Gregor Strasser.

Kreisau, 14. 2. 31

... Was für ein schrecklich heißes und trockenes Wetter Ihr anscheinend habt! Ich hoffe, das ist jetzt vorbei und Mensch und Pflanze sind erfrischt.

Gestern abend war ich in Schweidnitz zu einem Vortrag von Dr. Lüders[1] – Mutter lernte sie in Wien kennen; sie ist groß und hinkt etwas – zum Thema *Kochtopf und Politik*. Sehr gut gemacht. Sie wollte bei den Hausfrauen, die das Einkommen der Nation ausgeben, ein Verantwortungsgefühl erwecken. Es klang alles sehr vernünftig und verständlich für die Zuhörer.

Ich habe gerade Gandhis Leben zu Ende gelesen. Ich habe nicht den Eindruck von einem großen Mann. Ja, er strebt nach dem Licht, wie er es sieht, ist aber ein sehr gewöhnliches Gefäß. Kein weiter Horizont, keine impulsive Selbstaufgabe und leider gar kein Sinn für Humor. Doch ist seine Bewegung sehr eindrucksvoll und zeigt, daß Menschen, wenn sie bereit sind, für eine Idee ins Gefängnis zu gehen und zu sterben, unbezwingbar sind. Meine Sympathien sind sehr auf Seiten von Frau Gandhi. ...

Montag [16. 2. 31]. ... Die Nazis *und* die Konservativen sind unter Protest aus dem Parlament marschiert, weil der Kanzler mit Hilfe der Parteien den Versuch machte, die Arbeit und Debatte im Haus glatter und einfacher zu gestalten und sie weniger den Obstruktionstaktiken der Radikalen unterworfen sehen wollte. Es war ein lächerlicher Schritt, vielleicht bei den unerfahrenen, sehr jugendlichen Nazis verzeihlich, aber absurd bei den Konservativen, die praktisch alle über 50 sind und der regierenden Kaste angehören. Es wird amüsant sein zu sehen, welche Versuche sie unternehmen werden zurückzukehren. Momentan hat der Reichstag gerade noch genügend Abgeordnete – aber nur gerade genug –, um handlungsfähig zu sein. Er arbeitet jetzt viel leichter ohne die „nationale Opposition“, wie sie sich selbst nennt. Wenn sich nur die Wirtschaftslage ein klein bißchen bessert, wird Brüning, glaube ich, obsiegen. Er war bis jetzt außerordentlich erfolgreich und schreckt nicht vor Unpopularität zurück. Das ist eine großartige und ungewöhnliche Eigenschaft. ...

1 *Lüders:* Marie-Elisabeth Lüders (1876–1966), Nationalökonomin, Reichstagsabgeordnete (DDP) 1920–21 und 1924–30.

Kreisau, 18. 2. 31

Liebste Pelikane, ich bin einfach überwältigt von dem generösen Scheck, den Ihr mir zum Geburtstag geschickt habt. Wie macht Ihr das nur, bei den Kosten des Umzugs und der Einrichtung des neuen Heims? *Vielen* Dank, Ihr Lieben. Ich werde das Geld so verwenden, wie Ihr vorschlagt. Die Jungen waren *begeistert*, als ich ihnen sagte, daß das Haus jetzt vielleicht verputzt und gestrichen werden kann. Die 5 Pfund für „Persönliches“ werde ich später ausgeben. Im Moment habe ich keine dringenden eigenen Bedürfnisse, aber wenn der Frühling kommt, werden sich alle möglichen Notwendigkeiten einstellen. ...

Vielen Dank, lieber Daddy, für die Kopie Deiner Rede, die ich hervorragend finde. Es muß eine eindrucksvolle Versammlung gewesen sein, und ich hoffe nur, daß es die Leute ein bißchen aufweckt. Hast Du Dr. Leys ein Exemplar geschickt? Das hoffe ich.

Zurück zu Geldfragen. Ihr Lieben, alles Geld, was ich letztes Jahr dem Gutsbetrieb geliehen hatte, habe ich zurückbekommen, nicht immer in bar, aber zum Beispiel einmal in Gestalt einer Versicherungspolice. Auf diese Weise und durch den Verkauf von Silber und Möbeln habe ich 5000 Mark auf die hohe Kante legen können. Ist das nicht prächtig? Der Junge hat mir in diesen Dingen beratend beigestanden. Während der ärgsten Depression konnte ich deutsche Obligationen in New York kaufen, die jetzt schon viel mehr wert sind. Ich kaufte sie für $72^1/_2$. Das freut Euch sicher. ...

Außer an ein paar Matschtagen Anfang Januar waren die Straßen sauber, d. h. monatelang gefroren. Ich hatte keine Sorgen und konnte in der letzten Zeit viel lesen. Auch habe ich Kochunterricht genommen und gelernt, mit einer Maschine zu stopfen, und andere nützliche Dinge der Haushaltung. In der Tat werde ich ganz tolstoianisch und bin der Meinung, daß eine gewisse Menge manueller Arbeit gut und gesund ist und *angenehm* für Menschen, die normalerweise nichts Praktisches tun. Zu dieser Philosophie kam ich, weil ich die dumme, fleißige, kleine Hedwig weggeschickt habe!

Sonntag [22. 2. 31]. Die Kinder sind ins Bett gegangen, und ich will mich ein bißchen mit den lieben Alten in Kolara unterhalten. Wie habt Ihr wohl Euren Sonntag verbracht? Viele dumme Leute hier hatten prophezeit, daß es heute eine „Revolution“ geben würde, weil das Reichsbanner – Sozialisten und Republikaner – im ganzen Reich demonstrierte und Unruhen erwartet wurden. Ich bin sicher, daß nichts Ernsthaftes vorgefallen ist, nur die üblichen Sonntagskrawalle zwischen Kommunisten und Nazis, wo oft 2 oder 3 junge Männer getötet werden. Die Leute in Schweidnitz schienen das Ganze als eine kuriose Schau anzusehen. Sie liefen erst zu den Nazis und dann zum Reichsbanner, in der Hoffnung auf Sensationen. Doch es gab keine Unruhen, und die Polizei hatte anscheinend keine Schwierigkeiten, mit der Menge fertig zu werden, die sich in Ferienstimmung befand. Übrigens habe ich einige Statistiken hier, die Euch interessieren werden. Sie stellen einen Kommentar zu dem dar, was ich in meinem letzten Brief über die geringen Einkommen in diesem Land schrieb. Daher die geringeren Steuerbeträge, die aber in der Auswirkung genau so unangenehm sind. ...

Asta und ich waren gestern sehr vergnügt. Wir beschlossen plötzlich, nach dem Mittagessen in ein Kino in Schweidnitz zu gehen und sahen „Sturm über Mont Blanc“, wobei ich an Mutter und Piz Palü letztes Jahr denken mußte. Der Text war schlecht, die Bilder herrlich. Es war ein Tonfilm, und der dumpfe Aufschlag der Lawine war wunderbar. ...

Kreisau, 9. 3. 31

... Ich habe eine ganze Menge guter Nachrichten für Euch. Erstens ist die Krise der letzten ein oder zwei Wochen befriedigend beigelegt worden. Vor allem war die Frage, ob die Gläubiger uns Kredit für Kunstdünger geben, ohne den es nutzlos ist, überhaupt zu säen. Einer unter ihnen – der dumme Mann – hat das plötzlich beanstandet und große Schwierigkeiten gemacht. Aber nach vielen Diskussionen und noch mehr Diplomatie des Jungen – nach vielen Stunden Besprechungen der ganzen Lage mit dem Y. T., Hans Carl und Carl Viggo – wurde die Angelegenheit befriedigend geregelt, *und nun hat die liebe Seele Ruh*, wie es im Vaterland so schön heißt.

Die andere gute Nachricht: Willo hat sein Abitur mit „gut" bestanden und damit die Schule beendet. Um das Ereignis zu feiern, fuhren er und ich am Freitag nach Breslau, aßen mit Berlins zu Mittag – mit wunderbarem Haute Sauternes zur Feier des Erfolgs –, kauften ihm einen Trench Coat und ließen für einen guten dunklen Anzug Maß nehmen. Abends gingen wir in die „Zauberflöte", die wir beide sehr genossen. ...

Wir hoffen, daß Freya bald nach Ostern zu uns kommen wird, oder sogar früher. Ich habe an Frau Doktor geschrieben, ob sie es nicht einrichten kann, auch für ein paar Tage hier zu sein. Wir schaffen es leicht mit einem Mädchen, und ich spare mindestens 50 Mark im Monat. ...

Die Nachrichten von der Schule in Salem sind schlecht. Sie scheint herrlich zu sein, und Jowo kennt viele, die sie lieben. Aber sie ist zu teuer, und es ist momentan nicht zu machen. 500 Mark Aufnahmegebühr und 250 Mark im Monat, außerdem die sehr teure Reise usw. Die Schule in Schweidnitz läßt viel zu wünschen übrig, doch habe ich mich damit abgefunden, zumal Asta zu Hause wohnen wird und täglich mit Helmuth James hineinfahren kann. Es ist wirklich ganz rührend, wie sie aneinander hängen. Der Junge hat einen sehr guten Einfluß auf ihr Leben, während sie ihm eine sehr muntere Gefährtin ist. So belasse ich alles gern, wie es momentan ist, denn eine solche Freundschaft ist doch ein Schatz für's Leben. Asta hat sich auch sehr zu ihrem Vorteil verändert, was natürlich ist, weil sie sich im Entwicklungsalter befindet.

Am Mittwoch hat der Junge Geburtstag, aber wir dürfen nur insgeheim davon Notiz nehmen! Er wird sich sehr über Euer Geschenk freuen. Ich gebe ihm auch Geld, denn seit dem 1. Januar bezieht er

Dorothy und Freya

kein Gehalt mehr vom Betrieb. Von seinem letztjährigen Gehalt schuldet der Betrieb ihm noch eine ganze Menge. Er streckt es, indem er etwas Geld von Herrn Zeumer nimmt, wenn er es braucht. Natürlich ist das nicht viel, so ist ein bißchen Bargeld doppelt willkommen. ...

Kreisau, 14. 3. 31

Montag [16. 3. 31]. Die letzten drei Tage waren einfach ideal, ein Vorgeschmack weiterer guter Tage, wollen wir hoffen. Die Sonne scheint durch jedes Fenster, und das Berghaus zeigt sich von seiner schönsten Seite. Wenn dies wirklich der Anfang des Frühlings ist, bedeutet es auch die Abnahme der Arbeitslosenzahl und eine, wenn auch nur geringfügige, Besserung der allgemeinen Atmosphäre. Wir, in diesem Falle Deutschland, sind besser durch den Winter gekommen, als irgendjemand erwartete, so können wir nur dankbar sein. Hugenbergs Gefolgschaft[1], das sind die reaktionären Konservativen, und die Nazis sind noch nicht in den Reichstag zurückgekehrt. Dieser „Streik" macht die Streikenden nur lächerlich. Die Sozialisten waren so in der Lage, etliche antiagrarische Gesetze durchzubringen – Zölle usw. –, das haben die Konservativen nun davon. Die politische Dummheit der deutschen Konservativen, der ehemaligen „herrschenden Klasse", ist zum Heulen. Kein Wunder, daß das Land auf den Hund kam. Andererseits bleiben die Intellektuellen ihrem Namen treu und verhindern dadurch, daß die Sache ganz verfahren wird, und Deutschland hat, wie mir scheint, seit dem Krieg eine Anzahl vorzüglicher Männer hervorgebracht. So besteht kein Grund zur Verzweiflung. …

„Dick", die kleine Holländerin, verläßt uns am Donnerstag. Sie gefiel mir diesmal viel besser als letztes Jahr. Freya Deichmann kommt Ostern, was für uns alle sehr nett ist. Ich hoffe, daß der Y. T. wenigstens für ein paar Tage kommen kann. Er hat viel zu tun. …

1 *Hugenbergs Gefolgschaft:* Alfred Hugenberg (1865–1951), Politiker, Wirtschaftsführer und Pressemagnat. Seit 1919 Reichstagsabgeordneter für die Deutschnationale Volkspartei, ab 1928 Parteivorsitzender. Bekämpfte den Young-Plan, schloß ein Bündnis mit der NSDAP. Im Kabinett Hitler vom 30. 1. 1933 wurde er Reichswirtschafts- und Reichsernährungsminister. Die DNVP wurde am 28. 6. 1933 aufgelöst. Am Vortage schied Hugenberg aus dem Kabinett aus, blieb aber Mitglied des Reichstags bis 1945.

ZAMEK
POTSTEJN
CZEKOSLOVENSKO
4. 4. 31

… Ihr seid sicher über mein Briefpapier und die Adresse erstaunt. Hier sind wir, alle sechs, über Ostern zu Besuch bei Gräfin Dobrzensky, einer Freundin von Genia Schwarzwald, in der Tschechoslowakei! Die Gräfin war im September 2 oder 3 Tage in Kreisau, während ich in England war, und hat uns alle ganz herzlich eingeladen, Ostern bei ihr zu verbringen. Trotz unserer Anzahl habe ich angenommen, und hier sind wir nun alle. Zamek liegt nicht weit über die Grenze hinaus, und die Sonderretourbillets kosten nur 7 Mark. So ist es ein relativ billiger Ausflug. Die Kinder waren sehr aufgeregt über den ganzen Plan. Es ist ein schönes Barockschloß, inmitten von Hügeln mit Nadelwäldern, und das Wetter ist wunderbar. Morgen abend fahren wir nach Hause zurück.

Am 1. April hat Willo angefangen, auf eigenen Füßen zu stehen. Von seinem Vater erhält er 30 Mark im Monat – und obgleich er natürlich über diesen Schritt sehr erfreut ist, war er etwas beunruhigt, weil, wie er sagte, *der Monat so stürmisch anfängt*, d. h. mit der Reise in die Tschechoslowakei! Er war *sehr* komisch. Die Gräfin, eine charmante Frau von ungefähr 40, ist in Eastbourne in die Schule gegangen, ihr Mann fiel früh im Kriege. Sie hat einen 16jährigen Sohn, den sie anbetet. Der *Adel* hat es hier in gewisser Weise sehr schwer, weil es Österreicher sind, nicht Tschechen, und die Republik sie nicht nur als Klassenfeinde, sondern auch als nationale Feinde behandelt; die Sprache ist so schwierig, daß die Gräfin, die 5 Sprachen fließend beherrscht, nach 2 Jahren täglichen Sprachunterrichts jede Hoffnung aufgegeben hat, jemals richtig Tschechisch zu sprechen. Ein großer Teil ihres Grundbesitzes ist enteignet worden, und sie fühlen sich alle wie Ausländer in einem nicht allzu freundlichen Land, dessen Sprache ihnen ein Buch mit sieben Siegeln ist. Die Gräfin hat die schönsten Bücher, alles was neu und lesbar ist, auf Deutsch und Englisch, und ich nähme gar zu gerne eine Kiste voller Bücher mit. Heute abend kehren wir nach Kreisau zurück, da unsere Ausflugsfahrkarten nur 4 Tage Gültigkeit haben. Es war eine sehr angenehme Unterbrechung und natürlich von großem Interesse für die Kinder. Es gibt überall herrliche bewaldete Berge, recht imposant, und einen klaren Forellenbach, eigentlich einen Fluß, namens Orlici, sauber und unverdorben, dazu herrlichste Spaziergänge. …

Kreisau, 9. 5. 31

… Du wirst Dich vielleicht wundern, nehme ich an, warum Du Dein Darlehen von 125 Pfund noch nicht zurückgezahlt bekommen hast, oder vielleicht wunderst Du Dich auch nicht. Die Wahrheit ist, daß der zweite Lenbach verkauft werden muß, bevor das möglich ist, und in dieser Zeit der allgemeinen Depression ist es nicht leicht, Bilder zu verkaufen, besonders von einem Künstler, der momentan nicht en vogue ist.

Der Landrat hat dem Jungen vor ein paar Tagen gesagt, daß Kreisau als einer der besten Betriebe im Kreis gilt!! Das bedeutet, daß unser Ruf die Wirklichkeit bei weitem übertrifft oder daß die anderen Wirtschaften in bedauernswertem Zustand sind. Jedenfalls sind die Kosten enorm gesenkt worden, und alle Steuern, Versicherungen und laufenden Ausgaben werden sofort bar bezahlt. Eulig hat eins unserer Arbeiterhäuser und etwas Land gekauft, und als Mamsell sagte: „Aber Herr Eulig, Sie waren doch so böse auf die Herrschaften", antwortete er: *Ach, das ist alles vergeben und vergessen!* Was nur zeigt, daß die Gefühle der meisten Menschen sich nach ihrer Tasche richten. ...

Berlin, 16. 5. 31

... Es ist uns gelungen, den geschlossenen Opel für 750 Mark zu verkaufen. Ein guter Preis für einen alten Wagen. Ein Überfluß an gebrauchten Wagen ist auf dem Markt. Wir bemühen uns, so sparsam wie möglich zu leben, um etwas für Willos Studium zu sparen. Der Y. T. gibt ihm momentan 30 Mark im Monat und später auch Kost und Logis bei sich, und ich benutze die Hälfte des Geldes der zahlenden Gäste für laufende Ausgaben und lege die andere Hälfte für Willo zur Seite. Das Schlimme ist, daß viele Ausgaben nicht reduziert werden können. Trotzdem sind die P. G.s[1] eine große Hilfe, und da sie alle so nett sind, ist es keine Mühe. ...

Montag [17. 5. 31]. ... Ich habe die paar Tage mit dem Y. T. sehr genossen, und er hatte jemanden, mit dem er sich aussprechen konnte, sehr nötig. Es ist einsam hier für ihn allein. Er hat viel Arbeit – fängt jeden Morgen um 6 Uhr an. Er hat mir alle meine Lieblingsgerichte beschert, als Zeichen seiner Freude darüber, mich hier zu haben!!

Ich bin sehr besorgt wegen Genf und der Zollunion und Briand und Frankreichs eigenmächtiger Art, das Wort zu führen. Es wird am Ende Unheil für ganz Europa bedeuten.

Der Junge schreibt, die Kinder und Julian[2] hätten in der Talsperre gebadet – der Gipfel der Glückseligkeit. ...

1 *P. G. s:* paying guests; zahlende Gäste. 2 *Julian:* Julian Frisby, junger Engländer, der als zahlender Gast kam, bald ein Freund der Familie wurde und später Mitautor der englischen Biographie von Helmuth James von Moltke – Michael Balfour/Julian Frisby: Helmuth von Moltke, London 1972; deutsch Freya von Moltke/Michael Balfour/Julian Frisby: Helmuth James von Moltke 1907–1945, Stuttgart 1975, Berlin 1984.

Kreisau, 23. 5. 31

Pfingstmontag. ... Nach allen Berichten hat Henderson[1] sich in Genf sehr bewährt. Es wird aufschlußreich sein, wie sich der Haager Gerichtshof zur Zollunion stellt und was der Völkerbund tun wird. Nach meiner Meinung hängt viel davon ab, wer Briand ersetzt. Es besteht kein Zweifel, daß Vernunft in der internationalen Politik wenig zu sagen hat. ...

1 *Henderson:* Arthur Henderson, britischer Außenminister.

Kreisau, 8. 6. 31

... Politisch sind dies Tage schmerzlichen Interesses für jedermann in Deutschland – Chequers[1], die neue Notverordnung, die nur „erlassen" und erst später vom Parlament sanktioniert wird. Ein allgemeines Gefühl der Unruhe, besonders bemerkbar an der Börse. Ich schicke Euch die Regierungserklärung, weil sie wirklich vorzüglich ist und Euch sicher trotz sprachlicher Schwierigkeiten interessieren wird. Ich meine, die Regierung und besonders Brüning leisten gute Arbeit unter den größten Schwierigkeiten. Es zerreißt einem das Herz, wenn man sieht, wie *keiner* von der Nazi- oder Hugenbergpartei – also fast die Hälfte der Nation – ihm auch nur eine Unze Anerkennung für irgendetwas zollt. Sie diffamieren ihn und reden leichtfertigen Unsinn, so daß einem manchmal ganz schlecht davon wird. Der Mangel an Urteil, der Mangel an Verantwortung, die Bereitschaft, sich von billigen Phrasen hinters Licht führen zu lassen, das alles ist wirklich beängstigend, denn das sind Leute, die sonst ganz normal, oft klug, gut und zuverlässig sind. Natürlich gibt es wahrscheinlich mehr vernünftige Leute, als man sich klarmacht, sie machen nur weniger Lärm als die anderen. Hitlers Autobiographie, betitelt „Mein Kampf", wurde mir als sehr interessant empfohlen, und da ich kaum etwas von ihm weiß, habe ich sie mir von Monika ausgeborgt. Das Buch ist gestopft voll von dem lächerlichsten Unsinn über Juden und „Marxismus" undsoweiter. Doch hat man durchgängig das Gefühl, daß Hitler kein Schuft oder Narr ist, sondern ein Mann von tiefer Leidenschaft, der seiner Vernunft und seinem Urteil keinen Raum läßt – und das ist ein Führer von 7 Millionen Wählern! ...

1 *Chequers:* Landsitz des britischen Premierministers, wo sich Kanzler Brüning und Außenminister Curtius mit Ramsay Macdonald und Henderson zur Diskus-

sion der Reparationsfrage getroffen hatten. Es war das erste deutsch-britische Regierungstreffen nach dem Krieg.

Kreisau, 28. 6. 31

... Ihr werdet gelesen haben, wie nahe dem Abgrund[1] Deutschland in der letzten Woche war. Brüning hielt am Dienstag (23.) eine sehr staatsmännische Rede, die vom Radio übertragen wurde, in der er einen „Fühler" in Richtung Frankreich ausstreckte, der zu einer Art französischem „Chequers" führen könnte, was nur gut wäre. Wir haben immer noch 4 Millionen Arbeitslose und dies in der Hauptarbeitssaison und keine Geldreserven und nur kurzfristige Kredite, die immer eine Gefahr darstellen. ...

1 *Abgrund:* Die Gold- und Devisendeckung der Mark war katastrophal abgesunken, und der wirtschaftliche Zusammenbruch Deutschlands schien unabwendbar, als der amerikanische Präsident Hoover am 20. 6. 1931 ein einjähriges Moratorium vorschlug. Durch französischen Einspruch verzögerte es sich, aber am 6. Juli wurde eine Kompromißlösung gefunden.

Kreisau, 10. 10. 31

... Die Hochzeit soll nun wirklich am 18. sein – ist das nicht nett? Ich fahre am 14. Richtung Köln, bleibe einen Tag in Weimar, dann eine Nacht bei Rosa Byern – *Hofdame* früherer Jahre –, die außerhalb von Cassel wohnt, wo ich die Galerie sehen will, und dann weiter nach Köln. Auf dem Heimweg werde ich einige Tage in Berlin verbringen. Es wird eine sehr angenehme Reise sein. Es ist mehr eine „Hochzeitsreise" für mich als für die zwei Lieben, die wahrscheinlich nach Kreisau zurückeilen werden, da November und Dezember hier die kritischsten Monate sind, was Zahlungen angeht, und angesichts dieser Depression die Dinge gar nicht einfach sind. ...

Sonntag [11. 10. 31]. ... Morgen kehrt Asta zurück, und Helmuth fährt geschäftlich nach Berlin und dann weiter nach Köln. Der gute Junge, ich habe so zärtliche Gefühle für ihn und wünschte, ich könnte alles etwas leichter für ihn machen. Nicht nur die allgemeine Depression und die Kreisauer Schwierigkeiten, sondern auch die politische Entwicklung in diesem Land deprimiert ihn; wir entfernen uns immer weiter weg von Mäßigung und Vernunft. Jetzt gibt es sogar de facto nur noch drei Parteien – Nazis, Kommunisten und Zentrum (d. h. Katholiken), und man mag sie alle nicht. ...

Köln, Georgsplatz 16
Sonnabend, 17. 10. 31

... Wo soll ich anfangen? Ich meine, mit Eurem lieben Telegramm, das mich hier erwartete, als ich gestern abend gerade zum Abendessen ankam. Wir waren gerührt. Der Junge war von Eurem Hochzeitsgeschenk überwältigt, ich auch. Das ist wirklich *zu* viel, liebe Leute. Ich habe das Gefühl, wir sind eine ständige Belastung für Euch, und wenn ich mir auch einerseits sage, daß es ein großes Vergnügen ist, sein Kind zu beschenken – das weiß ich –, bedeutet es doch andererseits auch, daß Ihr Euch gewisse Dinge versagt, und, noch mehr, Ihr macht Euch Sorgen, wie man allen Beanspruchungen gerecht werden kann usw., und das gefällt mir *gar* nicht. Ich wünschte mir Euren *Lebensabend*, wie sie im Vaterland sagen, so glücklich und heiter wie möglich in dieser Zeit der Unruhe und Schwankungen.

Also, hier bin ich jetzt in Köln, bei schönem Sonnenwetter und einem *sehr* glücklichen jungen Paar. Helmuth war Montag und Dienstag geschäftlich in Berlin und konnte mehrere Dinge so befriedigend erledigen, daß er sich ganz unbeschwert fühlt, und sie werden doch einen kurzen „honeymoon" – wie ich das Wort hasse – machen, bevor sie nach Kreisau und an die Arbeit zurückkehren. Das ist also sehr beruhigend. Wäre ihm die Sache in Berlin nicht gelungen, hätte er die Zeit nicht erübrigen können.

Montag [19. 10. 31]. Unser junges Paar ist gestern mit dem Wagen nach Koblenz abgefahren, und dann wollen sie gemächlich den Rhein entlang nach Zürich fahren, wo Frau Doktor am 22. einen Vortrag hält. Sie weiß nichts von dem Plan, und Ihr könnt Euch ihre Freude vorstellen. Ende der Woche werden sie wahrscheinlich wieder in Kreisau sein. Der arme Herr Deichmann ist sehr krank, Lungenentzündung. Er konnte natürlich nicht an dem Fest teilnehmen. Das war hart, aber glücklicherweise scheint es kein sehr schwerer Fall zu sein, nur muß er sehr vorsichtig sein. Am Sonnabend dinierten wir mit Herrn und Frau von Schnitzler, Freyas Großeltern, etwa in Eurem Alter – nur zu sechzehnt, ganz informell und sehr angenehm. Am Sonntag war um 1.30 ein ganz kurzer und einfacher Gottesdienst im Haus, und danach gab es ein köstliches Diner für 14 Leute. Dann verließen uns die zwei Lieben ein oder zwei Stunden später und nahmen Hans im Wagen bis Koblenz mit. Koblenz liegt auf dem Weg nach Frankfurt, wo er seine Arbeit hat!! Es war alles so natürlich, fröhlich und einfach. Ich weiß, Ihr hättet es sehr genossen. Carl

Deichmann, der ältere Bruder von Freya, „sprach ein paar Worte" über die drei Hochzeitspaare. Ich füge unser Menü mit Unterschriften bei. Ihr seht, daß alle an Euch gedacht haben. …

Nette Freunde von Deichmanns wollten Willo und mich heute nachmittag am Rhein entlangfahren. Es ist aber ziemlich dunstig. Wir werden das Angebot vielleicht ablehnen und statt dessen nach Berlin fahren, denn ich habe das Gefühl, daß hier sehr viel zu tun ist. Sie haben sich um einen kranken Mann und eine Bank, die sich in Liquidation befindet, zu kümmern. Carl Deichmann, der Sohn, arbeitet in einer Bank in Paris, Baronin Schröder, die Tante aus England, ist auch hier. So gab es eine sehr umfassende Darstellung der allseitigen finanziellen Lage. Sie ist nicht beruhigend. Wie ich sehe, erwägt Südafrika, vom Goldstandard abzugehen. Wäre es günstig, meine 5 Pfund in südafrikanischer Währung zu bekommen? Helmuth James hat Hoovers[1] Berater für europäische Währungsfragen in Berlin getroffen. Der meint, das englische Pfund werde bald noch viel weiter fallen und nicht mehr als 10 oder 12 Mark wert sein. Das wäre für uns äußerst ernst. Hoffen wir, daß er Unrecht hat. Ich glaube nicht, daß irgendjemand prophezeien kann. Natürlich ist die Ausweitung des englischen Exportes, die mich für England freut, ein Todesstoß für die deutsche Großindustrie. Die Dinge liegen wirklich im argen. Jedoch sind wir alle sehr froh, daß Brüning im Reichstag eine Mehrheit bekam. Ich nehme an, daß mit der Zeit international ein Weg aus der Sackgasse gefunden werden wird.

Ich will am 22. wieder zu Hause zu sein. Da Ihr schreibt, daß Ihr Jowos Briefe genießt, füge ich sie bei. Das gute Kind, er hatte eine wunderbare Zeit. Ich hoffe, daß für Euch der gestrige Tag[2] ein glücklicher war, voller goldener Erinnerungen und Dankbarkeit. Das empfinde ich jedenfalls. Lieber Daddy, vergiß bitte nicht, mir Richter Wessels Ansprache anläßlich der Enthüllung Deiner Büste zu schicken.

Das Deichmannhaus ist schön. Vergleichbar mit den alten „Hotels" in Paris. Mehr ein weitläufiges Landhaus als ein Stadthaus. Viel Geschmack und Kosten stecken drin, und jetzt, nächsten Monat, soll es aufgelöst werden. Freya hatte keine Brautjungfern, keine Musik, und wir trugen weder Hüte noch Handschuhe, die Männer dunkle Anzüge, alles so einfach wie möglich, was so richtig war. …

1 *Hoovers Berater:* Herbert C. Hoover, amerikanischer Präsident 1929–1933.
2 *Der gestrige Tag:* Der 18. Oktober war der Hochzeitstag dreier Generationen: Sir James und Lady Jessie Rose Innes, Graf Helmuth und Dorothy Moltke und Helmuth James und Freya von Moltke.

Kreisau, 25. 10. 31

... Die Ereignisse überstürzen sich dermaßen, daß ich anscheinend in meinen Briefen an Euch mit ihnen nicht Schritt halten kann. Freyas Vater starb am 21. an Lungenentzündung! Ist das nicht traurig? Das junge Paar kehrte natürlich sofort nach Köln zurück und wird morgen früh hier erwartet. An demselben Tag, dem 21., fand die erste Gläubigerversammlung statt. So war alles ziemlich hektisch und unangenehm dramatisch.

Ich kam am 23. zurück und fand wie immer einen herzlichen Empfang und alle wohlauf und munter. Als ich abfuhr, verließ ich Julian beim Graben und Pflanzen, und als ich zurückkehrte, fand ich ihn bei genau derselben Beschäftigung vor. ...

Die englischen Wahlen am 27. sind für alle von schmerzlichem Interesse. Wie tragisch, daß es keine starke liberale Partei gibt, die die Dinge in die Hand nehmen könnte. Hätte es sie gegeben, so hätte die Möglichkeit bestanden, das Gesicht Europas zu verändern. Mittlerweile hat Brüning im Reichstag einen Erfolg erzielt und mit einer Mehrheit von 25 gegen Nazis, Konservative und Kommunisten ein Vertrauensvotum für seine schrecklich drastische Notverordnung erhalten. Ich bin immer wieder darüber erstaunt, daß die Teutonen so viel politischen Scharfsinn an den Tag legen, wenn man die entsetzliche Zwangslage, in der sie sich befinden, dazu die ständige Haßpropaganda bedenkt.

Montag [26. 10. 31]. ... Ich bin ganz Daddys Meinung, daß die Zukunft sehr düster aussieht. Ich fühle sehr mit den jungen Menschen. Wie schwer sie auch arbeiten mögen, haben sie wenig Aussicht auf Glück und Erfolg. Leute wie ich können sich in ihrem Heim verschanzen, wie ich es im lieben kleinen Berghaus kann, und solange man genug Geld hat, seine Familie zu ernähren und zu wärmen, kann man dem Leben noch etwas Freude abringen. Vorausgesetzt man findet sich mit einem einfachen Leben ab. Doch für die jungen Leute ist es etwas ganz anderes, und ihre Aussichten auf Glück sind viel geringer, die Armen. Ich kann Euch gar nicht sagen, wie dankbar ich bin, das Berghaus zu haben, und wie ich es liebe. Meine Kinder haben einen großen Vorteil: Sie lieben einfache Freuden, sie wissen alle, was Arbeit bedeutet, und keins von ihnen erwartet ein leichtes Leben – so sind sie für das Leben gut vorbereitet.

Ich habe zwei Tage mit dem Y. T. und Willo in Berlin verbracht. Die Wohnung ist reizend. Willo ist noch immer sehr entwurzelt und findet, wie Jowo, das Stadtleben gräßlich *und so teuer*! Aber er wird sich natürlich mit der Zeit daran gewöhnen. Es ist eine große Veränderung nach Kreisau und der großen Familie, und bis jetzt hat er nichts anderes gekannt. ...

Kreisau, 30. 10. 31

Sonntag [1. 11. 31]. ... Wie Du weißt, ist heute auch Schwesters Geburtstag, ihr 50. Nach der Kirche – Helmuth und Freya, Julian und ich sind heute alle in Gräditz in der Kirche gewesen – gab es eine reizende kleine Feier in der Spielschule. Kinder und junge Mädchen sangen, der Pfarrer „sprach ein paar Worte", von verschiedenen Vereinen und der Gemeinde erhielt sie Geschenke. Alles war sehr rührend, und Daddy würde sagen *echt deutsch*. ...

Montag. Mein junges Paar ist lieb und miteinander so glücklich, es ist ein Vergnügen, es zu sehen. Freya ist so natürlich und impulsiv, ganz unverdorben und frisch, Helmuth ist sehr reserviert, aber man kann an hundert kleinen Einzelheiten sehen, wie glücklich er ist. Natürlich besteht wie bei so vielen Ehen auch bei dieser die Gefahr, daß sie ihm zu ergeben ist. Doch Freya ist ein intelligentes Kind und ist sich, glaube ich, bewußt, daß sie zurückhaltend sein muß. Sie haben einen kleinen Durchbruch zu Willos Kämmerchen gemacht – das er ihnen rührenderweise überlassen hat –, und Helmuth hat seinen Schreibtisch, Bücher, Papiere im großen Wohnzimmer. So haben sie eine wirklich sehr nette Behausung. ...

Kreisau, Sonntag, 8. 11. 31

... Am Mittwoch sprach der Junge in Breslau mit den Gläubigern. Wir können unseren Verpflichtungen unmöglich nachkommen. Er wollte es ihnen zeitig sagen. Alle waren sehr nett, in der gegenwärtigen Situation scheint das die Regel zu sein, und so waren sie in keiner Weise erstaunt. Dann hat der Junge in Berlin die Dinge mit dem Y. T. besprochen und zum Glück Hans Adolf erwischt, der auf dem Wege nach Warschau war. Er hat ihm den Plan erläutert, daß die Stiftung Wernersdorf verkauft und statt dessen Kreisau kauft. Hans Adolf – wie auch alle anderen, mit denen der Junge sprach – sagte nur: Unternimm im Moment nichts. Die Dinge sind zu verworren, in drei Wochen haben wir vielleicht das *Dritte Reich* – das Naziideal – und vielleicht ein Moratorium für alle Inlandkredite oder eine neue Währung oder sonst etwas ebenso Drastisches; verhalte dich erst einmal still und warte ab, was geschieht. So steht es also. Ein schöner Zustand, nicht wahr? Alle Leute erzählen, wie entsetzlich Berlin sei, nervenzerrüttend, niemand weiß, was am nächsten Tag geschieht. Eine solche Unsicherheit ist selbstverständlich für jegliches Geschäft tödlich.

Salisch, unser früherer Landrat, einer der wirklich reichen Grundbesitzer mit 5 gut verwalteten Gütern, ist völlig am Ende, und seine Güter würden unter den Hammer kommen, wenn es Käufer gäbe. Seine Schwierigkeiten haben alles für uns auch noch schwieriger gemacht, und natürlich sind die Kreisbank und andere hiesige Körperschaften auch von diesem großen Krach in Mitleidenschaft gezogen. Die Betriebsgesellschaft arbeitet mit einem kleinen Profit, nur kann sie die Zinsen auf die Schulden nicht bezahlen. Da man nichts verkaufen kann, können auch wir die jährlichen Beträge, die von uns erwartet werden, nicht zahlen. Der Junge hält es für gut möglich, daß die Gläubiger einfach stillhalten, das geringere von zwei Übeln.

Lieber Daddy, mach Dir keine Sorgen um all das. Ich weiß ja, daß Du es in gewisser Weise erwartet hast. Um sicher zu gehen, schlachten wir diese Woche ein Schwein – armes Schwein! –, und selbst wenn wir kein Deputat bekommen, sind Nahrungsmittel im Moment so billig, daß wir ohne weiteres durchkommen. Ein Sack Kartoffeln, d. h. ein Zentner, kostet anderthalb Schilling.

Julian verläßt uns am 24. Sein Besuch war ein großer Erfolg und hat ihm, glaube ich, sehr gut getan. Für den Garten war er natürlich unschätzbar. Wir sind ihm alle sehr zugetan.

Vielen Dank, lieber Daddy, für die Übersendung von Richter Wessels Ansprache in Bloemfontein, die ich so gerne lesen wollte. Wenn ich bei Euch bin, will ich versuchen, Dir bei Deinen Memoiren[1] zu helfen, und ich überlege mir sehr, ob es ein guter Plan wäre, eine Schreibmaschine zu kaufen und während der Überfahrt darauf zu üben, um Dir damit eine Hilfe zu sein. Jedoch hoffe ich, mit oder ohne Schreibmaschine, beim Nachsehen in alten Akten und Sortieren von Papieren usw. helfen zu können.

Montag abend [9. 11. 31]. Berlins blieben gestern zum Abendbrot! (zu viert!) und nahmen mich dann in ihrem Wagen mit nach Schweidnitz, und Tante Hertha spendierte uns allen für den Rückweg ein Taxi, so hatte ich Glück. Das einzige Unglück war, daß ich Graf Carli beim Konzert traf. Er bestand darauf, daß ich heute nach Weistritz komme, von 3 bis Mitternacht! Schrecklich. Aber ich hatte in der letzten Zeit zweimal abgelehnt. Er brauchte eine vierte Person zum Bridge, so schien es mir unhöflich, nein zu sagen. Außerdem wollte er mir einige englische Korrespondenz zeigen. Ich habe doch so viel zu tun, daß ich über die vergeudete Zeit heulen könnte. Im Moment ist ganz viel zu übersetzen, gegen Bezahlung, und alle Himbeeren müssen beschnitten werden. Man kann das nicht Kisky überlassen. Natürlich bedeutet ein Haushalt mit so wenig Personal eine Menge Arbeit verschiedenster Art. Freya ist sehr willig und, wie ich glaube, ganz tüchtig, hat aber zur Zeit so viele Gratulations- und Kondolenzbriefe zu beantworten, daß ich nicht viel von ihr verlange, außer den Kindern zu helfen, besonders C. B. bei seinen Hausaufgaben, die fast eine Stunde pro Tag beanspruchen.

So lebt denn wohl, Ihr Lieben. Ihr werdet bemerken, daß ich zu allem möglichen in meiner Welt nützlich bin, und das gehört zu den größten Genugtuungen im Leben!! So lebt wohl und bleibt wohlbehalten.

Euer Kind.

1 *Memoiren:* Posthum veröffentlicht als: James Rose Innes, Chief Justice of South Africa 1914–1927: Autobiography. Edited, with an introduction by B. A. Tindall. Cape Town, London, New York 1949.

Kreisau, 15. 11. 31

Montag [16. 11. 31]. Gestern war ein riesiger Rotkreuz-Jahrmarkt in Schweidnitz, und ich hatte das Gefühl, ich müsse mich da sehen lassen – ein erhabener Standpunkt, nicht wahr? –, und so nahmen Ete, Asta und ich Eier, Tee, Semmeln und Bananen bei Schönchen ein, die immer noch in Posen ist, und gingen dann zu diesem Volksfest und waren um 6 Uhr zu Hause. Freya hatte ihre beste Freundin, ein sehr nettes Mädchen, das in Berlin arbeitet, für drei Tage hier, aber sie fuhr heute früh wieder ab. Freya ist zur Universität gegangen, und der Junge geht auch heute nachmittag „geschäftlich" nach Breslau, d. h. um mit den Gläubigern die besten Schritte zu erwägen. Er sagt, daß momentan alles eigentlich schwerer für die Gläubiger – alle Gläubiger – ist als für Schuldner. Allenthalben stellen sie fest, daß wenig Hoffnung auf Zinszahlungen für das geliehene Kapital besteht, geschweige denn Schuldentilgung. Man fragt sich, wo das alles enden soll. Im Chaos? Einer Naziregierung und dann einem kommunistischen Putsch? Oder wird es nur eine Fortsetzung des gegenwärtigen Zustands sein, von dem ich meine, daß ihn keine verfassungsmäßige Regierung – und das nenne ich die Regierung Brüning noch – ändern kann, bis sich die Lage in der Welt bessert. Wegen Überproduktion der Zuckerindustrie sind alle Güter gezwungen worden, ihre Fläche für den Zuckerrübenanbau zu reduzieren. Jetzt weigern sich die Fabriken, unsere ganze Ernte abzunehmen, da sie nicht dafür bezahlen können. Wir müssen 4000 Zentner Zuckerrüben verfüttern, und das ist schlechtes Futter. Es bedeutet einen Verlust von 5000 Mark! Nur gesunde Betriebe können so etwas verkraften, und es gibt jetzt in Deutschland so wenige gesunde Güter. Für alle Landwirte, die mit der Not kämpfen, ist dies einfach der Todesstoß. Der Junge hofft, daß die Betriebsgesellschaft aus dieser Situation ohne Defizit hervorgeht; man kann nicht einmal eine Woche im voraus planen. Jedenfalls geht es *uns* gut, das Schlimmste, was uns passieren kann, ist, daß wir kein Deputat mehr kriegen und, vielleicht, das Stiftungsgeld verlieren, was natürlich sehr unangenehm wäre, aber zur Not könnten wir ohne das auskommen. Willo würde jedenfalls zum Teil vom Y. T. übernommen. Dann wäre es zu schaffen, so macht Euch bitte vorläufig keine Sorgen. Ich schreibe dies alles nur, weil ich weiß, daß Daddy gerne Bescheid weiß. Wir sind alle sehr fröhlich und guter Dinge und alle *so* dankbar, im Berghaus zu sein, dieser Insel des Friedens und der Zufriedenheit.

Das Wetter ist bis jetzt herrlich gewesen. Am vorigen Mittwoch hat Julian den Garten begossen – im November! –, da es so schrecklich trocken war. Aber nun hatten wir an zwei Vormittagen feuchte Nebel und damit etwas Feuchtigkeit. Es gab auch noch keinen Frost, und deshalb brauchen wir kaum zu heizen, was dieses Jahr für viele Millionen Menschen ein Glück ist. …

Jetzt muß ich aufhören, denn ich habe Julian versprochen, mit ihm zum Lone Tree Hill zu gehen, wo er noch nie war. Er verläßt uns am 24. Sein Besuch hier war ein Riesenerfolg. Er ist ein merkwürdiges Kind, aber wir haben ihn liebgewonnen, und er sieht Kreisau als seine zweite Heimat an.

Die Tanten M. and A. haben sehr lieb an den Jungen zu seiner Hochzeit geschrieben. Er war sehr gerührt und erfreut. Er und Freya sind so reizend miteinander. Ich wünschte oft, Ihr könntet ihre entzückende Gemeinschaftlichkeit sehen. Lebt wohl, Ihr Liebsten.

Kreisau, 22. 11. 31

Montag morgen [23. 11. 31]. … Es wird Euch interessieren und nicht wenig wundern, daß der Y. T. wieder auf dem Weg nach Boston ist! Er wurde hinübergebeten, um an einem Kursus teilzunehmen, der darauf vorbereitet, ein Lehrer der Christlichen Wissenschaft zu werden. Abgesehen von der Tatsache, daß das eine Arbeit ist, die ihn sehr interessiert und die er hoffentlich gut machen wird, bedeutet das für ihn eine Einnahmequelle, wenn seine Tätigkeit als Publikationskomitee aufhört. Dies zu wissen, dachte ich, ist Euch eine gewisse Genugtuung, obgleich bis jetzt noch kaum jemand von seiner Reise über den Atlantik weiß.

Meine Abreise nähert sich schnell. Ich habe vor, Kreisau am 29. um 5.30 nachmittags zu verlassen und direkt nach Rotterdam durchzureisen.

Die Kreisauer Angelegenheiten sind, seit ich zuletzt schrieb, nicht weiter fortgeschritten. Diese Woche hat der Junge eine Besprechung mit den Gläubigern, um zu ergründen, was man am besten macht. Mittlerweile ist eine neue Notverordnung herausgekommen. Eine Gruppe, die *Osthilfe* genannt wird, ist ermächtigt, Zahlungen von Schulden, die östliche – daher *Ost* – Landwirte ihren Gläubigern gegenüber haben, zu stunden oder zu reduzieren. *Landbund* usw. jubilieren, aber vernünftige Leute schütteln die Köpfe, weil – auch wenn die Sache weise und sehr zurückhaltend verwaltet werden sollte – es praktisch bedeutet, daß die Gläubiger gar keinen gesetzlichen Schutz haben und daß alle Verpflichtungen ungültig sind oder in Gefahr, es zu werden. Für uns persönlich mag es sich als äußerst nützlich erweisen, aber es ist nicht richtig und untergräbt jedes normale Gefühl für Verpflichtungen und zerstört sicher das Vertrauen. Dein juristischer Sinn wird entsetzt sein, der des Jungen ist es auch, und es bedeutet natürlich, daß niemand in Zukunft den östlichen Landwirten auch nur eine Mark Kredit geben wird.

Jowo schreibt sehr zufrieden aus Frankfurt. Freyas Tante, Frau von Schnitzler, reich, mondän und ziemlich intellektuell, hat ihre Fittiche über ihn ausgebreitet; sie nimmt ihn mit ins Theater, er ist dort sehr oft, trifft einen Haufen interessanter Menschen, auch Ausländer – sie ist ein Mittelpunkt des geistigen und künstlerischen Lebens von Frankfurt –, und alles in allem fällt er wieder einmal auf die Füße.

Auf Wiedersehen, liebste Eltern. Wie schön wird es sein, von Angesicht zu Angesicht miteinander sprechen zu können. Ich verfolge den Kampf um die Goldwährung in S. A. mit großem Interesse.

Kreisau, Sonntag, 29. 11. 31

... Die Besprechung mit den Gläubigern ist glänzend gelaufen. Niemand war verärgert, sie sagten im Gegenteil, daß Kreisau nicht besser verwaltet werden könne als es jetzt ist, sie waren ganz zufrieden mit Zeumers und des Jungen Methoden und baten den Jungen, Vorschläge zu machen, wie die nächsten Schritte sein sollten, was ein großes Kompliment für meinen Erstgeborenen war. Wir werden uns dieser neuen *Osthilfe*-Notverordnung, genannt *Sicherungs-Gesetz*, bedienen. Das bedeutet wahrscheinlich, wenn alles gut geht, daß der Zinsfuß gesenkt wird und unsere Schulden vielleicht stark gekürzt werden, in anderen Worten, es wird uns möglicherweise erheblich helfen, aber es sind noch viele juristische und andere Gesichtspunkte zu klären. Man kann noch nichts Endgültiges sagen. Jedenfalls ist es ein Hoffnungsstrahl und ein sehr angenehmer Ausblick für 1932, aber sehr hart für die Gläubiger. Man sagt jedoch, lieber wenig und sicher als hohe Zinsen und ein Bankrott nach dem anderen. ...

Kreisau, 7. 12. 31

... Mit Euren Briefen kamen heute zwei Schecks, einer für 119 Pfund und einer für 62. Ihr Lieben, Ihr seid unverbesserlich generös, und es ist mir peinlich, so viel von Euch anzunehmen. Helmuth James war diese Woche in Berlin – geschäftlich und auch um Dorothy Thompson zu treffen, was er immer so gerne tut. So beschloß ich, die Schecks nicht einzulösen, bevor er wieder zurück ist. Ich möchte erst hören, was seine Berliner Eindrücke waren. ...

Die Welt besteht heutzutage aus Leuten, die keine Arbeit oder zu viel haben – der Junge hat jetzt vorläufig einen dritten Job angenommen. Er will sehen, ob er seinen Vorstellungen entspricht und ob er ihn ordentlich auszufüllen vermag. Er berät den Landrat in gewissen juristischen Fragen. Dort arbeitet er von 7.30 bis 9.30, und dann geht er zum Landgericht. Ein neuer Mann, Dr. Brandes, hat die Stelle von Herrn von Salisch übernommen. Es gibt nur einen Juristen im Landratsamt, der mit der Fülle neuer Fragen, die sich aus diesen Notverordnungen ergeben, nicht fertig werden kann. So haben sie den Jungen gebeten, gewisse Themen zu übernehmen. Bewährt er sich, wird er mit der Zeit dafür bezahlt werden. Jedenfalls besteht kaum Aussicht, daß der Junge je ohne Arbeit sein wird.

Er fand die Atmosphäre in Berlin ein wenig ruhiger als zuvor. Es sieht fast so aus, als ob die Regierung imstande sein könnte, das Staatsschiff über Wasser zu halten. Hitler ist allerdings ein Unsicherheitsfaktor, keiner weiß, was er zu tun gedenkt. Seine Partei hat bis jetzt 700 000 eingeschriebene Mitglieder und ist vollständig unter seiner Kontrolle. Er hat eine Art „Botschafter" nach London und einen nach Rom entsandt! Wohin wird das wohl führen? …

Kreisau, 20. 12. 31

… Jowo kam gestern abend vor dem Abendbrot an. Eine Freude, ihn hier zu haben, und ich bin wirklich schrecklich stolz auf ihn. Sein Enthusiasmus und Interesse an seiner Arbeit – die sein ein und alles ist –, seine charmanten Umgangsformen, Rücksichtnahme auf andere, seine Zuverlässigkeit sind wirklich sehr große Pluspunkte für seine Zukunft. Er ist in Frankfurt sehr glücklich. Hans Deichmann und seine Arbeit sind ihm das Wichtigste.

Wir sind sehr beschäftigt mit Weihnachtsvorbereitungen und all unseren fröhlichen Gästen. Wie schön wäre es, wenn Ihr auch hier sein könntet, in einem eigenen kleinen Appartement, um Euch, wann Ihr wolltet, vor der lauten Fröhlichkeit zurückzuziehen. Ich fahre um 1.30 p. m. am 29. ab. Die zwei Stunden in Berlin gehe ich zu Leno und Hans Carls, bis mein Nachtzug nach Rotterdam abfährt, dank der lieben Pelikane mit Schlafwagen und jeglichem Luxus. In Rotterdam komme ich um 10 a. m. an, gehe stracks zur Reederei und dann auf mein winziges Schiff. Am nächsten Tag, dem 31., fahren wir nach Antwerpen, und wenn möglich will ich Abstecher nach Gent und Brügge machen, da es dort wunderschöne Dinge zu sehen gibt; und so seht Ihr, daß ich mich auf viel Angenehmes vor meiner Ankunft am 26. freuen kann, die natürlich das Schönste von allem ist.

In Kreisau ist alles ziemlich wie gehabt. Wir haben ein *Sicherungs-Verfahren* beantragt, was praktisch ein Moratorium bedeutet, und dieser Antrag wird jetzt begutachtet. Über die Hälfte der großen Güter im Kreis sind in derselben Lage. Es ist ein merkwürdiger und sehr ernster Zustand. Ein allgemeiner Zusammenbruch der alten Ordnung. Wie ich höre, sind die Städte, besonders Berlin, schrecklich, die Armut und Hoffnungslosigkeit ganz erschreckend. Und Dorothy Thompson, die neulich in Berlin war, sagt, auch Amerika sei einfach fürchterlich. …

Hitler *ante portas*

Antwerpen, 2. 6. 32

... Helmuth hat vor seinem Schlußexamen ein Praktikum in einem Anwaltsbüro in Berlin[1] bekommen. So geht die Zeit der beiden im Berghaus bald zu Ende, und sie sind darüber traurig. Aber Helmuth wird häufig zurückkommen müssen, um sich um Kreisauer Angelegenheiten zu kümmern. Das bedeutet auch das Ende meines glücklichen Lebens mit dem Jungen. Das war für mich solch ein Glück.

... Und die Krise um Brüning![2] Ich bin sehr beunruhigt darüber, habe aber jetzt keine Zeit, in diesem Brief darauf einzugehen. ...

Mittwoch morgen, den 8., Berlin. Dies ist die erste Gelegenheit, die ich zum Schreiben habe, und jetzt muß der Brief beendet werden und abgehen, um die Post am Freitag zu erreichen. Ich nahm den 8.40 Vormittagszug von Hamburg und wurde am Lehrter Bahnhof vom Y. T. und den drei Jungen abgeholt. Alle sahen gut und stattlich aus. Ich war sehr stolz auf meine Männer, als wir, jeder einen Koffer in der Hand, mit der U-Bahn zur Wilhelmstraße fuhren. Dort erwartete uns Ulla, lieb wie immer, und wir setzten uns zu einem Festessen nieder: Ente und köstliches Erdbeereis. Ulla blieb bis zum Tee, und wir haben den ganzen Nachmittag geredet. Jowo wohnt ja bei Ulla, hat aber den Tag mit uns verbracht. Gestern abend ist er nach Frankfurt gefahren. Das gute Kind, es war ein reines Vergnügen, ihn zu sehen. Er ist sehr lieb zu mir. Er hatte mehrere Unterredungen mit seinen hiesigen Gönnern, Prof. Goldschmidt und Dr. Bange, gehabt, die sehr wertvoll für ihn waren. Es ging um seine Doktorarbeit, die ihm im Moment Schwierigkeiten macht. ...

1 *Anwaltsbüro in Berlin:* Das Büro von Erich Koch-Weser, ehemals Politiker der Deutschen Demokratischen, später Staats-Partei. Sein Sozius war Alfred Carlebach. Beiden wurde 1933 aus Abstammungsgründen die Praxis unmöglich gemacht. Helmuth James war dort Referendar vom 15. 9. 1932 bis 15. 3. 1933. Vgl. 4. 12. 26. 2 *Krise um Brüning:* Hindenburg hatte ihn am 30. Mai entlassen.

Kreisau, Sonntag früh, 12. 6. 32

... Wo soll ich mit der Geschichte meiner Heimkehr beginnen? Es gibt so viel zu berichten. Ich will versuchen, alle meine Eindrücke und Erlebnisse zu ordnen. Ich kam mit dem 3-Uhr-Zug am Donnerstag, den 9. in Kreisau an. Helmuth und Freya, Asta, Leno, Ete und Peter – mit einer rosa Papierrose an seinem Halsband – waren am Bahnhof, um mich abzuholen, ebenso Schwester mit kleinen gestriegelten Kindern. Es gab eine Girlande aus Tannen und in der Mitte ein Plakat *Herzlich willkommen!* Und siehe da, ich war zu Hause! Wir tranken Tee auf der Veranda. Asta hatte als Überraschung für mich eine reizende Teedecke gestickt. Aber da waren so viele Überraschungen. Die Westseite des Hauses – an der Straße – ist neu verputzt und repariert worden. Der ganze wilde Wein war weg, und es sieht jetzt etwas nackt, aber sehr ordentlich und nett aus. Ich rief gleich aus: „Wie sich Mutter freuen würde!" Und alles hat nur 68 Mark gekostet! Die guten Kinder hatten die vordere Veranda selbst gestrichen, *so* eine Arbeit; sie haben 6 Wochen dafür gebraucht, aber Ihr könnt Euch vorstellen, wieviel besser es jetzt aussieht. Es ist etwa dasselbe Grün wie das in Kolara, an jenen Stellen, wo die Farbe nicht ganz von der Sonne gebleicht ist, und innen sind die 12 Fenster – die zwei Glasseiten – weiß. Jedes Fenster mußte 5 mal gestrichen werden; so könnt Ihr Euch vorstellen, was für eine Arbeit das war. Dann hatten Helmuth James, Ete und Tante Hertha neue Jalousien für die Veranda als Geburtstagsgeschenk gekauft. Ihr stellt Euch nicht vor, wie viel besser jetzt alles aussieht. Nach einem Großreinemachen war drinnen alles blitzsauber. Ihr könnt Euch nicht denken, wie rührend ich von allen empfangen wurde. Frau Freytag – der Schokoladenladen in Schweidnitz – schickte mir einen Rosenstrauß und eine Schachtel ihrer besten Schokolade, die alte Frau Bartsch – die an der Ecke wohnt – einen Blumenstrauß, und auf der Straße sprechen mich die Menschen an, um ein paar Wilkommensgrüße zu sagen. Für heute nachmittag haben sich Berlins angesagt. Es ist alles sehr erfreulich und rührend. Besonders Asta zeigt ihre Zufriedenheit auf alle mögliche Weise, und Helmuth hat mich dreimal hintereinander umarmt – ein einzigartiger Gefühlsausdruck für einen Moltke! Helmuth und Freya sind gestern für acht Tage in Ferien gefahren, da er offiziell noch eine Woche zugute hat; heute sind sie in Stettin, dann gehen sie nach Balfanz und Cadinen. Es ist Freyas erster Besuch bei den Verwandten. So sind Asta und ich allein, aber nicht lange, denn heute abend kommt der Y. T. für etwa eine Woche, und wir werden etwas zusammen übersetzen. Die Landschaft sieht wunderschön aus, Akazien, Lupinen, Stechginster, alles blüht. ...

Kreisau, Donnerstag abend, 16. 6. 32

Sonntag [19. 6. 32]. Ihr Lieben, ich habe die Politik noch gar nicht erwähnt, und ich weiß, daß Daddy sicher wissen will, wie die „Frau am Ort" die Dinge sieht. Hindenburgs Vorgehen kam für alle überraschend, auch für Brüning. Wie ich höre, sind Hindenburgs konservative Freunde während seiner dreiwöchigen Ferien in Ostpreußen niemals von seiner Seite gewichen und haben ihn zum Schluß überredet, sich Brünings zu entledigen. Wahrscheinlich hat Hindenburg die Nerven verloren und bei seinem früheren Freundeskreis und seiner eigenen wirklichen *Weltanschauung* Hilfe gesucht. Jedenfalls hat er Brüning abscheulich behandelt und eine große Verantwortung übernommen. Sogar die Opposition gibt zu, daß etliche Männer des neuen Kabinetts erstklassige Leute sind – abzuwarten bleibt allerdings, ob sie Politiker sind. Wahrscheinlich war Papen[1] eine unglückliche Kanzlerwahl, und Schleicher[2] wird als Außenseiter angesehen. Die Frage ist: Werden sie einer Naziregierung den Weg bereiten oder die Nazis an der Regierung beteiligen, und wenn ja, was wird der republikanische Teil der Bevölkerung tun? Wir bewegen uns auf sehr dünnem Eis. Inzwischen hat uns Claus gesagt, ein Großteil der Reichswehr sympathisiere mit den Nazis, und dann wird wohl nichts die Nazis von der Macht fernhalten können, es sei denn ihr eigener Mangel an einem praktischen Programm.

Die neue Regierung hat eben eine Notverordnung erlassen – genau wie es die Regierung Brüning tat –, die die Arbeitslosenunterstützung und die Gehälter der bedauernswerten Beamten wiederum kürzt. Die durchschnittliche Erwerbslosenunterstützung für eine Familie von, sagen wir, drei Personen ist 43 Mark, was natürlich jämmerlich unzureichend ist.

Claus war übers Wochenende hier, ganz zufrieden mit seiner Arbeit, obgleich sie sehr schwer und anstrengend ist; er sieht in seiner Uniform glänzend aus.

Helmuth und Freya kommen morgen früh an, und er geht gleich an die Arbeit. Anscheinend haben sie eine sehr schöne Zeit gehabt, und vor allem hat es ihnen Danzig angetan, eine faszinierende Stadt.

Und nun, Ihr Lieben, ade. Ich sehe Euch so oft, beim Frühstück, oder beim Lesen, beim Aufziehen der Uhren oder nach Stinkern Ausschau haltend. Es ist so schön, daß ich mir alles lebhaft vorstellen kann.

Allen Segen Euch beiden –

Euer höchst anhängliches Kind.

1 *Papen:* Franz von Papen (1879–1969). Verließ die Zentrumspartei, zu deren rechtem, monarchistischem Flügel er gehört hatte. Wurde bald als „Steigbügelhalter Hitlers" bekannt, dessen am 30. Januar 1933 gebildeten Kabinett er als Vizekanzler angehörte. 1934 ging er in diplomatischer Mission nach Österreich, ab 1939 in die Türkei. 1946 im Nürnberger Hauptkriegsverbrecherprozeß freigesprochen. 2 *Schleicher:* Kurt von Schleicher (1882–1934), Berufsoffizier mit starken politischen Interessen. Letzter Kanzler der Weimarer Republik Dezember 1932 bis 28. Januar 1933. Am 30. Juni 1934 mit seiner Frau ermordet.

Kreisau, 23. 6. 32

... Helmuth und Freya sind am Montag zurückgekommen, sehr zufrieden mit ihrer Tour zu den verschiedenen Verwandten. Sie haben sogar zwei Tage mit Hans Adolf[1] in Warschau verbracht – er ist dort Botschafter – und alles sehr genossen. Sie sagen, daß man in Polen kaum Zivilisten sieht, nichts als Militär und Flugzeuge, und sogar die Frauen exerzieren und machen Schießübungen. In Balfanz auf der anderen Seite des Korridors haben sie fast jeden Sonntag militärische Übungen, *Selbstschutz* heißt das, und in Danzig ist alles in einem Zustand von Aufruhr und Erregung, und währenddessen tagt in Lausanne die Abrüstungskonferenz! Was für eine Welt. Natürlich sagen wir, besonders in Pommern und Ostpreußen, daß wir eine polnische Invasion befürchten – ich persönlich glaube, die Deutschen suchen einen Vorwand für einen Putsch, natürlich nicht die Regierung, aber die Nazis und rabiaten Nationalisten –, und die Polen, ich bin sicher, haben mehr Grund, eine deutsche Invasion zu fürchten. In Danzig sind die Polen schrecklich übermütig, und so ist alles für einen großen Brand vorbereitet. Dazu kommt noch der Stahlhelm; die Republikanische Garde, die Reichsbanner heißt, und vor allem die Nazis – die SA-Truppen – sind alle bewaffnet, nicht um „Feinde" zu erschießen, sondern Landsleute bei Auseinandersetzungen im Innern –, und so muß es einen Ausbruch und Blutvergießen geben, obgleich ich hoffe, daß er lokalisiert und vereinzelt bleiben wird. Brüning hat einen schweren Fehler begangen, als er diese illegitimen Truppen nicht verbot – wahrscheinlich war er nicht stark genug –, und von Papen begünstigt sie. …

1 *Hans Adolf:* Hans Adolf von Moltke, deutscher Gesandter, ab November 1934 Botschafter in Warschau. S. auch 12. 9. 28.

Kreisau, 29. 6. 32

Sonntag [4. 7. 32]. … Ich habe in meinen Briefen die Politik wenig erwähnt, weil ich einfach nicht weiß, was ich dazu sagen soll. Sie scheint eine Krankheit in Deutschland zu sein, und für Leute mit liberalen Anschauungen ist das Wetter frostig. Ich persönlich meine, daß die neue Regierung sich gar nicht so schlecht hält, abgesehen von der Tatsache, daß die Nazis – unter deren Einfluß die Regierung anscheinend steht – Papen veranlassen, unglaubliche Dinge zu tun, wie etwa, daß er der SA wieder erlaubt, aufzumarschieren und Uniformen zu tragen, was zu einer Herrschaft des Terrors auf den Straßen geführt hat und zu einer sehr ernsten Situation zwischen den südlichen Ländern und dem Reich – weil erstere das Uniformtragen verboten haben –, und den Nazis ist der Kamm mehr denn je geschwollen. Fast jeden Tag gibt es einen Aufruhr in der einen oder anderen Universität, und als Folge der Naziepidemie meinen die Leute, die beste Antwort auf ein Argument sei, daß man der Gegenpartei den Schädel einschlägt. Es ist bedauerlich, und mir tun die jungen Leute so schrecklich leid, die – wie ich meine – in dieser lauten und brutalen Welt von ideenlosen Leuten einfach am falschen Ort sind. Sogar Asta hat scheußliche Erlebnisse in der Schule gehabt, wo fast alle Schulmädchen Nazis sind und selbstverständlich versuchen, die ganze Schule zu tyrannisieren. Viele von den älteren Leuten scheuen davor zurück, sich dieser Sinnlosigkeit entgegenzustellen, da sie denken, sie würden ihre Stellung verlieren, wenn die Nazis an die Macht kämen. Heutzutage kann es sich keiner leisten, seine Arbeit zu verlieren. Da habt Ihr also den traurigen Stand der Dinge. Liberale Gedanken und Ideale, ja der Humanismus, scheinen tot zu sein. Ob er wohl später wieder einmal zum Leben erwacht? Inzwischen sind junge Männer wie Helmuth oder Hans, Jowo oder Willo angeekelt, deprimiert und fühlen sich ganz fehl am Platz. Es ist ein Jammer.

Aber wir in unserem lieben kleinen Berghaus vergessen all den Lärm und die Intoleranz draußen und sind zufrieden und fröhlich, und ach so traurig, daß diese glückliche Zeit mit den Kindern schnell ihrem Ende entgegengeht. Aber das Leben steht nie still, nicht wahr? ...

Kreisau, 9. 7. 32

... Auch sonst gab es heute gute Nachrichten, angefangen mit Lausanne[1], und dann, o Freude, kehrte Mamsell heute nachmittag zurück. Wie froh wir sind, daß sie wieder da ist. Wieviel sie schafft, merkt man erst, wenn man die Arbeit selbst tun muß! Es ist erstaunlich. Und dann Lausanne. Bis jetzt habe ich erst unser kleines Lokalblatt gesehen, aber auf jeden Fall, was für eine Erleichterung für die ganze Welt! Gewiß ist das der erste Hoffnungsstrahl seit Monaten und Jahren. Ich kann mir Eure Genugtuung vorstellen bei der Lektüre Eures vortrefflichen „Evening Argus".

Ich habe angefangen, Astas Sachen für Eberswalde zusammenzusuchen – Bettwäsche, Handtücher, Messer, Gabeln, Koffer usw. Ein Bettvorleger wird auch gewünscht. Ich habe ihr gesagt, daß ich ihr meinen leihe, den Granny gemacht hat, wenn sie sehr, sehr vorsichtig damit ist. Ihre Freude war ganz rührend und hat mich eigentlich überrascht. Sie sagte unter anderem: Das Beste daran ist – wir hatten davon gesprochen, wie weich er ist –, daß Granny ihn selbst gemacht hat. Seit meiner Rückkehr folgt sie mir immer fast wie ein Hündchen, was manchmal etwas lästig ist und doch sehr lieb. Ich sollte wahrscheinlich abbremsen, wenn unsere Trennung nicht so nah bevorstünde. Ich habe ihr anscheinend erstaunlich gefehlt, als ich weg war, was mich wundert, denn Helmuth und Freya sind sehr lieb mit ihr. Aber ich nehme an, sie fühlte sich ein bißchen wie das fünfte Rad am Wagen. ...

Montag morgen [11. 7. 32]. ... Der Betrieb ist so zufriedenstellend wie möglich. Zeumer und der Junge haben zusammen die Kosten enorm gesenkt. Das Rindvieh ist hervorragend, wir haben doppelt so viele Schweine wie letztes Jahr, und die Ernte verspricht, gut zu werden. Die Treuhänder der *Osthilfe* wollen, daß wir nur 800 Morgen behalten und den Rest verkaufen, und erst dann wollen sie sich unseres Falles annehmen. Es ist im Moment nicht leicht, Land zu verkaufen, aber der Junge verhandelt mit verschiedenen Leuten. Kreisau hat dieses Jahr 1500 Pfund „eingebracht", aber natürlich sind die Zinsen auf die Schulden nicht bezahlt worden, da wir im *Sicherungsverfahren* stecken; jedoch die Steuern sind bezahlt. Auf jeden Fall waren wir, d. h. Kreisau, im Juli 1931 in besserem finanziellen Zustand als 1930, und dieses Jahr sieht besser aus als 1931, wofür man dankbar sein kann. ...

1 *Lausanne:* Bei der Konferenz in Lausanne im Juni wurde Papen zugestanden, was das Verdienst Stresemanns und Brünings war: die Beendigung der deutschen Reparationszahlungen nach einer einmaligen Schlußzahlung von 3 Milliarden Goldmark.

Kreisau, 14. 7. 32

... Mittlerweile leben wir mehr oder weniger in einem Irrenhaus. Die Regierung, die deutschnational (konservativ) ist, hat keine Rükkendeckung für Lausanne, nicht einmal bei der eigenen Partei, und obgleich die Linke Lausanne natürlich unterstützt, wendet sie sich in der Innenpolitik scharf gegen die ganz offen militaristische und unsoziale Regierung, die den Nazis freie Bahn läßt – die trotzdem gegen sie wettern. Jedenfalls ist die Folge der Wiederzulassung der SA – die, wie glaubwürdig berichtet wird, jetzt 400 000 Mann stark ist, viermal so stark wie die Reichswehr! –, daß wir jetzt wirklich in einem Zustand des latenten Bürgerkrieges leben. Jedes Wochenende gibt es Zusammenstöße zwischen Nazis und dem Reichsbanner oder, häufiger, mit den Kommunisten, mit Dutzenden von Verwundeten und einem oder zwei Toten. Die armen Schupos haben an Sonnabenden und Sonntagen 15, manchmal 18 Stunden Dienst und verlieren die Kontrolle über die Situation. Die große Frage ist, was geschieht nach dem 31. Juli? Das Kabinett Papen hat einige sehr fähige Männer, das heißt gute Fachleute, nicht notwendigerweise Staatsmänner, aber keiner scheint sie zu stützen. Die Massen sind von all dieser Propaganda und der sinnlosen Kritik und dem gegenseitigen Haß so aufgeputscht, daß man an einem vernünftigen Urteil für den 31. Juli verzweifelt. Es ist ein Jammer. ...

Kreisau, 25. 7. 32

... Ja, meine Lieben, seit meinem letzten Brief hat sich die politische Wetterfahne ganz herumgedreht, besonders in Preußen[1]. Ich kann nicht sagen, daß wir diese Wendung der Dinge begrüßen, aber man muß die Folgen abwarten. Das neue Reichsministerium ist so schlecht nicht, wenn ihm nur nicht Hände und Füße von diesen unmöglichen Nazis gebunden wären. Diese haben wirklich das Sagen, ohne sich mit einer Unze Verantwortung zu belasten. Nach dem nächsten Sonntag werden wir sehen, was geschieht. Ich glaube nicht, daß die Linke die geringste Möglichkeit hat, der Reichswehr und all den Nazi-Truppen bewaffneten Widerstand zu leisten. Natürlich ist ein Generalstreik im Rahmen des Möglichen. Aber die Eiserne Front hat kein Geld – wer ist schon bereit, für etwas so Altmodisches wie Freiheit und Liberalismus zu zahlen –, und wahrscheinlich sind die Hälfte ihrer Mitglieder arme Luder, die seit Jahren unterernährt sind, was nicht gerade Mut macht. So scheint mir, daß die Reaktion momentan fest im Sattel sitzt. Für die Absetzung von Severing[2] und Braun[3], zwei hervorragenden Männern, gab es nicht die geringste Entschuldigung, denn die Verhältnisse in Preußen waren ebenso ordentlich wie in den anderen Ländern, und die allwöchentlichen Unruhen sind ganz und gar auf die Verordnungen zurückzuführen, die das Tragen von Uniformen usw. erlauben; im Reich sind sie zugelassen, nicht aber in den Ländern. Da haben wir es also. Im Moment ist alles ruhig, aber natürlich ist die Situation höchst gefährlich. ...

1 *in Preußen:* Am 20. Juli hatte Papen das preußische Ministerium Braun (SPD) durch einen Staatsstreich abgesetzt. 2 *Severing:* s. Anm. 2, 24. 5. 28. 3 *Braun:* Carl Otto Braun (1872–1955), sozialdemokratischer Politiker, langjähriger preußischer Ministerpräsident.

Kreisau, 31. 7. 32

... Wahlsonntag. Ein schöner, warmer Sommertag, die Straßen in Schweidnitz voll von Nazifahnen – auch eine ganze Menge der Eisernen Front –, uniformierte Nazis überall, aber alles ruhig und, so weit man sehen konnte, kein Krawall. Das ist das Bild in dieser Gegend an diesem schicksalshaften Tag. Ich habe die Staatspartei gewählt – die Demokratische Partei, der Gertrud Bäumer angehört. Es war nicht leicht zu entscheiden, was das Richtige ist. Auf der Rechten sind die Nazis und die Deutschnationalen, auf der Linken die Sozialisten und Kommunisten, in der Mitte, aber mit Neigung nach links, das Zentrum. Alle diese Parteien widern mich an. Die Staatspartei ist klein, aber immer auf der liberalen und fortschrittlichen Seite, und hat einige der besten parlamentarischen Abgeordneten, darunter Koch-Weser, den Anwalt in Berlin, bei dem Helmuth arbeiten wird.

Die österreichische Eisenbahn erläßt den Deutschen, die auf Ferien in Österreich sind, die Hälfte des Fahrpreises, wenn sie zum Wählen nach Deutschland fahren wollen, und Willo wird wahrscheinlich heute von Grundlsee ins Reich kommen, um zu wählen. Helmuth und

Freya sind dafür zu weit weg – in Wien, aber sie konnten die Reise nicht aufschieben, da der arme Junge wahrscheinlich in einer Woche wieder hier sein muß –, und dann ist es aus mit den Ferien, die er so nötig hat, da sich ein ernsthafter Käufer für Wierischau gefunden zu haben scheint. Freya würde dann alleine ins Rheinland weiterfahren. Die Armen. Es ist zu hoffen, daß es nicht nötig sein wird. Andererseits wäre es sehr vorteilhaft, Wierischau für einen anständigen Preis zu verkaufen. ...

Montag [1. 8. 32]. ... Nach den vorläufigen Wahlresultaten, die veröffentlicht worden sind, haben anscheinend die Nazis enorme Gewinne[1] erzielt, was bedeutet, daß jetzt alles möglich ist, d. h. alles Unangenehme wie Inflation und viele andere Köstlichkeiten. Wahrscheinlich müssen die Hitlerianer ihre Chance haben und beweisen, ob sie fähig sind zu regieren oder nicht. C. B. ist ein feurigerer Nazi denn je – er hat Hitler vor etwa einer Woche in Neiße gehört, als er bei seinem Freund wohnte – d. h. C. B., nicht Hitler! – und ist freudig bewegt über den Wahlausgang und betrübt über meine Stimmabgabe! ...

1 *enorme Gewinne:* Der Stimmenanteil der NSDAP war seit den Septemberwahlen 1930 von 18,3 % (und 107 Abgeordneten) auf 37,4 % (und 230 Abgeordnete) angestiegen. Allerdings hatte Hitler in der Reichspräsidentenwahl im März 1932 schon 36,8 % der Stimmen erhalten gegen Hindenburgs 53 %.

Kreisau, 6. 8. 32

... Wir haben in der letzten Zeit hier keine Unruhen gehabt, aber in manchen Gegenden waren sie schlimm – kann man sich darüber wundern, wo die Jugend 3 oder 4 Jahre lang bewaffnet und gedrillt worden ist und die Gruppen sich gegenseitig der scheußlichsten und absurdesten Dinge bezichtigt haben? Mit der Zeit geraten die Leute außer Rand und Band, besonders wenn die Jungen nach der Schule keine Arbeit haben und gar keine Aussicht darauf – das führt ganz sicher zu Bedenkenlosigkeit.

Wir sehen die Wahlen als einen deutlichen Rückschlag für die Nazis an, besonders wenn man die Tatsache berücksichtigt, daß ihre Ausgaben für Propaganda und Wahlagitation sehr viel üppiger waren als die irgendeiner anderen Partei. Die Kommunisten sind die eigentlichen Sieger[1], und die Lage ist keineswegs klarer als vor der Wahl. Ich werde mich bemühen, etwas über General Schleicher herauszufinden, aber das ist nicht leicht, denn außer Keyserlingks haben keine meiner Bekannten hier auf dem Lande Berührung mit Politikern. ...

Papi bereitet seinen Kursus hier vor, wo er ungestörter ist als in Berlin. Seine Arbeit im Publikationskomitee ist im Sommer stark reduziert, so daß er leicht loskommen kann. Es wird Euch freuen, daß er für ein weiteres Jahr gewählt worden ist. Das ist ein großer finanzieller Trost, denn die Stiftung hat am 1. Juli nur die Hälfte des üblichen Betrags gezahlt; es hieß, sie hoffe, den Rest im August zahlen zu können. Da bis jetzt nichts eingetroffen ist, glaube ich nicht recht daran. Trotzdem können wir mit dem Einkommen des Y. T., obgleich es ein bißchen weniger geworden ist, ganz gut auskommen, so braucht Ihr Euch also gar keine Sorgen zu machen. Der Y. T. hat auch für den September neue Übersetzungsarbeit bekommen, die gut bezahlt wird, und ich soll ihm dabei helfen und etwas verdienen, was sehr angenehm ist. Der einzige Nachteil ist, daß ich wahrscheinlich Anfang September nach Berlin gehen muß. Der Gedanke, nur noch 4 Wochen hier zu sein, ist mir schwer erträglich. Aber das ist albern, und ich bin sehr froh, dem Y. T. helfen *und* etwas Geld verdienen zu können. …

1 *eigentlichen Sieger:* Der Stimmenanteil der KPD war von 13,1 % des September 1930 auf 14,6 % angestiegen, von 77 auf 89 Mandate; die Nationalsozialisten waren von 18,3 % und 107 Mandaten auf 37,4 % und 230 Mandate angewachsen. Die Erklärung für die Ansicht, daß die Kommunisten „die eigentlichen Sieger" waren, liegt wohl in der Tatsache, daß in den Reichspräsidentenwahlen des Frühjahrs, in denen Hindenburg wiedergewählt worden war, die Kommunisten im Wahlgang vom 13. März 13 % erreichten, aber im Wahlgang vom 10. April auf 10,2 % abgesunken waren.

Kreisau, 29. 8. 32

… Politisch gab es Anfang der Woche große Aufregung wegen der Todesurteile gegen 5 Nazis in Beuthen.[1] Ich meine, Hitler hat sich dadurch außerhalb der Grenzen des Tragbaren gestellt, daß er den sehr brutalen Mord nicht einmal bedauert hat, sondern Drohungen gegen die „blutige Aktion der Regierung" etc. ausstieß. Das hat sein Gutes: Es hat viele Leute schockiert, wie Leno und andere, die geneigt waren, mit den Nazis zu sympathisieren, und es bedeutet, daß die Regierung mit diesen Leuten nicht zusammenarbeiten kann, die jeden Sinn für Maß, für Vernunft und für Recht verloren haben.

Jetzt halten wir alle den Atem an und warten darauf, was Papen mit dem Reichstag tun wird; wahrscheinlich wird er ihn auflösen, wird autokratisch regieren und ein neues Wahlgesetz vorbereiten – was jeder als dringende Notwendigkeit ansieht, da wir mit dem Verhältniswahlrecht niemals eine arbeitsfähige Mehrheit bekommen werden. Es ist natürlich die Frage, ob die Regierung und die Nazis Gegner sind; werden letztere versuchen, einen Putsch zu organisieren – sie sollen ja schwer bewaffnet sein –, oder wird die Regierung sie verbieten? Das Erstaunliche ist, daß unser eigenes Leben wie gewohnt weitergeht, während all diese wirklich lebenswichtigen Kämpfe im Gange sind; man merkt wenig von den Unterströmungen. ...

Schnitzlers[2] hatten Helmuth und Freya nach Frankfurt eingeladen, das Wochenende mit ihnen zu verbringen und Goethes Geburtstag mit ihnen zu feiern – dies ist das „Goethe-Jahr" und großartige Feiern finden statt. Außerdem sollten sie auch Papen und von Gayl (Innenministerium) treffen, die anläßlich der Feiern bei ihnen wohnten. Leider ging es nicht, d. h. ich glaube, beide wollten nicht, obgleich ich es interessant gefunden hätte. ...

1 *in Beuthen:* Im oberschlesischen Potempa hatten diese fünf SA-Männer einen Kommunisten in Gegenwart seiner Mutter in seinem Bett ermordet. 2 *Schnitzlers:* Georg und Lilly von Schnitzler – s. 31. 10. 30. Lilly von Schnitzler führte ein kulturell repräsentatives Haus und war eine Gönnerin der Künste.

Kreisau, 3. 9. 32

... Helmuth und Freya kehrten gestern abend aus Berlin zurück, sehen beide sehr wohl aus und waren bester Laune, da sie die ideale Wohnung dicht am Tiergarten gefunden haben, zentral gelegen und doch sehr ruhig. Ein großes, altes Haus in einem guten Stadtteil wird zu kleinen Wohnungen umgebaut, eigentlich für wohlsituierte Junggesellen. Sie haben zwei Zimmer, ein Badezimmer und eine winzige Küche mit einem elektrischen Herd und natürlich Zentralheizung für 110 Mark im Monat genommen. Sie sind ganz begeistert und aufgeregt darüber. Die Wohnung wird erst im Oktober fertig. So werden sie zuerst 14 Tage in einer Pension wohnen, und dann ist ihre Adresse: Berlin W. 10, Bendlerstraße 42. Der Y. T. ist gestern nach Berlin zurückgefahren. Uns allen tat es leid, als er abfuhr, doch er mußte in sein Büro zurückkehren. ...

Die Politik vermeide ich lieber, da sie so verworren und unverständlich ist, daß ich mich ganz außerstande fühle, sie Euch zu erklären. Die allgemeine Meinung ist, daß Hitler seine Chance verpaßt und den Gipfel seiner Macht überschritten hat. Aber natürlich ist es jämmerlich, so regiert zu werden wie zur Zeit. Papens Gefolgschaft ist nicht groß – geschweige denn eine Mehrheit –, und er wird nur von Hindenburg gehalten, einem alten Mann von 85 Jahren. Was für ein Zustand! Papen hat gute Manieren und ist ein angenehmer Weltmann, bei seinen Freunden als „Fränzchen" bekannt, aber er ist ein Mann ohne hervorragende Fähigkeiten oder Kraft. Schleichers Denkschrift über Aufrüstung kommt mir gefährlich und ganz überflüssig vor; ich nehme an, er will sich bei der Reichswehr beliebt machen, die, mit Hindenburg, die Schlüsselstellungen hält. Gegen all dies gibt es keine Opposition, weil kein Geld da ist, aktiven Widerstand oder auch nur Propaganda dafür zu organisieren; die Leute sind so müde nach Jahren der Anstrengung und Sorge, diejenigen, die eine Stellung haben, ziehen vor, sich ruhig zu verhalten und keine Risiken einzugehen. Nicht heroisch, aber verständlich. Das Kabinett Papen ist sehr kompetent und wird möglicherweise eine Reihe hervorragender Verbesserungen einführen, aber wir Liberale haben alle das Gefühl, es bedeutet den Abschied von der Demokratie, von der Republik und von vielen anderen Dingen, die wir für den Fortschritt und die Humanisierung für wesentlich halten. *Was* für eine Chance ist vergeudet worden, Zentraleuropa zu einem Bollwerk von Freiheit und Fortschritt zu machen. Statt dessen sind wir zurückversetzt in bismarcksche Zeiten, aber ohne einen Bismarck. Ein trauriges Thema, und der arme Helmuth James empfindet es akut, wie alle liberal gesonnenen Leute. …

Kreisau, 9. 9. 32

… Es besteht kein Zweifel, daß die Regierung Papen sehr kompetent ist. Wir haben nicht mehr die Atmosphäre der jahrelangen Hoffnungslosigkeit vor Augen. Trotz des herannahenden Winters rechnen die Leute mit der Möglichkeit besserer Zeiten. Keiner weiß, ob Hitler von der Macht abzuhalten ist, und momentan wird eine unheilige Allianz[1] zwischen Katholiken und Nazis geschlossen. Sollte es gelingen, eine arbeitsfähige Mehrheit zu bilden, wird das nächste Bestreben sein, sich gegenseitig zu eliminieren. Nach meiner Meinung werden die Katholiken gewinnen, denn sie haben eine geschlossene Partei, ein Programm, kluge Führer und ein geistiges Fundament, d. h. den katholischen Glauben. …

Lieber Daddy, es wird Dich freuen zu hören, daß die Betriebsgesellschaft dieses Jahr einen Nettogewinn von 30000 Mark (1500 Pfund) hatte – Juli 1931 bis Juli 1932. Das ist doch ausgezeichnet! Der Junge hat sich sehr darüber gefreut, und natürlich haben sich Zeumer und der Junge dabei sehr verdient gemacht. Jetzt geht der Kampf darum, daß wir und die *Osthilfe* die Gläubiger dazu bringen wollen, einen Teil der Schulden abzuschreiben. Im Moment sind sie widerspenstig und hoffen auf einen Käufer, zumal die Wirtschaft jetzt rentabel ist. Aber zum Schluß werden sie nachgeben müssen, so hoffe ich jedenfalls, und dann wird man die Sache auf eine vernünftige Grundlage stellen können. Die jetzige Regierung ist natürlich sehr für die Landwirtschaft. Davon werden wir wohl alle etwas profitieren. ...

1 *Allianz:* Es gab Koalitionsverhandlungen, aber ein Bündnis wurde es nicht.

Berlin-Friedenau, Montag 19. 9. 32

... Ihr werdet Euch über die Überschrift wundern, ich wundere mich selbst. Am Donnerstag morgen rief der Y. T. an, um mir zu sagen, daß das Buch, das wir gemeinsam übersetzen sollen, angekommen ist und es besser sei, so schnell wie möglich zu kommen, da das Buch noch vor Weihnachten herauskommen soll. Ich schlug vor, Kreisau am Montag, d. h. heute, zu verlassen. Aber dann sagte er, daß er am Sonntag in Schwerin sprechen solle, und er wollte gerne, daß ich mitkäme – Schwerin ist ein schöner Ort, den ich schon lange sehen wollte –, und, presto, der gute Willo blieb Freitag und Sonnabend zu Hause (Halbtag), um mir zu helfen. Ich habe alles gepackt, verpackt und geregelt und bin am Sonnabend mit dem 1-Uhr-Zug abgefahren! Ich ließ Freya, Willo und Asta in Kreisau zurück. Erstere fährt gegen Ende des Monats ab, Asta kommt mit Frieda, unserem vorzüglichen kleinen Mädchen, am 1. Oktober, und der arme Willo bleibt dann alleine mit Mamsell zurück, die ihn bis etwa den 24. bemuttern wird.

Am hiesigen Bahnhof erwarteten mich die beiden Helmuths und C. B. – ich will Euch im Vertrauen sagen, daß der Y. T. strahlte, mich hier zu haben, was natürlich eine Genugtuung ist –, und Sonntag früh um 8 fuhren der Y. T. und ich nach Schwerin weiter. Das ist eine reizende kleine Stadt, liegt an 7 großen Seen mit Schwänen usw., herrlichen Buchenwäldern und schönen alten Gebäuden und Straßen, die aus einem Märchenbuch stammen könnten. Wir unternahmen eine Dampferfahrt auf einem Teil eines der Seen – konnten aber nie die andere Seite sehen, so groß war er. Nach der Ansprache des Y. T. machten wir einen zauberhaften Spaziergang im Schloßpark – ein bißchen wie Schönbrunn, aber in besserem Zustand – und benachbarten

Wäldern. Im Park sah ich zahlreiche belaubte Zedern, wie die in Kolara, und die erinnerten mich lebhaft an meine glückliche Zeit bei Euch.

Heute morgen fuhr ich früh in die Stadt, um Ulla zu sehen, bevor sie nach Bayern fährt, um ihre Schwiegermutter zu besuchen, dann traf ich den Jungen und sah seine winzige Wohnung – schön, hell und modern, aber *sehr* klein – und machte dann noch einige Einkäufe. Und jetzt bin ich wieder hier in der Wohnung, die für die nächsten 6 Monate mein „Heim" sein wird, und habe einen Riesenhunger und Berge von Briefen zu beantworten. ...

Und nun zur Politik! Wie Ihr Euch vorstellen könnt, waren wir letzten Montag sehr aufgeregt über die Vorgänge im Reichstag, wo Papen Redeverbot bekam. Die Nazis sind wirklich unmögliche Leute – stellt Euch vor, jetzt spielen sie sich als Hüter des parlamentarischen Systems auf![1] Andererseits freute es mich und wunderte mich ziemlich, daß der Reichstag fast einstimmig (95 %) gegen diktatorische Herrschaft stimmte. Aber was soll an ihre Stelle treten? Die Kombination von Nazis und Katholiken ist unmöglich, und sonst gibt es nur die Kommunisten und Sozialdemokraten, und keine Partei, abgesehen von den Konservativen, stützt die Regierung. Inzwischen soll es Neuwahlen geben, wir Armen, und die Ergebnisse werden nicht viel anders sein als letztes Mal. Es ist ein ungemütliches Gefühl, daß General Schleicher[2] mit der Reichswehr unsere Geschicke bestimmt, und diese Noten über Aufrüstung sind sehr unklug und beunruhigend für die Welt. Andererseits gibt es unzweifelhaft immer noch eine Mehrheit, die aufrichtig demokratisch ist und nichts von dem gegenwärtigen autokratischen System hält. Ich bin auch dagegen, und doch frage ich mich, was können wir an seine Stelle setzen? Die kleineren Parteien sind alle verschwunden, 5 große Parteien sind übriggeblieben. So sehr ich Schleicher verabscheue – er hat den Ruf, skrupellos zu sein, und ist ein großer Freund des Kronprinzen –, ziehe ich die Regierung Papen den Nazis vor. Diese sind nur Partei. Sie können nicht mehr zwischen Recht und Unrecht unterscheiden. Ihre Formel ist: Nazis = Recht, andere Meinungen = Unrecht.

Macht Euch aber nicht zu viele Sorgen über diese Dinge. Man leidet geistig wirklich mehr, wenn man außerhalb des Schlamassels ist, als wenn man drin steckt. Von Berlin habe ich noch nicht viel gesehen, aber was ich gesehen habe, ist ganz normal und nicht beunruhigender als sonst. Solange wir keinen Krieg haben, keine Inflation und genug zu essen, gehen wir im großen und ganzen – abgesehen von den unglücklichen Arbeitslosen – unseren täglichen Geschäften fast ungestört nach. …

1 *Hüter des parlamentarischen Systems:* Die NSDAP war jetzt die stärkste Fraktion und Göring Präsident des Reichstags. 2 *Schleicher:* Kurt von Schleicher war Reichswehrminister, und die Reichswehr war eine wesentliche Stütze der Präsidialkabinette.

Berlin-Friedenau, 24. 9. 32

… Seit ich hier bin, habe ich mit C. B. etwas Englisch gelernt – Cromwell und das puritanische England. Ich muß sagen, dessen Bemerkungen über England können sich durchaus mit dem messen, was Hitler je über die Deutschen gesagt hat, und der einzige Unterschied ist – und das ist ein großer Unterschied –, daß er handelte und nicht nur redete. Wenn ich Euch das nächste Mal besuche, müssen wir versuchen, eine gute Biographie von Cromwell zusammen zu lesen. Es schockiert mich auch sehr zu lesen, daß viele ehrbare Puritaner in den Nordstaaten ihre Häuser illuminierten, als sie die Nachricht von dem Attentat auf Lincoln erreichte! Ist das nicht unglaublich? Aber es tröstet mich und gibt mir das Gefühl, daß wir nicht so hoffnungslos einzigartig sind, sondern daß andere Völker sich, zu anderen Zeiten, ebenso töricht verhalten haben. …

… Berlin sieht eigentlich wie immer aus – nur daß man weniger Autos sieht und mit der schmerzlichen Ausnahme, überall gibt es Bettler. Nicht nur die berufsmäßigen, die lassen einen ziemlich kalt, aber Männer und Frauen, denen man ansieht, daß sie bessere Zeiten gesehen haben, und die mit leidenden und tragischen Gesichtern ein paar Schnürsenkel oder Streichhölzer abgewandten Antlitzes anbieten. Das ist sehr schmerzlich, und manchen gibt man eine Kleinigkeit, aber man kann unmöglich allen etwas geben. …

… Ganz Deutschland hat am Sonntag den 85. Geburtstag des famosen alten Hindenburg gefeiert. Am Abend wurde eine Feier zu seinen Ehren aus Philadelphia gesendet, und auch Hoover sprach seine Glückswünsche aus – was für eine wunderbare Erfindung das Radio ist, es überwindet die Entfernung. …

Berlin, 7. 10. 32

… Es muß sehr interessant sein, lieber Daddy, in alten Dokumenten und Akten zu lesen und jene aufregenden und historischen Jahre wieder zu durchleben. Ich hoffe sehr, daß Du, wenn DAS Buch wirklich fertig ist, es mitbringst und in London erscheinen läßt. Schließlich gibt es eine große Leserschaft in England, die an Südafrika interessiert ist.

... Wir sind sehr gespannt, was die Wahlen – die 5. in diesem Jahr – ergeben werden. Niemand erwartet weiteren Zuwachs für die Nazis, im Gegenteil. Im Moment wissen sie nichts Besseres zu tun, als alle *konservativen* (Hugenberg) Versammlungen zu sprengen! Das ist wirklich eine Ironie des Schicksals, denn bis vor wenigen Monaten haben die Konservativen sie in jeder Weise bevorzugt und gefördert.

Montag [10. 10. 32]. Die liebe kleine Freya hat eben angerufen und gesagt, man könne noch Karten bekommen, und so werde Helmuth für zwei Tage nach Leipzig geschickt, um über den Prozeß vor dem Reichsgericht in Sachen Preußen gegen das Reich, d. h. die Vertreibung der preußischen Regierung aus ihrem Amt, zu berichten. Mowrers Zeitung, die „Chicago Daily News", schickt ihn hin, ist das nicht prächtig? Freya geht auch. Helmuth hat von seinem Büro Urlaub bekommen, aber sie wissen noch nicht, ob es noch Pressekarten gibt. Ich bezweifle es. Am Sonnabend waren wir zum Tee bei den zwei Lieben in ihrer lieben kleinen Wohnung. Der Junge stolz und an jedem Detail interessiert, jedem Topf, jeder Pfanne, jedem Besen, machte den Toast und erinnerte mich so sehr an seinen Vater in seinem Enthusiasmus für sein Eigentum.

... Ihr habt beide so lieb und verständnisvoll über die Veränderung in meinem Leben geschrieben, nun da die Kinder alle mehr oder weniger erwachsen sind und ich Kreisau als permanenten Wohnsitz verlassen habe. Die Trennung schmerzt natürlich, und ich bin sicher, ich werde das Landleben immer dem Stadtleben vorziehen. Ich hoffe, daß wir in einigen Jahren, wenn die Kinder uns hier nicht mehr brauchen, wieder nach Kreisau zurückkehren können. Aber ich habe auch großes Glück, daß ich das Haus auf dem Lande halten kann und hingehen kann, so oft ich will. Die kleine Wohnung hier ist ganz unprätentiös, aber warm, sonnig und behaglich. Ich habe ein kleines Zimmer, nicht sehr bequem in der Form, etwa die Größe von Dads Wohnzimmer, nur länger und enger. Ich habe nette alte Biedermeiermöbel drin – ca. 1800 – mit grüner Polsterung und bestelle gerade in München einen hübsch geblümten Chintz für Vorhänge und Kissenbezüge. Ich hätte meinen Chintz lieber aus London bezogen. Weil Jowo da ist, wäre das leicht gewesen, aber es ist jetzt schwer, in ausländischem Geld zu bezahlen; so habe ich davon abgesehen. ...

Friedenau, Sonntag, 16. 10. 32

... Ich finde oft starke Züge von Dir in dem Jungen, die mich tief berühren. Er ist in seinem Urteil weniger ausgewogen als Du, hat mehr von seines Vaters Ungestüm, aber oft sprichst Du aus ihm, wenn es sich um Ethik oder Recht gegenüber dem Opportunismus handelt. Ich merkte es deutlich am Donnerstag, als ich die Kinder besuchte. Ich wollte den Jungen kurz sehen, bevor er in sein Büro ging, und von seinen Eindrücken in Leipzig hören. Es war für ihn eine wunderbare, außerordentlich interessante Zeit, aber da er 16 Stunden am Tag arbeiten mußte, war er ziemlich erschöpft. Ich habe einige Exemplare der „Chicago Daily News" bestellt und werde Dir eines schicken, sobald sie angekommen sind, denn ganz abgesehen von Deinem persönlichen Interesse wird Dich die Rechtsfrage sicherlich interessieren. Er hatte großes Glück und sprach und interviewte alle juristischen Sachverständigen. Die besten Juristen des Reiches waren natürlich in Leipzig, kein gewöhnliches Publikum, weil die Frage zu kompliziert für den Laienverstand war.

Ganz Deutschland lachte über einen besonders lächerlichen Ukas, der von der „autoritären" Regierung Preußens zum Thema Badeanzüge erlassen worden ist! Nach der neuen Regelung sind Astas und C. B.s Badeanzüge hinten zu dekolletiert. Die Badeanzüge, die wir in Muizenberg sahen, sind ganz tabu. Es ist absurd; es gibt andere und ernstere Probleme, die der Lösung harren, als zu regelnde Dekolletés – zumal Abendkleider viel dekolletierter sind und wohl niemand im Winter schwimmt. Ein sehr wichtiger Punkt war, daß *jeder* Badeanzug, männlich und weiblich, einen *Zwickel* haben muß, was auf englisch, glaube ich, ein *gusset* ist. Die Zeitungen fragten – in diesem Falle heißt das die Männer: Was ist ein *Zwickel*? Die Witze nehmen kein Ende.

Im übrigen bekümmert mich der Lauf der Dinge hier sehr, ich meine politisch. *Was* für eine Chance für Deutschland zu sagen: „Ich stimme für 19 Jahre einer Art Ostlocarno zu, *wenn* die Großmächte wirklich ehrlich abrüsten." Statt dessen treiben wir wieder Vorkriegszuständen zu, dem Militarismus mit allem, was dazugehört an Dummheit, Isolierung, Taktlosigkeit und nacktem Nationalismus, und wir haben das Gefühl, daß die Fortschritte der letzten 18 Jahre gänzlich weggeworfen und zerstört worden sind. Es ist mehr als tragisch. Natürlich ist das Ende des gegenwärtigen Regimes, wenn es lange genug im Amt ist, der Krieg. ...

Am Sonntag mittag waren Vater, Mutter und die zwei Kinder in einer Probe des Philharmonischen Orchesters unter Furtwängler – ganz himmlisch. Es war schon schön, Astas Begeisterung zu erleben. Ich fragte mich, ob Du es auch so genossen hast, mir damals in Paris die Wege zur Schönheit zu bahnen, wie ich es am Sonntag fühlte. Asta, die musikalisch ist, sang und pfiff die Motive noch den ganzen Abend danach und zeigte uns immer wieder, wie Furtwängler dirigierte. C. B. liebt Musik auch sehr, ist aber nicht musikalisch. …

Berlin, 23. 10. 32

Geliebte Pelikane,

wir sind wegen C. B. in einer großen Verlegenheit. Wir sind zu dem Schluß gekommen, daß Sprachstudien und externes Abitur nur eine letzte Hoffnung darstellen. Alle Lehrer haben uns gewarnt, dieses Examen sei schwieriger, wenn es nicht als Abschluß seiner Schulzeit kommt. So sprachen wir Sonnabend vormittag mit den Lehrern, und morgen geht es weiter. Seit dem Krieg ist viel experimentiert worden, manche Schulen bieten Latein (wie früher), andere Englisch, wieder andere Französisch als erste Sprache an. Es gibt Schulen mit 3 Fremdsprachen, andere haben Französisch und Englisch und einige Englisch und Latein. Man muß eine suchen, die denselben Lehrplan hat wie das Gymnasium in Reichenbach. Diese öffentlichen Schulen sind viel weniger flexibel als Privatschulen, auch das ist eine Schwierigkeit. Ich ziehe Erkundigungen über Salem am Bodensee ein, das, wie ich meine, eine leichte Schule ist, modern und keine öffentliche Schule, aber den Nachteil hat, teuer zu sein. Wie froh werde ich sein, wenn C. B.s nächste Zukunft geregelt ist. Ihr könnt Euch nicht vorstellen, wie es mich quält. Sein ganzes weiteres Leben hängt von den nächsten Jahren ab.

Helmuth James ist übers Wochenende in Kreisau, und so kam Freya zum Mittagessen und Tee. Sie brachte ihre nette kleine Cousine Wicka[1] mit. Freitag abend war ich zum Abendessen bei Freya. Wir gingen dann in einen *sehr* interessanten Vortrag mit anschließender Diskussion im Lyzeumklub, veranstaltet vom Staatsbürgerinnenklub, dem ich angehöre. Der Titel war *Krisenwende*. Der Vortragende ist Chefredakteur des „Deutschen Volkswirts“; hochinteressant. …

Am Donnerstag waren wir drei mit Helmuth und Freya zu einem Familienessen bei Hans Carls. Sehr nett, mit vielen Gesprächen. Leno war auch da. Hans Carl hat zu den Leuten um Papen Kontakt. Er erzählte mir, daß Hitler wegen des Angebots eines Postens im Kabinett nach Berlin gerufen wurde. Papen und seine Kollegen waren durchaus bereit, ihm das Kanzleramt zu geben. Doch Hindenburg weigerte sich stur, sah Hitler nur ein paar Minuten und fragte ihn sehr kühl, ob er ein ganz unbedeutendes Ressort annehmen würde. Da Hitler gegenüber angedeutet worden war, daß er viel mehr erwarten könne, weigerte sich dieser, worauf Hindenburg – erleichtert – die Begegnung beendete. Ein außerordentlicher Mann, nicht wahr? Ich für meinen Teil verstehe seine Gedankengänge nicht. Doch ist er ungemein populär, ich würde meinen, so populär wie der alte Kaiser Wilhelm I. Wenn Bilder von ihm im Kino gezeigt werden, wird immer applaudiert. …

1 *Cousine Wicka:* Wicka vom Rath, später verehelichte Breitbarth.

Berlin, 29. 10. 32

… Hier wird politisch nur ein Thema diskutiert: das Leipziger Urteil und seine Folgen. Der *Staatsgerichtshof* urteilte im großen und ganzen zugunsten Preußens und entschied, daß Braun und Severing weiter Minister sind – was für ein Durcheinander. Braun und Papen haben heute eine Unterredung bei Hindenburg, um einen modus vivendi zu finden. Die sozialdemokratische preußische Regierung hat sich musterhaft benommen und die Angelegenheit gar nicht von einem persönlichen oder kleinlichen Gesichtspunkt betrachtet. Sie hat alles vermieden, die Komplexitäten noch zu verschlimmern. …

Berlin, 6. 11. 32

… Eure Zeitungen haben wohl erwähnt, daß die Straßenbahnen, Busse und Untergrundbahn seit 4 Tagen streiken –, und der Streik ist noch nicht beendet. Ein sehr ungemütlicher Zustand und wie unklug, wenige Tage vor den Wahlen Löhne zu kürzen. Wir persönlich kommen ganz gut ohne Straßenbahnen und Busse aus, denn wir haben in der Nähe die elektrische Stadtbahn – die der Reichsbahn gehört, die nicht streikt –, aber der arme C. B. hat einen langen Schulweg, über eine halbe Stunde, und da er manchmal auch nachmittags Schule hat, bedeutet das einen großen Zeitverlust für ihn. Er hat ein Fahrrad, findet es aber zu kalt, so daß er lieber zu Fuß geht. Keiner weiß, wie lange der Streik dauern wird. In unserer Gegend ist alles ganz ruhig – sogar ruhiger ohne Straßenbahnen und Busse –, aber in den Arbeiterviertеln, im Norden und Osten, hat es viel Sabotage gegeben, sogar Straßenbarrikaden, und 3 Menschen sind umgekommen.

In welch traurigem Zustand sich die Welt befindet. Und jetzt halten wir den Atem an bis zu den Wahlresultaten und fragen, was geschieht dann. Eines ist ziemlich sicher, fraglos werden die Kommunisten große Gewinne erzielen. Sie haben keine Führer, sonst wären sie eine noch größere Bedrohung, als sie es jetzt schon sind. Wenn sich die Zeiten nicht ändern, kann ich nicht sehen, was auf die Dauer die Kommunisten daran hindern wird, die Macht zu ergreifen. Das wäre die Katastrophe; abgesehen von den Meriten ihres Glaubens und ohne wirklich starke Führer würden sie das gegenwärtige kapitalistische System vollständig zerstören, ohne etwas Konstruktives an seine Stelle zu setzen. Andererseits mißfallen mir die jetzigen Regierenden auch. Es ist die 1914er Mentalität – Verherrlichung des Krieges, Liebe für militärische Schaustellung, Selbstverherrlichung genannt „Nationalismus", d. h. Patriotismus, und so weiter. Sehr demütigend für diejenigen – und ihrer gibt es viele –, die zu liberalen Grundsätzen und internationaler Verständigung neigen.

Dienstag [8. 11. 32]. Die Wahl ist sehr ruhig vorübergegangen. Wir freuen uns sehr über die Verluste der Nazis.[1] Die Leute rätseln, was Hindenburg und Papen tun werden oder ob die Nazis jetzt gezwungen werden, zu amtieren und Verantwortung zu übernehmen.

Der Streik ist Gott sei Dank vorüber, und man kann sich wieder mit Leichtigkeit durch die Stadt bewegen. Die Nazis und Kommunisten haben den Streik organisiert, nicht die Sozialdemokraten.

Am Sonntag mußte der Y. T. nach Bielefeld fahren, um einen Vortrag zu halten. Willo und ich gingen in die Johannespassion, die Furtwängler dirigierte. Es war herrlich, und ich erinnerte mich, daß wir sie vor Jahren zusammen in Den Haag gehört haben. Der Y. T. ist gestern abend in die Aufführung gegangen – wir waren in der Probe – und war ebenso beeindruckt wie wir. ...

1 *Verluste der Nazis:* Sie hatten 2 Millionen Stimmen und 34 Mandate verloren. Prozentual waren sie verglichen mit den Juliwahlen von 37 % auf 33,1 % zurückgegangen; die Kommunisten waren von 14,6 % auf 16,9 % gestiegen und hatten nun 100 Abgeordnete.

Berlin, 22. 11. 32

... Natürlich hat uns Hitlers Versuch, ein Mehrheitskabinett zusammenzubringen, den Atem verschlagen. Bis jetzt hat Hindenburg in dieser Krise sehr weise gehandelt, mehr wie sein „altes Ich" als während des Papenregimes. Alle rechten Parteien und Blätter ergingen sich in lauten Schmähungen gegen das „parlamentarische System". Wir bräuchten eine „autoritative Regierung", das Parteisystem sei schwerem Mißbrauch offen, von einer „Regierung durch das Volk" zu reden sei der überholte Jargon des 19. Jahrhunderts usw. Und nun haben wir es mit einer autoritativen Regierung versucht, die sich dem Reichstag, der einfach ignoriert wurde, gegenüber nicht zu verantworten hatte. Das Ergebnis ist ein vollständiges Fiasko. Jetzt verlangt Hindenburg wieder eine Regierung mit einer Mehrheit im Reichstag! Aber die Konservativen werden nichts daraus lernen – wie die Bourbonen lernen sie nichts und vergessen nichts.

Ich persönlich glaube nicht, daß Hitler ein Kabinett bilden kann, er ist unfähig, mit anderen Männern zu arbeiten, es sei denn, sie gehorchen jeder seiner Launen und sprechen mit ihm in der dritten Person, wie man es hierzulande mit einem König tut! Am Sonnabend wurde er aufgefordert, mit den Führern der anderen Parteien zu verhandeln, doch bis Montag hatte er selbst *nichts* getan und nur seine rechte Hand, Göring, herumgeschickt, was natürlich alle sehr geärgert hat. Ich bin sicher, Hitler wird sich als große Niete erweisen. Danach werden seine enttäuschten Anhänger Kommunisten werden. Er wohnt im Hotel Kaiserhof, wie Frau Doktor, und vor dem Hotel stehen immer Menschenmengen. Mit Erstaunen stelle ich fest, daß die Hotelangestellten – sogar die Pagen – in keiner Weise von ihm beeindruckt sind. Der Liftboy sagte gestern zu mir, als ich Frau Doktor besuchen kam: *Ja, es ist komisch, wir Deutschen müssen immer etwas haben zum Anhimmeln; erst war es Wilhelm, jetzt Hitler – fürchterlich.* …

Berlin, 28. 11. 32

… Unsere „Krise" blüht weiter, und wie stets hat Hitler beschlossen, alle Verantwortung abzulehnen. Viele sagen, der Kommunismus werde früher oder später die Regierung übernehmen, aber wer kann da prophezeien? Hindenburg hat sehr weise gehandelt. Es sind die Rechtsparteien, die zu tadeln sind, da sie sich einfach nicht einigen und zusammenarbeiten. …

Uns allen geht es gut, und wir sind *sehr* beschäftigt. Der Y. T. scheint keinen Augenblick Muße zu haben und arbeitet meistens auch am Abend – welch ein Unterschied zu seinem früherer Leben; er ist zufrieden und interessiert. Natürlich ist es ein großer Segen, daß er die Arbeit hat. Der einzige dunkle Punkt, und zwar ein großer, ist C. B.s Zukunft. ...

Berlin, 5. 12. 32

... So, jetzt haben wir endlich eine Regierung, und außer den Nazis und den Kommunisten sind alle gewillt, Schleicher eine Chance zu geben. Er muß ein sehr fähiger Mann sein – in der deutschen Geschichte gab es noch nie einen so jungen General –, aber wir müssen abwarten, ob er ein Politiker ist. Der Ruf geht ihm voraus, ehrgeizig zu sein und auf Schleichwegen zu seinen Zielen zu gelangen. Das ganze Gegenteil von Brüning – aber, obgleich das sehr schade ist, teilt er diesen Fehler mit den meisten großen und erfolgreichen Staatsmännern. Inzwischen haben die Nazis bei der Wahl in Thüringen viele Mandate verloren, obwohl der große Adolf und all seine Getreuen sich dort am Wahlkampf beteiligten. ...

Zum Mittagessen hatten wir gestern ein richtiges Familientreffen, so wie wir's alle lieben. Wilhelm ist für ein paar Tage hier auf dem Weg zu einem Spezialkursus, und er und Leno, Helmuth und Freya waren alle hier. Sehr lustig und glänzender Stimmung, nur der arme Y. T. mußte die ganze Zeit an seinem Schreibtisch verbringen und Korrekturen lesen. Was werde ich froh sein, wenn wir das Buch – eine Biographie von Mrs. Eddy – endlich los sind. Es war viel Arbeit, aber in etwa einer Woche soll es fertig und in 14 Tagen auf dem Markt sein, gerade rechtzeitig zu Weihnachten.

Dienstag [6. 12. 32]. Heute habe ich meine erste Gymnastikstunde in Ullas Wohnung, und danach gehe ich zum Tee bei Freya, um Frau von Schnitzler aus Frankfurt zu treffen, die so sehr nett zu Jowo ist. Sie ist nur für drei Tage in Berlin und hat sehr wenig Zeit. Deshalb konnte sie nicht zu einem Essen zu uns kommen. Die riesigen Entfernungen in einer Großstadt sind wirklich ein Nachteil. Kapstadt hat allerdings auch große Entfernungen, trotzdem würde ich da kaum von einer Großstadt sprechen.

Hast Du in den Zeitungen gesehen, daß eine große Anzahl von patriotischen Frauenverbänden in den Vereinigten Staaten gegen Einsteins Einreiseerlaubnis protestiert haben mit der Begründung, daß „niemand seine Theorien verstehen kann, die deshalb nutzlos sind"! Nicht viel Fortschritt seit dem Mittelalter – oder? Natürlich ist der *eigentliche* Grund die Tatsache, daß er Jude ist und das, was hier *Edelkommunist* heißt. Übrigens zum Thema verrücktgewordener Patriotismus: Die Nazis in der thüringischen Regierung – bis zur letzten Wahl am Sonntag – haben alle Bilder aus dem Museum in Weimar entfernt, die von „Ausländern" gemalt wurden, dazu alle Bilder, die später als 1900 entstanden sind – dadurch wollen sie die Werke von Liebermann loswerden, Deutschlands hervorragendstem modernen Maler, einem Juden. Man kann es kaum glauben, aber es verfehlt seinen Zweck, denn lange lassen sich die Leute so etwas nicht bieten. …

Berlin, 12. 12. 32

… Für uns hat der Dezember einen großen Pluspunkt – Deutschlands Wiedereintritt in die Abrüstungskonferenz und die Tatsache, daß der heilige Versailler Vertrag grundsätzlich abgeändert worden ist. Das ist wahrhaft Grund zur Freude. Schleicher hält sich sehr gut und bemüht sich, Papens gewaltige Fehler wiedergutzumachen; er hat Unterredungen mit Gewerkschaftsführern, mit der verdrängten preußischen Regierung und mit anderen repräsentativen Körperschaften. Die Lage hat sich sehr gebessert, und die Leute machen reichliche Weihnachtseinkäufe, was ein gutes Zeichen ist. …

Berlin, 17. 12. 32

… Hier hat sich die politische Atmosphäre merklich abgekühlt. Schleichers Verlautbarung – bezeichnenderweise nicht im Reichstag abgegeben, sondern im Radio – war die Rede eines vernünftigen, undogmatischen Soldaten, und trotz seines Rufes trug sie den Stempel der Ehrlichkeit. Sie ist überall sehr gut aufgenommen worden, außer bei den Nazis und Kommunisten, denen es keiner recht machen kann. …

1933

Berlin, 22. 1. 33

... Für heute nachmittag ist eine riesige Nazidemonstration auf dem Bülowplatz geplant. Dazu müßt Ihr wissen, daß das Karl-Liebknecht-Haus, das kommunistische Hauptquartier, am Bülowplatz liegt; Ihr könnt Euch also vorstellen, was passieren kann. Natürlich ist es die reinste Provokation seitens der Nazis, aber die Regierung wollte vermeiden, ihnen durch ein Verbot der Massenversammlung Grund zur Klage zu geben. So sah dieser Teil Berlins, das Zentrum der Stadt, wie ein bewaffnetes Lager aus, Polizei „beschützt" diese elenden Nazis mit Maschinengewehren, und die Dächer um den Bülowplatz strotzen von Waffen und Männern. Das Ergebnis ist, daß die Kommunisten jetzt auch nach einer Demonstration am Mittwoch schreien.

Montag [23. 1. 33]. Der gestrige Tag ging ohne Blutvergießen vorüber, dank der Polizei, aber ich möchte wirklich, obwohl etwas beruhigter, all diese Naziführer loswerden, wie auch immer. In den letzten vierzehn Tagen gab es endlose Anstrengungen, Hitler oder einen seiner wichtigen Männer dazu zu bringen, in das Kabinett einzutreten oder mindestens die Regierung zu „tolerieren", aber es nützt alles nichts, sie lehnen einfach ab, veranstalten Demonstrationen wie die gestrige, setzen sich in Positur und brüllen Gemeinplätze. Indessen stellen sie in Anbetracht ihrer Reichstagsmandate ein fürchterliches Hindernis dar.

Dienstag [24. 1. 33]. ... Heute habe ich C. B.s Klassenlehrer aufgesucht, und es scheint ziemlich sicher, daß er Ostern versetzt wird, vorausgesetzt, er bemüht sich mit Erfolg, das geforderte Niveau im folgenden Jahr wirklich zu erreichen. Das heißt unter anderem, fließend Französisch zu sprechen. Das ist sein schlechtestes Fach, und wir müssen versuchen, ihn für seine Sommerferien bei einer französischen Familie unterzubringen. Aber natürlich ist es eine große Erleichterung zu wissen, daß er höchstwahrscheinlich nicht sitzen bleibt. Der Lehrer sagte, „es ist ein besonderer Fall, und wir sind gewillt, ihm ein Jahr zu geben, um aufzuholen". ...

Berlin, 30. 1. 33

... So ist nun Hitler doch Reichskanzler. Die Lage ist sehr ernst, weil praktisch alle Mitglieder des neuen Kabinetts darauf aus sind, die Verfassung zu brechen. Sie sind ein fürchterlicher Haufen.[1] Es mag sich am Ende natürlich als günstig erweisen, wenn diese inkompetenten Reaktionäre ein solches Durcheinander anrichten, daß ihre Heiligenscheine verschwinden. Aber was wird das kosten? Und ich befürchte, die Konservativen und eine große Anzahl Nazis werden nichts lernen, wie schreiend die Inkompetenz und Verantwortungslosigkeit auch sein mögen, und den Fehler dann anderswo suchen. Es ist sehr traurig. Und da sind wir nun 14 Jahre nach der Revolution. ...

1 *fürchterlicher Haufen:* Das Kabinett bestand aus nur drei Nationalsozialisten – diese allerdings in Schlüsselstellungen – und acht Konservativen.

Berlin, Sonntag, den 12. 2. 33

... Wir leben wirklich in einer Atmosphäre, in der die Macht durchaus an die Stelle des Rechts getreten ist. Das ist natürlich bei einer Diktatur unvermeidlich, d. h. bei einem starken Mann mit *Ideen*, einem Plan des Aufbaus, einer bestimmten Politik. Stattdessen haben wir ein Kabinett von Männern, die einander mißtrauen, die keine Ideen haben – außer der, die „Marxisten" zu unterdrücken – und die sich beeilen, ihre Parteileute in alle verantwortlichen Ämter zu setzen. Es wird interessant sein zu sehen, was uns der 5. März bringt.[1] Die Tragödie ist, daß es keine mittlere Partei mehr gibt; in England ist es ähnlich, wo es praktisch nur noch die konservative und die sozialistische Partei gibt, nur daß natürlich hier alles 100 % ernster ist, mit weniger Gleichgewicht, fanatisch. Das Zentrum ist eine Mittelpartei, wird aber nur von Katholiken gewählt. So gibt es also keine Partei der Mittelklasse, die den Gewerkschaften und dem Proletariat helfen könnte. Es gilt als sehr wahrscheinlich, daß die Kommunistische Partei wenige Tage vor den Wahlen ganz verboten wird. ...

1 *der 5. März bringt:* Hitler hatte auf Auflösung des Reichstags bestanden. Ein neuer sollte am 5. März gewählt werden.

Montag. Es hat jetzt zwei oder drei Tage ziemlich stetig geschneit, und selbst Berlin sieht weiß und romantisch aus; auf dem Lande muß es sehr schön sein.

Die Woermann-Linie hat mir gerade brieflich mitgeteilt, am 5. März könne ich auf dem Schiff wählen; so schreibe ich jetzt an das Wahlamt, um eine Ausweiskarte zu bekommen. Ich bin sehr neugierig, was das Wahlresultat sein wird. Helmuth James, der letztes Wochenende in Kreisau war, sagt, das ganze Dorf sei für die Nazis, weil der Schweinepreis gestiegen ist! Arme Demokratie! Über solche Fragen kommen Parteien zur Macht oder fallen in Vergessenheit. Die Ironie ist, daß Hugenberg, der Führer der Deutschnationalen, und nicht die Nazis die Zölle eingeführt hat, die die höheren Preise brachten! Mittlerweile regieren die Nazis nicht, sondern kümmern sich nur um ihre Parteiinteressen, werfen gute Beamte hinaus, die ihre politische Meinung nicht teilen, und setzen ihre eigenen Leute hinein – ein schandhaftes Schauspiel, besonders offenkundig im Falle der leitenden Polizeibeamten.

Dienstag [21. 2. 33]. Ich schicke Dir den Polizeierlaß des preußischen Innenministers. Es erübrigt sich zu sagen, daß Göring ein Nazi ist.[1] Es ist ein schmachvolles Dokument – und doch findet Leno es *ausgezeichnet*, und Hans Carl (wir waren heute nachmittag zum Tee da) hält es zwar nicht für „bewundernswert“, aber für „verzeihlich“ –, das ist, was gute, anständige Menschen denken, wenn sie einmal jegliches Gleichgewicht in Sachen Patriotismus verloren haben und alles für gerechtfertigt halten, was die Sozialisten kleinhält und die alte Ordnung zurückbringt. Schicke den Zeitungsausschnitt bitte wieder zurück, da er interessant und schlimm genug zum Aufbewahren ist, als Dokument menschlichen Irrens. Du wirst es wohl leider etwas schwierig zu verstehen finden, aber lies wenigstens die Stellen, die ich unterstrichen habe. Es ist ein unbegreifliches und ekelhaftes Dokument. …

Ein junger Architekt hat Willo angeboten, ihn in sein Büro aufzunehmen, zunächst ohne Bezahlung, aber mit etwas Gewinnbeteiligung; aber das würde natürlich bedeuten, daß er seine Hochschule verlassen müßte. Er wird zunächst für eine Probezeit von 6 Monaten zu dem Architekten gehen und dann entscheiden, was das Beste für ihn ist. Aber es ist ermutigend, in diesen Tagen ein solches Angebot zu bekommen. …

1 *Göring ein Nazi:* Er war Reichskommissar für das preußische Innenministerium. Sein Runderlaß für die preußische Polizei vom 17. Februar forderte rücksichtslosen Gebrauch der Waffe bei der Bekämpfung kommunistischer Terrorakte und die Anwendung schärfster Mittel gegen staatsfeindliche Organisationen.

Berlin, 28. 2. 33

... Am Tag vor meinem Geburtstag mußten wir (zu fünft) nach Eberswalde fahren, um Astas Schule zu besichtigen. Mutter hatte Berge von Kuchen bestellt, und die Schule lieferte Tee. Die zwei Direktorinnen kamen auch und 3 von Astas besonderen Freundinnen, so daß wir 11 waren! Mutter und ich hatten ein Gespräch mit der Schulleiterin, und wir beschlossen, daß Asta nicht auf das Abitur hinarbeiten, sondern in Eberswalde ein halbes oder ganzes Jahr *Vertiefung*, wie sie es nennen, machen soll, das heißt Sprachen, Staatsbürgerkunde, Geschichte, Literatur, allgemeine Bildung sozusagen. Dann soll sie (nicht in Eberswalde) Haushaltung und Schneiderei lernen und nach hoffentlich einigen Monaten England Schreibmaschine und Stenographie. Eine akademische Laufbahn will sie nicht einschlagen, und so ist es nicht nötig, daß sie zur Universität geht. Im Moment denkt sie daran, ein Schneideratelier zu haben, aber in ihrem Alter ändern sich die Pläne leicht, und ich meine eher, daß sie am Ende Journalistin wird. Jedenfalls waren Eure Ausgaben für drei weitere Jahre Eberswalde nicht gerechtfertigt, und mir gefällt das jetzige Arrangement. Dir hoffentlich auch.

Keine Politik in diesem Brief, obgleich ich Bände schreiben könnte. Das ist ein trauriges Thema, und wir sind etwa in dem Zustand wie Italien, als Mussolini an die Macht kam. Nur daß wir eine Riege Talmidiktatoren haben und ein Land, in dem sie noch weniger zu rechtfertigen sind als in Italien. Ich fürchte, uns stehen stürmische Zeiten bevor mit viel Blutvergießen. Welche Blindheit – es ist wie ein gräßlicher Alptraum. Um uns brauchst Du Dich nicht zu sorgen, Lieber. Wir sind ganz abseits vom Rampenlicht. Welcher Wahnsinn. ...

Deutsche Ost-Afrika-Linie
Hamburg, Sonntag, 5. 3. 33

... Ich nehme an, Du bist durch alle Nachrichten aus Deutschland ziemlich beunruhigt. Es *ist* sehr ernst, und die Nazis werden viel kaputtmachen, ehe sie abtreten.

Mr. Mowrer[1], der zur Zeit von Mussolinis Marsch auf Rom und der Gründung des faschistischen Regimes amerikanischer Korrespondent in Italien war, sagt, in Deutschland seien die Dinge noch viel ärger. Erstens haben die Nazis von Mussolini und Stalin gelernt, und dann haben sie es mit einer viel stärkeren Opposition zu tun, was bedeutet, daß sie viel strengere Maßnahmen anwenden müssen und auch schon angewandt haben. *Habeas corpus* ist „durch Verordnung" verdrängt, und nicht nur die Kommunisten, sondern auch die Sozialdemokraten, die gemäßigt, vernünftig und sehr diszipliniert sind, werden unbarmherzig verfolgt. Das kann natürlich nicht unbegrenzt weitergehen, und die Gegenrevolution wird notwendigerweise ebenso unbarmherzig sein, so daß die Zukunft wirklich schwarz aussieht.

Keiner glaubt, daß die Kommunisten den Reichstag angesteckt haben[2], aber die wenigen Zeitungen der Opposition, die es noch gibt, sind dermaßen geknebelt, daß sie nur noch Tatsachen bringen und auch diese wohlüberlegt, da sie sonst sofort verboten werden. Es ist wirklich ein fürchterlicher Zustand. Die Reichswehr ist momentan *keine* Waffe der Nazis, und Berlin schwirrt von Gerüchten über Staatsstreiche, bei denen sich Soldaten und Nazis gegenüberstehen, aber das sind wahrscheinlich nur Gerüchte. Göring hat die Initiative, und anscheinend können ihm weder Hitler noch irgendwer sonst Einhalt gebieten. Er ist machthungrig. Was die konservativen Kabinettsmitglieder tun werden, weiß ich nicht; wahrscheinlich warten sie ab, was die Wahlergebnisse[3] bringen.

Dienstag [7. 3. 33]. Ich muß sagen, die Wahlresultate haben mich erstaunt – und betrübt. Ich hätte es nicht für möglich gehalten, daß 17 Millionen Deutsche gutheißen würden, was die Nazis bisher getan haben. Natürlich gibt es keine oppositionelle Propaganda, keine Reden, Aushänge oder Zeitungen, so daß es kein ehrlicher Kampf war. Zentrum und Sozialdemokraten haben ihre Wähler behalten und gar nichts verloren. Aber der Gedanke ist trotzdem fürchterlich, daß 17 Millionen dafür sind, die parlamentarische Staatsform, demokratische Gepflogenheiten und die allgemeine Gleichheit vor dem

Gesetz und der Polizei abzuschaffen. Es ist eine unblutige Revolution – Preußen hat aufgehört, souverän zu sein, jetzt folgen die Hansestädte, die republikanische Flagge wird nicht mehr gezeigt, und man hat uns weitere „Verfassungsänderungen“ versprochen. Jetzt hängt alles davon ab, ob Hitler jene 17 Millionen enttäuscht oder nicht. …

1 *Mr. Mowrer:* Edgar Ansel Mowrer, Berliner Korrespondent der „Chicago Daily News“, Autor des Buches: Germany Puts the Clock Back, New York 1933. 2 *Reichstag angesteckt:* Ein junger holländischer Anarchist, Marinus van der Lubbe, gestand die Brandstiftung und bestand darauf, sie allein bewerkstelligt zu haben. Er wurde zum Tode verurteilt und hingerichtet. 3 *Wahlergebnisse:* Die NSDAP brachte es auf 43,9 % der gültigen Stimmen. Trotz Wahlterror bekam die SPD noch 18,3 %, die KPD 12,3 %, das Zentrum 11,7 % und die Deutschnationale Volkspartei 8 %. Bis Mitte Juli hatten all diese Parteien – von den kleinen ganz zu schweigen – aufgehört zu existieren, teils durch Verbot, teils durch Selbstauflösung. Ein Gesetz vom 14. Juli 1933 verbot Neugründungen.

The Ladies' Empire Club,
69 Grosvenor Street, [London] W. 1
14. 3. 33

… Du malst Dir sicher aus, wie wir in diesem attraktiven Club leben und alle unsere Freunde sehen oder es jedenfalls versuchen, denn man braucht wirklich einen guten Überblick, um alles zu arrangieren, alle sind so freundlich und herzlich. Auch das Wetter ist herrlich, und alles wäre ideal, wenn Du nur bei uns wärest und die Nachrichten aus Deutschland nicht so beunruhigend wären. Ich schäme mich der dortigen Vorgänge, und die wirtschaftlichen Folgen sind sicher verheerend. Was Du in den Zeitungen liest, ist in keiner Weise übertrieben. Göring ist ein Morphinist (die Folge einer schweren Verwundung im Krieg) und hat drei Jahre lang Mussolinis „Methoden“ gelernt, und die Resultate sind dementsprechend.

Ich sollte mich erfreulicheren Themen zuwenden und Dir mitteilen, daß ich eben in der Oxford Street als Geschenk von Dir einen sehr schönen dunkelblauen Frühjahrsmantel gekauft habe, und ich umarme Dich in Gedanken und danke Dir vielmals, lieber Flen. Hoffentlich siehst Du ihn, wenn ich Euch, wenn's möglich ist, im Juli 1934 besuche.

Ihr erlebt jetzt auch politisch aufregende Zeiten, und was die Familie angeht, hast Du Armer offenbar eine schwierige Zeit gehabt, aber es ist ein Trost, daß Du Deiner Innes-Familie eine solche Hilfe und Stütze sein konntest. Zurück zur Politik: Ich kann mir nicht vorstellen, daß diese merkwürdige Koalition von langer Dauer ist. Was meinst Du? Sie ist zu unnatürlich. …

Sonntag [19. 3. 33]. Lebe wohl. Das Leben wäre perfekt, wenn es keinen Hitler gäbe und Südafrika so nah wäre wie Dänemark. …

The Ladies' Club
69 Grosvenor Street, [London] W. 1
22. 3. 33

Donnerstag [23. 3. 33]. Mein schöner Besuch nähert sich seinem Ende, und ich kehre ziemlich schweren Herzens nach Deutschland zurück. Ich fürchte, es wird alles recht schwierig werden, und wir werden wenig Sympathie für die Vorgänge haben und uns in unseren Äußerungen vorsehen müssen, so sei also bitte nicht zu deutlich in Deinen Briefen. Mir tun meine Jungen auch sehr leid, besonders Helmuth und Willo, die diesen neuen und illiberalen Geist hassen, der jetzt dort um sich greift. …

Berlin, Sonntag, den 26. 3. 33

Dienstag [28. 3. 33]. … Du wirst etwas über die hiesigen Zustände hören wollen; es ist schwer, etwas zu sagen, denn ich habe noch kaum jemanden gesehen. An der Oberfläche sieht alles ganz ruhig und ordentlich aus, die Läden sind offen, „sogar" große Kaufhäuser wie Wertheim, und für mich ist der auffallendste Unterschied, daß so viele sozialdemokratische und kommunistische Zeitungen fehlen, dazu der Mangel an Nachrichten, Meinungen oder Schwung in den Zeitungen, die früher dagegen waren und noch geduldet werden. Man kann keine Opposition mehr in ihnen entdecken, und es lohnt sich kaum, sie zu lesen. Jedoch geht wahrscheinlich hinter den Kulissen viel mehr vor sich. Die Nazis sind, jedenfalls im Augenblick, ausgesprochen anti-monarchistisch, die Konservativen bekennen sich zum Monarchismus. Sogar konservative hohe Beamte werden entlassen und durch Anhänger der Nazis ersetzt, Ärzte in öffentlichen Krankenhäusern und Schauspieler und Schauspielerinnen in Staatstheatern werden massenweise entlassen mit der Begründung, daß sie Juden sind.[1] Andererseits scheinen Geschichten von „Brutalitäten" übertrieben gewesen zu sein und haben, soviel man weiß, sowieso jetzt aufgehört, obgleich man natürlich ohne freie Presse sehr wenig weiß. Es ist eine äußerst demütigende Lage und eines Volkes mit Selbstachtung so unwürdig. …

1 *Juden sind:* Am 1. April fand ein allgemeiner Judenboykott statt. Das Gesetz zur „Wiederherstellung des Berufsbeamtentums" vom 7. April 1933 entfernte Juden und politisch unliebsame Personen aus der Beamtenschaft.

Dienstag [4. 4. 33]. … Es ist *sehr* schön, wieder in Kreisau zu sein, wo wir alle wirklich heimisch sind, und es hat den weiteren Vorzug, von den politischen Ereignissen entfernt zu sein,[1] und da ich jetzt außer meiner englischen Wochenschrift und einem kurzen Blick auf Mamsells Lokalblatt keine Zeitungen lese, kann man manchmal vergessen, was in diesem unglücklichen Land vorgeht. …

1 *von den politischen Ereignissen entfernt:* In Kreisau gab es keine Juden, und so war z. B. vom Boykott des 1. April nichts zu sehen.

Kreisau, 10. 4. 33

… In Reichenbach hat sich die Regierung eines ganz ausgezeichneten und erfahrenen Landrats entledigt (ein Konservativer namens Graf Degenfeld) und hat einen 26jährigen Jüngling eingesetzt, der 4 Semester – Kunstgeschichte! – studiert hat. Nicht einmal Jura. Man sagt, daß nur 8 Prozent der Nazis der Intelligenz angehören, und so haben sie natürlich Schwierigkeiten bei der Besetzung all der freigewordenen Stellen. Wir sind sehr neugierig, ob all die entlassenen Beamten ein Ruhegehalt bekommen und woher das Geld dafür kommen soll. Ich fürchte, die Antwort ist einfach: aus unserer Tasche. …

Kreisau, den 14. 4. 33, Karfreitag

… Willo und ich haben anderthalb Stunden lang der Predigt unseres lieben kleinen Pfarrers über die Kreuzigung gelauscht, einer gutgemeinten Predigt, die überhaupt nichts mit den Vorgängen um uns herum zu tun hatte. Ich hätte liebend gern über das Thema gepredigt, wofür Christus gelebt hat und gestorben ist, und über die christlichen Tugenden der Güte, Barmherzigkeit und Liebe. Es wird Euch amüsieren zu hören, daß die Kollekte für „ein Waisenhaus in Jerusalem" war, d. h. deutsches Geld für jüdische Kinder, was in Anbetracht der jetzigen Umstände eine sehr komische Idee ist, aber niemand scheint die Ironie bemerkt zu haben. …

Vor einigen Tagen bekam ich einen sehr deprimierten Brief von dem guten Jungen, der einfach seinem Herzen Luft machte; selbstverständlich empfindet er die jetzigen Zustände schrecklich, wie wir alle, einschließlich des Y. T.s, und wir schämen uns alle sehr. Man fühlt sich so entwurzelt, als ob man dem Land nicht angehörte. …

Jowo verläßt uns morgen früh. (Ich schreibe dies am Montag, den 17.) Es war so schön, ihn so lange hier zu haben. Je mehr ich mit ihm zusammen bin, um so mehr bin ich beeindruckt, wie er an seinem Charakter gearbeitet hat – wie ausgeglichen und heiter er jetzt ist (er war vorher launisch und oft sinnierend und deprimiert), wie konsequent in allem, was ihm in seinem Beruf helfen kann; er schwankt nie und ist erstaunlich „streng“ mit sich selbst. Ich hoffe, daß alle diese Bemühungen eines Tages belohnt werden. Natürlich bedeutet die Tatsache, daß so viele Juden und „Marxisten“ entlassen worden sind, möglicherweise, daß wenigstens Jowo, der keine politischen Neigungen oder diesbezüglich sehr leidenschaftliche Überzeugungen hat, leichter eine Anstellung findet. Aber wer kann in die Zukunft blicken? Ich jedenfalls bin tief beunruhigt. …

Kreisau, 23. 4. 33

… Der 20. war Hitlers Geburtstag. Es gab Fackelzüge (sogar in Kreisau), die Häuser waren illuminiert und die Fahnen wehten. (Ich tat natürlich nichts dergleichen.) Nie hatten der Kaiser oder Bismarck solche Festlichkeiten. Ich nehme an, ein Drittel tat es aus Überzeugung, ein Drittel weil's die anderen taten und ein Drittel aus Furcht. Kreisau ist ganz Nazi, obgleich der Schweinepreis (und der Preis aller übrigen Agrarprodukte) wieder gefallen ist. Ich glaube, es ist ganz gut, wenn Ihr in Euren Briefen an mich vorsichtig seid, obwohl ich kaum glaube, daß man sich bis jetzt an unserer Korrespondenz zu schaffen gemacht hat. Aber das kann jeden Tag eintreten, und dann ist es für Vorsicht zu spät. Bis jetzt habe ich, abgesehen von Kreisauer Enthusiasten wie Eulig usw., niemanden entdeckt, dem der Stand der Dinge wirklich gefällt. Die deutschnationalen (konservativen) Nachbarn, mit denen ich gesprochen habe, wie auch Hans Carl, sind aufs äußerste beunruhigt und verstört, sagen aber: Wenn wir sie nicht unterstützen, wird alles noch schlimmer, und eine Revolution von links wäre hundertmal so schlimm, und das ist wahr. Wir sind in der Tat in einem Dilemma. Aber natürlich sind die Konservativen an dem Schlamassel schuld, denn sie haben Hitler in den Sattel gehoben. In der vorletzten

Wahl, im November, hatten die Nazis 2 Millionen Stimmen verloren und waren hoffnungslos verschuldet. Ich muß sagen, Hitler benimmt sich bescheiden und still, und es sieht so aus, als ob seine Leute außer Rand und Band sind. Sie melden ihre Ansprüche an und bekommen auf allen Gebieten die guten Posten. …

Friedenau, 30. 4. 33

… Donnerstag abend bin ich in Berlin angekommen und habe das Gefühl, der Y. T. hat mich momentan sehr nötig; er ist über die Zustände bestürzter, als ich es für möglich gehalten hätte, so daß es für ihn sehr gut ist, daß ich da bin und er mit mir reden und sein Herz erleichtern kann. Der Arme. Auch seine Arbeit ist im Moment sehr schwierig und verantwortungsvoll, denn die Behörden betrachten alles, was so „fremd und *undeutsch*" ist wie C[hristian] S[cience], mit großem Argwohn, und da sie im Begriff sind, das Alte Testament und manche der Episteln als vom jüdischen Geist beseelt aus den Schulen zu verbannen, weiß man nie, was als Nächstes kommt, und genau das ist die Aufgabe des Y. T., d. h. zwischen der Regierung und der C. S.-Organisation zu vermitteln.

Ich füge einen Ausschnitt aus der „Times" bei, der Euch zeigt, daß es für den Jungen vielleicht sehr schwierig sein wird, Richter zu werden, nachdem er seinen Assessor hinter sich hat. Gestern stand in unseren Zeitungen, alle erfolgreichen Kandidaten würden vom Justizminister ein zweites Mal unter dem „nationalen Gesichtspunkt" geprüft, d. h. ob sie Nazis sind oder nicht. Das sieht natürlich für den Jungen schlecht aus, und es ist durchaus möglich, daß sich die Dinge so entwickeln, daß er und Freya Mutters Einladung annehmen, Euch nächste Weihnachten zu besuchen. Jetzt kann man natürlich noch nicht klar sehen und muß den Lauf der Dinge einfach abwarten. Man kann keine Pläne machen. Das Ärgste an diesem *bouleversement* ist, daß man Schwierigkeiten hat, innerlich auf andere und ersprießlichere Themen umzuschalten; man ist wie hypnotisiert und kann an nichts anderes denken und von nichts anderem sprechen, und das ist müßig und unfruchtbar.

Die Nazis bereiten den 1. Mai vor, als ob sie keine anderen Probleme zu lösen hätten. Aber sie sind auf diesem Gebiet Genies, und für kurze Zeit wird es die Leute ruhig halten. Es wird gesagt, und ich weiß nicht, inwieweit es stimmt, daß es noch nie eine solche Mobilisierung der Massen gegeben hat wie morgen auf dem Tempelhofer

Feld; 450 000 werden erwartet, die Häuser sollen mit grünen Girlanden und Flaggen geschmückt werden, Straßenbahnen, Busse usw. sollen ebenfalls geschmückt werden und so weiter. Selbst diejenigen, die nichts für die Nazis übrig haben, werden wohl der Zweckmäßigkeit halber schmücken. Ich sah ein großes Transparent quer über einer Straße hängen mit den Worten: *Jetzt wird es nur einen Adel geben: den Adel der Arbeit.* Ich frage mich, was die deutschnationalen Kollegen dazu sagen!

Der Durchschnittsbürger, der nicht zufällig jüdische Bekannte hat, hat keine Idee davon, was diesen Unglücklichen widerfährt. Wenn er irgendeine Geschichte hört, hat er von seinen Zeitungen gelernt, es als „Greuelmärchen aus dem Ausland" abzutun, und da es besondere Laiengerichte für Greuelgeschichten gibt und die Angeklagten 1 bis 3 Jahre Gefängnis für die Verbreitung von Greuelgeschichten bekommen[1], könnt Ihr Euch vorstellen, daß die Leute sich vorsehen, über solche Dinge zu sprechen. Es ist überhaupt eine Offenbarung zu sehen, wie ein Volk hypnotisiert werden kann, gewisse Dinge zu glauben. Es geschieht alles durch Slogans und Suggestion, und nur die Aufgeklärten können sich von diesem Miasma befreien, und selbst ihnen fällt es schwer.

In meinem letzten Brief hatte ich Euch so viel zu berichten, daß ich die Ereignisse in Amerika überhaupt nicht erwähnt habe, die doch so wichtig sind. Amerika weg von der Goldwährung, es ist nicht zu glauben. Ich wünschte, ich verstünde etwas davon, aber die internationale Finanz ist ein versiegeltes Buch für mich. Übrigens, da ich gerade bei der Finanz bin: Ich vergaß, Euch zu erzählen, daß Freya das Stück Land auf der anderen Seite der Berghausstraße gekauft hat, das hügelige Stück mit dem Kirschbaum, das wir immer als Abkürzung benutzt haben, wenn wir den Hügel hinunter zum Schloß gingen. Es ist sehr schön, das zu besitzen, denn es rundet den Berghausbesitz so nett ab, und natürlich kann ich es ihr jederzeit abkaufen, wenn ich will. Inzwischen verpachtet sie es wie bisher an jemanden, der es bebaut, und das ist in ihrem Interesse. ...

Dienstag [2. 5. 33]. Gott sei Dank ist der große 1. Mai vorbei. So ein Lärm in den Lautsprechern – die dieselben alten Slogans einhämmerten – und Flugzeuge und Militärmusik und überall wehende Fahnen. Ich blieb den ganzen Tag im Haus und schrieb und nähte und las, und dann bin ich abends zur Erfrischung in das letzte Stück gegangen, das Reinhardt in Deutschland inszeniert hat – er ist jetzt im Exil; es heißt „Das große Welttheater", eine Art

Moralität, sehr eindrucksvoll und selbstverständlich sehr gut aufgeführt. Es war eine solche Erleichterung, mal nichts von der Politik zu hören und sich unter Humanisten zu bewegen und geistige Probleme diskutiert zu hören. Das Stück war ursprünglich von Calderon und wurde von Hofmannsthal – sehr schön – modernisiert, einem sehr guten Schriftsteller. Der Y. T. konnte nicht mitkommen und blieb zu Hause und arbeitete, Willo war in der Oper und C. B. unter den Hunderttausenden, die sich das Feuerwerk auf dem Tempelhofer Feld ansahen.

Heute habe ich vormittags und nachmittags Einkäufe gemacht und nach Tisch einen netten Besuch in der Bendlerstraße. Frau Nier wird das beige Libertykleid mit dem orientalischen Muster ändern, das mir Mutter geschenkt hat, und der gelbe Georgettemantel wird fraise gefärbt. Das wird, glaube ich, sehr hübsch sein. Es wird Mutter amüsieren, daß Frau Nier Göring ganz gut kennt, für seine „*Braut*"[2] Kleider macht und früher für seine erste Frau geschneidert hat, eine Schwedin, die vor einigen Jahren an Tuberkulose gestorben ist. Frau Nier sagt aber, daß sie deutschnational ist und nicht viel von dem gutheißt, was jetzt geschieht. ...

1 *Greuelgeschichten:* Die Verordnung „zur Abwehr heimtückischer Angriffe gegen die Regierung der nationalen Erhebung" war am 21. März erlassen worden; die Bildung von Sondergerichten wurde am gleichen Tage verordnet. 2 *seine „Braut":* die Schauspielerin Emmy Sonnemann.

[Berlin-]Friedenau, 5. 5. 33

Sonnabend, den 6. ... Was die Politik angeht, bemühen wir uns, nicht darüber zu reden, soweit das geht, denn es ist ein schmerzliches Thema, und wenn man sich nicht in acht nimmt, tut man sonst gar nichts mehr, und natürlich ist alles, was man denkt, so negativ. Die Artikel in meiner Wochenzeitung sind ganz so, wie ich auch denke.

Ich habe ganz viel mit den Rittbergs gesprochen, die ein paar Tage hier waren, und zum ersten Mal in unserem Leben waren wir politische Freunde, geradezu Busenfreunde! Das Komische daran ist, daß unsere Ansichten natürlich meilenweit voneinander entfernt sind, aber unser Anti-Standpunkt zu diesem Thema macht uns zu Bundesgenossen, und außer meinem eigenen besonderen Kreis habe ich sonst niemanden gefunden, der so radikal dagegen ist. Es war ganz komisch, denn – obwohl ich taktvoll genug war, nicht darauf hinzuweisen – sie waren jetzt mit ihren bestgehaßten Gegnern verbündet, den Sozialisten, Liberalen und Pazifisten! Aber persönlich war ich sehr froh, jetzt ein natürlicheres und offeneres Verhältnis mit ihnen zu haben. Ich konnte jedoch kaum ein Schmunzeln unterdrücken. …

[Berlin-]Friedenau, 15. 5. 33

… Ich bin sicher, daß Daddy sich große Sorgen über die Zustände in Europa und besonders in Deutschland macht, und das wundert mich gar nicht. Niemand kann auch nur die nächste Zukunft voraussagen, aber ich glaube nicht, daß die Regierung so wahnsinnig ist – sie kann es nicht sein –, uns in einen Krieg treiben zu lassen. Zu jedermanns Überraschung – unter denen, die überhaupt denken – und zynischer Belustigung ist der vielgeschmähte Reichstag für den 18. einberufen worden; es scheint, das bedeutet, daß die Regierung in Genf nachgeben wird und das Gesicht durch den Anschein wahren will, daß das Volk, d. h. der Reichstag, das will. Das ist allerdings nur eine Vermutung. Aber es ist alles recht schrecklich und äußerst beunruhigend und deprimierend, und Ihr könnt Euch nicht vorstellen, wie schwer es ist, sich auf irgendeine Aufgabe zu konzentrieren, da alles so sinnlos erscheint. Der Junge hat alle Lust zu seiner Arbeit am Kammergericht verloren, weil selbst dort kein „gerechtes Urteil“ mehr ergeht, um mit der Bibel zu sprechen. Und er und Freya sagen, wie auch hunderte von anderen Jurastudenten: Was nützt es, etwas zu studieren, das von Monat zu Monat überholter ist? Wir alle leben sozusagen von der Hand in den Mund – nicht materiell aber geistig – und fragen uns, was das Nächste sein wird. …

Der Y. T., der über alles ganz entsetzt ist – ich glaube, er und der Junge fühlen es am akutesten –, geht diese Woche geschäftlich nach Danzig und Königsberg. Unsere Pfingstpläne sind noch nebelhaft, das Einzige, was feststeht, ist, daß Helmuth und Freya da sein werden. …

[Berlin-]Friedenau, 22. 5. 33

… Neulich habe ich eine so schöne und ganz authentische Geschichte über Gertrud Bäumer gehört, daß ich sie Euch erzählen muß. Die Naziregierung hat sie gleich in den ersten Tagen von ihrem Posten im Innenministerium abgesetzt. Innerhalb von 3 Tagen hatte sie telegraphische Angebote aus Großbritannien, Spanien und Holland, und zwei Tage danach ebenso gute Angebote aus New York, San Francisco und Detroit. Sie hat alle abgelehnt mit der Begründung: *Augenblicklich ist jeder reife und besonnene Mensch in Deutschland nötig.* Ist das nicht famos von ihr? Wo die meisten Leute nur das Land verlassen wollen, um dieser sehr unsympathischen Atmosphäre zu entgehen. Ich fand das sehr ermutigend. …

Was mein englisches Blatt im ersten Abschnitt des „London Diary“ schreibt, ist so wahr. Wir leiden unter diesem Fluch genau wie Rußland. Es gibt sogar Lautsprecher auf den Straßen, die Reden und Ansprachen über die Vorzüge der Nazis, die Überlegenheit der nordischen Rassen, die Tugenden der neuen Ära usw. übermitteln. Da wir die andere Seite niemals hören oder lesen – der gewöhnliche Mensch hat dazu keine Möglichkeit –, ist klar, daß die Leute allmählich in einer fiktiven Welt leben, die mit der Wirklichkeit nur wenig gemein hat. Und die Kinder! Denkt nur, was für eine „gefärbte“ Geschichte sie eingeflößt bekommen. Es ist wirklich sehr ernst. …

Der geschäftliche Teil von Willos Arbeit ist noch ganz ungeklärt. Der Grund ist, daß diese *Siedlung*, Friedenthal, einem Juden gehört, einem Herrn Solomon, und daß daher alles ungewiß ist; die Leute bauen auch nicht, alle sind ängstlich und übervorsichtig, und der Plan für ein weiteres Haus, das der Architekt Block renovieren und umbauen sollte, hat sich auch zerschlagen, da der Eigentümer, der nach Holland umgezogen – oder geflohen? – ist, schreibt, ihm liege momentan nichts daran, in Deutschland Geld zu investieren. Eine Nemesis, die wir alle vorausgesehen haben, die aber unschuldige Opfer wie Block und Willo hart trifft. Er lernt aber eine Menge bei seiner Arbeit mit Block, und da ihn die Hochschule beurlaubt hat, wird ihm das Semester sogar angerechnet, so daß die Vorteile mannigfaltig sind. Natürlich wäre es noch besser gewesen, wenn er dabei auch etwas verdient hätte. Er hofft jedoch auf einen kleinen Auftrag, der irgendwann bei Herrn Block bestellt wird. Momentan ist alles noch in einem Übergangsstadium.

Diese Woche habe ich keine Politik erwähnt oder Hitlers Reichstagsrede, die wir alle ganz gut fanden und wesentlich besser als seine üblichen demagogischen Äußerungen. Es war für die Nazis eine gute und sehr nötige Lektion, daß sie es sich nicht leisten können, den guten Willen der anderen Nationen zu verlieren. Ich hätte gern Herrn Rosenbergs[1] private Ansicht über seinen Besuch in London gehört! Aber es war für uns alle eine große Erleichterung, als das europäische Barometer etwas stieg, denn die Dinge sahen wirklich schlecht aus. 1914 und davor sagten wir alle: Es *kann* nicht zum Krieg kommen, die Nationen fürchten sich zu sehr davor. Jetzt wissen wir leider, wie leicht Nationen einfach in einen Krieg stolpern können, und deshalb sind wir viel ängstlicher als früher. ...

1 *Rosenberg:* Alfred Rosenberg (1893–1946), Parteiideologe, Autor des „Mythus des 20.Jahrhunderts". Seit 1930 Reichstagsabgeordneter, 1933 Leiter des Außenpolitischen Amts der NSDAP, 1934 „Beauftragter des Führers für die Überwachung der gesamten geistigen und weltanschaulichen Schulung und Erziehung der NSDAP"; ab Juli 1941 Reichsminister für die besetzten Ostgebiete. In Nürnberg zum Tode verurteilt und hingerichtet.

Kreisau, 27. 5. 33

... Lieber Daddy, kannst Du bitte mal herausfinden, was am Kap die Bestimmungen für Ausländer sind, die juristische Examina brauchen? In England und Spanien zum Beispiel soll man, wie wir hören, wenn man im eigenen Land voll qualifiziert ist (in unserem Fall den Assessor hat), nur ein Jahr studieren müssen, bevor man zu den nötigen Examina zugelassen wird. Die Frage, die wir mit uns herumtragen, ist nämlich folgende: Wenn die Dinge hier so bleiben, wie sie sind, denkt der Junge, daß, wenn er und Freya Euch besuchen kommen, wie Mutter so lieb plante – die *liebe* Mutter –, sie vielleicht „auf eigene Faust" dort bleiben und sich umsehen könnten, ob er nicht Arbeit in S. Afrika findet. Und die Frage ist: Lohnt es sich, seinen Assessor abzuwarten? Wir glauben alle, daß das wahrscheinlich der Fall ist, aber er wäre Dir dankbar, wenn Du herausfinden könntest, wie Studenten behandelt werden, die ihre Qualifikationen in anderen Ländern erworben haben. Er und Freya haben gerade genug Geld für ein bescheidenes Auskommen, und wir sind uns alle darüber einig, daß er einige Jahre ins Ausland gehen muß, wenn hier nicht in der Rechtsprechung erhebliche Veränderungen eintreten. Wenn S. Afrika für ihn nicht möglich ist, ist da immer noch Amerika, wo er einflußreiche Freunde hat, aber Euretwegen würden die beiden Afrika vorziehen. Natürlich ist das alles noch ganz vage, aber man muß rechtzeitig an diese Möglichkeiten denken. Wenn er seinen Assessor macht, dauert es vom Oktober bis Januar, vielleicht bis März. Ihr dürft über all dies nicht beunruhigt sein; wir leben in einem solchen Zustand des Drunter und Drüber, alles ist so chaotisch, eine Welt ohne feste Fundamente – außer in uns selbst und in denen, die wir lieben –, daß wir uns an solche Umwälzungen gewöhnen; aber es ist mir sehr darum zu tun, daß Ihr nicht unnötig beunruhigt seid. Helmuth und Freya haben genug zum Leben – sogar in S. Afrika, denn Frau Deichmann könnte nötigenfalls helfen –, und der bloße Gedanke, daß Mutter durch ihren liebevollen Plan ihnen den Weg geöffnet hat, daß sie kommen und sich umsehen können, ist uns allen ein großer Trost. ...

Das Argument gegen H. J.s Assessorexamen ist, daß er als Nichtnazi niemals eine Stellung bekäme, auch wenn er noch so gut besteht, und daß aller Wahrscheinlichkeit nach, sollte je ein anderes Regime das jetzige ablösen, ein unter dem Naziregime erworbener „Assessor" auch nicht viel wert wäre! Eine verrückte Welt! ...

Kreisau, 3. 6. 33

Montag [4. 6. 33]. Übrigens, bevor ich es vergesse: Schreibt bitte ein bißchen über Politik (in diplomatischer Sprache!). Das fehlt mir so, und ich glaube nicht, daß unsere Briefe in irgendeiner Form abgefangen werden. Es kommt mir immer so vor, als ob ich in unseren Briefen nur einen Teil von Euch hätte, wenn Ihr nichts von öffentlichen Angelegenheiten oder Euren Reaktionen auf die Ereignisse in der Welt erwähnt. ...

Dienstag [5. 6. 33]. Gerade habe ich eine Darstellung des Matabelekriegs gelesen. Sehr grausig und etwas beschämend für eine Weiße, d. h. eine „höherstehende" Person. Man hat mich diese Dinge nie in der Schule gelehrt, und man sieht, daß nicht nur die Nazis ihr eigenes historisches Gemisch machen. Was für eine entsetzliche Macht das Geld über die Menschheit hat. Was mich am meisten schockierte, war nicht der Krieg, denn er war wohl, wie S. G. M.[1] sagt, unvermeidlich, sondern daß der Bischof von Mashonaland die Truppe angeführt und gesegnet hat, und dann die Ansprache des Herzogs von Aberdeen bei der Versammlung der Chartered Company.

Lebt wohl, Ihr Lieben, laßt uns, wie die Pharisäer, dankbar sein, daß wir nicht sind wie andere Menschen!

1 *S. G. M.:* Sarah Gertrude Millin, Autorin einer Biographie von Cecil Rhodes.

Liebster Flen, Kreisau, 9. 6. 33

ich habe gerade Rhodes' Biographie beendet und habe tausend Fragen und kann mich nicht damit abfinden, daß eine halbe Welt zwischen uns liegt. Das Buch gefiel mir beim Weiterlesen immer besser – das ist immer ein gutes Zeichen –, und S. G. Millin macht Rhodes für mich sehr lebendig. Ist sein Einfluß in S. Afrika noch sehr stark? Ich würde meinen: nein. Natürlich hat sich die Geschichte seitdem so schnell entwickelt, daß es vielleicht nicht anders sein kann. Mir wurde klarer wie nie zuvor, was die Maßstäbe der Integrität, die Du und Schreiner verkörpertet, als Gegengewicht gegen Rhodes' Rücksichtslosigkeit für das Land bedeutet haben müssen, und ich fragte mich, ganz unpersönlich, ob Männer und Frauen, die im öffentlichen Leben solche Maßstäbe setzen, nicht mehr Gutes tun als diejenigen, die, wie Rhodes, 80000 Quadratmeilen annektieren. Du wirst lächeln und sagen, das sei mein Vorurteil, lieber Flen. Vielleicht bin ich parteiisch und sehr stolz auf meinen Flen, aber es ist wirklich meine wohlüberlegte Meinung. Rhodes' letzte Aktion, als er sich mit den Matabele unbewaffnet „auseinandersetzte", ist großartig. Erstaunlich, daß das die Phantasie der Dichter und Künstler nicht mehr angeregt hat. Wenn ich ihn mit Warren Hastings und Clive vergleiche, frage ich mich, wer ist der größte Mann? Es wäre interessant, eine Studie über diese drei zu schreiben. Mich hat das Buch in den letzten 3 oder 4 Tagen so sehr beschäftigt, daß ich ganz vergessen habe, mich für unsere jetzige Politik zu interessieren, und wenn das kein Kompliment für ein Buch ist, weiß ich nicht, was es sonst sein könnte!

Montag [12. 6. 33]. Übrigens dachte ich, lieber Daddy, daß das Glen-Grey-Gesetz mehr oder weniger *Dein* Gesetz war, und bei S. G. Millin sieht es so aus, als ob es Rhodes' Lösung der Eingeborenenfrage gewesen wäre.

Und nun zu uns, und ich finde uns auch ganz interessant. Wir hatten einen sanften und zufriedenstellenden Regen am Freitag und wieder am Sonntag, und dies ist der erste warme Sommertag, und so wird jetzt alles schnell wachsen. Der Junge ist bis morgen hier, für mich eine große Freude, obwohl ich wenig von ihm sehe, weil er immer bei Zeumer oder in Schweidnitz zu sein scheint oder Zahlen addiert. Aber wir haben Momente zusammen, Mahlzeiten und Gänge um den Garten und wenn ich ihn zum Bahnhof bringe, und die sind sehr kostbar. Er ist *sehr* zufrieden mit dem Fortschritt in Kreisau, sagt, daß die Wirtschaft selbst im Aufstieg sei und daß sie hoffentlich den Gläubigern dieses Jahr etwas von den Zinsen zahlen können. Der Kunstdünger für den Herbst ist schon bezahlt, und die Kühe, die mit Deinen 1000 Pfund angeschafft wurden, haben sich gut entwickelt, und ihre Nachkommenschaft verspricht einiges, und die Schweine sind auch in Ordnung. All dies trotz schrecklich niedrigen Preisen – wir bekommen 8 Pfennig den Liter für die Milch, und vor dem Krieg waren es 10 Pfennig; so glaube ich, er und Zeumer – besonders letzterer – haben allen Grund, zufrieden zu sein. Hugenberg hat eben ein neues Gesetz für die Schuldenregelung erlassen – lange Fristen, Konvertierung und andere Methoden –, aber noch versteht es niemand! Es besteht aber kein Zweifel, daß es der Landwirtschaft helfen soll und ohne Zweifel auch wird. …

Endlich habe ich eine Familie in Paris gefunden, die C. B. im Juli aufnehmen will, im Austausch für meine Aufnahme des 19 Jahre alten Jacques Lemoine im August. Dies ist das billigste Arrangement, und Madame Lemoine hat einen sehr netten Brief geschrieben, so daß ich hoffe, daß es C. B. gut hat. Der Vermittler war einer von Frau Doktors französischen Grundlseejungen, und so müßte das Milieu sympathisch sein. M. Lemoine ist Leiter eines großen medizinischen Forschungsinstituts. Natürlich wäre es für C. B. netter gewesen, nicht den ganzen Sommer in Paris zu sein, aber das läßt sich nicht ändern. Da vielleicht Alfred Baker, John Ewing und Mr. Pilkington (Willos Freund) für einen Teil des August hier sind, werden wir eine sehr kosmopolitische Gesellschaft sein. Ich wünschte nur, sie wären nicht alle männlich, es wäre amüsanter, wenn beide Geschlechter vertreten wären.

Nun da die drei Tanten beisammen sind, müßten sie mit der Genealogie der Innes-Abkömmlinge in S. Afrika Fortschritte machen. Rümpf nicht die Nase, lieber Daddy, ich bin wirklich auch an mittelmäßigen Vorfahren interessiert, und im Vertrauen will ich Dir sagen, daß ich, obwohl ich die meisten anderen Linien gräßlich finde und keine davon mit der geringsten Distinktion, *unsere* Linie sehr befriedigend finde. Schließlich waren Urgroßvater und Großmutter Charaktere, und viele von ihren Charakterzügen hätte man gerne geerbt. Und Großvater war liebenswert und charmant, und dann waren sie alle von solcher Rechtschaffenheit.

Lebt wohl, Ihr Lieben, ich jedenfalls könnte keine besseren Eltern haben.

Kreisau, 17. 6. 33

… keiner von uns glaubt, daß die Mehrheit für Adolf ist. In den Universitäten schon. Aber es ist erstaunlich, wie wenige Leute Hakenkreuznadeln tragen, während es vor 2 Monaten noch die Mehrheit war, obwohl wahrscheinlich viele davon der Nützlichkeit halber, und diese Leute tun es wohl immer noch. Hitlers großer Vorteil ist, daß er die Leute zu beeindrucken und zu bewegen weiß und ihnen gefällt

– der ideale Demagoge –, und wir haben keinen, der seinen Platz ausfüllen könnte. Aber von der geistigen Knechtschaft, in der wir leben, könnt Ihr Euch keine Vorstellung machen. Und die Gemüter der Jugend werden rücksichtslos in Hitlers Formen gebracht. …

[Berlin-]Friedenau, 25. 6. 33

… Ich weiß nicht, ob Ihr wißt, was für ein Segen Eure Einladung für Helmuth und Freya ist. Das macht ihre Zukunft, für das nächste Jahr oder so, harmonisch und ordentlich. Seht Ihr, so können sie sich Zeit nehmen, endgültig zu entscheiden, was sie mit ihrem Leben anfangen wollen, und es ist sicher eine große Hilfe für sie, eine Weile außer Landes zu sein, die Dinge leidenschaftslos zu betrachten – was hier schwierig ist – und mit Euch zu besprechen. Mittlerweile lernen sie fließend Englisch, und der Junge wird entweder Jura studieren oder was er sonst für nützlich hält, und glücklicherweise haben sie genug, um *sehr* bescheiden davon zu leben. Und außerdem gibt es immer Frau Deichmann als Rückhalt, sollte die Notwendigkeit eintreten. …

Ich habe an Smith & Sons geschrieben und sie gebeten, mir die Wochenausgabe der „Times" an Stelle des „New Statesman" zu schikken. Letzteren gebe ich sehr ungern auf, aber da er immer noch verboten ist, halte ich es für sicherer; es wäre sehr unklug, die Aufmerksamkeit der Regierung auf mich zu ziehen. Man weiß nie, wohin das führt, und man vermeidet es lieber. Bis jetzt sind wir alle ganz in Frieden gelassen worden, Briefe sind keine geöffnet worden, aber niemand kann sagen, wie lange noch. In gewisser Weise ist der Y. T. von der Familie durch den Gang der Dinge am meisten betroffen. Er fühlt es akut und leidet sehr, so daß er mich wirklich sehr nötig hat. Der Arme kann einem leid tun, und doch bin ich froh, daß er so ist. Habt Ihr gelesen, daß den Deutschen verboten worden ist, nach Österreich zu reisen – es sei denn, sie zahlen 1000 Mark für das Visum? Das bedeutet, daß Willo und eine gute Hälfte von Genias „Kindern" diesen Sommer nicht nach Grundlsee können. Es ist der reine Wahnsinn und schneidet Genia von so vielen Kindern ab, die sie liebt.

Dienstag [27. 6. 33]. … Der Y. T. brachte mir neulich eine englische „Times" mit – jedermann kauft ausländische Zeitungen, da die einheimischen so total geknebelt sind –, und es freut mich sehr, daß sie einen illustrierten Bericht über die Eröffnung von South Africa House enthielt. C. B. war sehr entrüstet darüber, daß Daddy nicht dabei war.

Wir haben es aufgegeben, eine Tageszeitung zu abonnieren, und das tun viele so; das Radio ist so langweilig und dabei aufreizend, daß viele auch das aufgegeben haben, sie sind einfach still und skeptisch. An der Oberfläche geht das Leben wie gehabt weiter, aber die Zeitungen bringen fast nichts Politisches außer *verboten, verboten* und dann die Listen der Leute, die verurteilt oder verhaftet oder entlassen worden sind. Auf jeden Fall ist es sehr gründliche revolutionäre Arbeit, und es ist klar, daß sie nicht gewillt sind, ihren Gegnern eine Chance zu lassen, und vielleicht kann man ihnen das nicht einmal übelnehmen. Jedenfalls haben wir keinen Ersatz für sie, keine Führer und keine Partei, die stark genug wären, denn die Kommunisten sind Radikale und durch und durch für Illegalität, während die Sozialisten für legale Aktion sind. Die bürgerlichen Parteien gibt es nicht mehr, und auch die Konservativen (Hugenberg und Papen) existieren kaum noch. Was für ein Zustand. ...

[Berlin-]Friedenau, 2. 7. 33

... Jede Woche gibt es so viel zu berichten, daß ich kaum weiß, wo beginnen. Die Sensation dieses Briefes ist, daß der Y. T. morgen nach Amerika abreist! Natürlich Boston und ein offizieller Besuch, denn es gibt so viel zu besprechen und diskutieren. Schön für ihn, diese Abwechslung zu haben. Am 4. August wird er wieder da sein und so viel Arbeit vorfinden, daß die Chance, nach Kreisau zu kommen, immer geringer wird.

C. B. fuhr Freitag abend strahlend ab. Ich hatte die Bendlerstraße zum Abendbrot, und wir waren alle sehr lustig und haben viel gelacht. Willo und ich haben ihn an die Bahn gebracht. In Köln hat er seine Reise unterbrochen und müßte heute früh in Paris eintreffen.

Donnerstag abend kam Asta und fuhr heute nachmittag wieder ab, um ihre frühere Zimmergenossin Esther Arnim in Frankfurt a. O. zu besuchen; ich erwarte sie in Kreisau gegen Ende der Woche. Sie sieht sehr gut aus und war bester Laune und sehr froh, wieder bei der Familie zu sein. So seht Ihr, daß die letzten Tage bewegt waren, was alles herrlich war, aber etwas anstrengend, und ich freue mich mehr denn je auf Kreisau und habe vor, dort sehr faul zu sein. Natürlich ist das Leben jetzt eine einzige Anstrengung, denn erstens befinden wir uns mitten in einer Revolution, die genau so wichtig ist wie die russische, und schon das strapaziert einen, und dann macht einen der Umstand, daß man weder Enthusiast noch Teilnehmer an dem Spiel ist – mag mir der Herr den Ausdruck verzeihen –, zum Außenseiter und politisch heimatlos. Auch das ist sehr schwierig. Wir bemühen uns alle, die Politik und das Gespräch darüber zu vermeiden, denn es macht einem nur das Herz schwer und hinterläßt einen schlechten Geschmack, aber oft ist es nicht leicht, denn es ist alles sehr aufregend und immer passiert etwas, so daß wir „solider" und unaufregender politischer Ereignisse entwöhnt sind. Was für ein Segen, eine so erfreuliche und harmonische Familie zu haben, in der man immer Zuflucht vor den Strapazen der Außenwelt findet. …

Dienstag [4. 7. 33]. Vor einigen Tagen ging ich in eine Versammlung des *Staatsbürgerinnenvereins*; das ist der deutsche Zweig der „World Alliance for Women's Suffrage". Der Verein wird aufgelöst – er besteht seit 1865 –, da die Regierung keine Organisation duldet, die nicht den „Arierparagraphen" anerkennt (d. h. keine Juden im Vorstand oder Komitee und keine neuen jüdischen Mitglieder) und die irgendwelche Ziele hat, mit denen die Nazis nicht einverstanden sind. Es ist recht traurig; aber wenn man bedenkt, daß selbst die Zentrumspartei (katholisch) „sich auflöst", haben wir das Gefühl eines alle betreffenden Schicksals. Zwei Tage später kam die Frau des Professors, den Du in der Landhausklinik konsultiert hast – erinnerst Du Dich? –, zu Besuch. Sie denken daran, vielleicht auszuwandern, und sie fragte mich, ob ich durch Dich herausfinden könnte, was die südafrikanischen Bestimmungen über die Zulassung von Ärzten sind. Müssen sie dort ein Examen bestehen? Ihr Mann ist natürlich ein sehr angesehener Arzt, hält Vorlesungen an der Universität und hat hier mit den größten Koryphäen gearbeitet, aber – sein Vater ist Jude. Das genügt. Ich sagte ihr, ich halte die Aussichten in Südafrika für wenig rosig, da es dort schon viele Ärzte gibt und die Bevölkerung klein ist, versprach ihr aber, Dir zu schreiben. Er ist kein Chirurg, sondern Arzt, und solche Leute sind natürlich ein Plus für das Land. Sie haben etwas Geld (früher ging es ihnen *sehr* gut, 2 Autos usw.), aber da man sein halbes Kapital dem Staat geben muß, um die andere Hälfte in Devisen ausführen zu dürfen (und deutsche Banknoten sind im Ausland wertlos), schmilzt das schnell dahin, besonders wenn man 3 Kinder hat.

Es tut mir leid, Dich damit zu behelligen, aber all diese Leute tun einem so leid. Du erinnerst Dich doch an sie von Wien her? Und sie waren auch zum Mittagessen hier, um Dich zu sehen. …

Kreisau, 8. 7. 33

… Hier sitze ich auf der Veranda, die Reichenbachhügel vor mir, den Zobten zur Linken, die Eule zur Rechten. Ein solches Bild des Friedens, der Fruchtbarkeit und Anmut. Der Garten sieht herrlich aus, denn wir hatten viel Regen, und der Fingerhut, den es in Mengen gibt, ist so hoch wie ich. Rittersporn und Nelken machen auch was her, und der Garten hat sich wirklich großartig gemacht.

Vor etwa einer Stunde ist Helmuth James gekommen – mit dem 3-Uhr-Zug –, und wir haben gerade Tee getrunken. Er fühlt sich nicht wohl, ich nehme an, es ist eine Art Grippe, aber wir können ihn nicht überreden, ins Bett zu gehen; statt dessen addiert er immer Zahlen. Aber ich hoffe, daß Schwester, die später kommt, ein Machtwort spricht und mehr Erfolg hat als Freya und ich. Jetzt, da sich sein Examen nähert – die schriftlichen Arbeiten beginnen im Oktober –, wird die Frage der „Assessorlager" einigermaßen akut. Natürlich ist für ihn das alles gräßlich, aber ich hoffe, er macht, wenn möglich, mit, um sozusagen seinen Assessortitel zu bekommen. In diesen Lagern sollen sie 6 Wochen lang nichts hören außer Vorträgen über 1. die Bedeutung der nationalsozialistischen Revolution, 2. die Stellung der S. A. in der Nazibewegung und ein drittes Thema ähnlicher Art. Sie sollen keine juristischen Bücher mit ins Lager nehmen, und ich nehme an, wenn sie nicht – 6 Wochen lang – diesen Lobreden lauschen, müssen sie exerzieren oder dergleichen. Freya habe ich drei Tage ganz für mich gehabt. Sie ist ein entzückendes Geschöpf und genau die richtige Frau für Helmuth, voll Kraft und Optimismus. Sie liebt das Berghaus – sie tun es beide –, und es wäre ideal gewesen, wenn Helmuth eine Stellung beim Schweidnitzer Gericht bekommen hätte – das wäre gar nicht schwierig gewesen –, und dann hätten sie im Schlafzimmerstockwerk vom Berghaus wohnen und dort eine winzige Wohnung haben können, und für mich und die anderen Kinder wäre immer noch genug Platz gewesen. Aber all diese Pläne sind hinfällig, sie müssen wieder mit etwas anderem anfangen und höchstwahrscheinlich anderswo. Schließlich gibt es noch viele andere schöne Orte zum Leben, so darf man nicht verzagt sein. Die Hauptsache ist, der Junge findet irgendwo Arbeit, die er tun kann, wo auch immer. …

Montag [10. 7. 33]. Es ist wirklich rührend, wie Helmuth und Freya an Kreisau hängen. Heute ist Lilo Schnitzler gekommen – Mutter hat sie in Berlin kennengelernt – und bleibt 24 Stunden. Sie verbrachte ein Wochenende in der Gegend, und Freya hat sie voll Stolz herumgeführt. Freya ist ein entzückendes Kind, Daddy wird sie bezaubernd finden. Sie ist so spontan und warmherzig, klug und attraktiv. Ihr werdet es beide genießen, die Kinder bei Euch zu haben.

Gestern kam Berlin mit seiner Frau unerwartet zum Mittagessen. Anscheinend ist er rückhaltlos zu den Nazis übergelaufen, was sicher gut für seinen Beruf und für seinen Seelenfrieden ist, aber für unseren Verkehr ein Stein des Anstoßes. Seine Frau folgt ihm dabei keineswegs. ...

Kreisau, 17. 7. 33

... Vielen Dank, Daddy, für Deine Information über die Ausübung des Anwaltsberufs in Südafrika. Wenn möglich, will der Junge natürlich sein Assessorexamen machen, aber die Referendarlager sind ein sehr unangenehmes Anhängsel. (Ich füge ein Bild von einem solchen Lager bei, die Jurastudenten – Referendare – tragen, wie Ihr seht, Drillichuniformen wie Soldaten oder Gefangene.) Es mag jedoch möglich sein, das Lager aus Gesundheits- oder ähnlichen Gründen zu vermeiden, oder es mag mit der Zeit besser werden. Der Zweck ist, aus diesen späteren Funktionären in den 6 Wochen gute Nazis zu machen, indem man ihnen die Tugenden und Ideale des Hitlerismus eintrichtert, und das ekelt sicher viele an – das Singen von Naziliedern usw. Der Lagerleiter ist ein S. A.-Mann, der zu diesem Zweck zum Staatsanwalt ernannt wurde! Schwamm drüber.

Nun zu den Kreisauer Aussichten. Das vergangene Jahr hat einen Profit von 800 Pfund (16000 Mark) eingebracht, den Zins auf die Schulden freilich nicht eingerechnet, der noch zu zahlen ist. Das Ergebnis ist trotzdem sehr ordentlich, wenn man den katastrophalen Sturz der landwirtschaftlichen Preise bedenkt. Wir hatten, nachdem wir Eure 1000 Pfund in Vieh investiert hatten, 115 Kühe und Ochsen, jetzt haben wir schon 150 und auch viel mehr Schweine. So ist also die Kreisauer Lage im ganzen befriedigend. Die große Schwierigkeit ist natürlich, die Gläubiger dazu zu bringen, ihre Ansprüche zu reduzieren, um alles auf eine praktikable Grundlage zu bringen. Dr. von Berlin versucht das jetzt. Helmuth James interessiert sich sehr für die Landwirtschaft, und ihm und Freya wäre nichts lieber, als in Kreisau zu leben, nur das es in unserem „totalitären“ Staat überhaupt keine Möglichkeit für jemanden gibt, den dieser Staat nicht vereinnahmt hat. So müssen wir abwarten und hoffen, daß die harte Logik der Tatsachen einen Kompromiß erzwingt. Aber selbstverständlich ist ein

Land, in dem der Staat alles, der Einzelne nichts ist, wo Freiheit und Gerechtigkeit als überholt und verrückt gelten, sofern man diese Ansichten nicht teilt, kein angenehmer Ort zum Leben.

Am Donnerstag ist Asta eingetroffen, sehr lustig und vergnügt nach einer herrlichen Zeit bei ihrer Freundin Esther Arnim. Sie badeten in der Spree, machten Autofahrten, und zu Esthers Geburtstag gab es eine Tanzgesellschaft mit Reichswehroffizieren – ganz erwachsen – und Erdbeerbowle. Hier ist es etwas einsam für sie, keine jungen Leute, und ihre Schweidnitzer Freunde sind alle in den Ferien; aber ich hoffe, die 2 Mädchen aus Conradswaldau kommen diese Woche für ein paar Tage und nächste Woche die Zeidlitzzwillinge. Heute kommt Frl. Horn, die Kinderschwester des Jungen vor 25 Jahren, für eine Woche Ferien. Sie ist schrecklich arm und bedürftig. Außerdem habe ich ein 12jähriges *Ferienkind* aus dem Waldenburger Bezirk, ein nettes, sehr wohlerzogenes kleines Ding. Es bekommt seine Mahlzeiten in der Küche. Das sind meine beiden milden Taten für den Sommer. Der Y. T. und Jowo kommen am 29. an und der junge Franzose Jacques ungefähr um dieselbe Zeit, und so füllt sich dann das Haus. Wahrscheinlich verlasse ich das liebe Berghaus während der ersten Septemberhälfte, denn ich muß an unseren Umzug im Oktober denken. Asta sagt, sie habe beschlossen, jemanden zu heiraten, der Landwirtschaft als Beruf studiert hat und Kreisau für uns verwalten kann!! Sehr komisch. Alle Mädchen in Eberswalde sind natürlich wohlhabender als wir – die armen Familien können es sich nicht leisten, ihre Töchter dorthin zu schicken, da sie keine solchen Grannies haben wie wir –, und gerade jetzt spürt sie das etwas, obwohl sie versucht, es sich nicht anmerken zu lassen. Sie war unter Leuten mit Autos und Reitpferden, die zu Reitturnieren gehen und so weiter, und sie findet das alles sehr anziehend, was nur natürlich ist. Sie weiß von uns, daß wir die Idee des Abiturs für sie aufgegeben haben. Langsam werden die Nazis sicher die Frauen aus allen Berufen außer dem der Mutterschaft entfernen, und das zusätzliche Wissen, das sie erwerben würde, wäre zu teuer erkauft. Sie freut sich sehr auf die Schule am 8. August. ...

Kreisau, 22. 7. 33

... Es gibt im Vaterland ein Gebet für ganz kleine Kinder, das lautet: *Lieber Gott, mach mich fromm, daß ich in den Himmel komm.* Die neueste Form für Erwachsene ist: *Lieber Gott, mach mich stumm, daß ich nicht ins Lager kumm.*

Das Wetter ist warm und sonnig und angenehm, die Abende sind lang, und ich habe, glaube ich, das Berghaus noch nie so geliebt. Man ist so dankbar für diesen friedlichen Hafen, und ich glaube, kaum etwas auf der Welt ist für jede Mühe so dankbar wie ein Garten. Heute bin ich früh um 6 aufgestanden und habe vor dem Frühstück 1½ Stunden im Garten gearbeitet, da es über Tag für anstrengende Arbeit zu heiß draußen ist. …

Ich freue mich auf das angekündigte Buch, ich sehne mich nach einem guten Roman. Als Gegengift wollte ich etwas über die Französische Revolution lesen, aber da muß ich auf Berlin warten, weil ich hier weder Carlyle noch irgendeinen anderen Schriftsteller über die Revolution habe.

Montag [24. 7. 33]. Ich habe angefangen, eine Biographie Alexanders des Großen von Theodor Birt zu lesen; vielleicht erinnert Ihr Euch, daß Ihr ihn einmal in Kreisau getroffen habt, als er mit seinen Verwandten, den Treutlers, zum Essen kam. Ein Professor aus Marburg, mit einer profunden Kenntnis der antiken Welt und einer äußerst populären Schreibweise, sehr angenehm und unterhaltsam zu lesen. Vor ungefähr einem Jahr, kurz bevor er starb, trat Birt der Nazipartei bei, zu jedermanns Verwunderung. Was wir Menschen doch für eine merkwürdige Mischung sind, und wie oft ziehen Herz und Kopf in entgegengesetzte Richtungen. …

Ich füge einen Brief von Freya bei, den Ihr vielleicht gerne lesen möchtet. Sie ist so ein liebes Kind. Über Helmuths Lagerepisode mache ich mir ziemliche Sorgen. Nach allem, was wir hören, ist es mehr ein Konzentrationslager als sonst was, und man fragt sich, wie Helmuth das aushalten wird, geistig und physisch. Es ist tragisch, daß er hier nicht Richter werden kann, wofür er sich so vorzüglich eignet; er hat beim Kammergericht Erkleckliches geleistet und ist sehr gut beurteilt worden. Von C. B. hatte ich gute Nachrichten. Er hat sich beim Trubel auf den Straßen am 14. Juli, d. h. dem französischen Nationalfeiertag, sehr gut unterhalten. …

Kreisau, 27. 7. 33

… Ich wünschte, Ihr könntet die Landschaft jetzt sehen, so schön mit den goldenen Kornfeldern und den blauen Bergen im Hintergrund. Der Ausblick von der Veranda atmet Frieden und Fruchtbarkeit, zuerst der helle grüne Rasen und die Blumen, dann das Gold und das Blau. Obwohl die meisten Bauern und Landarbeiter (und Zeumer selbst) Nazis sind, fühlt man den Druck hier nicht so wie in der Stadt. Denn erstens haben die Leute nicht die Zeit für viele politische Gespräche, und dann wissen sie zwar, daß ich kein Nazi bin, aber es scheint keinen Einfluß auf ihre Einstellung uns gegenüber zu haben (das hoffe ich wenigstens). Schwester ist wunderbar weise und hält ihre streng neutrale Position aufrecht, was heute zu den schwierigsten Dingen gehört. Sie ist wirklich erstaunlich. ...

Der Junge schreibt: *Heute waren wir bei Cook (in Sachen Südafrikareise). Das steht wie eine Erlösung vor mir, und ich habe den Winter noch nie so sehr herangesehnt wie jetzt.* Ich kann Euch gar nicht sagen, was es für diese lieben zwei Kinder bedeutet, für eine Weile wegzukommen, für Helmuth, richtige Ferien zu haben und die Dinge in eine Perspektive setzen zu können. Ich schreibe an Mrs. Simon, um sie zu fragen, welchen Monatsbetrag sie für ein sparsames Paar für nötig hält. Sie haben in München ähnlich gelebt wie die beiden in der Bendlerstraße, ohne Mädchen usw., und so müßte sie imstande sein, es besser zu beurteilen als die meisten Südafrikaner, die an einen höheren, jedenfalls anderen Lebensstandard gewöhnt sind. Bitte schickt ihr den Brief, denn ich weiß ihre Adresse nicht.

Der Y. T. ist Freitag abend gekommen, sehr wohl und munter, nach einer guten Überfahrt und guter Arbeit in Boston. Er sagt, er habe Euch geschrieben. Ich weiß nicht genau, was er gesagt hat, aber jedenfalls sorgt Euch nicht um uns. Ich bin sicher, die Dinge werden sich irgendwie regeln. Bis jetzt ist keiner von uns belästigt oder beunruhigt worden. Man muß sich nur in seinen Meinungsäußerungen sehr vorsehen, das ist alles. Was einen mehr bedrückt, ist die geistige Malaise, die von all dem Zwang und der Knechtschaft herrührt. Der Junge ist am schlimmsten dran, hat aber jetzt diese wunderbaren Ferien vor sich und die Möglichkeit, Pläne zu machen. Bless you for having him! Wahrscheinlich war Daddy zuerst entsetzt und dachte, Mutter sei äußerst leichtfertig gewesen, aber ich bin sicher, es wird ihm, wenn er die zwei lieben Kinder sieht, bald klar werden, was es ihnen beiden bedeutet, und das wird ihn aussöhnen. Ich meine, sie müßten für die Wintermonate ganz leicht eine kleine Wohnung mieten können. Ich kann mir sogar vorstellen, daß ihnen die P. D.s Sandhill überlassen!! (Was Frauen für Ränke schmieden, wird Daddy sagen.) Wenn sie im Januar reisen können, gehen sie erst für etwa vierzehn Tage nach England, denn der Junge muß sich Bekleidung für den Abend machen lassen (er sträubt sich, aber ich bleibe ganz fest), und sie müssen Schröders besuchen, die natürlich vom finanziellen Gesichtspunkt sehr wichtig für sie sind.

Jowo ist einen Tag später gekommen, sah sehr abgespannt aus, aber ganz guter Dinge, obgleich die bevorstehende Dissertation natürlich sehr auf ihm lastet. Er schreibt Euch gesondert, denn dieser Brief ist schon viel zu schwer. …

Kreisau, 7. 8. 33

… Als ich Mamsell erzählte, daß Jacques für einen Monat zu uns komme, sagte sie: *Ach, warum denn ein Franzose? Die Franzosen sind so schlecht zu uns.* Da habe ich ihr die praktische Seite des Arrangements erklärt, daß es für uns eine große Ersparnis ist usw., und dann bedeutete ich ihr, daß es vom patriotischen Gesichtspunkt aus auch sehr wünschenswert sei. Je mehr Franzosen nach Deutschland kämen und die Deutschen liebgewönnen, umso besser würde die Stimmung mit der Zeit. Das sah sie ein, und als Jacques ankam, kam sie strahlend herauf, schüttelte ihm kräftig die Hand und sagte: *Willkommen in Deutschland.* Was wir uns amüsiert haben! …

Kreisau, 12. 8. 33

… Der arme Peter hatte einen schlimmen Nervenzusammenbruch (Herz), der durch die sehr schmerzlichen politischen Ereignisse in seiner Gegend verursacht war. Er ist nach Altheide (Landeck) beordert worden, und er und Lotti treffen dort am 15. ein. Schön, daß wir sie sehen werden, und nach der Kur kommen sie auch nach Kreisau, nur fürchte ich, ich bin bis dahin schon weg, denn unser Umzug ist am 25. Sept. Von da an ist unsere Adresse Berlin-Schöneberg, Wielandstraße 6.

… Mutter erfaßt die Situation ganz richtig. Was für ein Segen, daß sie letzten Winter hier war und sich so ein Bild machen kann. Man kann es sonst nicht, denn außer in Rußland und vielleicht in Italien hat es nichts so „Totales" gegeben wie hier, und natürlich erhöht die teutonische Gründlichkeit noch den Druck. Aber wir sind alle wohl und entschlossen, fröhlich zu sein, uns an unserem schönen Heim auf dem Lande zu freuen und die Politik nicht zu erwähnen und zu versuchen, nicht einmal daran zu denken. Das ist manchmal schwierig, aber zwecks Selbsterhaltung bemüht man sich sehr darum. …

Kreisau, 20. 8. 33

... Gestern war Frede Ilse ganz kurz für 30 Stunden auf dem Weg nach Schätz hier, dem Sitz ihrer Familie. Sie läßt grüßen. Sah reizend aus und war nett und attraktiv wie immer. Sie und C. V. billigen natürlich vieles von dem nicht, was geschehen ist, aber sie sagen: „Schließlich ist es eine Revolution“, und es gibt Aspekte der Bewegung, die sie es wert finden zu unterstützen. Ich meine natürlich auch, daß man unglückliche Vorfälle nicht zu ernst nehmen soll, denn wir *befinden* uns mitten in einer Revolution, und die Russische und die Französische Revolution waren hundertmal schlimmer. Ich bin aber gegen den Faschismus als Glaubensbekenntnis, damit aber finden sich die C. V.s leichter ab. Ich meine, wir haben wirklich die Uhr um 100 Jahre oder mehr zurückgestellt, und sie meinen, daß, wenn der Faschismus auch nicht ideal ist, er doch besser sei, als was sonst möglich war. Sie glauben sogar an das Schreckgespenst des Bolschewismus, was ich nicht tue. Natürlich war Deutschland nicht reif für die Demokratie, und diese Unreife plus schwerer Wirtschaftsnot war zu viel für das Volk. ...

Danke, liebe Mutter, für die Information über Ärzte in S. A. Ich werde sie in Berlin weitergeben. Mir scheint dieser Gedanke für die Leute nicht ausführbar. Außerdem sieht es jetzt wirklich so aus, als ob sich die Dinge etwas beruhigen. Es soll ein jüdisches Theater in Berlin geben dürfen, und gestern habe ich einen jungen Referendar getroffen, der noch an den Gerichten tätig ist und *nicht* in die Partei eingetreten ist und sich sogar öffentlich geweigert hat, es zu tun. Zugegebenermaßen hat er ein Privateinkommen, aber trotzdem ist die Tatsache, daß er geduldet wird, ermutigend. ...

Kreisau, 25. 8. 33

... Jowo und C. B. und Asta akzeptieren das neue Regime ohne allzugroße Schwierigkeit. Als ich den Jungen Aunt Minnies reizenden Brief vorlas und wir an die Stelle kamen, wo der kleine Peter sagte, er wisse, daß kein alter Mann im Zimmer sei, „aber Großpapa hat es gern, wenn ich lache“, sagte Jowo: „Genau so behandle ich die Nazis. Sie haben es gern, wenn ich *Heil Hitler* sage (anstatt *Guten Tag)*, und so tue ich es halt.“ Wir anderen 4 jedoch haben viel mehr Hemmungen und nehmen es alles viel ernster und leiden folglich mehr. ...

Kreisau, 3. 9. 33

Montag [4. 9. 33]. ... Der Y. T. ist weiter schrecklich unglücklich über die Zustände. Elsbeth hatte einige Wochenschriften bei sich, die ich mit Freude gelesen habe, alle die, die Ihr nehmt. Wir haben etwas beruhigendere Berichte über die Referendarlager gehört, obgleich sie natürlich unendlich ekelhaft sind und auch eine große körperliche Belastung. Die jungen Männer dürfen jedoch den freien Sonntag in Jüterbog verbringen (die Stadt, in deren Nähe das Lager liegt, nicht weit von Berlin), und wir können also hingehen und ihn sehen, und er kann dann seinem Herzen etwas Luft machen, was viel wert ist. ...

War Dr. Westermann zum Lunch bei Euch? Ich habe mich über Daddys Bezeichnung von ihm als *Edel-Nazi* amüsiert. Natürlich gibt es tausende von Edelnazis, ohne gesunden Menschenverstand oder auch nur einen Embryo von Urteilsfähigkeit, aber voll inbrünstiger Ideale und mythischer Maximen, an die sie leidenschaftlich glauben.

Wie ich sehe, haben die englischen Schwarzhemden dieses Wochenende an dem großen Parteitag in Nürnberg teilgenommen und sind enthusiastisch empfangen worden. Na ja. Habe ich Euch erzählt, daß englische Touristen in Deutschland einen Kreditbrief von der Dresdner Bank bekommen, der ihnen 19 Mark für das Pfund gibt? Das ist eine Subvention der Regierung, um den Tourismus zu fördern. Ganz lohnend zu wissen. ...

Kreisau, 17. 9. 33

... Ich hatte einen sehr netten Brief von Frau Simon, der genau das enthält, was ich wissen wollte: was ihre Ausgaben waren usw. Es war mir eine Beruhigung zu hören, daß sie von 25 Pfund den Monat leben, was etwas weniger ist, als was unsere beiden zur Verfügung haben. So glaube ich, sie könnten leicht einige Monate länger bleiben. Der arme Helmuth muß auf jeden Fall eine Weile einfach abwarten, und so kann er ebensogut bis Anfang 1935 in Südafrika bleiben, jedenfalls ist das mein Gedanke, vorausgesetzt natürlich, die Umstände bleiben so, wie sie sind, und Kreisau braucht ihn nicht. ...

Die Sensation der Woche ist, daß sich Carl Didi mit einer jungen Doktorandin der Volkswirtschaft verlobt hat, Margret Bartel, und sie sind momentan beide im Schloß! Sie sieht ganz nett aus, sehr still und zurückhaltend, wahrscheinlich klug, ohne Temperament, aber eine durchaus nette Person, das ist jedenfalls der erste Eindruck. Ihr Vater war Bürgermeister von Wilhelmshaven, jetzt natürlich abgesetzt. Vom weltlichen Gesichtspunkt ist es keine besonders gut Partie – aber wer könnte weniger weltlich sein als die Familie Trotha? –, doch scheint sie gut zu C. D. zu passen, und ich bin sicher, daß sie ein wertvoller Mensch ist.

Montag [18. 9. 33]. ... Ich habe Asta noch nicht erzählt, daß Du sie bis Ostern in Eberswalde läßt. Ich will es ihr persönlich sagen. Sie wird entzückt sein. Danach, denke ich, 9 Monate in der *Haushaltungsschule* bei München (Kochen, Hausarbeit, Wäsche, Gartenarbeit und Geflügelzucht), dann vielleicht 3 Monate in Berlin, um Schreibmaschine und Stenographie zu lernen, und dann im Sommer 1935 nach England, wenn das alles möglich ist. Jedenfalls macht es Spaß, es zu planen. Danach wird sie sich überlegen müssen, auf welche Weise sie ihren Lebensunterhalt verdienen will. Zum Glück ist sie sehr tüchtig in aller praktischen Arbeit und dürfte es nicht schwer finden, mindestens ein Taschengeld zu verdienen. ...

Berlin, 28. 9. 33

... Ratet mal, mit wem ich den gestrigen Abend verbracht habe? Ihr werdet es nie raten: Lord Astor! Die Direktoren in Boston hatten ihn und zwei andere prominente Christian Scientists aus London geschickt, um dem Y. T. behilflich zu sein, die Dinge etwas zu glätten, und wir trafen sie gestern abend, um die Sache etwas zu besprechen. Ein ganz angenehmer Mann. ...

Sonnabend [30. 9. 33]. Ich weiß, es wird Euch belustigen, daß ich gestern für Lady Astor[1] Strümpfe ausgesucht habe!! Sie hatte ihren Mann beauftragt, ihr eine besondere Sorte zu kaufen, von der sie behauptete, sie sei nur im Vaterland zu kriegen. Das fand er zu schwierig, weil er kein Deutsch spricht, auch nicht die Zeit hatte. So fragte er mich ganz scheu, ob ich sie für ihn einkaufen könne! ...

Montag [2. 10. 33]. Asta mußte in den Ferien einen Aufsatz über das alte Ägypten schreiben, und so gingen wir gestern nach der Kirche, wo Ulla liest, ins Museum und fanden einen außerordentlich intelligenten und enthusiastischen Aufseher, der uns herumführte und uns viele Sachen von enormem Interesse zeigte. Wie er sagte: „Die Ägypter wußten mehr als wir und hatten fast alles, was wir haben.“

Die Kinderspielzeuge waren *genau* wie unsere heute, Krokodile mit beweglichen Kiefern, Bälle aus Leder usw. ...

1 *Lady Astor:* Nancy Astor, gebürtige Amerikanerin, sehr reich, Mitglied des englischen Parlaments. Der Landsitz der Astors, Cliveden, wurde ein Sammelpunkt von Politikern, die meinten, das Hitlerregime durch Konzessionen beschwichtigen und zähmen zu können.

[Berlin-]Friedenau, Wielandstraße 6
8. 10. 33

... Diese Woche war ich kaum draußen, außer „um die Ecke", um Sachen für den Haushalt zu kaufen, so daß ich von Helmuth und Freya wenig gehört oder gesehen habe. Er wartet auf seine zweite große „Arbeit", und dann – die braucht einen Monat – muß er wieder warten, bis ein Platz im Lager für ihn da ist. So ist also noch immer unsicher, wann er gen Süden fahren kann.

Sonnabend suchte mich ein junger Goldschmidt auf, um mich um einen Einführungsbrief an Euch zu bitten. Er schien ein angenehmer und gebildeter junger Mann zu sein. Sein Onkel ist der berühmte Prof. Goldschmidt, der Jowos erster Professor war, und der hat mich darum gebeten. Da er immer sehr gütig zu Jowo gewesen war, tat ich es gerne. Dieser junge Mann möchte etwas auf dem Gebiete der Kunst in Südafrika anfangen, da er als Jude hier keine Chance hat. Ich sagte ihm, er solle Euch schreiben, wenn er in Kapstadt ist.

Heute nachmittag hat mich der Y. T. nach einer anstrengenden Woche ins Kino eingeladen. In der Wochenschau antwortete Hindenburg auf die Glückwünsche zu seinem 86. Geburtstag. Das wurde mit Totenstille aufgenommen. Danach kamen etwa 15 oder 20 Aufnahmen vom *Fest der Bauern* (letzten Sonntag) mit Hitler und Fahnen, *Trachten* und allem vorzüglichen Zubehör, über das die Nazis für ihre Feiern verfügen. Es gab keinen Applaus bis zum Schluß, als etwas geklatscht wurde. Es war recht bezeichnend, und es gab keine rechte Begeisterung. Ohne Zweifel ist es leichter, Versprechungen zu machen, als sie zu halten. Ohne Zweifel ist Hitler ganz aufrichtig, überhaupt nicht selbstsüchtig und für einen Mann mit solcher Macht, was ihn persönlich angeht, rührend bescheiden, aber natürlich dämmert es auch ihm jetzt, daß Zerstören leichter ist als Aufbauen. ...

Berlin, 16. 10. 33

... Du kannst Dir vorstellen, wie erschüttert wir waren, als wir in den Sonnabendnachmittagszeitungen lasen, daß Deutschland den Völkerbund verlassen hat. Das ist alles fürchterlich ernst, und das Schlimmste ist, daß man zu den Männern an der Spitze kein Vertrauen hat. Ich bin sicher, daß es dabei mehr innenpolitische Gründe gab als den Zweck, auf die anderen Staaten Druck auszuüben, und von daher ist es für den Augenblick vermutlich ein sehr schlauer Schachzug. Aber es ist natürlich ein Spiel mit dem Feuer, und wenn es einen Brand gibt, sind wir es, die dafür zahlen, das ist das Schlimme. Persönlich glaube ich zur Zeit nicht an eine akute Gefahr, aber bei Diktatoren besteht immer die Gefahr, daß sie die Vorsicht in den Wind schlagen und alles auf eine fixe Idee setzen.

Da wir jedoch die Dinge nicht ändern und kaum diskutieren können, laß mich abschalten und mich weniger enervierenden Themen zuwenden.

Heute hat mich Lady Astor gebeten, ihr weitere 12 Paar Strümpfe zu kaufen, was mich entschieden belustigt hat, besonders da sie wohl Einfuhrzölle und „Kauft britisch" befürwortet! Das sind so die Inkonsequenzen von Politikern. ...

Der Y. T. hat momentan große Schwierigkeiten. Erstens hat er seinen Kursus (der dauert vierzehn Tage, jeden Morgen 4 Stunden), der schon an sich genug ist, denn er erfordert viel Hingabe und Distanz während dieser zwei Wochen, und dann steht uns eine ernste Krise zwischen C. S. und der Regierung bevor, mit der er sich, als Publikationskomitee, zu befassen hat. Der Arme – wenn diese Sachen nacheinander passiert wären, hätte es viel Arbeit bedeutet, aber es wäre mehr oder weniger normal gewesen, aber so ist es für ihn eine wirklich übermenschliche Aufgabe. ...

Dienstag [17. 10. 33]. Dies war ein sehr voller Tag. Ich habe dem Y. T. geholfen, eine Denkschrift für die Regierung zu übersetzen und zu bearbeiten, und so müßt Ihr verzeihen, wenn dieser Brief ziemlich kurz ist. ...

Liebste Mutter, Wielandstr. 6, 17. 10. 33

dies ist nur ein kleiner Geburtstagsbrief, eine *Überraschung*, wie die Kinder sagten, als sie klein waren, aber er bringt mehr Liebe und zärtliche Wünsche, als man zählen kann. …

Wir leben in einem Zustand ständiger Krisen, nicht nur in der Politik, sondern auch in der Sphäre des Y. T. gibt es unzählige Probleme, die sorgsam behandelt werden müssen.

Es wird Dich übrigens freuen, daß er für ein weiteres Jahr gewählt worden ist. …

Ihr liebsten Zwei, Berlin, 21. 10. 33

letzte Woche war mein Brief in großer Eile geschrieben, und ich muß um Verzeihung bitten. Heute endet der Kursus des Y. T., und nun hoffe ich, mehr Zeit zu haben. Das Unangenehmste an der Entfernung, in der wir vom Stadtzentrum leben, ist, daß es so lange dauert, irgendwo hinzukommen; unser Tag ist also 1–2 Stunden kürzer als der anderer Leute. Das macht viel aus. Und dann, na ja, die Mutter einer Familie hat immer viel zu tun. Und dann sind dies für die Arbeit des Y. T. aufregende Zeiten, denn die Regierung will ihr, wie das ihre Gewohnheit ist, ein Ende bereiten. Bis jetzt steht noch nichts fest, so oder so, aber ich hoffe, alles geht gut.

Heute früh bekam ich einen netten kleinen Brief von Pauline. Es hat mich gefreut, daß sie schrieb, und ich werde bald antworten. Das Kind ist gestern getauft worden und heißt Chloe.

Hier sind überall riesige Anschläge mit den Worten: *Deutschlands Kampf für Ehre und Frieden* und dann: Der und der wird da und da sprechen. Man schüttelt den Kopf und fragt sich, ob Worte heutzutage noch irgendetwas bedeuten.

Sonntag [22. 10. 33]. … Der Kursus des Y. T. ist gestern zu Ende gegangen. Es war *so* eine nette Klasse. Er hatte Schüler aus der Schweiz und Norditalien sowie Deutschland, und alles war hochinteressant und erfreulich. Aber wir brauchen jetzt beide ein paar Tage Ruhe. …

Gestern waren zwei Freunde des Y. T. zum Mittagessen hier. Er ist Bank-Manager in Königsberg, und sie ist eine Schülerin des Y. T. vom letzten Jahr. Sie sind wirklich beide sehr nett und – enthusiastische Nazis. Es ist ganz lehrreich, wie sich jeder (in der Religion ist es dasselbe) den Teil aussucht, der ihm zusagt, und den Rest ignoriert.

Die Kübarts reden überschwenglich über den wunderbaren Geist von Selbstaufopferung und Idealismus in der Weltanschauung und ignorieren alles übrige. Unbestreitbar gibt es viel Idealismus in der Bewegung, besonders unter der Jugend, das ist die Stärke ihrer Anziehungskraft – Selbstaufgabe, Kameradschaft, Selbstdisziplin – das ist die idealistische Seite. Die Kehrseite der Medaille brauche ich nicht zu schildern, Ihr kennt sie, und außerdem könnte es unangenehme Folgen haben! Es wird interessant sein, das Urteil der Geschichte über Hitler zu lesen. Ich muß sagen, vieles an ihm ist bewundernswert, obgleich ich bezweifle, daß er ein starker Mann ist. Ihr wißt wohl, daß er weder trinkt noch raucht oder Fleisch ißt und nie einen Hut trägt. Ich habe ihn nie gesehen, aber im Bild sieht er alles andere als begeisternd aus, auch wenn er eine sehr gewinnende Persönlichkeit haben muß, für manche Typen jedenfalls. …

Berlin, 30. 10. 33

… Gestern hatten wir eine *höchst* erfolgreiche Geburtstagsfeier für den Y. T. Asta kam natürlich aus Eberswalde, und Helmuth und Freya kamen zum Mittagessen (Gans mit Rotkohl und Kartoffeln und danach Pfirsichkompott mit Baumkuchen und dann Kaffee und Schlagsahne). Um 5 kamen die Hans Carls, Ulla, Leno und Edel zum Tee, und um 7 Uhr hatten wir eine Art Picknick-Abendessen, nur Brühe in Tassen (sehr stark) und kaltes Fleisch und einen ausgezeichneten Gemüsesalat. Um 9 waren alle fort, was gut zu unserer Lebensweise paßte. Es gab *viel* Unterhaltung – ziemlich laut – und für die weniger Gesprächigen ein stilles Bridge im Zimmer des Y. T. Ich war besonders froh, daß der Tag ein solcher Erfolg war, denn vor ungefähr 10 Tagen hatte der Y. T. einen scheußlichen Schock, von dem er sich noch nicht ganz erholt hat. Ganz plötzlich und unerwartet wurde er seines Postens als Publikationskomitee für Deutschland enthoben. Die ganze Sache ist ganz unbegreiflich, denn er war in diesem Posten äußerst erfolgreich; als er in Boston war, haben sie ihm angeboten, ihn zu einem permanenten Publikationskomitee zu machen, von Boston ernannt und nicht wie bisher alle 3 Jahre von den größten Kirchen umschichtig gewählt. Er lehnte ab, da die Wahl durch die Hamburger Kirche schon im Gange war und er das Gefühl hatte, man solle dieser Entscheidung nicht vorgreifen. Die Hamburger Kirche (die *sehr* Nazi ist) wollte ihn nicht ernennen, aber Boston intervenierte mit dem Argument, daß in dieser Zeit ein Wechsel nicht zu wünschen sei, und so wurde der Y. T. am 9. Oktober auf den ausdrücklichen Wunsch der Direktoren in Boston wiedergewählt. Am 17. telephonierte die Hamburger Kirche, daß „auf Wunsch der Direktoren" ein anderer Mann von dem Tage an ernannt worden sei. Jetzt warten wir auf einen erklärenden Brief aus Boston, der diese Woche fällig ist, denn uns allen ist die Sache im Moment ganz schleierhaft. Es muß viel Intrige im Spiel gewesen sein, besonders seitens eines der Männer, der zu Vorträgen aus Amerika herkam, und zwei oder drei anderer (alle Nazis), die offensichtlich denken, ein Mann mit Nazisympathien in dieser Position sei eine Vorsichtsmaßnahme. Das ist ein ganz verständlicher Gesichtspunkt. Unverständlich jedoch ist die Tatsache, daß keiner dieser Männer mit dem Y. T. sprach, bevor sie so nachdrücklich nach Boston kabelten. Der Y. T. hat sich in der ganzen Sache glänzend benommen, denn natürlich war es wirklich eine schroffe Abfuhr, aber es hat ihn schrecklich getroffen, und nachdem sein Kursus vorbei war, war er plötzlich arbeitslos. Wenn wir dies alles vorausgesehen hätten, hätten wir wahrscheinlich nicht die neue Wohnung genommen, aber da wir sie nun für ein Jahr haben, werden wir wenigstens den Winter über hierbleiben, und der Y. T. wird wieder Patienten annehmen. Der pekuniäre Verlust ist auch sehr empfindlich, aber wir kommen ganz gut aus. Zum Glück verdient der Y. T. jetzt alljährlich etwas mit seiner Lehrtätigkeit. Dieses Jahr konnte er 100 Pfund beiseite legen, das sind 2000 Mark, die er mir vorläufig „leiht", so daß meine Wechsel einen hoffentlich besseren Wechselkurs abwarten können.

Ich habe Euch nicht gleich über diesen Schlag geschrieben, denn ich meinte, es sei besser, eine oder zwei Wochen abzuwarten, bis sich unsere Entrüstung und Verwunderung etwas gelegt hatte. Auf Boston fällt keine Schuld. Ihnen wurde offenbar von ihrem Mitarbeiter, dem sie vertrauten (dem Dozenten), nachdrücklich geraten, den Y. T. der Sache zuliebe zu entfernen. Und der Dozent wiederum fiel in die Hände von 2 oder 3 Nazifanatikern, denen die Zurückhaltung des Y. T. mißfiel. Das scheint die Erklärung zu sein. Helmuth telephonierte sofort und verlangte eine Erklärung und bekam folgende Antwort: „Unser Vorgehen sollte schonend sein und Schutz für Sie. Erklärender Brief folgt." So warten wir jetzt auf die Erklärung einer höchst überraschenden Aktion. ...

Ich war *so* froh, daß ich in dieser schwierigen Zeit hier beim Y. T. war. Er hat sich die ganze Zeit hervorragend benommen. Die Moltkes sind eine Familie, bei der man sich immer darauf verlassen kann, daß sie die Dinge großzügig sieht und niemals kleinlich, und das ist etwas Großartiges.

Die Wahlaufrufe diese Woche zitierten Lloyd Georges Äußerungen, die, wie der „Spectator“ gleich sagte, vor Bewunderung sogar Dr. Goebbels die Sprache verschlagen haben müssen (wenn das möglich ist)! Was soll das alles, fragt man sich. Bis jetzt haben Militärkapellen, Radio usw. so viel Märsche und Militärmusik gespielt, daß es jedermann zum Halse hinaushing. Jetzt, seit Deutschland Genf verlassen hat, ist „Friede die Losung“, und wir hören keine Märsche mehr, sondern niedliche Stücke von Frühling und Lerchen und so weiter. Der Mann auf der Straße kann sich natürlich keine eigene Meinung bilden, denn er hat keine Gelegenheit, auch nur die mildeste Kritik zu lesen. Keine Zeitung durfte etwas drucken außer Siegeshymnen und Zufriedenheit über die Tatsache, daß Deutschland den Völkerbund verlassen hat. Die Öffentlichkeit weiß einfach nicht, was da auf dem Spiel steht. ...

Berlin, 5. 11. 33

... Helmuth James hat seine zweite (und letzte) Arbeit geschrieben und wartet jetzt auf seine „Einberufung“. Sobald wir das Datum wissen, schreibe ich es Euch per Luftpost, so daß man Pläne irgendeiner Art machen kann. Der totale Wechsel wird ein Gottesgeschenk für ihn sein; ich kann mir nicht vorstellen, was das Leben für ihn ohne diese Hoffnung und Erwartung wäre; geistig noch mehr als physisch bedeutet es ihm so viel. Der junge Goldschmidt, von dem ich Euch schrieb, verläßt Deutschland erst Anfang Dezember und geht dann erst nach England, so daß es eine Weile dauern wird, bis er Kapstadt erreicht.

Der Y. T. bekam heute früh einen *sehr* netten Brief von den Direktoren in Boston, und wir sind sehr erleichtert. Die Geschichte ist zu lang, um sie im Detail zu beschreiben, aber kurz gesagt dachten sie, ein Mann „mit mehr Fühlung zur Regierung“ würde geeigneter sein, und die Plötzlichkeit und scheinbare Ungerechtigkeit entstand durch Mißverständnisse zwischen der Hamburger Kirche (die die Ernennung vorzunehmen hatte) und Boston, und solche Mißverständnisse kommen leicht vor, wenn alles telegraphisch gemacht werden muß.

Ete ist, was sehr nett ist, für einige Tage bei uns, auf dem Rückweg von Carl Dietrichs Hochzeit in Wilhelmshaven. Am Abend vor Etes Ankunft hatten wir das junge Paar zum Abendbrot hier, das war Donnerstag. Sie ist eine ausgesprochen nette junge Frau, aber ohne *„savoir faire“* (was C. D. leider auch nicht hat), und sie hat nicht einmal eine Aussteuer, da sie das Geld, das ihre Eltern dafür beiseite gelegt hatten, zum Studium verwandte. Das ist natürlich sehr lobenswert, aber da von den Mädchen heutzutage erwartet wird, daß sie keinen Beruf ergreifen, sondern heiraten, nicht sehr lukrativ. Der Vater war 27 Jahre lang Bürgermeister von Wilhelmshaven, und Ete sagt, es sind nette Leute. Carl Didi arbeitet jetzt hier beim Kammergericht und wird in $1^{1}/_{2}$ Jahren seinen Assessor machen.

Lieber Daddy, es freut mich, daß Dir „Kleiner Mann, was nun?“ gefällt. Ich habe es vor 2 Jahren gelesen und sehr genossen und gehe nie in ein Konfektionsgeschäft, ohne an den armen Pinneberg zu denken – das war doch sein Name, nicht wahr? ...

Ich war sehr bestürzt, als ich gestern einen Brief von Jowo bekam, er sei gerade der S. A. beigetreten (Nazi-Sturmabteilungen). Das erscheint mir ganz unnötig, aber er ist 24 und muß wissen, was er tut. Wenn C. B. einträte, fände ich es ganz natürlich und richtig, da er immer mit den Nazis sympathisiert hat. Jowo meint, es sei gut für seine Zukunft, und hat ganz bewußt sein Urteil und seine Vernunft abgeschaltet und ist entschlossen, „das Beste daraus zu machen“. Schnitzlers sind Nazis – ihr riesiger chemischer Betrieb, I. G. Farben, wo er Direktor ist, macht riesige Profite an der unglaublich großen Nachfrage nach braunen Hemden und Nazifahnen –, und das hat ohne Zweifel seine Bedenken zerstreut, zumal er dort viele Nazis trifft und nie Kritik hört oder liest. Wir hingegen hören und lesen kaum etwas anderes. Ich gebe zu, es ist mißlich, fruchtlos und bringt nichts ein, so von ganzem Herzen gegen die Machthaber zu sein, und ich wünschte, besonders für Helmuth James und Willo, es wäre nicht so, aber das ist Daddys Einfluß, wir sind alle unfähig zu Kompromissen mit unserem Gewissen, und das ist, was mir an Jowos Handlung mißfällt, obwohl sie sich wahrscheinlich als höchst nützlich bei der Erlangung eines Postens erweisen wird.

Dienstag [7. 11. 33]. Als ich die Sache von Jowos Eintritt in die S. A. mit der Bendlerstraße besprach, habe ich mich ein bißchen mehr damit abgefunden, da sie sagten, daß man, wenn man eine staatliche Anstellung will – und Jowo will eine –, eintreten *muß*. Deshalb wird Helmuth James nicht Beamter. Willo hat natürlich Glück, da er in einem „freien“ Beruf ist.

Gestern sah ich einen ganz entzückenden französischen Film, „La Maternelle“, ganz reizend, ich wünschte, Ihr könntet ihn sehen. Bevor er anfing, hatten wir eine Menge Wahlpropaganda. Es ist für den Mann auf der Straße wirklich ganz unmöglich, einen auch nur annähernd klaren Kopf zu bewahren angesichts dieses Trommelfeuers von „Nazi"-Tatsachen. Es ist genau so, wie man es sich immer in Rußland vorgestellt hat. ...

Berlin, 11. 11. 33

... Ja, Ihr Lieben, morgen ist Wahltag. Man redet am besten gar nicht darüber. C. B. wählt zum ersten Mal und freut sich sehr. Er geht auch in ein Furtwängler-Konzert, und es ist das erste Mal, daß er von Mutters verständnisvollem Angebot, ihm hin und wieder ein Billett zu schenken, Gebrauch gemacht hat. Ich habe ihm deshalb eins für 4 Mark gekauft. Astas Pelzmantel kostet 65 Mark. Das sind die einzigen Beträge, die ich von Eurem Geld ausgegeben habe.

Ihr werdet in den englischen Zeitungen lesen, wie Berlin aussieht und welchem Trommelfeuer die Hirne des unglücklichen Volks ausgesetzt sind. Der Y. T. bringt mir fast täglich den „Manchester Guardian" (der ist jetzt wieder erlaubt, der „New Statesman" leider nicht), und das ist praktisch die einzige Tageszeitung, die ich sehe.

Frede Ilse rief Mittwoch an. Sie war mit Freunden in deren Auto aus Stettin gekommen, nur für eine Nacht und einen halben Tag. Ich habe mit ihr bei Hans Carls zu Mittag gegessen, und dann sind wir ein wenig flaniert, wobei wir uns *intensiv* unterhielten, dann nahm ich sie mit in einen kleinen russischen Laden, den ich kürzlich entdeckt habe, zu einer Tasse russischen Tees (in Gläsern), dann gingen wir auf einen Sprung (10 Minuten) in die Bendlerstraße, und zum Schluß brachte ich sie zu ihren Freunden in ein Hotel Unter den Linden. Sie und Carl Viggo haben sich ganz mit dem gegenwärtigen Regime abgefunden, was einerseits beunruhigend ist, aber für sie und ihn eine große Annehmlichkeit für ihre Gemütsruhe. ...

Montag [12. 11. 33]. ... Ich glaube, ich werde Euch nicht viel über die „Wahl" erzählen; es würde bedeuten, nichts oder alles zu sagen, und das wäre nicht klug. In Anbetracht der Umstände fand ich die Zahl der „Nein"-Stimmen[1] ziemlich groß. ...

1 *Neinstimmen:* 95,2 % der Wahlberechtigten wählten; 92,2 von ihnen gaben „Ja"-Stimmen ab.

Berlin, 19. 11. 33

... Innerhalb der protestantischen Kirche in Deutschland geht eine höchst interessante und wichtige Auseinandersetzung vor sich, zwischen den nicht-regierungshörigen Mitgliedern und den „Deutschen Christen“, die eine rein politische und fügsame Körperschaft sind. Die Deutschen Christen gewannen die erste Runde: Der Reichsbischof[1], ein Mann, der aller Liebe und Vertrauen genoß, wurde zum Rücktritt gezwungen, und Bischof Müller[2], Hitlers Freund, trat an seine Stelle. Seitdem tobt der Kampf, und die protestantische Kirche scheint die einzige Körperschaft zu sein, die imstande ist, den Machthabern etwas Widerstand entgegensetzen zu können. Seit ihrer ersten Niederlage haben sie wichtige Zugeständnisse erlangt und wachsen natürlich täglich an Gnade und geistiger Kraft, so daß die Aussicht besteht, daß sie gewinnen. Das wäre nicht nur ermutigend und hoffnungsvoll, sondern zeigt auch, daß trotz dem modernen wissenschaftlichen Denken die Religion immer noch die stärkste Empfindung der Menschen ist. Und daß diese, trotzdem wir von unserem „materialistischen Zeitalter“ und dem „Versagen der Kirche“ sprechen, doch vielen immer noch mehr als alles andere bedeutet. ...

1 *Reichsbischof:* Friedrich von Bodelschwingh (1877–1946), berühmt für seine karitative und sozialdiakonische Tätigkeit in den Bodelschwinghschen Anstalten in Bethel bei Bielefeld; am 27. Mai 1933 zum Reichsbischof der Deutschen Evangelischen Kirche gewählt, trat jedoch am 24. Juni mangels genügender Unterstützung der in sich uneinigen Kirche zurück. Widersetzte sich später der „Euthanasie“-Aktion des Regimes und konnte die meisten zur Tötung vorgesehenen Patienten in Bethel retten. 2 *Bischof Müller:* Ludwig Müller, Königsberger Militärpfarrer.

Berlin, 25. 11. 33

... Die Nachrichten über das Referendarlager sind beruhigender. Die Leute, die das Kommando ausüben, haben jetzt weniger Eifer, und alles ist *gemütlicher*. Aber natürlich weiß keiner, wann der Junge aufgerufen wird. Erst muß eine Stelle frei werden, denn das Lager ist voll. Wenn es nur eine bessere Jahreszeit wäre, dann könnte es dem Jungen sogar gut tun, aber naßkaltes Wetter ist nichts für das Lagerleben, besonders für einen, der so fröstelt und so wenig an das Leben im Freien gewöhnt ist wie Helmuth.

Montag [27. 11. 33]. ... Habt Ihr etwas über unser *Eintopfgericht* gelesen? Es ist eine sehr gute Nazi-Idee. Am ersten Sonntag des Monats ißt ganz Deutschland (inklusive Hotels, Restaurants, Speisewagen) mittags ein Eintopfgericht, das heißt, ein Gericht, das in einem Topf gekocht wird, wie Irish Stew usw., und das Geld, das dabei gespart wird, wird am Abend davor für die Winterhilfe gesammelt. Keiner soll an dem Sonntag für mehr als 50 Pfennig essen, aber natürlich nehme ich an, daß man in Restaurants 1.50 M. für dieses spartanische Mahl bezahlt. Jeder hält sich mehr oder weniger daran, und es ist wirklich eine gute Idee. Die Nazis sind überhaupt sehr „tätig" für die Winterhilfe, jeder Haushalt soll ein Pfund die Woche für die Armen geben (Reis, getrocknete Erbsen oder Bohnen usw.), und Leute mit Gehältern erzählen mir, daß praktisch ein Drittel von ihrem Gehalt für solche Zwecke abgezogen wird, bevor sie es bekommen. Das macht die Nazis nicht populärer bei denen, die Löhne und Gehälter beziehen, aber natürlich bei den Armen und Hungrigen.

Dienstag. Diesen Vormittag habe ich ein paar Weihnachtseinkäufe gemacht und war dann zum Mittagessen bei der lieben Freya und Helmuth. Sie sind so lieb. Dem armen Helmuth ist alles so leid, und er sehnt sich danach, mit seinem Examen fertig zu werden und wegzukommen. Erst ist Edgar Mowrer weggegangen, und Ohle geht in ein oder zwei Tagen, und natürlich sehnt er sich umso mehr nach der erfreulichen Veränderung, die Ihr ihm ermöglicht. Ich glaube, Ihr könnt Euch nicht vorstellen, was es für die beiden bedeutet. ...

Berlin-Friedenau, 1. 12. 33

Sonntag [3. 12. 33]. ... Eben habe ich gehört, daß der Junge am 9. ins Lager geht. Der Arme – und doch ist es angenehm, daß es endlich feststeht. Dienstag schicke ich Euch, wie versprochen, einen Luftpostbrief. Ihr werdet Euch freuen, daß die Dinge sich *endlich* vorwärts bewegen. Ich hoffe nur, daß es nicht allzu anstrengend ist. Das Essen soll nicht gut sein oder reichlich, und natürlich kann man nichts mitnehmen, denn das wäre gegen den „Kameradschaftsgeist". ...

Lebt wohl, Ihr Lieben. Ich weiß, daß wir alle zu Weihnachten sehr aneinander denken werden, und wir freuen uns alle, daß Helmuth und Freya bald zu Euch eilen werden, und wie glücklich *sie* sein werden, und ich hoffe, Ihr beide werdet ihren Besuch auch sehr genießen. Ich könnte Euch nichts schicken, was ich mehr liebe oder was mir kostbarer ist. Daß Dad sich mit Freya glänzend verstehen wird, ist sicher, aber ich *hoffe* auch, daß er und der Junge sich verbrüdern, obgleich das nicht so sicher ist. Mir erscheint der Junge wie ein überraschendes

Ebenbild seines Großvaters, und dieser Fortbestand – besonders von ethischen Maßstäben und Sensibilitäten – ist hochinteressant und für mich als Vermittlerin ziemlich überwältigend, wenn man bedenkt, wie gänzlich verschieden das Leben der beiden war.

Jedenfalls sind diese lieben zwei jungen Leute, die zu Euch kommen, ein sehr kostbares junges Paar, und sie gehen zu einem sehr kostbaren alten Paar, und mein Herz ist stark an allem beteiligt. ...

Berlin, 11. 12. 33

... Eben hat mir Freya ihren Brief von Helmuth, der am Sonnabend ins Lager ging, durchtelephoniert. Er schläft und wohnt in einer Stube mit 28 anderen, und es ist so kalt, daß sie ihren eigenen Atem sehen können. Der Arme, es ist eine scheußliche und ganz überflüssige Erfahrung; aber zum Glück dauert es nicht sehr lange, und sicher hat er, einfach durch seine Persönlichkeit, sehr bald einen guten Einfluß auf seine „Kameraden". Aber natürlich ist ein kalter Raum mit schlechter Luft, in dem die meisten den ganzen Tag rauchen, eine Strapaze für den lieben Jungen. Wahrscheinlich sind die ersten Tage die ärgsten, und er wird sich dann schon darin irgendwie einrichten, wenn es nur nicht so kalt wäre. Wir haben selten eine solche Kälte vor Weihnachten, das ist ganz ungewöhnlich und ein großes Pech für den Jungen, der Kälte fast so haßt wie Daddy. ...

Jowo, der Glückspilz, schreibt, daß er sehr nette Engländer in Frankfurt kennengelernt hat, und sie haben ihn eingeladen, das nächste Mal, wenn er in London ist, bei ihnen zu wohnen, und der Mann ist einer der Manager der Standard Bank!

Willo gedenkt, bald nach Weihnachten nach Eton abzureisen. Im Moment hat er doppelte Arbeit, einmal als Student der Technischen Hochschule und dann als Blocks Assistent. Er verdient jetzt sogar etwas Geld und hat gerade ein Büro für Carl Deichmanns Bank eingerichtet, wofür er 10% der Kosten der Möbel bekommen hat. Carl hat Freya erzählt, daß die Arbeit bewundernswert war; das ist also sehr befriedigend. Block wird ihm auch 10% seiner Verdienste geben, aber bisher hat Block noch keine festen Aufträge, alles ist noch provisorisch und im Stadium des Wettbewerbs. Momentan ist Hochbetrieb für Innenarchitektur – draußen ist es zu kalt –, weil die Regierung, um die Arbeitslosigkeit zu beheben, jedem reichliche Subventionen gibt, der überhaupt Arbeit im Winter unternimmt. So sind also die Chancen recht gut, zumal Block darauf spezialisiert ist, große Privathäuser in Wohnungen aufzuteilen, wie in der Bendlerstraße. So geht es Willo im großen und ganzen gut.

Ich wünschte, ich könnte von C. B. dasselbe sagen, der sich solche Mühe gibt und so bedauerlich wenig Erfolg hat. Ich habe vor ein paar Tagen mit seinem Lehrer gesprochen. Sein Französisch hat sich *sehr* gebessert, alle Nebenfächer (Geschichte, Chemie, Biologie) ausgezeichnet, Deutsch schlecht und zwei Hauptfächer, Englisch und Latein, sehr schlecht. Er kann nicht versetzt werden, wenn er in seinen Hauptfächern mehr als ein „ungenügend" hat, und das bedeutet viel schwere Arbeit, und er arbeitet schon so viel, aber ich habe das Gefühl, er weiß nicht recht, wie und auf was er sich konzentrieren soll. Diese Woche hat der Y. T. mit den beiden Jungen unsere 3 Parkettböden mit Stahlwolle abgeschabt, eine scheußliche Arbeit, dreckig und langweilig, langwierig und ermüdend, aber wir haben dabei mindestens 40 Mark gespart. Es war von den 3 Männern sehr edel, und jetzt glänzt der Boden schön. …

Berlin-Friedenau, 16. 12. 33

… Dies ist Dein Geburtstagsbrief, und mein Herz und meine Gedanken sind voll von Dir. In Deinem Alter ist ein Geburtstag etwas ganz Besonderes, denn es ist eigentlich ein Tag des Dankes, für Dich, für uns, einfach für die Tatsache, daß es Dich gibt und wohlauf – jedenfalls für's äußere Auge, Du selbst bist Dir der schwachen Stellen bewußter –, Deine liebe, liebe Person, so gesund an Geist, Herz und Körper. So siehst Du, daß wir wie die Amerikaner unseren Thanksgiving Day haben, aber unserer fällt auf den 8. Januar. Wenn man bedenkt, woran Du alles bewußt teilgenommen hast, ist man ganz überwältigt, und der erste Teil Deines Lebens fiel in den wohl angenehmsten Zeitabschnitt unserer westlichen Zivilisation seit dem Mittelalter, obgleich es wahrscheinlich damals niemandem klar war und die Leute sich auch damals über schlechte Zeiten beklagt haben. Aber eine Welt, in der Giftgas und Flugzeuge und Radio unbekannt waren und der letzte Diktator mit Erfolg auf eine Insel im Atlantik verbannt worden war, muß unendlich ruhiger und angenehmer gewesen sein als die Welt, wie wir sie jetzt kennen. Du jedoch und Mutter und Kolara, Ihr seid ein sonniger und heiterer Hintergrund in all unseren Gedanken, und jetzt lernen zwei meiner Lieben das alles persönlich kennen, was mir ein großer Trost ist, für sie und auch für Euch, denn ich bin sicher, daß Du Dich sehr freuen wirst, sie kennenzulernen. …

Die Kälte ist schneidend, wir haben noch nie solches Wetter vor Weihnachten gehabt, und es ist wirklich Pech für den Jungen, bei solchem Wetter im Lager zu sein. Achtundzwanzig in einem Raum – und kein Fenster offen, darauf kannst Du Dich verlassen! –, und wahrscheinlich rauchen die meisten die ganze Zeit. Freya wird den Sonntag mit ihm in Jüterbog verbringen – ungefähr $^3/_4$ Stunden mit der Bahn von Berlin –, und wenn sie mir berichtet hat, kann ich Euch mehr sagen. Aber er schrieb ganz vergnügt und sagte: *ich halte es spielend aus*, und das hat uns beruhigt. Sie dürfen keine Bücher haben, und er ist in einer Art Uniform und muß sehr komisch aussehen. Sie haben sogenannten *Wehrsport* – Laufen, Springen, Schleichen, Kriechen, also was Soldaten tun – am Morgen, und Spiele – Fußball, Schlagball usw. – am Nachmittag, und viel Singen. Wenn es eine andere Jahreszeit wäre, würde es dem Jungen sicher gut tun. Es ist so kalt wie letztes Jahr, als Mutter ankam.

Gestern ist der Y. T. ins Justizministerium gegangen, um zu sehen, ob das Schlußexamen des Jungen irgendwie beschleunigt werden kann, aber es sieht nicht so aus, als ob er vor dem 10. Februar dran ist. Das ist natürlich sehr spät, aber es ist immer noch möglich, die „Watussi" zu erreichen. Schlimmstenfalls müssen sie England aufgeben. …

Montag [1. 12. 33]. … Morgen fahre ich nach Kreisau ab. Natürlich ist es ein Luxus, daß wir Weihnachten in Kreisau verbringen, aber die Kinder wollten es so gern und sagten, es mache den ganzen Unterschied, und natürlich sehen wir viel mehr von Helmuth und Freya, wenn wir alle zusammen sind. Außerdem wäre Helmuth während seiner 8 Tage Urlaub sowieso nach Kreisau gegangen, und wir hatten alle das Gefühl, nächste Weihnacht sind wir vielleicht nicht alle zusammen, so daß wir das Beisammensein dieses Jahr so richtig genießen wollen. …

Eben hat Freya angerufen und gesagt, daß sie Helmuth ganz zufrieden vorgefunden hat; er hatte einen Schnupfen wegen der Kälte, dem Leben im Freien und ungenügender Heizung, aber die Lagerleitung ist nett, das Essen ist gut – und nicht, wie wir hörten, sehr schlecht –, und die körperlichen Anstrengungen machen ihm gar keine Mühe. Er trug Reichswehruniform, natürlich viel zu klein für ihn, und er muß sehr komisch ausgesehen haben. Er sagte, daß mit Schuheputzen, Zimmer in Ordnung halten, Bettenmachen usw. seine ganze Freizeit besetzt sei! Ich bin so sehr erleichtert, daß alles scheinbar so angenehm ist. …

Kreisau, 22. 12. 33

... Dienstag abend kam ich an und fand eine weiße, weihnachtliche Landschaft vor, die herrlich aussah. Die große Kälte war vorbei, das Berghaus war warm, und Ete, Mamsell und Peter bereiteten mir, alle auf ihre Art, einen herzlichen Empfang. Gestern sind der Y. T. und Asta angekommen, heute Frieda – ein sehr wichtiger Faktor – und C. B., morgen abend kommen die 4 anderen. Ich hatte einen reizenden Brief von Genia, die schreibt: *Ich fühle ganz die unsentimentale, liebreiche Romantik dieses Zusammenseins gleichgestimmter Menschen, die im tiefsten Sinne des Wortes miteinander verwandt sind.*

Das scheint mir unsere Empfindungen beim gemeinsamen Weihnachtsfest in Kreisau sehr gut wiederzugeben, und die Natur hilft auch noch, die Stimmung – soweit das möglich ist – zu erhöhen, indem sie uns statt Matsch Schnee gibt. So seht Ihr, Ihr Lieben, daß wir sehr glücklich und bewußt glücklich sind, denn niemand weiß, wo wir alle nächste Weihnachten sein werden; in diesen unruhigen Zeiten kann keiner Zukunftspläne machen. Der Y. T. sieht die Dinge sehr pessimistisch, aber *niemand* kann glaubwürdige Prophezeiungen machen. Mir scheint, es hat noch nie eine ähnliche Weltsituation gegeben, und so viel hängt von den Entwicklungen in Amerika ab. England scheint auf jeden Fall das stabilste und friedlichste Land auf der Welt zu sein.

Aber was immer draußen geschieht, wir gedenken diese Weihnacht sehr fröhlich zu sein – ich hoffe nur, daß das morgige Urteil im Reichstagsbrandprozeß[1] uns nicht allzusehr deprimieren wird. ...

1 *Urteil im Reichstagsbrandprozeß:* s. 5. 3. 33.

Kreisau, 31. 12. 33

... Wir haben es so sehr genossen diese letzte Woche und waren alle ganz sorglos und fröhlich. Natürlich hatte der Junge gar keine Zeit, auch nur einen Brief zu schreiben oder auch nur eine Seite von einem Buch zu lesen, sondern er hat die ganze Zeit an Kreisauer Angelegenheiten gearbeitet, aber jedenfalls geschah alles in Ruhe, wir haben abends Bridge gespielt und uns unterhalten und Grammophon gehört, sind um 10 ins Bett gegangen und erst um 8 Uhr morgens aufgestanden, und ich glaube, es hat ihm gut getan, sehne aber seine Zeit an Bord herbei, wo er nicht arbeiten *kann*. Ich wußte nicht, ob ich lachen oder ihn schelten sollte, als er mir heute sagte, er würde sich mit seiner

Steuererklärung auf der Reise von Hamburg nach Southampton befassen. Seht Ihr, er muß die Dinge in Kreisau so geordnet hinterlassen, daß sie ohne ihn glatt laufen, und er wird die Abwechslung und die Ruhe und Sonne nötiger haben denn je, wenn er damit fertig ist. Es ist doch schön, daß er gerade an seinem Geburtstag in Südafrika ankommt! Zwei Monate früher wäre noch besser gewesen, aber so haben wir schöne Weihnachten, ganz wolkenlos und voller Frohsinn und Gelächter. …

Was für ein Jahr haben wir hinter uns! Natürlich brachte das Jahr 1914, obgleich man es sich nicht klarmachte, vielleicht mehr mit sich als irgendein anderes, das ich durchlebt habe, aber 1933 war für uns im Vaterland eine größere Umwälzung. Die Ansichten, die Werte, die Ideale haben sich radikaler geändert als je zuvor. Ein gräßliches Jahr. Und was hält wohl 1934 für uns alle bereit? Was für ein Geheimnis das alles ist. …

Entwurzelt

Kreisau, 8. 1. 34

... Vor ein paar Tagen schrieb Frede Ilse an C. B., daß sie ein Reichswehroffizier gefragt habe, ob ihr geeignete junge Leute bekannt seien, mit guter Kinderstube, die ins Heer eintreten wollten – natürlich als Offiziere; das Abitur sei nicht so wichtig. Da C. B.s Aussichten auf Versetzung zu Ostern sehr zweifelhaft sind, dachten er und wir, er solle sich melden und diese Gelegenheit ergreifen, obgleich er sagte (und das war interessant und zeigt, wie meilenweit er in den letzten zwei Jahren gekommen ist): „Das Soldatenleben gefällt mir nicht, es ist so ungeistig, aber ich kann nicht wählerisch sein." Leider oder vielleicht zum Glück lag ein Irrtum vor, und das Abitur *ist* nötig. Damit ist es also nichts. Vor einiger Zeit habe ich mit seinem Klassenlehrer gesprochen, der sehr nett über den Jungen sprach und sagte, er arbeite eigentlich zuviel, und er verstünde selbst nicht, warum die Ergebnisse so bedauerlich seien, ganz abgesehen davon, daß seine Elementarkenntnisse sehr unsicher seien. Es ist wirklich ein schwieriges Problem, denn das Kind ist kein Narr und hat echtes Interesse an geistiger Betätigung. Aber jetzt hat er natürlich das Stadium erreicht, daß er von Anfang an sicher ist, jede Sache, die er anfängt, zu verpatzen. ...

Berlin, 14. 1. 34

... Du hast in Deinem letzten Brief viele Fragen gestellt, über Jowo, Geld, usw., die ich ziemlich ausführlich beantworten möchte. Jowo hofft, seine Doktorarbeit zu beenden und sein Examen bis etwa Juli zu bestehen. Aber das heißt natürlich nicht, daß er sich dann selbst erhalten kann. Sein Freund Dr. Lauts (den Du bei Dr. Banges kennengelernt hast) arbeitet seit zwei Jahren als freiwilliger Assistent im Museum. Das ist wahrscheinlich ein extremer Fall, da Lauts weder in der SA noch in irgendeiner anderen Naziorganisation ist und daher seine Chancen unglaublich gering sind. Aber ich würde wirklich Jowo etwas weniger Geld schicken, wie er selbst vorgeschlagen hat. Jetzt, da er nicht mehr an der Universität ist, hat er viel geringere Kolleggelder und kommt mit weniger aus.

C. B.s Krise kommt im März. Wenn er versetzt wird (wir haben keine Versetzungen im Herbst) – was keineswegs feststeht –, hat er immer noch ein Jahr Schule vor sich und danach wahrscheinlich die Reichswehr, und da braucht er dann keine finanzielle Unterstützung. Wenn er nicht in die oberste Klasse versetzt wird, wird er wahrscheinlich von der Schule abgehen, weil er dann zu alt ist, wird 6 Monate in ein Arbeitslager gehen (alle jungen Männer tun das) und dann in die Landwirtschaft; aber wir haben diese Situation noch gar nicht mit ihm besprochen, da das zu herzlos wäre. Jedenfalls glaube ich nicht, daß er irgendwelche finanzielle Hilfe braucht. Nun zu Asta. Ich möchte gern selbst für ihre 6 Monate in Dachau bezahlen, aber ich weiß nicht, ob ich es schaffen werde. Es kostet 75 Mark im Monat, und da sind natürlich Extras, Wäsche usw., so daß sie etwas unter 100 Mark im Monat kosten wird, außer der Reise. Darf ich es offen lassen und Dich nötigenfalls um etwas Hilfe bitten, wenn es sich als unmöglich erweist, all meinen Verpflichtungen nachzukommen? Du bist in diesen Dingen immer so lieb und verständnisvoll, liebste Mutter, und so generös, aber ich *will*, daß Ihr ein neues Auto kaufen könnt, und es ist gräßlich für mich, Euch so viel wegzunehmen.

Mir schien Jowo etwas deprimiert über seine Doktorarbeit; ich glaube, er hält sie für nicht sehr gut – und das ist wahrscheinlich eine Geisteshaltung, die er mit vielen gemein hat, die in Prüfungen stecken. Vor etwa 10 Tagen, als er in Berlin war, traf er Prof. Valentiner, einen führenden Kunsthistoriker. Er ist ein Mann mit Weltruf, der Direktor der Galerie in Detroit ist. Er war sehr freundlich zu Jowo und hat zwei Stunden lang mit ihm fachgesimpelt und ihm viele Photographien geschenkt und geliehen. Eine Reproduktion war Prof. V. rätselhaft, er dachte, es könne ein früher Rembrandt sein, und siehe da, Jowo identifizierte sie als einen unbekannten de Bray! Das war nicht nur sehr aufregend, sondern auch sehr ermutigend und hat Jowo sehr genützt und ihm mehr Selbstvertrauen gegeben. …

Berlin, 15. 1. 34

… Freya sagt, Helmuth geht es ganz gut, aber er schläft zu wenig, und sie sind alle erkältet. Mit den Nazis, die sehr anständig sind, kommt er gut aus. Ich werde aber erst richtig erleichtert sein, wenn die beiden abreisen, denn da kann noch so viel dazwischenkommen –

wenn das Examen zu spät ist, wenn Kreisau seine Anwesenheit erfordert und so weiter. Wir hoffen aber alle aus Leibeskräften. Die beiden Kinder können kaum an etwas anderes denken. ...

Berlin, 27. 1. 34

... Ich würde am liebsten meine vier Söhne irgendwohin verpflanzen, wo die Kriegsgefahr weniger akut ist; aber so etwas macht sich nicht leicht und ist niemals angenehm. Und jetzt kommt ganz plötzlich Deutschlands Nichtangriffspakt mit Polen! Es ist schon eine verrückte Welt, und ich hoffe nur, daß es beiderseits ernst gemeint ist. ...

Dienstag abend [30. 1. 34]. ... Heute ist der Jahrestag von Hitlers Machtergreifung, und aus dem Radio brüllen die Reden der großen Männer. ...

Berlin, 5. 2. 34

Dienstag [6. 2. 34]. ... Ich stimme ganz mit dem überein, was Daddy über den Reichstagsbrandprozeß sagt. Natürlich haben sie den Prozeß nicht dem stärksten und mutigsten Richter gegeben, sondern einem von geringerer Statur. Trotzdem hat er am Ende versucht, auf der Unabhängigkeit der Rechtsprechung zu bestehen, unter schrecklich schwierigen Bedingungen, Bedingungen wie Ihr und die Außenwelt sie Euch gar nicht vorstellen könnt.[1] Ein weiteres und noch unabhängigeres Urteil ist inzwischen gegen eine Gruppe von Kommunisten ergangen, die angeklagt waren, einen SA-Mann ermordet zu haben. ...

1 *vorstellen könnt:* Van der Lubbes kommunistische Mitangeklagte wurden freigesprochen – s. 5. 3. 33.

Berlin, 13. 2. 34

... Ich fange diesen Brief schrecklich spät an, aber die letzten Tage waren hektisch. Sonnabend hatte der Junge sein Examen. Um 4 Uhr rief er an, um zu sagen, daß er es bestanden hatte. Das hatten wir natürlich erwartet, aber man kann nie wissen, besonders heutzutage. Was uns köstlich amüsiert hat, war, daß seine Zensur nur *befriedigend* war und seine Prüfer sagten, sie könnten ihm nichts Besseres geben (cum laude oder Auszeichnung), da er eine so erbärmliche Handschrift habe (wahr, aber kaum ein triftiger Grund bei einer so wichtigen Prüfung) und so wenig praktisches Wissen, nur rein theoretisches!! Ich fürchte, der Prüfer hätte keine Prüfung als Kenner des menschlichen Charakters bestanden! Nach einem Abendessen mit seinen Mitassessoren nahm der Junge den Nachtzug nach Kreisau, hat sich dort am Sonntag um alles gekümmert, fuhr am Montag geschäftlich nach Breslau, kehrte am Abend nach Berlin zurück, wo wir ihn eine halbe Stunde sahen, und um 9 Uhr früh fuhren die beiden lieben Kinder glückselig ab. Carl Deichmann und ihre sehr nette Freundin Edith Curtius, Willo und ich brachten sie zur Bahn. Carl und Edith sind beide schrecklich traurig, sie zu verlieren, denn Helmuth und Freya haben ihnen beiden viel bedeutet und werden ihnen sehr fehlen. Dasselbe gilt für Willo. Er hat sie so oft in der Bendlerstraße besucht oder bei ihnen gegessen. Ich bin momentan so froh, daß sie zu Euch fahren, daß ich nicht sagen kann, daß ich traurig bin, obwohl sie mir mit der Zeit wohl immer mehr fehlen werden. Und man fragt sich, was zwischen ihrer Abfahrt und Rückkehr geschehen wird und welche Entscheidungen der Junge hinsichtlich seiner künftigen Laufbahn usw. treffen wird. Jedermann hält sie für die größten Glückspilze in Deutschland, da sie auf diese schöne Reise gehen, und ich weiß, sie denken auch so. So hoffe ich, daß Euch ein bißchen klar ist, was Eure liebenden Gedanken und Eure Freigebigkeit für sie bedeuten. Die Kinder werden Euch viel von uns erzählen können, und Ihr werdet alle sehr glücklich miteinander sein. Ich hoffe nur, ihr Besuch wird nicht zu viele häusliche Belastungen für die *bonne mère* bedeuten oder zu viele Unterbrechungen für den lieben Dad. Ihr müßt mit ihnen ganz offen sein – daran sind sie gewöhnt – und sagen: Dad läßt sich nicht gern stören usw. usw. Das macht alles so viel leichter und angenehmer für alle, wenn man weiß, was Geschmack und Gewohnheiten des Gastgebers und der Gastgeberin sind, so daß man nicht ständig tasten muß. ...

Berlin, 17. 2. 34

... Ich hoffe, Daddy, daß Du trotz der vielen Unterbrechungen, die sich ergeben, mit Deinen Memoiren weiterkommst. Ich warte sehnlichst darauf, die ersten Kapitel zu sehen; Du mußt doch jetzt etwa bei dem 8. oder 9. sein? Das bedeutet mindestens ein Drittel des Ganzen. Aber die letzten zwei oder drei Kapitel[1] sind besonders interessant, obwohl ich befürchte, daß Du die Prophezeiungen für die Zukunft aufgeben mußt. Denn man kann kaum 6 Monate im voraus prophezeien. Mir scheint, daß es gut möglich ist, daß sich der Faschismus in der einen oder anderen Form über die ganze Welt ausbreiten wird, jedenfalls für eine Zeit, bis die Menschen ihn total satt haben. Aber ich bin mir nicht einmal ganz sicher, daß England gegen diese Ansteckung gänzlich gefeit ist. Der Faschismus scheint auf jeden Fall mehr Anziehungskraft zu haben – wahrscheinlich, weil er egoistischer und weniger edel ist als der ideale Bolschewismus – als die russische Form der Diktatur.

Aber es ist wirklich kein Vergnügen oder leicht, in einer Welt neuer und – für uns – niedrigerer Werte und Maßstäbe zu leben. Hat es je, frage ich mich, einen solchen vollständigen Umschwung gegeben? Schließlich hatte der Übergang vom Mittelalter zur modernen Welt, der Anfang des Humanismus, Tendenzen nach oben, was man von den jetzigen Idealen nicht sagen kann, obgleich sie eine Reaktion auf vieles sein *mögen*, was in der Vergangenheit ungesund und falsch war. Ja, die Zukunft ist ein versiegeltes Buch, und im Moment bekümmert mich das wenig, wenn ich an Euch liebe Vier zusammen denke, und *das* ist wirklich ein Trost. ...

1 *die letzten zwei oder drei Kapitel:* Sir James Rose Innes brach die Memoiren ab, als er von dem Tod seiner Tochter erfuhr. Die letzten Kapitel blieben ungeschrieben.

Berlin, 24. 2. 34

... Heute, am letzten Tag, an dem ich je „diesseits der Fünfzig" sein werde, muß ich Euch ein paar Zeilen schreiben und meine Liebe senden, *heiße Liebe*, wie es Asta nennen würde, denn ich weiß, Ihr denkt viel an uns und liebt mich auch heiß. Ich kann's nicht glauben, daß ich ein halbes Jahrhundert gelebt habe, und wahrscheinlich könnt Ihr es auch nicht glauben! Ist die Zeit nicht eine der trügerischsten Illusionen? Ich fühle mich kein bißchen alt – obgleich die Kinder mich natürlich dafür halten, und ich weiß, daß ich für Euch beide immer Euer Küken und Kind bleiben werde, und das ist höchst beruhigend. Aber ich möchte vor allem Euch Lieben für alle Liebe danken, die Ihr mir in diesen 50 Jahren erwiesen habt. Nie habt Ihr mich im Stich gelassen, und ich kann mir keine Eltern vorstellen, die verständnisvoller, selbstloser und liebevoller sein *könnten*. Ihr habt mich zwar in eine Epoche großer Unruhe und Zerrüttung gepflanzt, und ich habe gewiß die Sache nicht besser gemacht – vom Standpunkt der Ruhe und Sorglosigkeit –, als ich meinen Wohnsitz in Deutschland wählte, aber vielleicht ist das interessant und kann jedenfalls nicht ungeschehen gemacht werden – weder das eine noch das andere –, und ich muß sagen, daß ich mich trotz allem für einen *sehr* glücklichen Menschen halte. ...

Berlin, 5. 3. 34

... Violet Connolly kam zum Mittagessen, eine sehr nette und außerordentlich intelligente junge Frau. Sie hat mir erzählt, daß der irische Gesandte hier ein glühender Nazi ist – was nicht erstaunlich ist – und so viel gegen die Juden hat wie der 110%igste Nazi. Es würde mich nicht wundern, wenn wir in ein oder zwei Jahren Schwierigkeiten in England – ganz abgesehen von Irland – mit den Schwarzhemden haben. ...

Sterntor-Hospiz
Nürnberg, Sonntag, 25. 3. 34

... Das *Germanische Museum* macht erst um 10 Uhr auf, und so habe ich ein Viertelstündchen, um mich etwas mit Euch zu unterhalten. Die Geschichte wiederholt sich: Ich habe in den letzten Tagen so viel an *la bonne mère* gedacht, wie sie und ich als Mutter und Tochter miteinander gereist sind, und jetzt bin ich hier mit meiner Tochter! Asta ist ein liebes Kind zum Herumführen, interessiert und enthusiastisch, was viel wert ist. Gestern waren wir in Bamberg und hatten Jowo dabei, was besonders schön war. Er kam kurz nach uns am Freitag abend an, und wir hatten einen sehr glücklichen Tag zusammen. Der Bamberger Dom und besonders seine Statuen gehören zu den berühmtesten auf dem Kontinent. Ihr werdet den *Reiter*, den ich beifüge, lieben. Die Kirche ist in ihrer Einfachheit und Schönheit ganz wundervoll. Jowo hatte seinen Feldstecher bei sich, und so konnten wir die Statuen gut studieren, und da wir im voraus schon viel über Bamberg gelesen hatten – Mutter wird das würdigen –, fühlten wir uns ganz zu Hause dort. ...

München, Montag [26. 3. 34]. ... Ich sitze in der Sonne im *Hofgarten*, während Asta sich irgendwo die Haare schneiden läßt, und dann werden wir irgendwo zu Mittag essen. München ist wirklich eine charmante Stadt – Helmuth J. rümpft wahrscheinlich die Nase, und sie mag wirklich etwas „tot“ sein, wenn man da wohnt, aber sie hat

Ruhe und Charme, Schönheit und Heiterkeit und eine solche Weiträumigkeit. Asta ist entzückt – heute früh haben wir uns die Läden angesehen und die Kunst einmal ziemlich vernachlässigt –, und sie sagt, sie will ihre Kleider in Zukunft nur noch in München kaufen, hier ist alles so schick, woraus Ihr seht, daß sie sich zu einem Modegeschöpf entwickelt!

Freya wird es übrigens interessieren, daß Lilo Schnitzler mit einem Herrn Scholtz verlobt ist, Röhms rechter Hand. Die Verlobung soll Ostern bekannt gemacht werden. Jowo hat Herrn Schultz (oder Scholtz, ich bin nicht ganz sicher)[1] bei Lilos Ball in Berlin getroffen und fand ihn sehr nett. Natürlich ist er ein großer Nazi, aber Lilo ist es auch; er sieht gut aus, ist gebildet und in jeder Weise attraktiv. Der einzige Nachteil ist eigentlich nur sein außerordentlich gewöhnlicher Name. Lilo soll glückselig sein und läßt sich von ihrer Mutter nicht mehr so herumkommandieren, worüber sich alle freuen. …

1 *nicht ganz sicher:* Er hieß Herbert Scholz.

Berlin, 2. 4. 34

… In meinem letzten Brief habe ich, glaube ich, von unserer Reise bis München erzählt. Jetzt kommt der interessanteste Teil, nämlich Astas gegenwärtiger Wohnsitz – Dachau. Wir kamen dort am letzten Dienstag, dem 27., morgens an. Es liegt 25 Minuten nördlich von München, das heißt weg von den Seen und Bergen, in einer hohen Moorlandschaft. Frau Wirsching holte uns am Bahnhof ab, und wir gingen zu Fuß zu ihrem Haus, dem Pollnhof, etwa 20 Minuten entfernt. Es ist ein viereckiges altes Bauernhaus, geräumig und attraktiv, einfach aber schön möbliert (zumeist im Bauernstil) mit einem recht großen Garten und einer Wiese für das Geflügel. Frau W. selbst fand ich sehr nett, sie ist eine etwa 40jährige Witwe mit einem 16jährigen Sohn, Anselm. Sie selbst ist Kunsthistorikerin und gibt den Mädchen Kunstgeschichtsunterricht und bringt sie nach München, damit sie das Gelernte auch sehen. Sie hat nur eine Putzfrau und macht mit den vier Mädchen alles selbst, so daß Asta hoffentlich eine Menge lernen wird. Das Haus ist voller Annehmlichkeiten, und fast alles in der Küche ist elektrisch, aber das Leben als Ganzes ist sehr einfach, was sehr gut ist. Heute gibt es am Nachmittag einen Ausflug (einige junge Siebenbürger Studenten werden aus München erwartet), und dann wird im Atelier getanzt. Ich habe Asta dort am Dienstag nachmittag ganz zufrieden zurückgelassen und nahm in München meinen Zug nach Seeshaupt am Starnberger See, wo mich Tilla Gaffron abholte. ...

Dachau wimmelte von österreichischen Nazis in SS-Uniform,[1] die nichts zu tun hatten, denn nach Österreich können sie nicht zurück, da sie auf das falsche Pferd gesetzt haben. ...

1 *SS-Uniform:* Es ist bemerkenswert, daß das Konzentrationslager Dachau, dessen Gründung im März 1933 bekanntgegeben war, unerwähnt bleibt.

Berlin, 8. 4. 34

Montag [9. 4. 34]. Heute bin ich sehr glücklich, denn C. B.s Zukunft ist endlich geregelt. Am 11. geht er nach Stettin und tritt als Lehrling in eine große Papierfabrik ein! Wir sind alle froh, daß er kein Soldat werden muß, da er nicht darauf erpicht war – aber es schien keine andere Möglichkeit zu geben. Als wir die Sache mit den Carl Viggos besprachen, sagten sie, ihr Freund, Direktor Avé, der Besitzer der größten Papierfabrik in Deutschland, würde das Kind vielleicht nehmen. Sie riefen an, und heute früh ist der Y. T. nach Stettin gefahren und hat alles arrangiert. Später, nach 6 oder 12 Monaten, bekommt er Urlaub für ein halbes Jahr in der Reichswehr oder einem Arbeitslager. Es ist uns eine *solche* Erleichterung, denn der Reichswehrplan war voller Tücken und Nachteile, und obgleich ich meine, daß C. B. wahrscheinlich ein guter Soldat geworden wäre, war viel dagegen einzuwenden, und ich persönlich ziehe die jetzige Lösung unendlich vor und er auch. Jetzt muß er sich bewähren und zeigen, ob er sich für diesen Beruf eignet.

Ich bin *so* erleichtert, daß die Sache endlich geregelt ist, und ich weiß, Ihr werdet auch froh sein. Herr Avé war eigentlich voll und hat C. B. nur genommen, weil er Carl Viggo so gern hat. Pfui, ein krasser Fall von Protektion! ...

Berlin, 14. 4. 34

... Ihr werdet erstaunt sein, daß der Y. T. und ich Montag früh nach Balfanz abfahren – er für zwei Tage, ich für eine Woche. Er muß in einem Prozeß in Osterode, Ostpreußen, als Sachverständiger für Christian Science auftreten und unterbricht seine Reise in Balfanz und nimmt mich mit. Ich freue mich, da ich fast 3 Jahre nicht in Balfanz gewesen bin und dann nur $1^1/_2$ Tage. Meine Rückreise am 22. will ich einige Stunden in Stettin unterbrechen, um zu sehen, wie es unserem jungen Lehrling geht. Wie ich höre, ist er munter und guter Dinge. …

Ich war diese Woche ganz viel mit den Carl Viggos zusammen und habe es sehr genossen. Sie sind so liebe Menschen, und seit Frede Ilse nicht mehr über Politik mit uns redet, geht alles gut. Ich muß sagen, daß die Gerichte sich, wenn man den großen Druck bedenkt, der bewußt oder unbewußt auf sie einwirkt, als erstaunlich unabhängig und mutig erwiesen haben.

Der Y. T. singt jetzt das Solo in seiner Kirche und ist dafür engagiert. Einerseits ist das gut für ihn, denn es zwingt ihn, sich seiner Musik wieder zuzuwenden, und er hat eine ideale Stimme für lyrische und religiöse Musik, aber andererseits ist es lästig, denn es bedeutet, daß er jeden Sonntag hier sein muß, außer seinen Sommerferien. …

Berlin, 24. 4. 34

… Über C. B. kann ich Gutes berichten. Ich habe den Sonntag nachmittag und abend mit ihm in Stettin verbracht und bin Montag früh nach Berlin zurückgekehrt. Er ist *sehr* an seiner Arbeit interessiert und ist fröhlich und zufrieden. Er arbeitet von 7.30 früh bis 4 Uhr nachmittags, und dreimal die Woche hat er abends Unterricht in Schreibmaschine und Stenographie. Bis Ende des Jahres muß er sie beherrschen und eine ziemlich leichte Prüfung in Englisch bestehen. So hat er reichlich zu tun. Dann ist er einem Ruderklub beigetreten, und seine Wirtin, Frau Breitsprecher, ist freundlich und bemuttert ihn. Er hat ein nettes kleines Zimmer – es war tadellos ordentlich, als ich es sah, aber da hat sich wahrscheinlich Frau B. besonders angestrengt –, und er zahlt 25 Mark den Monat dafür. Er erzählt alle möglichen Einzelheiten über Papiersorten und die verschiedenen Verfahren ihrer Herstellung, was alles zeigt, daß er sich für seine neue Arbeit wirklich interessiert. Der Ton in der Fabrik und im Büro ist gut, und obgleich er die Arbeitsstunden lang findet, ist er sehr zufrieden. Sie haben eine halbe Stunde Pause für ein schnelles Mittagessen, und dann läuft er quer über die Straße zu seiner Wirtin, die ein paar Eier oder Suppe für ihn kocht, die er mit 4 *Semmeln* ißt! …

Ich habe die Woche in Balfanz wirklich sehr genossen. Es gibt da so herrliche Spaziergänge in den Wäldern, direkt vom Garten kommt man in die schönsten Wälder, hügeliges Land mit viel Wacholder unterwachsen, was so attraktiv ist. Monika und Friedhelm sind so gastfreundlich und lieb, und wir verstehen uns natürlich heutzutage viel besser! An einem Tag fuhren wir im Wagen nach Colberg, einem anziehenden kleinen Ort am Meer; aber wie schrecklich arm der Boden dort ist, und wie verkümmert die Nadelwälder in diesen Gegenden aussehen – Balfanz ist eine Ausnahme. Man bewundert wirklich den Mut und die Beharrlichkeit der Leute, die sich auf so armem Boden kümmerlich durchschlagen und in so kaltem Klima.

Willos Freund Pilkington war zu Besuch aus England hier, um Arbeitsdienstlager, *Hitlerjugend* usw. zu studieren, und obwohl er nicht bei uns gewohnt hat, hat Willo den ganzen Tag mit ihm verbracht und genoß seinen zweitägigen Besuch in Berlin. ...

Berlin, 26. 4. 34

Dienstag. 1. Mai. Dies ist jetzt im Vaterland ein kolossaler Feiertag; nicht einmal die Post wird bestellt. Helmuth und Freya wissen, wie es letztes Jahr war, aber dieses Jahr soll es noch kolossaler werden – amerikanischer. Am besten ist, man bleibt zu Hause und macht die Fenster zu. Sogar Hans Carls machen „kurze Ferien" und sind von Sonnabend bis Dienstag abend weggegangen. ...

Berlin, 7. 5. 34

... Morgen ist Willos Geburtstag, und Leno, Edel, die Hans Carls, Ulla, Viola Reuß und seine jungen Freunde Ursula, Carl Deichmann und Edith Curtius kommen alle zum Abendessen. Menü: Salmmayonnaise (Salm aus Dosen, eine Kindheitserinnerung), Reis mit gedämpften Tomaten – sehr schmackhaft und ein ausgezeichnetes Gericht, Gulasch mit Nudeln, Kartoffel- und Gurkensalat und Eis. Es wird eine Art informelles Büfett und sicher sehr lustig. Es ist komisch, bei einem so festlichen Anlaß nur ein Kind zu Hause zu haben. Die anderen Kinder schreiben sehr brav, sogar C. B. schreibt mir einmal die Woche, so daß man also in Berührung bleibt. Besonders Astas Briefe sind gehaltreich und sehr charakteristisch. Als sie das letzte Mal schrieb, mußte sie für das Sonntagessen einen Hahn schlachten und freute sich gar nicht darauf. Sie schreibt sehr vergnügt, aber ob sie das Beste daraus macht oder wirklich zufrieden ist, kann ich nicht sagen, neige aber zu ersterem. Es gibt in der Nähe von Dachau eine Fliegerschule, und die Mädchen haben einige der jungen Piloten kennengelernt, die sie jetzt höchlichst in Verlegenheit bringen, indem sie ständig tief über den Pollnhof fliegen, Looping, wild winken etc. und in der kleinen Stadt für eine Sensation sorgen! ...

Dienstag [8. 5. 34]. ... Ich hatte neulich einen charmanten Brief von Julian, am 28. April geschrieben, dem Tag, an dem er vor 3 Jahren nach Kreisau kam, „ungefähr um drei Uhr nachmittags, und in ein ruhiges Meer der Zufriedenheit eintauchte“. Wirklich rührend. Ich bin froh, daß Helmuth und Freya ihn trotz ihrer knappen Zeit in London aufgesucht haben. ...

Berlin, 13. 5. 34

Dienstag [15. 5. 34]. Ich hoffte, Eure Briefe würden diesen Abend kommen und ließ meinen deshalb offen, um in letzter Minute etwas hinzufügen zu können. Aber keine Briefe kamen – nur „Punch“. Und den haben wir nach dem Abendbrot mit viel Vergnügen gelesen, das heißt Willo und ich, der Y. T. macht sich nichts aus Punchwitzen. Ob unsere Briefe von der Zensur geöffnet werden? Ich glaube nicht, daß sich die Behörden sehr dafür interessieren, was gewöhnliche Individuen schreiben, aber man weiß nie und ist besser vorsichtig – sicher ist sicher. Sie sind jedoch *sehr* darauf erpicht, daß keiner Geld aus dem Land schmuggelt oder verhindert, daß ausländisches Geld hereinkommt; und das ist sehr verständlich, da unsere Devisen (für Rohmaterial usw.) so schnell dahinschwinden.

Jedenfalls werden Eure Briefe zum Frühstück hier sein, etwas Schönes, worauf man sich freuen kann. ...

Berlin, Pfingsten, 20. 5. 34

... Der Wahnsinn in der Welt läßt einen verzweifeln. Im letzten „Spectator“ ist ein sehr guter Artikel von jemand namens Harris, betitelt „Eindrücke aus Deutschland“, und er ist sehr viel zutreffender als die Artikelserie, die vor ein, zwei Monaten erschien, von einem Mann, der glaubte, was er offiziell hörte, und seine Augen überhaupt nicht benutzt hat. ...

Ich weiß nicht, wann Helmuth und Freya zurückkehren wollen; je länger sie wegbleiben um so besser, aber natürlich wird der Junge nach einiger Zeit das Gefühl haben, daß er wieder mit der Arbeit anfangen muß, obgleich wirklich in der Übergangszeit, in der wir jetzt leben, wenig verloren ist, wenn man sich Zeit läßt.

Jowo ist mit Jantzen und den anderen Kunstgeschichtsstudenten in den Pfingstferien nach Danzig gefahren. Das Reich zahlt ihr Fahrgeld – Daddy wird etwas erstaunt darüber sein, und kein Wunder; es heißt *eine Stärkung des Deutschtums im Osten* –, und sie zahlen 50 Pfennig die Nacht in einem Studentenheim. …

Montag, 21. … Es ist traurig, lieber Flen, daß Du so wenig zum Schreiben kommst, aber Du hast schon eine Menge geschrieben, und langsam kommst Du sicher weiter voran, denn ach, ich will so gerne etwas über die kritischen Jahre erfahren, als Du halfst, die Geschicke Südafrikas zu lenken. …

Ich glaube, ich habe nie eine so gelassene Natur erlebt wie Hel. James, und ich bin sicher, daß Freya viel zur Fröhlichkeit Kolaras beigetragen hat. Bist Du nicht meiner Meinung, lieber Flen, daß sie Lieblinge sind? Sie befriedigen Herz, Kopf und Augen. Ist es verwunderlich, daß ich eine stolze Frau bin? Aber ich bin auch eine stolze Tochter und Euer Kind.

Berlin, 25. 5. 34

… Wir leben momentan in einem Labyrinth von Gerüchten, und die Leute vergleichen die Zustände mit dem Zerfall Ende 1918. Ich persönlich glaube nicht, daß es so dramatisch wird, aber es könnten uns dieses Jahr große Veränderungen bevorstehen. Es sieht ganz so aus, als ob die Mark abgewertet wird, was für Euch natürlich ein großer Segen wäre. …

Vielen Dank für die „Cape Times“ mit Daddys Rede und dem Leitartikel darüber. Ich fand sie *sehr* gut, und mein Herz schwoll vor Stolz. Der Junge schrieb auch, sie sei so „mutig und sehr jugendlich“ gewesen, und ich muß sagen, sogar beim Lesen hatte man den Eindruck, sie käme von einem jugendlichen Krieger, ich meine natürlich von einem geistigen Krieger. …

Dies wird ein bewegtes Wochenende für uns werden, denn ich erwarte C. B. in einer halben Stunde – ich wollte, daß er von Stettin herüberkommt, bevor ich nach Kreisau gehe, denn seine Briefe, die nett und charakteristisch sind, geben einem kein rechtes Bild von seinem Leben und seiner Arbeit –, und morgen früh um 8 kommt Jowo zum Frühstück und Baden auf dem Weg nach Frankfurt, und Ulla kommt, um ihn zu sehen. Willo ist am Donnerstag von seinem Pfingstausflug nach Balfanz zurückgekehrt, sehr befriedigt und mit viel getaner Arbeit. Ich fürchte, Daddy wird den Kopf schütteln und über die Ruhelosigkeit der modernen Jugend sprechen. Eine gewisse

Art Ruhelosigkeit ist, wie ich zugebe, zu bedauern, wenn sie nur ein Anzeichen der Leere und von Mangel an inneren Reserven ist. Aber wenn man mit offenem Sinn reist, bereichert es doch das Leben, und man lernt viel. Es kommt nicht aufs Reisen an, scheint mir, sondern auf die Oberflächlichkeit. Ich muß sagen, die Versuchung, in Europa zu reisen, ist groß, denn wenn man auf Luxus verzichtet, kostet es wenig, und an jeder Ecke gibt es etwas zu sehen. ...

Frau Doktor schreibt und schlägt vor, daß wir uns bei ihrer Freundin, Gräfin Dobrzensky, in der Tschechoslowakei treffen. Ich hoffe, das ist möglich. Potstijn ist gar nicht weit von Kreisau, 3 bis 4 Stunden mit dem *Bummelzug*. So ist es gar keine große Unternehmung. ...

Kreisau, 10. 6. 34

... Ihr werdet Euch wundern, daß ich tippe. Der Grund ist, daß ich es beherrschen will, wenn ich Euch besuche, so daß ich Daddys Manuskript für ihn tippen kann. So habe ich mir eine Schreibmaschine geborgt und übe fleißig, wo ich jetzt so viel allein bin. Es ist abends eine sehr angenehme Beschäftigung, denn abends kann ich nie lesen, es macht mich zu unruhig. Ich glaube, ich werde Dads Schrift entziffern können, sie ist mir so vertraut. ...

Ich habe vereinbart, daß Asta ihre jetzige Schule am 15. Juli verläßt, und dann geht sie an eine, die von Freyas Tante, Frau Busch, empfohlen ist, die sich Astas sehr freundlich angenommen hat. Es ist schade, daß Pollnhof kein Erfolg war; es war nicht leicht für Asta und sehr beunruhigend für mich, da es so schwer war, aus der Entfernung Entscheidungen zu treffen, zumal ich wußte, daß Astas Weggang ein tödlicher Schlag für das Unternehmen darstellte. Aber die Dinge sind jetzt zufriedenstellend geregelt, und Frau Wirsching hat sich sehr anständig dabei benommen. ...

Kreisau, 16. 6. 34

... So viele aufregende Dinge geschehen in der Welt, aber ich erwähne sie nicht, da es zu weit führen würde und es besser ist, diese Fragen ganz auf sich beruhen zu lassen, und außerdem wird mir im *Dritten Reich* ständig eingetrommelt, daß die Politik nicht für das weibliche Geschlecht taugt. Jedenfalls ist Kreisau dieses Jahr viel weniger enthusiastisch für die neue Ordnung als letztes Jahr. Es ist leichter, Dinge zu versprechen, als sie zu liefern. ...

Kreisau, 25. 6. 34

... und dann war ich sehr froh, all diese Informationen über meine Wechsel zu bekommen. Ich danke Euch beiden sehr für alles, Ihr Lieben. Von meinem Gesichtspunkt aus sieht das Arrangement sehr befriedigend aus, und hoffentlich ist es das auch für Euch. Ich hoffe auch, daß der Betrag bald reduziert wird, wenn Jowo Arbeit bekommt. Das arme Kind hat momentan eine ziemlich hektische Zeit – er büffelt für sein Examen nächsten Monat und hat außerdem viel SA-Dienst. Jeden Sonnabend haben sie eine Art Tag im Felde, und letzte Woche hatten sie zweimal Nachtalarm und auch abendliche Übungen. Er sagt, sie sind alle sehr nett zu ihm, wundern sich aber alle über seinen gänzlichen Mangel an militärischen Kenntnissen oder militärischer Ausbildung – bei dem Namen. Es tut ihm wahrscheinlich sehr gut, nur ist es ein bißchen viel, mit der Ausbildung gerade im kritischsten Augenblick seiner Studien anzufangen.

Das Gesprächsthema hier ist nicht die Politik (obgleich sie, weiß der Himmel, von schmerzlichem Interesse ist), sondern das Wetter. Der älteste Einwohner hat nie so eine Dürre erlebt wie die jetzige. Das Wetter ist entweder kühl und sehr windig oder schwül und trocken, bedeckt, grau und scheußlich. Ich gehe fast überhaupt nicht in den Garten, es sieht alles so traurig aus. Die Himbeeren sind verdorrt, und man weiß, was Paulus meinte, als er von der „stöhnenden Schöpfung" sprach. Das tun wir und die Tiere und die Pflanzenwelt jetzt. ...

Die „Chefs" von Eberswalde haben Asta eingeladen, nächsten Winter als Lehrerin und allgemeine Hilfe mit ihnen und den Kindern ins Riesengebirge zu gehen, und werden alles für sie zahlen; sie ist sehr stolz, daß ihre Dienste so viel wert sind. ...

Ich freue mich, daß die Kinder so gut mit den Verwandten auskommen. Beide haben ein feines Gespür dafür, was echt ist, so daß sie jemanden schätzen können, der ihnen in Ansichten, Bildung, Religion, Geschmack oder was auch immer entgegengesetzt ist, solange der Mensch nur aufrichtig ist. Ich hoffe, die Innes-Verwandten finden die Kinder so erfreulich wie diese sie, aber ich zweifle eigentlich nicht daran, obwohl jüngere Leute oft von Helmuth James etwas eingeschüchtert sind. Und doch ist er so ausgeglichen und so selbstlos. Ich kann mich nicht entsinnen, den Jungen jemals verärgert geschweige denn wütend oder nervös gesehen zu haben. Solche Gelassenheit ist eine große Quelle der Kraft, nicht nur für ihn, sondern auch für die Menschen um ihn herum. Ich bin auf die Schilderung der Kinder über ihren Treck und besonders über ihre Besuche bei den Verwandten gespannt, die ich kaum kenne. Die beiden lieben Südafrika – das ist doch sehr erfreulich. Aber kaum eine Überraschung.

Ich bin sicher, die vollständige Ruhe und Abwechslung wird dem Jungen von dauerndem Nutzen für sein ganzes Leben sein, aber ich fürchte, daß er das Leben hier fast unerträglich finden wird. Wenn man das Land nicht verläßt, gewöhnt man sich allmählich an die neuesten Entwicklungen, aber sich neu hineinzustürzen, ist etwas anderes. Und dann können Leute wie Muthy, Ulla und ich immer etwas Trost in der Religion finden, und wir sind älter und müssen nicht unser Leben in diesen anormalen Zeiten beginnen. Jedenfalls ist es wunderbar, daß die Kinder eine solche Zeit hatten. …

Zámek, Potstejn
CZECHO-SLOVAKIA
28. 6. 34

… Die Adresse auf diesem Papier wird Euch amüsieren. Tschechisch ist eine unverständliche Sprache und reich an Akzenten, die den verschiedenen Buchstaben viele Variationen verleihen. Bitte schickt meinen Brief weiter an die Kinder, wenn Ihr ihn gelesen habt, denn es hat keinen Sinn, dasselbe zweimal zu schreiben, und doch will ich diese Woche Euch beiden, d. h. an Euch alle vier, über Genia und die Politik schreiben. Es kommt einem so merkwürdig vor, gestern plötzlich – ohne jedes äußerliche Anzeichen bis auf die Paßkontrolle und die Konfiszierung aller deutschen Zeitungen – in einem Land zu sein, wo man – mehr oder weniger – schreiben und sagen kann, was man will. Die Häuser sehen genau so aus, die Landschaft ist dieselbe, aber was für ein Unterschied!

Keiner weiß, was in Deutschland geschehen wird, aber überall ist Unzufriedenheit. Nichts ist besser geworden, nur gibt es jetzt kaum noch das Blutvergießen und die Straßenkämpfe zwischen Nazis und Kommunisten, die es vorher gab; auch tut jetzt eine sehr große Anzahl von jugendlichen Arbeitslosen nützliche Arbeit in den Arbeitslagern und weniger nützliche in der SA. Außerdem glaube ich wirklich, daß Klassenunterschiede weitgehend abgeschafft worden sind. Aber sonst ist alles schlimmer geworden, und zwar ganz erschreckend. Die anständigen Nazis (und davon gibt es viele) sind so deprimiert und degoutiert über die Intrigen und die Korruption, daß viele nichts mehr mit der Partei zu tun haben wollen. Aber ohne eine freie Presse kann keiner seine Meinung kundtun oder irgendwelchen Widerstand oder Verbesserungen organisieren. *Das* ist die stärkste Karte der Nazis – wir haben nichts, was an ihre Stelle treten könnte. Die Leute reden von einer Militärdiktatur (die Reichswehr ist durchaus nicht Nazi), aber niemand weiß, ob es eine Persönlichkeit gibt, die die Führung übernehmen könnte. Hitler wird immer noch viel bewundert, obwohl ihn jetzt keiner mehr – wie anfangs – einen Staatsmann oder auch nur einen großen Mann nennt; jedoch gefällt den Leuten die Einfachheit seines persönlichen Lebens, und die meisten halten ihn für aufrichtig – was ich nicht tue.

Ihr habt keine Ahnung, welche Verwirrung die Nazis in den Gemütern des Volkes angerichtet haben, indem sie Worten nie ihre wahre Bedeutung geben und uns dabei so mit Phrasen überschwemmen, daß keiner zum Denken kommt. Es ist einfach emotional. Aber alle ekelt es an. Sogar Dr. Alexander sagte Muthy neulich in Breslau, wie unzufrieden er sei.

Was ich wirklich fürchte, ist ein Krieg. Ob es Deutschland in den nächsten 5 Jahren möglich ist, einen Krieg zu führen, weiß ich nicht – wir wissen zu wenig über die Vorgänge, um uns eine Meinung zu bilden. Die meisten meinen, Krieg käme nicht in Frage, und ich neige selbst zu dieser Ansicht, aber man weiß nie, und es ist ein Alptraum, wenn man sich vorstellt, was er für uns persönlich bedeuten würde. Dennoch ist es beruhigend, daß die Reichswehr aus mehr oder weniger normalen Leuten besteht, die weniger von dieser gräßlichen Nazidoktrin infiziert sind als die meisten anderen.

Muthy leidet akut an der ganzen Sache. Er sagt, es wird ihm schlecht, wenn er eine deutsche Zeitung liest, und so lesen wir immer die „Basler Nachrichten“, die ausgezeichnet sind. Wenn er könnte, würde er morgen auswandern, und Willo und Jowo auch. Neulich sagte Hans Heini Portatius: „Wie ich Helmuth darum beneide, aus Deutschland raus zu sein!“ Das haben die Nazis aus Deutschland gemacht – daß jedermann auswandern möchte. Ich wünschte, Helmuth könnte für einige Jahre Arbeit außerhalb Deutschlands finden, denn er und Freya werden alles noch akuter empfinden als wir, nach ihren Monaten in einer normalen Welt. Daddy denkt an Widerstand etc. Die revolutionären Methoden haben sich geändert, und jetzt ist, angesichts von Radio und Presse, Flugzeugen und Bomben und Maschinengewehren, organisierter geistiger und physischer Widerstand fast unmöglich. Außerdem ist es bei weitem das Beste, die Nazis machen zu lassen, und schließlich wird das Kartenhaus einstürzen.

Natürlich müssen wir diese Musik bezahlen, aber es wird niemals gelingen, diese bösartige Doktrin auszumerzen, bis sie ihren Mißerfolg erwiesen hat. So muß man sie gewähren lassen, bis die Leute nicht mehr darauf hören.

Ihr dürft aus alledem nicht schließen, daß wir schrecklich unglücklich sind. Das sind wir nicht. Wir finden viel, was uns Vergnügen macht, und da praktisch alle unsere Freunde und Verwandten Antis sind, haben wir immer viel Gesprächsstoff. Der Kreisauer Nazismus hat sehr abgenommen, und alle dort (wenn auch nicht in Gräditz) würden einen Wechsel begrüßen. Persönlich geht es uns allen sehr gut, und nun der Plan mit der Sperrmark funktioniert und die Dürre vorüber ist, geht es uns persönlich wirklich gut. Und dafür bin ich außerordentlich dankbar. Wir bemühen uns, so wenig wie möglich über die Politik zu reden, und sind in jeder anderen Beziehung glückliche Menschen.

Sonnabend [29. 6. 34]. Die liebe Genia ist am Donnerstag rechtzeitig für's Abendessen angekommen, und wir haben fast die ganze Zeit seitdem geredet! Sie sieht bewundernswert gut aus und ist, in Anbetracht der Umstände, erstaunlich heiter. Aber im Grunde ihres Herzens ist sie unsagbar traurig über all diesen Haß und Aufruhr und Wahnsinn in der Welt und auch sehr besorgt über Herrn Doktor, dem es zwar einigermaßen geht, dem aber aller *Lebensmut* fehlt. Die liebe Genia hat sich *so* über Mutters Brief gefreut; sie sagte, das sei das erste Geld, das sie dieses Jahr für ihre Wohltätigkeit bekommen habe, und jetzt hat ein Brautpaar seine Eltern gebeten, keine Hochzeitsgeschenke zu machen, sondern alles Genia zu geben. Sie meint, daß der Nazismus schließlich auch in Österreich kommen wird, wenn auch nicht notwendigerweise mit einem *Anschluß*. ...

Kreisau, 6. 7. 34

... Ich weiß, daß Ihr in den letzten Tagen viel an uns gedacht habt. Ich erhole mich gerade erst etwas von den Auswirkungen der letzten 5 oder 6 Tage.[1] In solchen revolutionären Zeiten, wie wir sie jetzt erleben, fühlt man sich oft außerstande, an etwas anderes zu denken; die Luft ist voll von Gerüchten. Zum Glück besteht wenig Versuchung, unzählige Zeitungen zu lesen, da die Blätter so stereotyp sind und es sehr schwer ist, ausländische Zeitungen zu bekommen.

Aber jetzt will ich mich einem anderen Thema zuwenden, da man dieses lieber auf sich beruhen läßt. Als ich Dienstag nachmittag ankam, fand ich Trude Moltke und Hannes (13 Jahre alt) vor, die den

Tag zuvor eingetroffen waren. Sie hatte vorher geschrieben, ob sie irgendwann im Juli kommen könnten, und ihr zweiter Brief, der ihr Kommen ankündigte, war angekommen, als ich weg war. Ich fand hier auch einen Haufen Briefe vor und ein Telegramm von Jowo (abgeschickt am 30. um 11 Uhr nachts), daß „alles in Ordnung" sei. Der gute Junge, zu telegraphieren, daß ich mich nicht um ihn ängstigen sollte, da er doch in der SA ist. Er tut mir so leid, daß er all diese Ablenkungen während seines Examensmonats hat. Ich sehne mich danach, ihn hier zu haben. Die liebe Genia verließ Potstejn am Sonntag und ich am Dienstag. Sie war über die Nachrichten, die wir Sonntag morgen bekamen, sehr bestürzt und verließ uns mit schwerem Herzen, nicht für uns, sondern für die Welt, in der so viel Tragik ist. Und was am traurigsten ist, so viel vermeidbare Tragik. Ich *wünschte*, Helmuth James könnte sich noch für ein oder zwei Jahre heraushalten, aber es sieht nicht so aus, als ob das möglich ist. Es ist mir die größte *Herzensberuhigung* gewesen, daß er all diese Monate weg von all diesen Dingen war – Daddy wird das nicht verstehen, das kann keiner, der die gegenwärtigen kontinentalen Zustände nicht erlebt hat. Es ist keine Frage des Muts, es ist eine Frage der Vergeudung. Ich bin durchaus für Mut und Opfer unter bestimmten Bedingungen, aber unter den gegenwärtigen Umständen lohnt es sich, geistig, nicht. Ich muß allerdings ehrlich zugeben, daß Herr Doktor meint, die guten Leute sollten in Deutschland bleiben. Aber ich glaube, der Preis ist zu hoch. Schließlich haben die Pilgerväter ihr Land verlassen, und niemand hält sie für feige oder würdelos. Und keiner denkt schlechter von den Menschen, die in den 1840ern aus Deutschland auswanderten. Die Voortrekkers haben ähnliches getan. Tatsache ist, daß ich seit März 1933 den Staat, jeden Staat, unerträglich finde und das Wohl des Einzelnen für unendlich wichtiger halte als das Wohl des Staates.

Nun dürft Ihr nicht denken, daß ich sehr unglücklich und so weiter bin; wir lachen und albern herum und freuen uns des Sommers, und ich denke immer, was für eine prächtige Familie ich habe, aber natürlich sind die letzten Entwicklungen sehr beunruhigend. Der Y. T. schickt mir täglich alle ausländischen Zeitungen, derer er habhaft werden kann; viele sind verboten und die, die hereinkommen dürfen, sind schnell ausverkauft. Unsere Zeitungen bringen so gut wie keine Nachrichten. …

Ich habe von den holländischen und skandinavischen Schiffahrtslinien gehört. … Zum Schluß werde ich wohl die deutsche Linie nehmen. Ich werde Euch benachrichtigen, sobald ich etwas entschieden habe. Ich will nicht zu früh wegfahren, da viele Leute für Oktober und November politische Veränderungen vorhersagen, und es wäre sehr unangenehm, auf hoher See zu sein, während so etwas in Deutschland vorgeht. Natürlich ist es ebensogut möglich, daß nichts passiert. Aber ich wäre in diesen Wochen gerne hier. Auf jeden Fall, *qui vivra verra!* ...

1 *Auswirkungen der letzten 5 oder 6 Tage:* Das Blutbad vom 30. Juni bis 1. Juli, in dem Ernst Röhm, der Führer der SA, und viele seiner Getreuen erschossen wurden, in dem aber auch andere politische Gegner, z. B. Kahr, Schleicher und Erich Klausener, Leiter der Katholischen Aktion in Berlin, „miterledigt" wurden, wurde von Hitler als „Staatsnotwehr" erklärt und vom Reichstag als solche akzeptiert.

Kreisau, 14. 7. 34

... Ich lese Harold Nicolsons „Peacemaking"[1], und ich muß sagen, es ist voller erstaunlicher Enthüllungen. Es erscheint fast unglaublich, und ich koche vor Wut, wenn ich an all das Leid und die Tragödie denke, die Versailles hervorgebracht hat. Ohne Versailles hätten wir niemals den Hitlerismus gehabt, unter anderem. Die ganze Geschichte der Konferenz ist fast unglaublich. ...

1 *Peacemaking 1919:* erschienen in London, 1933.

Kreisau, 28. 7. 34

... Ich werde nichts über die Vorgänge in Österreich[1] schreiben, denn es ist klüger, all diese Themen auf sich beruhen zu lassen, auch weiß ich momentan wenig darüber, aber es ist jedenfalls sehr beunruhigend.

Julian kam am Dienstag an und hat all meine Blumen für heute übernommen und gestern den Garten beschnitten (morgen gibt es für Schwester einen großen Tee). Er ist ein lieber Junge und uns allen und Kreisau so zugetan. Es ist so schön, solche Freunde unter der jüngeren Generation zu haben, und mich freut das sehr. Wir haben heute nachmittag Berge von Brombeeren gepflückt für eine Pastete für morgen. Julian kommt aus einer typisch reaktionären britischen Familie, für die die Bewohner der Welt in zwei Klassen zerfallen: Briten und „Dagos", und er selbst ist erschütternd konservativ. Und doch hat er heute mir gegenüber wiederholt, was er mir vor drei Jahren sagte, daß er noch nie einen Deutschen getroffen hat, den er wirklich nicht leiden konnte. Das ist für unseren Bekanntenkreis doch ein Triumph, nicht wahr? Mit seinem Sinn für Humor hat er Springer schon ganz richtig erfaßt, unseren Aufseher für den Garten, und nennt ihn den *gnädigen Herrn*. ...

John ist gestern rechtzeitig für's Mittagessen angekommen. Ein liebes Kind, sehr interessiert an deutscher Politik, seit die Nazis eine Gruppe Studenten aus Cambridge meistenteils in Ostpreußen herumgeführt haben. Wie man hört, genau was die Russen mit Besuchern anstellen. ...

1 *Vorgänge in Österreich:* Der österreichische Kanzler, Engelbert Dollfuß, wurde am 25. Juli von österreichischen Nazis ermordet.

Kreisau, 1. 8. 34

... Der Y. T. ist ziemlich beunruhigt darüber, daß ich diesen Winter verreisen will, und alles Mögliche wird vorhergesagt, und ich möchte nicht gern so weit weg sein, wenn meine Familie in Schwierigkeiten steckt oder wir wichtige Entscheidungen zu treffen haben; so ist es immerhin möglich, *my dearest old birds*, daß ich mich gezwungen sehen könnte, meine Reise um einige Monate aufzuschieben. Andererseits standen wir schon oft am Rande von „schwerwiegenden Ereignissen und Unruhen", und es ist nichts geschehen, so daß ich mir etwas angewöhnt habe zu denken, daß die sensationellen Ereignisse schließlich weniger dramatisch als erwartet ausfallen. Ich wollte diese Möglichkeit nur erwähnen ...

Jowo hat sein Doktorexamen am Montag bestanden, ist aber sehr enttäuscht, daß es nur *genügend* war. Das war bei allen Kandidaten so, keiner bekam *gut* oder *sehr gut*, aber er wollte etwas Besonderes haben, besonders da er hoffte, es würde eine Empfehlung bei seiner Suche nach einem Posten sein, wenn er im Examen besonders gut abgeschnitten hätte. Die Hauptsache ist jedoch, daß er bestanden hat und jetzt „Dr. von M." ist! ...

Kreisau, 5. 8. 34

... Der arme alte Hindenburg, wie froh er sein muß, seine Ruhe zu haben. Die Ereignisse jagen sich heutzutage so[1], daß man ganz benommen ist und jede Änderung ganz stoisch aufnimmt. Was uns wirklich interessiert ist, wie gut Deutschland durch den nächsten Winter kommt. Es hat mich gefreut, in einer englischen Zeitung zu lesen, daß sich das wirtschaftliche Klima in Südafrika gebessert hat. Das ist wirklich eine gute Nachricht. In Amerika scheint alles noch sehr schlimm zu sein. Ete sagt, die Leute da wissen einfach nicht, wie alles weitergehen soll. Jedenfalls glaube ich, daß es bereits erwiesen ist, daß Diktatoren nicht der schnellste Weg zum Wohlstand sind. ...

1 *Ereignisse jagen sich:* Hindenburg starb am 2. August. Das Kabinett war mit einem Gesetz zur Vereinigung des Präsidenten- und Kanzleramts bereit, und Hitler nannte sich von nun an „Führer und Reichskanzler". Die Reichswehr legte einen persönlichen Eid auf ihn ab.

Kreisau, 18. 8. 34

... Die Schilderung der Kinder von ihrem Besuch bei den Pringle-Verwandten[1] hat mich so sehr interessiert, daß ich eine ganze Menge in Pringles „South Africa" gelesen habe und es hochinteressant fand. Was für ein Glück war es auch für die Kinder, bei der Eröffnung der Bunga dabei zu sein; ich hoffe, sie konnten auch nach Lovedale gehen. Es ist komisch, daß der Familienstammbaum[2], über den wir so viel geredet haben und der so schwer zusammenzukriegen ist, jetzt soweit wie möglich von dem deutschen Zweig der Familie zusammengestükkelt worden ist! Jedenfalls ist es herrlich, daß jemand damit angefangen hat, und wenn noch weitere Daten festgestellt werden, kann er immer noch verbessert werden.

Euch wird es, das weiß ich, schrecklich schwer werden, die Kinder aufzugeben, besonders da sie in eine so unglückliche Welt zurückkehren. Aber ich bin sicher, daß die Wohltaten dieser Reise nach Südafrika, physisch und seelisch, die kommenden Jahre für sie glücklicher und erträglicher machen werden. Für Helmuth waren diese langen Ferien und diese totale Veränderung, des bin ich gewiß, eine Notwendigkeit, wenn er tapfer standhalten und nicht ganz den Mut verlieren soll. Aber ich weiß, das wißt Ihr selbst. Ich weiß auch, daß Ihr selbst viel Freude an ihrem Besuch hattet und an der Möglichkeit, sie wirklich kennenzulernen, und das ist eine Bereicherung für Euch alle vier; so seht Ihr, daß ich über alles sehr froh bin. Außerdem ist es so schön für mich, daß sie jetzt meine Heimat und meine Freunde und Verwandten dort kennen. ...

1 *Pringle-Verwandten:* Dorothys Mutter war eine geborene Pringle. 2 *Familienstammbaum:* Der „deutsche Zweig" der Familie war durch das „rassebewußte" Regime genötigt nachzuweisen, daß die schottischen Vorfahren „Arier" waren.

Kreisau, 27. 8. 34

… Jowo ist besorgt, daß Ihr seinen wahrscheinlichen Schritt, ein Jahr in der Reichswehr zu dienen, unverständlich finden könntet, und hat mich gebeten, es zu erklären. Ich glaube, ich habe das schon in meinem letzten Brief getan. Jedenfalls ist noch nichts festgelegt, und er wartet erst noch einen Antwortbrief von Dr. Förster in Köln ab. Inzwischen ist er damit beschäftigt, seine Doktorarbeit mit Herrn Otto für die Veröffentlichung zu überarbeiten. Er möchte sie im „Haarlem Jahrbook“ oder etwas Ähnlichem in Holland veröffentlichen[1], da de Bray für Holländer interessanter ist als für andere Leute.

Carl Viggo und Frede Ilse sind spät am Samstag abend angekommen. Ganz unverändert (abgesehen davon, daß sie richtig überzeugte Nazis sind) und so reizend wie immer. Sogar die Politik ändert daran nichts, und trotz seinen Sympathien ist C. V. ganz fair, sieht den Standpunkt des anderen und so weiter. …

Nach einigen Unterbrechungen bin ich jetzt gerade mit Harold Nicolsons „Peacemaking“ fertig geworden. Das Buch ist nicht nur von schmerzlichem Interesse, sondern auch hervorragend geschrieben. Es ist eine fast unglaubliche Geschichte. Lloyd George erweist sich als besser als erwartet. Aber die Leichtfertigkeit und Unehrlichkeit der ganzen Konferenz ist erstaunlich, nicht die der Experten, sondern die der großen X. Die demokratische Diplomatie sieht sehr erbärmlich aus. Metternich war wahrscheinlich ebenso egoistisch wie die großen X, aber er hatte einen Plan, den er verfolgte, während die sogenannten „Führer“ immer die heimische öffentliche Meinung konsultieren mußten. …

1 *in Holland veröffentlichen:* Die Dissertation erschien dann im Marburger Jahrbuch, 1938/39, Band XI/XII, S. 309–523, unter dem Titel „Salomon und Jan de Bray“.

Kreisau, 2. 9. 34

… Schreibt doch bitte dem Y. T. ein kleines Briefchen des Inhalts, wie dankbar Ihr dafür seid, daß er mich zum Kap reisen läßt. Das würde ihn sicher freuen, denn im Grunde seines Herzens ist ihm mein Fortgehen gräßlich, obwohl er das nie sagt und wirklich sehr lieb ist. Der Arme kann es gar nicht leiden, wenn ich nicht da bin, und das ist oft der Fall, aber er sagt selten etwas, und wenn er es tut, sagt er wahrscheinlich nur: *Was, Du willst uns ganz allein lassen?* Seine Gesundheit hat sich diesen Sommer sehr gebessert, davor war er etwas kränklich, wahrscheinlich als Folge der politischen Lage, die ihn zutiefst beunruhigte, aber obgleich sein Standpunkt derselbe geblieben ist, hat er jetzt mehr Abstand, was nur gut ist. Es hat doch keinen Zweck, sich von Dingen, auf die man keinen Einfluß hat, unterkriegen zu lassen.

Letzte Woche habe ich eine Menge (23 Pfund) Gänsefedern weggeschickt zur Vorbereitung für Kopfkissen, Plumeaux usw. Sie sind für Astas Ausstattung, und ich habe ihr für die Daunen rote Kopfkissenbezüge gemacht und mit A. M. signiert, was ich sehr aufregend fand! Daß die kleine Asta jetzt mit einem *lower drawer*[1] anfängt! ...

In den zwei letzten „Punchs", die Ihr mir geschickt habt, waren ein paar sehr amüsante und witzige Gedichte, die Willo und ich sehr genossen haben – sie waren betitelt „Goring and Gobble" und „I've got to be funny", beide vom selben Autor. Als ich aus der Tschechei zurückkehrte, kurz nach dem 30. Juni, fand ich zwei „Punchs" vor und habe mich darauf gestürzt, mit einem Gefühl der Erleichterung gepaart mit etwas Neid, daß es ein Land gibt, wo man seine Muße damit verbringen kann, so etwas Unterhaltsames und Harmloses und Unbeschwertes zu schreiben und zu lesen wie „Punch". ...

1 *lower drawer:* Aussteuer

Kreisau, 9. 9. 34

... Heute früh sind die zwei Jungen mit mir in die Kirche in Gräditz gegangen, um unseren Pfarrer etwas zu ermuntern in diesen trüben Tagen für die evangelische Kirche. Dann hatten wir Mittagessen im Schloß, eine Abschiedsgesellschaft, den Rest des Tages verbrachten wir im Freien, Abendbrot und Frühstück natürlich auf der Veranda. Es tat einem richtig leid, daß der Tag vorüber ging, so schön und friedlich war er. Die Aussichten und Farben unbeschreiblich schön, Garten und Rasen so hell und gepflegt, und das kleine Haus sah so vertrauenerwekkend aus inmitten all dieser *Lieblichkeit*, was ein etwas weniger hochtrabendes Wort ist als *beauty*. Und jetzt ist es vorbei, und während ich schreibe, spielt Willo Beethovens Eroica auf dem Grammophon. So eine glückliche, zufriedene und dankbare Familie – dankbar für ihre vielen Segnungen –, wenn *nur* die Welt draußen anders wäre! ...

Der arme Jowo hat beschlossen, für ein Jahr in die Reichswehr zu gehen, d. h. vom November bis zum 1. Oktober 1935. Es ist nicht besonders angenehm, „sein Jahr zu dienen", wenn man 25 Jahre alt ist, aber es scheint wirklich das Klügste zu sein, denn man hat ihm für später besondere Berücksichtigung für einen staatlichen Posten zugesagt. Das bedeutet, daß er für diese 11 Monate sehr wenig von seiner Beihilfe brauchen wird – wahrscheinlich nicht mehr als 50 Mark im Monat. Er ist ziemlich sicher, einen Job in Köln zu bekommen (soweit heute überhaupt etwas sicher ist): aber erst nach 2 Jahren Lehrzeit dort, das heißt, wahrscheinlich nicht vor 1937, obgleich er Glück haben und früher einen Posten bekommen mag. Unsere Zeit zusammen nähert sich ihrem Ende, und der Himmel weiß, wann er wieder nach Kreisau kommt, denn in der Reichswehr bekommt er wahrscheinlich nicht mehr als jedesmal 2 oder 3 Tage Urlaub. Seine Haltung ist fröhlich resigniert. „Es hilft nichts, wozu also lamentieren" ist ungefähr sein Standpunkt. Das gute Kind. Ich bin froh, daß er in Stettin sein wird, wo er sich an die Carl Viggos und C. B. halten kann. Es ist natürlich ein sehr gesundes Leben, aber, wie ich höre, zuerst ermüdend und anstrengend.

Montag [10. 9. 34]. ... Die Kinder verlassen Euch in 2 Tagen. Mein Herz ist schwer, wenn ich an sie denke, denn sie kehren in eine verrückte Welt zurück, eine Welt, die sie zutiefst bedrücken wird. ...

Berlin, 17. 9. 34

... Morgen geht Jowo nach Frankfurt, um sich um seine Doktorarbeit zu kümmern und Lilo Schnitzlers Hochzeit mit einem Herrn Scholz beizuwohnen, der momentan ein ziemlich prominenter Nazi ist.

Letzten Montag haben Jowo und ich mehrere Stunden im Feldmarschallszimmer verbracht, um es umzugestalten, und ich muß sagen, Jowos erste unabhängige Museumsarbeit war vorzüglich! Ich füge C. B.s Brief bei, da er so charakteristisch ist, aber bitte schickt ihn zurück. Er ist so *ungeschickt* beim Schließen von Freundschaften, genau wie sein Vater, und es ist wirklich traurig, daß er seinen 21. Geburtstag so verbracht hat. Wir müssen das wettmachen, wenn er herkommt, und zusammen in ein Konzert gehen. ...

Berlin, 24. 9. 34

... Asta kehrt ungefähr am 10. Oktober zurück, und dann müssen wir Pläne besprechen und sehen, was sie tun will. Wegen der vollständigen Veränderung der sozialen Struktur hier ist es für Mädchen nicht leicht, geeignete Arbeit zu finden, und doch will kein Mädchen einfach zu Hause sitzen und auf einen Mann warten. Momentan ist die Idee, daß sie diesen Winter Schreibmaschine und Stenographie und vielleicht Buchhaltung lernen soll, denn das ist immer nützlich. Dann geht sie hoffentlich nach England, dann im Sommer nach Kreisau, und dann werden wir uns orientieren müssen und sehen, was für eine Arbeit sie wohl am meisten befriedigt und ihr eine Chance gibt, ihren Lebensunterhalt zu verdienen. Ich war vor ein paar Tagen bei meinem Friseur sehr belustigt, der sagte, er wolle, daß sich seine Tochter ihren Unterhalt verdienen kann, denn, wie er sehr treffend bemerkte, „selbst wenn sie heiratet, wird sie von ihrem Mann viel besser behandelt, wenn er weiß, daß sie ihn jederzeit verlassen kann, wenn er sich nicht richtig benimmt". …

Berlin, 2. 10. 34

… Ende dieser Woche geht der Y. T. wahrscheinlich für 4 Wochen nach Boston. Es liegt so viel vor, was unter vier Augen besprochen werden muß, und so viele Dinge, die geregelt werden müssen, daß er es für seine Arbeit für nötig hält rüberzufahren, und das stimmt auch. Er reist Touristenklasse, und da ein Dollar jetzt kaum mehr als zwei Mark wert ist, ist es eine relativ billige Reise. Er ist Anfang November wieder da und kümmert sich um alles, wenn ich dann weggehe. …

Carl steht uns sehr freundlich mit Rat bei, und der Y. T. sucht ihn ständig in seinem Büro auf, um Rat zu erbitten. Die Stillhalteverhandlungen mit England sollen im Januar wieder beginnen, und er hofft, daß dabei sogar für uns etwas Gutes herauskommt. Gestern ist der Y. T. in die Devisenstelle gegangen, um zu erfahren, wie viel ausländisches Bargeld man bei Auslandsreisen mitnehmen darf. Die Antwort war: – 10 Mark! …

Berlin, 8. 10. 34

Dienstag [9. 10. 34]. Asta ist heute früh angekommen, sehr fröhlich, aber etwas dicker als früher, was schade ist. Wir werden sehr konsequent beim Abnehmen sein müssen, denn heutzutage kann ein Mädchen einfach nicht dick sein. Aber sie ist sehr attraktiv, sehr lebendig, intelligent, selbstsicher, eine richtige Persönlichkeit. Sie ist so froh, wieder zu Hause zu sein. Heute nachmittag sind wir zum Lette-Haus gegangen und haben ihren Unterricht arrangiert. Sie soll dreimal die Woche vormittags von 8 bis 12 Schreibmaschinen- und Stenographieunterricht haben und zweimal die Woche an den anderen Tagen Buchhaltung von 12 bis 2. Dann hoffe ich, daß wir Gymnastik und Musik und Chorsingen organisieren können, und so sollte sie ganz gut beschäftigt und angeregt sein. Sie hat vor, viel zu nähen und sich Kleider zu machen. Wie es scheint, sind einige Eberswalder Mädchen in Berlin, und es wird ihr also nicht an Freundinnen fehlen. …

Berlin, 14. 10. 34

… Es hat diesen Sonntag gegossen, und wir drei sind den ganzen Tag still zu Hause geblieben. Willo ist an sein Reißbrett gefesselt, Asta schreibt Hieroglyphen, von denen sie sagt, es sei Stenographie, und ich hole viel Korrespondenz auf. Asta braucht nie unterhalten zu werden, keins der Kinder hat das nötig, was für sie und ihre Umwelt sehr angenehm ist. Momentan sitzt sie in Willos Zimmer und hat eine „Zeichenstunde", während er an seinen komplizierten architektonischen Skizzen sitzt. …

Es ist so schön, Asta hier zu haben. Sie ist so voller Vitalität und Schwung. Es ist sehr gut, daß Willo sie im Winter hier hat, genau was er braucht.

Was für tragische Dinge in der Welt vorgehen – Attentate[1] und Unruhen und so weiter. *Was* für eine Welt. …

Freya erledigt Mutters meiste Bestellungen in London, und den Rest bringe ich mit. Bitte macht nicht mehr von Weihnachten her, weil ich da bin. Es wäre mir *viel* lieber, wenn Ihr nicht mehr Notiz von dem Tag nehmt, als Ihr es gewöhnlich tut, denn man kann keine wirklich teutonische Weihnacht in einem warmen Klima feiern, auch gibt es nicht die Zutaten für ein derartiges Fest. Gestern hatten wir Tee bei Hans Carls; sie sind so liebe, warmherzige Menschen, und ihre drei kleinen Mädchen sind bildschön. Heute abend gehen wir alle drei in ein himmlisches Beethoven-Konzert, das Philharmonische Orchester mit einem der besten Pianisten als Solisten, und das alles für 50 Pfennig den Platz! Die Plätze sind unnumeriert, und man muß früh da sein, das ist der einzige Nachteil. …

1 *Attentate:* Am 9. Oktober hatte ein kroatischer Terrorist in Marseille König Alexander von Jugoslawien und den französischen Außenminister Barthou ermordet.

Berlin, 30. 10. 34

... Der Junge schrieb heute, daß er und Freya am Donnerstag nachmittag ankommen – Dein Geburtstag, und an demselben Tag muß sich der gute Jowo bei seinem Regiment melden, das im Moment in Döberitz zu sein scheint, ½ Stunde von Berlin entfernt, und nicht in Stettin. Das gute Kind, die ersten 6 Wochen werden anstrengend sein, aber wenn sie erst einmal grüßen können und ein bißchen einexerziert sind und gelegentlich Urlaub bekommen, wird es besser sein, und Jowo ist entschlossen, das Beste daraus zu machen. ...

Sonntag nachmittag sind die Kinder mit mir in ein schönes Klavierkonzert von Wilhelm Kempff, einem wunderbaren Musiker, gegangen. Edel, die auch da war, kennt ihn und nahm Asta danach mit ins Künstlerzimmer und stellte sie ihm vor. Sie war entzückt! Es macht solchen Spaß, etwas mit ihr zu unternehmen, weil sie so enthusiastisch ist. Diese Karten kosteten 1,25, was auch sehr angenehm war. Am 18. gehen wir wieder in ein Konzert, diesmal ist es das Klinglerquartett und mein letzter Ausgang mit Mann und Kindern, denn heute habe ich gehört, daß die „Toulouse" am 20. November abfährt, einen Tag früher als vorher angegeben. ...

Berlin, 4. 11. 34

... Ja, Ihr Lieben, dies war eine bewegte Woche. Zuerst fuhr Jowo am Mittwoch nach Döberitz ab – doch nicht Stettin –, entschlossen, das Beste daraus zu machen. Gestern hatte ich einen munteren Brief von ihm, der mich beruhigte. Döberitz ist nur eine halbe Eisenbahnstunde von Berlin entfernt, und so kann er, wenn er Urlaub hat, leicht herkommen, was ein großer Vorteil ist. Kaum war er weg, als am Donnerstag Helmuth und Freya ankamen. Willo, Asta, Wicka vom Rath (eine Freundin von Freya) und ich waren natürlich alle am Bahnhof, um sie in Empfang zu nehmen. Wir alle fanden sie sehr gut aussehend, sogar Helmuth, der zwar dünn ist, aber mehr Farbe hat und gesünder aussieht als früher. Wir begleiteten sie zu einem Hospiz, wo sie ihr Gepäck abstellten, und dann gingen wir alle in die Wielandstraße zum Abendessen. Edith Curtius, eine weitere Freundin, war auch eingeladen, aber Carl Deichmann war leider weg. Wir haben noch nicht einen Bruchteil von ihrem Besuch bei Euch und all ihren Eindrücken gehört, aber das kommt allmählich. Sie fanden Mrs. Chapin, die sie in London sahen, natürlich *reizend*, auch Sir William

Dorothy mit ihrer Mutter – ein frühes Foto

Lawrence und viele andere. Kaum hatten wir etwas Atem geholt, als der Y. T. Freitag nachmittag ankam; seine imposante 5-köpfige Familie holte ihn am Bahnhof ab, und er war offensichtlich stolz auf sie! Gestern gab es Marthapflichten, denn wir hatten Hülsens, Edel, Carl Dietrich (dessen Frau weg ist) und Ulla (die nicht kommen konnte) zur Feier des doppelten Ereignisses der Rückkehr der Kinder und des Geburtstags des Y. T. eingeladen. Wir waren zusammen 12, und Frieda hatte ein köstliches Büfett vorbereitet: Hase mit Kartoffeln und Graupen, Aspik, gemischtes Gemüse, ein köstlicher Obst- und Selleriesalat und Vanilleeis mit Preißelbeerkompott. Wird Euch der Mund wäßrig? Heute kommen die Kinder wieder zum Mittagessen. Sie sind weg vom Hospiz und jetzt in einer Pension, die ihnen zu behagen scheint und die sehr erschwinglich ist.

Vielen Dank für die „Cape Times" mit Daddys Ansprache und dem etwas undeutlichen aber doch charakteristischen Bild vom lieben Dad. ...

Der Junge war den ganzen Vormittag hier, um Sachen mit dem Y. T. zu besprechen, und blieb zum Mittagessen; es war eigentlich das erste Mal, daß ich ihn in Ruhe gesehen habe, und ich habe ein langes Gespräch mit ihm genossen. Er bekam von Smuts einen charmanten Brief als Antwort auf einen, den er ihm geschrieben hatte. Sie beide (er und Freya) lieben Südafrika, aber lieben Euch noch mehr. Es ist wirklich

Dorothy mit ihrem Vater – letzter Besuch in Südafrika

ganz rührend, wie der Junge von Daddy spricht. Ich habe mir heute nachmittag den Stammbaum angesehen – *was* für eine Arbeit! ...

Berlin, 11. 11. 34

Dienstag [13. 11. 34]. ... Morgen mache ich mit dem Y. T. Weihnachtseinkäufe, und am Dienstag früh um 11 verläßt mein Zug Berlin, und ich bin auf dem Weg zu Euch. Ich kann es immer noch nicht glauben, und ich habe gar nicht das Gefühl, so viele teure Menschen zurückzulassen. Aber vielleicht kommt das daher, daß ich *zu* zwei

Menschen gehe, die mir teuer sind. Lieber Daddy, bitte komm nicht an den Hafen, um mich in Empfang zu nehmen, es sei denn Du fühlst Dich dem *wirklich* gewachsen. Es ist sehr anstrengend, so lange am Hafen herumzuwarten. Ich werde den eleganten beigen Studebaker erkennen, einsteigen und nach Kolara und in Eure Arme eilen, so schnell ich kann.

Montag abend [19. 11. 34]. Alles ist fertig und gepackt und etikettiert, das Menü für die Woche gemacht, letzte Instruktionen gegeben usw. Und morgen geht's ab zu den *dear old birds*. Natürlich ist es nicht leicht, die Familie zurückzulassen, besonders den Y. T., und ich wünschte, ich könnte ihn mitnehmen. Aber man kann nicht alles haben. ...[1]

1 Sie kehrte nach sechs Monaten aus Südafrika zurück und starb kurz darauf ganz unerwartet am 11. Juni 1935.

Personenregister

(Fehlende Vornamen ließen sich nicht mit Sicherheit ergänzen)